国家社会科学基金重大项目（17ZDA088；19ZDA078）
国家自然科学基金项目（71772164；71632005；72032008；71772165）
浙江省自然科学基金杰出青年项目（LR19G020001）
中国博士后科学基金项目（2016M600399）

数字化时代中国企业国际化战略研究

程聪 等 著

中国社会科学出版社

图书在版编目（CIP）数据

数字化时代中国企业国际化战略研究/程聪等著 . —北京：中国社会科学出版社，2020.12
　ISBN 978 – 7 – 5203 – 7850 – 5

　Ⅰ.①数⋯　Ⅱ.①程⋯　Ⅲ.①企业经济—国际化—经济发展战略—研究—中国　Ⅳ.①F279.2

　中国版本图书馆 CIP 数据核字（2021）第 021982 号

出 版 人	赵剑英
责任编辑	刘晓红
责任校对	周晓东
责任印制	戴　宽
出　　版	中国社会科学出版社
社　　址	北京鼓楼西大街甲 158 号
邮　　编	100720
网　　址	http：//www.csspw.cn
发 行 部	010 – 84083685
门 市 部	010 – 84029450
经　　销	新华书店及其他书店
印刷装订	北京君升印刷有限公司
版　　次	2020 年 12 月第 1 版
印　　次	2020 年 12 月第 1 次印刷
开　　本	710×1000　1/16
印　　张	29.75
插　　页	2
字　　数	469 千字
定　　价	168.00 元

凡购买中国社会科学出版社图书，如有质量问题请与本社营销中心联系调换
电话：010 – 84083683
版权所有　侵权必究

前　言

作为当前世界经济增长的重要引擎，中国经济仍然是全球增长最快的主要经济体之一，中国企业国际化也是全球关注的焦点。商务部《2018年度中国对外直接投资统计公报》显示，到2018年年末，我国对外直接投资存量达到1.98万亿美元，稳居全球第三位，有超过2.7万家境内投资者在全球188个国家（地区）设立对外直接投资企业4.3万家，数量排名全球第一。中国企业全面走进全球市场、深度参与国际市场合作分工的时代已经到来。分行业来看，租赁和商务服务、金融、制造、批发零售等行业企业的对外投资仍然占据主导地位，投资总额占比超过七成。另外，信息传输、科学研究和技术服务、电力生产、文化教育等领域的对外投资增长十分迅速。在全球产业结构深度调整、前沿科技竞争加剧和逆全球化思潮不断兴起的背景下，如何为维护全球自由贸易体系和开放型世界经济格局提供"中国方案"，探索"人类命运共同体"的世界经济健康发展之路，成为了理论界和实务界都十分关注的焦点话题。

企业国际化是一项涉及经济、政治、文化等多个领域的系统性活动。中国企业国际化不仅关系到企业自身的国际市场竞争地位，还关乎今后很长一段时间内中国开放型经济的发展成效以及在全球经济发展中的话语权。当今数字化时代，伴随着以大数据、人工智能、5G、区块链等前沿高端科技的快速发展及其蕴藏的巨大商业潜力，对我国企业国际化形成了更加严峻的挑战。第一，数字化时代的技术变革将深刻改变全球产业链结构和市场发展态势，重塑全球市场竞争格局。同时，以信息技术为基础的新业态、新商业模式层出不穷，企业将面临更加复杂的国际化经营环境。第二，以美国、欧盟、中国为主的世界主要经济体对高端前沿科技制高点控制权的争夺更加白热化，西方国家针对我国企业国际化的干扰行为更加明显，例如，美国政府对我国华为的持续制裁和打压行为，希望通过打压华为来压制中国 5G 技术的发展。第三，世界经济数字化与经济逆全球化思潮的碰撞、冲突，使全球国际化市场更加扑朔迷离，这就要求我国国际化企业要制定更加精准的战略目标，实施更加及时、有效的战略决策。因此，数字化时代下，如何科学判断国际市场发展趋势、提高企业竞争力不仅成为了我国企业国际化经营的终极目标，同时也是我国开放型经济发展战略赋予企业的历史使命。

我国企业国际化最早开始于 20 世纪 80 年代末，在 30 多年的发展历程中，国内外学者关于我国企业国际化展开了大量的调查和研究，成果浩如烟海。但这些研究通常聚焦在特定的角度、行业或者时代背景下，很多重要成果之间缺乏有效的对话和广泛的交流。笔者所著的《数字化时代我国企业国际化战略研究》正是基于当前独特的时代发展背景，针对我国企业进行了长达 10 余年的实地跟踪调查，收集到了代表中国企业发展最高水平的长三角、珠三角地区的大量企业调查资料，围绕企业国际化进行了长期、系统的跟踪研究，旨在通过时代背景分析、前沿理论探讨、定性定量检验和实践经验总结等研究方法，对当前全球数字经济发展方兴未艾和国际贸易保护主义思潮不断高涨的双重背景下，为中国企业如何更好地实施国际化战略提供理论指导和实践启发。这在以往的研究中是非常少见的。本书的学术价值和社会价值主要体现在以下几方面。

在理论贡献方面，本书提出了数字经济时代背景下我国企业国际化经营的一套较为系统的理论研究框架。我们首先详细论证了数字化技术发展对企业决策的影响以及企业数字化转型应对机制的理论基础，在此基础上，从企业国际化速度和创新战略两个理论视角全面剖析了我国企业国际化如何应对数字化经济时代挑战的战略决策逻辑，并提出了若干可操作化的对策建议。本书的前期阶段性成果主要以 30 余篇论文的形式公开发表在 Journal of Management、Journal of Business Research、Journal of International Management、Entrepreneurship Research Journal、Journal of Business Ethics、《管理世界》、《南开管理评论》等国内外优秀管理学期刊上，部分成果和观点还被《新华文摘》、人大报刊复印资料等全文转载或论点摘编。这些研究成果为本书系统梳理企业国际化理论，构建数字化时代中国企业国际化发展框架奠定了扎实的学理基础。具体来看：

第一，关于大数据影响企业战略决策的理论分析。本部分首先对数字化时代大数据发展对企业战略决策影响的理论基础进行了系统阐述，并总结出了一个包括大数据结构特征、大数据分析技术和大数据认知模式三个核心要素的大数据影响企业管理决策的理论框架。在此基础上，通过对我国浙江省企业的调查数据，一方面，检验了大数据分析能力对于企业国际化绩效的影响机制。另一方面，论证了以大数据分析为核心要素的商务智能对于企业国际化速度的影响机制。相关研究成果公开发表在 Journal of Business Research、《科研管理》等期刊上。

第二，关于企业国际化过程中的组织反馈理论分析。本部分首先阐释了数字化时代我国企业国际化战略目标制定的学理基础，从前景理论和战略选择理论的视角提出了企业国际化应对数字化挑战的理论框架。其次，选择了浙江三花和浙江吉利两家具有丰富国际化经验的上市公司作为研究对象，分别探讨了"市场换技术"和跨国并购两个国际化情境下，中国企业的组织制度变革过程。最后，基于长三角地区的企业调研数据，全面论证了制度距离对于企业跨国并购绩效的影响机制。相关研究成果发表在 Journal of Business Research、《管理世界》、《管理评论》、《科研管理》等期刊上。

第三，关于企业国际化速度的相关研究。本部分聚焦于企业国际化速度内涵、维度以及关系机理的研究。首先，本部分对我国企业国际化速度的理论内涵进行了详尽的讨论，提出合法化速度是中国企业国际化速度的重要内容，并构建了一个包含学习速度、承诺速度和合法化速度三个要素的中国企业国际化速度理论框架。其次，对影响企业国际化速度的前因条件进行了系统分析、总结，并重点探讨了供应链网络和管理者时间观念对于企业国际化速度的影响机制问题。最后，在搜集了长三角、珠三角地区国际化企业数据资料的基础上，讨论了我国企业国际化速度的影响后果。相关研究成果发表在 Journal of Management、Journal of International Management、《管理世界》、《南开管理评论》等期刊上。

第四，关于企业国际化创新战略的研究。本部分从创新战略的理论角度来分析我国企业国际化问题。首先，从企业集群、集群网络结构的角度总结了我国企业国际化过程中知识搜索、跨界合作以及技术创新等对于国际化绩效影响的理论基础。其次，基于长三角地区的企业调研数据，深入探讨了研发投入与企业国际化之间的影响关系机制。最后，基于创新支持策略的角度，讨论了企业领导者对于创新的鼓励、员工创新参与程度以及新产品创新速度等对于企业国际化创新的影响机制问题。相关研究成果发表在 Journal of Business Research、Global Strategy Journal、Sustainability、《管理世界》、《科学学研究》、《科研管理》、《新华文摘》等期刊上。

第五，关于企业国际化的理论总结和实践启发。本部分在是总结企业国际化相关理论研究和实证分析的基础上，对数字经济时代我国企业国际化的一些实践调查、思考和经验总结。首先，基于长三角地区的调研数据资料，对企业国际化过程中企业管理者和创业者特质进行了深入讨论。其次，通过对疫情期间我国中小企业的大规模调研，总结出了中小微企业进行数字化转型发展是应对外部环境突变和重大危机事件的重要应对措施。最后，本部分还从产业和政府层面提出了加快我国企业数字化转型的重要举措。相关研究成果发表在 Entrepreneurship Research Journal、Journal of Business Ethics、《浙江经济》等期刊上。

本书的阶段性成果自公开发表以来，已经得到了学术界的充分肯定，引起了较大的学术影响，其中，发表在 SSCI 索引期刊上的 10 余篇论文，总共已经被他人引用 200 余次（Google 学术检索，截止到 2020 年 6 月）。而发表在中文期刊上的 20 余篇论文，总共已经被他人引用 1200 余次，单篇被引用最多达到 300 余次（中国知网检索，截止到 2020 年 6 月）。

在应用价值方面，本书也产生了显著的社会影响和实践价值。一方面，本书的相关研究成果曾多次被《新华文摘》、人大报刊复印资料、《浙江经济》等杂志转载或发表，引起了官方媒体的广泛关注。另一方面，在全面梳理、总结现有理论成果的基础上，本书围绕国家"一带一路"倡议、全面开放型经济建设、"中国制造 2025" 等宏观顶层制度设计，针对当前数字经济发展大潮的时代背景，撰写了 10 余份研究报告，发表在中国企业联合会《企业研究参考》、浙江省社科联《浙江社科要报》、浙江大学公共政策研究院《公共政策内参》等内部刊物上，呈送政府机构和相关部门参考，并获得省部级领导批示2件，多份报告被浙江省经信委、浙江省商务厅等政府职能部门采纳及应用。

本书也是国家社科基金重大项目（17ZDA088；19ZDA078）、国家自然科学基金重点项目（71632005）、国家自然科学基金一般项目（71772164；71632005；71772163；71772165）以及中国博士后科学基金（2016M600399）和浙江省自然科学基金杰出青年项目（LR19G020001）的阶段性研究成果。在研究过程中得到了浙江省新型重点专业智库浙江工业大学中国中小企业研究院、浙江工业大学中小微企业转型升级协同创新中心的大力支持。全书由程聪负责策划、组织、统撰和出版工作。参加本书各章节内容编写的主要团队成员包括程聪、曹烈冰、谢洪明、Monica Yang、贾良定等，感谢陈锋、贺易宁等对初稿进行了编撰和校对工作，程聪负责对全书进行了统稿。

本书在研究和撰写过程中，得到了国家社科规划办、国家自然科学基金委、教育部社科司、中共浙江省委办公厅、浙江省政府办公厅、浙江省社科联、浙江省商务厅等政府相关部门及机构的大力支持，对本书前期的实地调研、资料搜集、数据完善等工作提供了极大的帮助，在此一并表达笔者的诚挚感谢。同时，还要感谢中国社会科学出版社编辑部刘晓红女士及其专业团队的辛勤工作，她们为本书的出版付出了很多心血和努力，她们严谨的态度和专业的操作保证了本书的顺利出版。

最后，尽管本书的内容凝结了笔者及团队10多年来关于我国企业国际化研究的众多成果，但由于数字经济时代背景下，我国企业国际化面临更加复杂多变的外部环境，再加上笔者能力所限，仍然有很多理论需要进一步研究阐释，许多实践经验需要进一步总结。本书内容如有不足或者其他不妥之处，还请各位读者批评指正。

程聪

2020年6月于小和山

理论框架和章节安排

  大数据、人工智能、区块链等新技术、新应用方兴未艾，中国乃至全球正全面迎来继农业经济、工业经济时代后以数据为核心生产要素的数字经济时代。产业数字化、技术升级更新加速，新业态、新商业模式快速孵化，等等，都对我国企业国际化带来了新的挑战。第一，以信息技术为基础的产业数字化发展增加了国际市场的不确定性，加速了技术变革的速度，迫使国际市场上既有专利技术、知识产权的时间效益显著缩短，提升了我国企业国际化的经营风险。第二，数字经济时代要求我国企业在国际化战略决策过程中，更加精准、明确和迅速。一方面，大数据、人工智能等信息技术的广泛应用，使企业实施更高精度的国际化战略成为了可能。另一方面，数字化时代的企业国际化市场窗口更加灵活、多变，国际化机会稍纵即逝，迫使中国企业采取更具针对性的国际化市场策略。第三，数字经济时代的到来，为中国企业高质量发展提供了契机。以大数据、人工智能、区块链、物联网等为核心的前沿技术，正在深刻改变全球的产业结构和商业形态，数字化将重塑全球产业链布局和经济发展格局，这不仅为我国企业国际化提供了新的契机，同时也为我国开放型经济的高质量发展创造了条件。因此，本书基于数字经济时代的大背景，通过对过去30年来我国企业国际化的数据调查、实践调研和经验总结，尝试回答数字经济时代背景下，我国企业如何通过更加科学、合理的国际化战略来应对国际市场的新挑战。本书具有极大的理论研究价值和实践指导意义。

  本书紧紧围绕数字经济时代下我国企业国际化战略决策这一核心问题，按照"时代背景—理论演绎—经验分析—实践启发"来设计全书的内容章节。从时代背景来看，当前国内外数字经济发展大潮方兴未艾，数字技术的飞速发展和应用催生了以大数据为核心的新型基础设施在企业战略决策中的广泛应用。本书首先从大数据的理论溯源、技术分析机制和认知模式等角度构建了一个大数据影响企业战略决策的理论框架，阐述了大数据对于当前企业管理理论和实践的挑战，并提出了基于大数据的企业管理决策体系。在此基础上，本书还以我国长三角地区的民营企业国际化为调研对象，分别探讨了大数据分析能力对于企业国际化绩效的影响，以及基于大数据的商务智能对企业国际化速度的影响机制问题。这些理论观点和经验分析主要体现在本书的第一篇中。

在数字经济发展大潮下，企业如何制定合理的国际化战略目标非常重要。数字技术的发展提升了企业目标反馈的组织能力，企业可以根据国际化市场活动效益来及时调整战略计划。一方面，本书首先从前景理论和战略选择理论出发，深入讨论了期望差距反馈、"以市场换技术"等我国企业独特的国际化行为对于企业战略决策影响的理论基础，并提出了从制度理论视角分析企业数字化转型的观点。另一方面，我们以浙江三花控股集团和浙江吉利控股集团的国际化案例为研究对象，深入讨论了我国企业国际化过程中的组织整合机制问题。在数字化时代，跨国并购作为企业国际化的重要方式之一，是一个需要及时根据并购进程进行组织调整的过程，这一并购后的整合过程对于我国企业实现国际化目标十分重要。进一步地，我们还对制度距离与企业国际化绩效之间的影响机制展开了详尽的经验分析。本部分的主要内容体现在第二篇中。

为了应对产业数字化对于我国企业国际化的新挑战，本书在系统的理论总结和翔实的资料调查基础上，提出了从企业国际化速度和创新战略两个视角来推进我国企业的国际化战略。在我国企业国际化速度专题中，本书首先构建了一个包含学习速度、承诺速度和合法化速度三个维度的中国企业国际化速度理论模型，在此基础上，基于我国长三角地区的国际化企业数据，对影响我国企业国际化速度的前因和后果进行了大量的经验分析。在前因分析中，采用组织构型的方法，系统总结了影响我国企业国际化速度的可能影响要素及其构型机制。而在后果分析中，重点检验了企业国际化速度不同维度对国际化绩效影响的差异及其解释机制。而在企业国际化创新战略中，我们重点聚焦在时间窗口下集群企业国际化过程中企业的知识搜索、研发投入、管理者/员工创新过程参与等创新行为的影响机制问题，提出了创新速度是数字经济时代企业国际化战略决策中非常重要的创新应对手段。本部分的主要内容体现在本书的第三篇和第四篇中。

在对数字经济时代下我国企业国际化战略决策进行系统的理论分析和经验总结的基础上，本书进一步进行了实践上的总结和提炼，总结了若干推进我国企业国际化的政策建议。从企业自身来看，加强企业管理者的国际化经营和创业战略素养十分重要。高素质的企业管理者队伍是企业应对外部快速变化环境的重要支撑力量。而从政府政策来看，本书从加快大数据生产效益的产业层面和推进新型基础设施建设的治理层面提出了若干建议，其中，关于加快大数据生产效益的举措包括重视大数据价值挖掘、明晰大数据产权归属、健全大数据流通制度和完善大数据安全机制四个方面。关于推进新型基础设施建设的举措包括打造具有浙江特色的新型基础设施国家级枢纽中心、加强新型基础设施建设高精尖技术和高端人才储备和完善全省"一盘棋"的新型基础设施建设制度体系三方面。本部分的主要内容体现在第五篇中。

总体看，本书的内容安排围绕纲举目张、效用结合的原则，首先从数字经济时代背景下我国企业国际化面临的新挑战出发，深入讨论了大数据等前沿技术对于企业国际化决策的影响，在此基础上，从企业国际化速度和创新战略两个角度回答了我国企业国际化如何应对数字化的挑战。最后，总结出了推动我国企业国际化的若干实践启发。本书的理论逻辑和章节内容安排如图1所示。

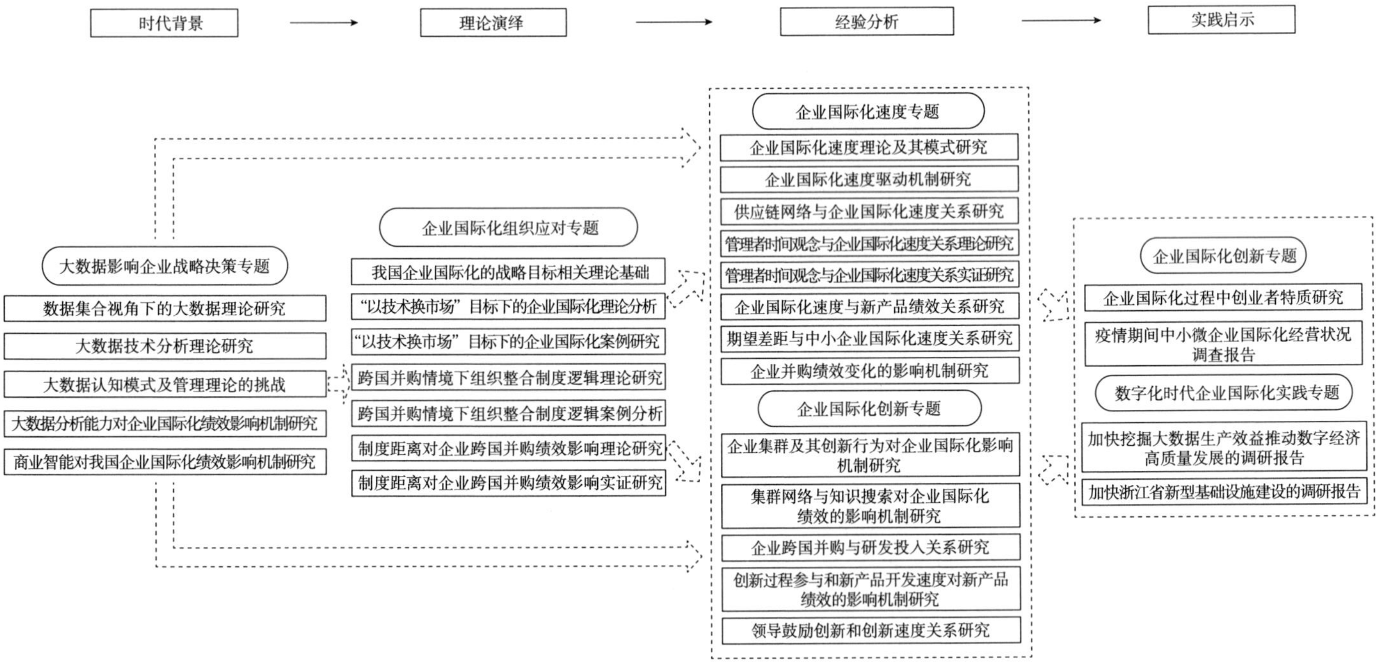

图 1 本书的逻辑框架和章节安排

目 录

第一篇 大数据影响企业战略决策专题

第一章 数据集合视角下的大数据理论研究 ········· 3

- 第一节 数字化催生大数据的发展 ············· 3
- 第二节 大数据理论研究脉络 ················ 5
- 第三节 作为数据集合的大数据研究 ············ 6
- 第四节 结论与讨论 ···················· 12

第二章 大数据的技术分析理论研究 ············· 13

- 第一节 大数据分析的内涵 ················ 13
- 第二节 大数据技术与知识管理 ············· 19
- 第三节 大数据的社会—技术系统 ············ 22
- 第四节 结论与讨论 ···················· 26

第三章 大数据认知模式及管理理论的挑战 ········· 30

- 第一节 大数据认知模式 ················· 30
- 第二节 认知大数据与管理决策 ············· 32
- 第三节 认知大数据的分析原则 ············· 33
- 第四节 认知大数据范式下的管理决策理论 ······· 35
- 第五节 结论与讨论 ···················· 39

第四章 大数据分析能力对企业国际化绩效影响机制研究 ····· 40

- 第一节 研究背景 ····················· 40

第二节　理论假设 …………………………………………… 41

　　第三节　研究设计 …………………………………………… 47

　　第四节　数据分析与假设检验 ……………………………… 49

　　第五节　结论与讨论 ………………………………………… 54

第五章　商业智能对我国企业国际化速度影响机制研究 ………… 56

　　第一节　研究背景 …………………………………………… 56

　　第二节　理论假设 …………………………………………… 58

　　第三节　研究设计 …………………………………………… 64

　　第四节　实证结果及分析 …………………………………… 68

　　第五节　结论与讨论 ………………………………………… 74

第二篇　企业国际化组织应对专题

第六章　我国企业国际化的战略目标相关理论基础 ……………… 79

　　第一节　理论背景 …………………………………………… 79

　　第二节　战略目标相关理论 ………………………………… 80

　　第三节　目标战略对企业国际化决策的影响 ……………… 84

　　第四节　结论与讨论 ………………………………………… 86

第七章　"以市场换技术"目标下的企业国际化理论分析 ……… 87

　　第一节　研究背景 …………………………………………… 87

　　第二节　制度逻辑与企业竞合 ……………………………… 89

　　第三节　"以市场换技术"情境下企业竞合制度逻辑及其
　　　　　　复杂性 ……………………………………………… 91

　　第四节　理论探讨与贡献 …………………………………… 93

第八章　"以市场换技术"目标下的企业国际化案例研究 ……… 98

　　第一节　研究方法选择 ……………………………………… 98

　　第二节　三花与兰柯收购事件 ……………………………… 102

　　第三节　三花与丹佛斯合资事件 …………………………… 109

第四节 案例研究结果分析 …………………………………… 115

第九章 跨国并购情境下企业组织整合制度逻辑理论研究 ………… 118
第一节 研究背景 …………………………………………… 118
第二节 制度逻辑与组织决策 ……………………………… 120
第三节 制度逻辑复杂性 …………………………………… 122
第四节 理论探讨与贡献 …………………………………… 125

第十章 跨国并购情境下企业组织整合制度逻辑案例分析 ………… 131
第一节 研究方法选择 ……………………………………… 131
第二节 董事会和管理层重组 ……………………………… 136
第三节 沃尔沃"放虎归山" ……………………………… 141
第四节 全面协同创新 ……………………………………… 148
第五节 结论与讨论 ………………………………………… 153

第十一章 制度距离对企业跨国并购绩效影响理论研究 …………… 155
第一节 研究背景 …………………………………………… 155
第二节 理论基础 …………………………………………… 156
第三节 理论模型 …………………………………………… 160
第四节 理论总结 …………………………………………… 162

第十二章 制度距离对企业跨国并购绩效影响实证研究 …………… 164
第一节 研究设计 …………………………………………… 164
第二节 数据分析 …………………………………………… 168
第三节 结论与讨论 ………………………………………… 175

第三篇 企业国际化速度专题

第十三章 企业国际化速度理论及其模式研究 ……………………… 181
第一节 研究背景 …………………………………………… 181
第二节 企业国际化速度的理论基础 ……………………… 182

3

第三节　企业国际化速度的测量方式 …………………… 184
第四节　企业国际化速度的中国情境 …………………… 192
第五节　结论与讨论 ……………………………………… 196

第十四章　企业国际化速度驱动机制研究 …………………… 197
第一节　研究背景 ………………………………………… 197
第二节　理论假设 ………………………………………… 198
第三节　研究设计 ………………………………………… 204
第四节　数据分析 ………………………………………… 206
第五节　结论与讨论 ……………………………………… 211

第十五章　供应链网络与企业国际化速度关系研究 ………… 214
第一节　研究背景 ………………………………………… 214
第二节　理论假设 ………………………………………… 216
第三节　研究设计 ………………………………………… 219
第四节　数据分析与假设检验 …………………………… 223
第五节　结论与讨论 ……………………………………… 229

第十六章　管理者时间观念与企业国际化速度关系理论研究 ……… 231
第一节　研究背景 ………………………………………… 231
第二节　管理者时间观念 ………………………………… 233
第三节　时间框架下的企业国际化速度 ………………… 235
第四节　理论总结与展望 ………………………………… 239

第十七章　管理者时间观念与企业国际化速度关系实证研究 ……… 241
第一节　研究设计 ………………………………………… 241
第二节　结构方程模型检验 ……………………………… 244
第三节　模糊集定性比较分析 …………………………… 252
第四节　结论与讨论 ……………………………………… 256

第十八章　企业国际化速度与新产品绩效关系研究 …………… 260

    第一节　研究背景 ……………………………………………… 260

    第二节　理论假设 ……………………………………………… 261

    第三节　研究设计 ……………………………………………… 264

    第四节　数据分析 ……………………………………………… 267

    第五节　结论与讨论 …………………………………………… 272

第十九章　期望差距与中小企业国际化速度关系研究 …………… 274

    第一节　研究背景 ……………………………………………… 274

    第二节　理论假设 ……………………………………………… 275

    第三节　研究设计 ……………………………………………… 280

    第四节　数据分析 ……………………………………………… 282

    第五节　结论与讨论 …………………………………………… 288

第二十章　企业并购绩效变化的影响机制研究 …………………… 290

    第一节　研究背景 ……………………………………………… 290

    第二节　理论假设 ……………………………………………… 292

    第三节　研究方法 ……………………………………………… 296

    第四节　研究结果 ……………………………………………… 300

    第五节　结论与讨论 …………………………………………… 303

第四篇　企业国际化创新专题

第二十一章　企业集群及其创新行为对企业国际化影响

           机制研究 ……………………………………………… 311

    第一节　研究背景 ……………………………………………… 311

    第二节　理论基础 ……………………………………………… 312

    第三节　理论模型 ……………………………………………… 316

    第四节　理论总结 ……………………………………………… 317

第二十二章　集群网络与知识搜索对企业国际化绩效的影响机制研究 ········· 319

　　第一节　研究背景 ········· 319
　　第二节　理论基础 ········· 320
　　第三节　理论模型 ········· 323
　　第四节　理论总结 ········· 324

第二十三章　企业跨国并购与研发投入关系研究 ········· 326

　　第一节　研究背景 ········· 326
　　第二节　理论基础 ········· 327
　　第三节　数据分析 ········· 330
　　第四节　结论与讨论 ········· 332

第二十四章　创新过程参与和新产品开发速度对新产品绩效的影响机制研究 ········· 334

　　第一节　研究背景 ········· 334
　　第二节　理论假设 ········· 336
　　第三节　研究方法 ········· 344
　　第四节　研究结果 ········· 348
　　第五节　结论与讨论 ········· 353

第二十五章　领导鼓励创新和创新速度关系研究 ········· 358

　　第一节　研究背景 ········· 358
　　第二节　理论假设 ········· 359
　　第三节　研究方法 ········· 363
　　第四节　研究结果 ········· 366
　　第五节　结论与讨论 ········· 373

第五篇　数字化时代企业国际化实践专题

第二十六章　企业国际化过程中创业者特质研究 379
第一节　研究背景 379
第二节　理论基础 380
第三节　理论模型 383
第四节　理论总结 386

第二十七章　疫情期间中小微企业国际化经营状况调研报告 388
第一节　研究背景 388
第二节　新冠肺炎疫情下中小微企业国际化经营状况评估 389
第三节　对宏观经济形势的预判和企业发展预期 397
第四节　中小微企业国际化应对疫情挑战相关建议 403

第二十八章　加快挖掘大数据生产效益推动数字经济高质量发展的调研报告 405
第一节　提高大数据生产效益的意义 405
第二节　浙江省大数据利用现状分析 406
第三节　提升大数据利用效率的建议 408

第二十九章　加快浙江省新型基础设施建设的调研报告 410
第一节　浙江省加快新型基础设施建设优势分析 410
第二节　浙江省加快新型基础设施建设可能面临的短板 411
第三节　加快推进浙江省新型基础设施建设的对策建议 412

参考文献 414

第一篇

大数据影响企业战略决策专题

　　当前，先进信息技术引导下的新一轮科技革命和产业变革与我国加快转变经济发展方式、全面建成小康社会任务形成历史性交汇。新一代数字信息技术与管理理论实践深度融合，正在引发影响深远的组织、行业和社会变革，形成新的组织架构、商业模式、行业形态和经济增长点。本篇从大数据的发展脉络和功能特征出发，探讨了企业战略决策理论如何受到大数据影响的理论基础。本篇首先从数据集合、技术分析和认知模式三个角度概括出了大数据在管理理论中的可能影响效应，深入讨论了大数据、知识管理与社会认知之间的理论关系。在此基础上，以我国企业国际化战略决策为分析对象，探讨了大数据分析能力和商务智能对于企业国际化战略决策的影响机制问题。

第一章

数据集合视角下的大数据理论研究

第一节 数字化催生大数据的发展

当前，先进信息技术引导下的新一轮科技革命和产业变革与我国加快转变经济发展方式、全面建成小康社会任务形成历史性交汇。新一代"大数据"信息技术与管理理论实践深度融合，正在引发影响深远的组织、行业和社会变革，形成新的组织架构、商业模式、行业形态和经济增长点。可穿戴智能设备、智能家电等大数据感知基础单元不断拓展大数据边界；基于信息物理系统的大数据制造正在引领制造方式变革；业务外包、协同创新等互联网大数据商务正在重塑行业价值分工体系。伴随全球竞争格局发生重大调整，我国社会经济结构转型升级、创新发展迎来了严峻挑战和重大机遇。

伴随着交流、观察、存储技术的进步，大量数据以自然方式产生并被记录，以互联网为媒介，逐渐汇聚成一个包含大量客观世界和精神世界信息的数据空间复杂系统（刘业政、孙见山、姜元春、陈夏雨、刘春丽，2020）。"大数据"一词一般被认为源自1997年Michael Cox和David Ellsworth在电气与电子工程师协会会议上提交的一篇论文，该论文解释了大量的数据可视化及其对计算机系统的挑战（Cox & Ellsworth，1997）：信息技术的快速创新和技术的进步使大量数据得以被观察和存储，但相比之下利用信息的有效渠道却少之又少。利用数据检测、分析并揭示经济、工业和社会行为发展的趋势，获取可持续的决策和竞争优势，加快社会和经济整体发展速度，提高国家综合实力（Blazquez & Domenech，2018）。因此，大数据的出现不仅引起了数据科学界的关注，而且进一步引发了经济、工业、社会等领域的实践和理论变革（Frankel & Reid，2008；Hilbert & López，2011；Lazer et al.，2014）。

大数据应用在各行各业取得了令人瞩目的成效，为了发挥大数据在经济社会运行与发展中的重要作用，包括联合国在内，中国、美国、欧盟、英国以及澳大利亚等国发布了一系列大数据的战略举措（Cao，2017）。大数据已经被看作战略性基础资源，是获得可持续竞争优势的关键因素。国际金融危机后，发达国家纷纷基于信息和网络技术发展两化融合战略，重振经济活力，重塑竞争优势，力争在新一轮全球商贸格局中占据领先地位。2012年，白宫科技政策办公室发布《大数据研究发展倡议》，以提升从海量和复杂数据中获取知识、挖掘价值的能力，进而推动科学与工程领域创新步伐加速。此后，美国先后发布《大数据：把握机遇，守护价值》白皮书、《联邦大数据研发战略计划》，重申要把握大数据可为经济社会发展带来创新动力的重大机遇，进而打造面向未来的大数据创新经济生态。德国在2013年发布了《工业4.0》战略，计划把以数据为基础的智能制造作为主导，通过利用信息物理系统手段，推动第四次工业革命，创造革命性的生产方法，将制造业向智能化转型。英国自同年起先后推出《把握数据带来的机遇：英国数据能力战略规划》《数字战略2017》《工业战略：建设适应未来的英国》，提出了11项具体行动部署，释放数字经济潜力。此外，韩国于2013年推出了《大数据产业发展战略》；欧盟于2014年发布了《数字驱动经济战略》；澳大利亚也在同一时间成立了"大数据工作组"并启动了《公共服务大数据战略》。综合以上几个典型国家的新动向和新举措，大数据与人工智能、云计算、物联网等技术日益融合，成为各国抢抓未来发展机遇的战略性技术。

为应对日益增长的大数据竞争，我国先后出台多类政策扶持大数据及相关产业发展。2015年9月，国务院发布《促进大数据发展行动纲要》，明确了"加快政府数据开放共享，推动资源整合，提升治理能力"的任务。2016年12月，工信部正式编制印发了《大数据产业发展规划（2016—2020年）》，以强化大数据产业创新发展能力为核心，明确了强化大数据技术产品研发、深化工业大数据创新应用、促进行业大数据应用发展、加快大数据产业主体培育、推进大数据标准体系建设、完善大数据产业支撑体系、提升大数据安全保障能力等7项任务。2019年，中国信息通信研究院发布的《中国数字经济发展与就业白皮书（2019年）》显示：2018年，我国数字经济规模超过31万亿元，占国内生产总值的比重超过1/3，大数据支撑政策初见成效。考虑到我国数字经济发展如火如荼而相关的理论仍然相对滞后，因此在我国开展数字化环境下的组织管理理论研究，为数字背景下组织和社会的发展提供可行的建议，是一个攸关中华民族崛起于世界之林的重大议题。

第二节　大数据理论研究脉络

大数据的概念同样引起了学术界的关注。除了数据规模外，早期的大数据研究更多地关注大数据的语义意义，并提出了规模、速度和差异性三维度构成的3V模型（Laney，2001）。此后的大数据研究在3V模型的基础上进一步增加了价值、精度、变化等不同维度，构成了4V模型、5V模型、7V模型甚至11V模型（Wu et al.，2016；Sivarajah et al.，2017；Wang et al.，2018）。由于大数据概念的发展逐渐触及经济与社会发展的基础性机制以及组织管理与认知决策的基本形式，其应用范围的扩大与社会经济的影响推动研究焦点向大数据的语用意义发展（Wu et al.，2016）。例如，Chen等（2012）指出，商业情报和分析（Business intelligence and analytics，BI & A）以及大数据分析相关的领域在学界和业界都变得越来越重要，分析和应用技术的突破允许组织和政府更大程度上发挥大数据在电子商务、市场智能、电子政务、医疗保健和公共安全等领域的影响。此后的研究先后发现大数据分析在挖掘商业价值（LaValle et al.，2011；Côrte-Real et al.，2017）、提高企业绩效（Akter et al.，2017）、商业业务转型（Wang & Hajli，2017）、供应链管理（Wang et al.，2016）等领域的应用。

探索基于大数据系统的理论和实践，已经成为各行业和各领域未来发展的方向和目标。然而，大数据这一概念的流行及其在大量理论研究和经验语境中的广泛应用，使这一概念具有相当多的冗余意义，并造成它在许多方面被滥用或者误用。并且，随着大数据理论和应用的发展，目前的大数据概念内涵与其原始的概念已有较大的发展和进步，对大数据原始内涵和新生概念的混淆使用进一步影响了目前理论和实践的发展。因此，研究者期望发展该综述，以澄清一些重要但被误解的大数据范畴下的构念以及它们之间的关系，并在现有文献基础上为未来研究提供新的理论研究视角启发。

第三节 作为数据集合的大数据研究

Weaver（1991）将科学探讨的问题分为三类：关注有限变量关系的简单问题，关注大量独立变量的无组织复杂性问题，以及关注大量存在内部交互影响关系的有组织复杂性问题。自工业革命以来，先进技术推动的社会发展以及人类观察范围的扩张大大增加了数据以及数据可及性；大量数据以信息的形式汇聚，并为组织管理理论的发展和社会经济的进步提供了新的可能（Beath et al.，2012）。大量数据既是进一步进行数据分析、知识管理、决策支持以及社会应用的基础，也因其自身的大尺度、大规模的数据集合特征而超越了传统的简单系统和无组织复杂系统假设（Jin et al.，2015），并要求研究理念创新以同时处理大量变量之间的交互以及其构成群体行为之间的有组织复杂关系。

一 大数据源起

科学技术的发展促进了人类对客观世界的观察方式的改变。新出现的观察方式模仿并拓展了人类感知客观世界的能力，并将对客观世界的观察以大量主题数据集的方式记录储存，构成早期的大数据集合（Cox & Ellsworth，1997）。例如，以互联网为核心的信息通信技术使虚拟数字世界的存在成为可能，而作为互联网生态提供者的平台组织及提供互联网服务的参与组织能够从用户行为中积累大量数据并以数据库的形式存储（Bourne et al.，2015）。早期的大数据研究主要关注大数据作为数据库或者数据集合的语义意义，关注大数据集合的本体特征如多 V

模型：规模（Volume）是大数据区分于传统数据的直接特征。然而过度关注数据规模会导致忽略了大数据的其他特征（Jagadish，2015），之后多个组织注意到了过度关注规模的弊端，因而在大数据规模的基础上新增了差异和速度两个维度，这一点被广泛接受并应用于实践研究中（Laney，2001；Mooney et al.，2015）。例如，Johnson 等（2017）的研究指出，组织的探索性导向能够促进大数据的规模、速度和差异的发展，并进一步提高新产品收益。在此基础上，之后的研究者不断探索大数据的其他特征，并归纳出大数据的精度、变化、可视、价值等总计 11 个维度（Venkatraman & Venkatraman，2019），如表 1-1 所示。

表 1-1　　　　　　　　　　大数据多 Vs 模型

维度	定义	来源或代表性文献
规模	数据的规模	Cox & Ellsworth，1997
速度	数据产生及转移的速率	Laney，2001
差异	不兼容和不一致的数据格式	
精度	数据的不确定性程度	Barwick，2012
价值	数据具有离散的价值	Demchenko et al.，2013；Opresnik & Taisch，2015
挥发	数据维持有效的时间期限	Uddin & Gupta，2014
效度	数据在特定情境下的适用性	
可变	数据的复杂性程度	Owais & Hussein，2016
可视	数据提供视觉化洞察	
联结	数据项之间的相关性	Venkatraman & Venkatraman，2019
脆弱	数据收集的技术和伦理风险	

此外，基于不同侧重，大量学者同时提出了大数据的 5R 模型（Wu et al.，2015）、4C 模型（刘业政等，2020）、HACE 原理（Wu，Zhu，Wu & Ding，2013）等，然而这些基于经验观察的描述缺乏对隐藏在大数据这一单一概念之下的复杂系统的思考；随着数据规模和计算需求的增加，系统复杂性也在幂律增加，因此大数据并非是传统数据的加总，而是涉及多主体互动动态过程的有组织的复杂系统（Marz & Warren，2015）。复杂系统理论的引入对揭示大数据集合的属性提供了

7

科学的理论依据和研究基础。

二 大数据集合的性质

复杂系统是指由大量可能相互作用的组元所组成的系统（Arthur，2018），主要涉及对系统以及系统组元行为和性质的研究。大数据复杂系统性质研究的一个核心观点是，由于传统的数学和概念性方法仅仅适用于微观和宏观行为分离的系统中，而复杂系统各组元之间的交互会导致跨尺度的行为而违背了这种尺度分离假设，因而传统方法不能充分表示系统内组元相互关系的影响（Bar‐Yam，2016），因此必须引入动态、跨尺度与非线性变化三个复杂系统性质的基本维度对其加以阐述，这一三维划分也得到了贾建民等（2020）大数据"时空关"的支持。大数据系统的时间维度允许记录目标对象的动态行为，空间维度允许探究不同层次间的跨尺度行为，关系维度则允许勾勒系统组元间非线性的关系。

动态指对系统如何随时间改变的研究，这一属性使大数据集合能够对真实世界固有的动态性和复杂性进行映射及进一步分析。例如，在大数据早期的3Vs模型中，数据输入的速度是大数据最核心的三个特征之一（Laney，2001），之后的研究同样发现大数据系统对实时性具有极高的要求，其数据集合的结构和变量规模会随时间动态改变（Buyya，Calheiros & Dastjerdi，2016；Erevelles，Fukawa & Swayne，2016）。

非线性则指大系统数据中的数据不满足叠加性和/或齐次性，这一属性更多地挑战了传统数据分析工具的适用范围。与受限于数据收集方式的传统研究方式不同，较大的数据集合允许更为灵活的非线性关系，而获取潜在非线性关系的能力则需要对应技术的支持（Varian，2014）。为应对非线性的表征，大数据系统结合深度学习、决策树、支持向量机等机器学习算法，从原始数据中提取复杂的非线性特征（Najafabadi et al.，2015），并允许简单的线性模型将提取的特征作为输入进行进一步加工。

尺度一般指观察者所关注的事物或现象所处的范围。大尺度系统往往覆盖了较大的时间和空间范围，而小尺度事件则蕴含丰富的信息细节。解决大数据复杂系统的问题要求厘清其中错综复杂的跨尺度的依存关系和行为的多重因果联系。除了传统关注同一尺度下行为的相互关系，大数据应用者更应该关注系统内部微观尺度的依存关系如何引致大尺度的行为模式；通过舍弃不必要的细节，直接刻画宏观尺度上系统的动态非线性行为模式（Bar-Yam，2016）。而在另一方面，作为大规模数据的特征，大数据集合对微观尺度复杂细节同样存在精确而全面的刻画，因而也能改进传统研究方法对孤立系统内部各要素依存关系的研究精确性。对这种同时存在上探和下探的趋势，反映了大数据尺度和细节的精细化，也就是说信息细粒度（Pedrycz & Chen，2014）。

获取驱动宏观尺度涌现行为的解释机制并探索影响结果的关键信息是大数据系统的核心目标，这一过程可以被视为对问题空间求解。问题空间是问题解决者对一个问题所达到的全部认识状态，它是由问题解决者利用问题所包含的信息和已储存的信息主动地构成的（Kotovsky & Simon，1990）。问题解决可以被认为是对问题初始状态与目标状态之间算子集的搜索（Newell & Simon，1972）。在完美信息的情况下，我们可以假定这个数据集合不存在偏差。研究者认为：如果通过一个数据集合，研究者能够精确地确定某一确定系统位于其他参数水平下的状态，则我们可以认为该数据集合是完整的。

复杂系统内部既不是完全独立也不是完全相关，因而在对复杂系统的研究中，研究者首先关注的是那些具有跨尺度影响的信息。这意味着这些信息在多个尺度的系统层面都将被频繁访问和调用，并在从微观到宏观的跨尺度运行上发挥了重要的解释功能，研究者将其称为工作数据。与之相对，提供了各个尺度上系统细节的信息仅在考虑某一特定尺度时被纳入考虑，而在考虑其他尺度系统时因明显的尺度分离现象而能以大数据和传统途径探索，研究者将此类数据称为可用数据。此外，大数据系统的边界同样是另一个值得关注的问题。大数据系统边界定义了尺度内以及跨尺度的系统与环境的分界，给定了系统规则适用的范围与极限。因此，与理论边界类似，系统边界可以认为是由研究者所处的时代背景、环境背景、研究者价值观构成的研究假设塑造的（Bacharach，1989），对边界条件的探索拓展了系统和理论的适用范围和边界条件（Busse，Kach & Wagner，2017）。对于此类在大数据系统中基于开发者假设而被暂时假设排除于系统外的数据，研究者将其称为缄默数据。最后，对于真正位于已知数据集合外部的数据，研究者将其称为未知数据。

四类数据对大数据复杂系统具有不同的影响。由于未知数据的完全不确定性，它的存在会增加系统模型整体的不确定性，进而影响仿真和预测的结果。建模数据则能够通过假设，在一定程度上控制系统模型的输出结果。虽然这会降低系统模型的准确性，但同时也减少了不确定。从同一尺度的可用数据中或许能够发现影响观察数据的新路径，但从不同尺度的可用数据中却能发现跨尺度影响的工作数据集合，这取决于系统和数据分析的焦点。换言之，大数据系统不仅允许决策者利用工作数据获得从宏观到微观的数据整体性的跨尺度洞察，同样允许决策者得以聚焦局部数据并探索相近尺度数据集合的详细结构。这一跨尺度的研究方式已被广泛地用于医学研究等多个领域（Stokes et al., 2020）。

三 大数据集合的数据结构

行为是复杂系统理论关注的另一个焦点，它构成了大数据系统重要的数据来源，也是社会经济和组织管理的重要依据（Becker, 2013）。尽管推动行为数据的原因有很多，行为主体属性对数据下一步的分析和应用具有先验的技术和伦理影响。例如，来自社交媒体上公开的个人信息与购物订单中的购物信息具有不同的商业分析价值和隐私属性，因而要求在进一步分析时采用相对应的方法。

大数据的记录依托于行为主体在大数据系统平台中留下的数字行为足迹。从社会经济的角度，Li 等（2019）指出，在一个典型的跨国数字平台生态中，平台企业、用户和为用户提供服务的产品或服务提供商共同构成了数字生态。平台由共享的技术、组件、服务、体系结构和关系构成，这些技术、组件、体系结构和关系是各种参与者聚合和创造价值的共同基础（Gawer & Cusumano, 2014）。典型的数字平台指拥有模块化架构的以互联网为基础的平台，例如社交平台、电商平台、传感器中控平台等，其通过提供交互界面以促进代表需求的用户和代表供给的产品或服务供应组织之间的多边交易和交流并创造价值（Li et al., 2019）。在平台的基础上，用户以及供应组织相互协作以实现共同的价值主张的多边体系进一步构成了数字生态（Adner, 2017；Jacobides,

Cennamo & Gawer，2018）。Weill 和 Woerner（2015）则进一步指出，作为平台的商业组织受政府监督，能够完全掌握终端用户相关的知识，而作为生态参与者的"模块"企业则仅能掌握部分用户知识。据此，研究者将参与并记录提供数字足迹的大数据来源分为以下四类：①用户；②供应商；③平台组织；④公共管理组织。

大数据系统组元的交互行为定义了系统的动力过程。根据用户行为，Blazquez 和 Domenech（2018）将数据来源划分为信息搜索、信息交易、信息扩散、社会交换和非故意传播五类。对用户而言，数据首先来自用户之间的社会交流或者信息搜索，此时用户希望与其他用户共享信息、意见和想法（Loebbecke & Picot，2015）。其次，用户能够通过授权、协议或者购买等经济或者非经济行为换取供应商的产品或服务，并形成对应数据。供应商之间同样能够将数据作为一种新型货币，通过信息交易以扩大数据价值（Sadiku, Foreman & Musa，2018），或者利用数据平台进行市场教育、数字营销等信息扩散活动（Akter & Wamba，2016）。

尽管组织管理理论一直强调市场知识与客户知识获取对产品创新和组织绩效的影响（Li & Calantone，1998；Malhotra, Gosain & Sawy，2005；Zhou & Li，2012），传统基于分工和要素等资源配置的供给侧优化模式仍然在产品设计和企业运营过程中丢失了大量来自需求侧的信息（Srnicek，2017）。基于处理日益增长的数据的需求，平台作为一种新的商业模式和组织形式得以出现。对平台组织而言，非故意泄露的生态数据同样为平台管理和用户分析提供了大量数据。在部分生态活动中，数据并非来自用户或者供应商的主动生成或授权采集，而是来自第三方的观察以及信息泄露，例如用户留在电商平台数据库中的搜索记录、位置信息或者私人信息等（Blazquez & Domenech，2018）。此时，数据是无意识中被动生成并且往往未经授权。此外，出于公共管理的目的，大量平台数据、用户数据、交易信息，以及具有公共属性的农业、卫生、交通等信息会进一步汇聚到政府平台以供公共决策（Bertot, Gorham, Jaeger, Sarin & Choi，2014）。更进一步地，出于国家安全等战略考虑，政府所掌握的大数据甚至需要来自全球，这进一步形成了国家之间的数据交易（Kim, Trimi & Chung，2014）。

大数据集合作为一个多尺度的复杂系统，得以观察描述多尺度下的系统动态变化。囿于方法限制，传统概念研究难以处理跨尺度的因果问题，因而在处理大数据时具有内生的局限性。复杂系统理论对细节数据的重整化群既保留了对同一尺度上各组元关系的探索能力，又提供了跨尺度上刻画了系统内部依存关系对系统动态影响的视图。随着尺度的增加，表示系统所必需的信息量随之减少，因而描述系统动态的重要组元会以留存的方式自然地凸显。虽然大数据复杂系统拥有揭示跨尺度关系的潜质，然而如何将系统的小差异重整并比较更大差异之间的关系，并实现对大尺度洞见的呈现，以及对这些洞见的社会应用，则依赖于大数据技术和应用者的进一步参与。

第四节　结论与讨论

本章主要从数据集合的角度讨论了大数据的特征及其理论基础。数据集合视角下的大数据通过记录依托于行为主体在大数据系统平台中留下的数字行为足迹来反映。大数据的数据集合性质通过动态化、非线性和尺度化体现出来。动态性反映的是大数据系统时间维度允许记录目标对象的数据状态，非线性关系则刻画了大数据不同组织和系统组元之间数据的连接性。最后，跨尺度行为则表示大数据空间维度允许探究不同层次间的数据类型。

第二章

大数据的技术分析理论研究

第一节 大数据分析的内涵

一般意义上的大数据分析指收集、组织和分析大量离散数据以揭开隐藏的系统模式、关系或者其他有意义的洞察,并获取结论的过程(Wang et al.,2018)。目前,越来越多的研究者以大数据指代一系列以大数据集合作为基础进行数据分析的范式(Blazquez & Domenech,2018;Wamba et al.,2017;Wang et al.,2018)。大数据技术关注大数据术语的语用意义,强调企业如何获得以及使用对大数据集合进行分析的现实技术,以及基于大数据范式的社会经济应用(Buyya et al.,2016)。作为典型的复杂数据系统,大数据的动态、非线性和跨尺度要求组织能够通过同时使用系统等级和个案等级的技术,对不断涌现的结构化和欠结构化数据进行自动的整理、挖掘和呈现,以从中获取跨尺度的重要信息和洞见,实现从大数据到大影响的演化(Bar – Yam,2016;Chen et al.,2012)。不同的研究者从不同的视角给出了这一路径的具体内涵,如表2-1所示。

表2-1　　　　　　　大数据分析的内涵

来源	视角	内涵
Cosic et al.（2012）	资源基础观	利用资源执行商业分析任务
Hurwitz et al.（2013）	3V模型	管理大量不同的数据,允许使用者实现数据分析和响应

续表

来源	视角	内涵
LaLalle et al. (2011)	分析应用	减少成本 操作优化 提高盈利能力，并利用市场分析进行有针对性的投资
Simon (2013)	分析收益	收集客户数据，从而获得业务洞察，优化客户服务
Trkman et al. (2010)	商业过程	计划分析 来源分析 执行分析 传递分析
Wixom et al. (2013)	商业价值	获取洞察的速度 普遍使用

一 大数据分析技术结构

大数据技术的起点在于从原始数据中构建数据集合仓库，仓库对数据的吞吐则构成了大数据生态的主要活动。数据仓库的构建依赖于原始数据到大数据的数据集合处理的输入过程。数据集合处理指针对原始数据的处理技术，包括数据收集、数据清洗、数据整合、数据准备、数据归档和存储等步骤（Blazquez & Domenech, 2018）。从非传统社会经济来源获得的数据通常是庞大的、异质的、非结构化或半结构化的。这些特征意味着在检索、处理、分析和存储数据时会遇到许多挑战。因此，处理机器学习和大数据中处理原始数据的方法和技术正在开发中。许多这样的方法已被广泛应用于其他领域，如工程、医学和生物统计学。尽管它们有处理社会经济数据的潜力，但它们在大数据分析的整个过程中仍处于早期阶段（Varian, 2014）。

1. 数据收集

这个阶段包括访问数据源和收集初始数据或原始数据。根据开发项目所需的知识和数据，这个阶段的活动包括现象观察、实验、记录、模拟、抓取和与第三方协商。

2. 数据清洗

这一阶段包括记录所获得的数据并检查它们的质量。首先，应该通过将数据与元数据关联来记录数据获取过程。元数据包括与来源、数据格式、检索过程和访问日期的技术细节相关的信息，从而支持数据的二次利用和正确引用。第二，保证数据的质量和有效性。它需要验证数据源和自身数据的可靠性，控制任何数据不一致性，如意外值和键入错误，并在必要时清理和匿名数据。

3. 数据整合

这一阶段是将不同数据源的数据以一致、同构的结构进行融合，使数据具有可追溯性和批量操作的可能，便于后续项目的访问和使用。这包括将不同数据源的变量之间的关系制表、调整单元、翻译和创建一个包含所有获取数据的单一数据库。数据集成还应该包含隐私约束，以避免在集成的数据中泄露一些私有信息。这是一个主要的伦理问题，因为丰富的综合数据可能会无意间泄露个人信息。

4. 数据准备

这一阶段包括转换数据，使其满足将要应用的分析工具和技术的格式要求。这包括诸如转录、数字化、内插、在数据集中建立表格格式以及通过对现有数据的操作获得新数据等活动。

5. 数据归档和存储

这个阶段包括对收集、处理和分析的所有数据进行归档和注册，以便长期保存、管理和二次利用。操作包括将数据存储在特定存储库或计算系统中、将它们迁移到其他平台或媒介、定期备份数据、生成相关的元数据、预处理生成的文档、控制数据安全和隐私、处理相关法律问题等。

二　内容演化与商业情报分析

决策是组织及其活动的基础，如何从复杂、混沌、庞杂的数据集合中提取有意义的信息和洞见并使之支持组织决策，这是大数据技术关注的第一个要点。在 Simon 的决策理论中，决策可以分为情报、设计和选择三个阶段（Simon，1960）。在情报阶段，决策者需要尽可能地收集环境中与问题相关的信息，为设计阶段发明、开发和分析所有可能的行动过程以达成决策目标做准备。而在选择阶段，决策者根据自身知识信念，从设计阶段的方案中选择一种特定的行动方案。Luhn（1958）随即提出了一个早期的商业情报系统：一个利用数据处理机器对文档进行自动抽象和自动编码，并为组织及组织内部单位提供合适行为信息的系统。而在目前大数据时代，商业情报指一种数据驱动的决策支持系统，包括竞争情报等子系统。它将数据收集、数据存储和知识管理分析结合起来，为决策过程提供情报输入（Negash & Gray，2008）。商业情报强调对组织及其运营过程中产生及获取的大量数据进行分析并得到有意义的信息。

Chen 等（2012）根据数据内容，将目前的商业情报发展划分为三个阶段。目前在工业上采用的 BI&A 技术和应用程序可以看作 BI&A 1.0，其中的数据大多是结构化的，由组织通过各种传统系统或者遗产系统收集并存储在商业关系数据库管理系统（Relational Database Management System，RDBMS）。作为早期决策支持系统创新迭代整合的结果，BI&A 一般包括在线分析处理（Online Analytical Processing，OLAP）、数据库挖掘（Database Mining）、数据挖掘（Data Mining）、执行信息系统（Executive Information System，EIS）、知识管理系统（Knowledge Management System）、地理信息系统（Geographic Information System）、客户关系管理营销（Customer Relationship Management Marketing，CRMM）、可视化（Visualization）（Negash & Gray，2008）。Chen 等（2012）则从 13 项 BI 平台的必备功能中提取了八项作为 BI&A 1.0，即报告、仪表板、特殊查询、搜索型 BI、OLAP、交互式可视化、记分卡、预测建模和数据挖掘。其中知识/数据库管理、数据挖掘、实时 BI 等领域仍然被作为 BI&A 的固有部分，在 BI&A 2.0 中继续得以发展。

BI&A 2.0 则是强调在传统 RDBMS 的基础上，对基于互联网的非结构化的网络内容和文本进行进一步挖掘和分析，典型的包括文本挖掘（Text Analytics）（Chaudhuri，Dayal & Narasayya，2011）、社交媒体分析（He，Tian，Chen & Chong，2016）。通过利用 cookie 和服务器日志，网站平台和企业平台能够完全地搜集并分析用户的足迹和需求，并以此开发新的商业机会。而在移动设备网络与物联网（Internet of Things，IoT）兴起后，对基于移动设备的地理位置信息、通信信息以及隐私等数据的获取与分析进一步促成了以人机交互、移动交互等 BI&A 3.0 的诞生（Airinei & Homocianu，2010）。

商业情报可以利用数据挖掘从大量数据中发现潜在的有用的、隐藏的和有效的模式。借助商业情报，决策者可以更精确地预测一个商业策略的风险。此时，决策结果是基于大数据的，而不是基于一个人的本能或者个体有限的情报能力。自商业情报的概念诞生以来，大多数组织使用这种技术来预测历史数据的结果或找到新的解决方案，以驱动业务或者变革商业模式。然而随着数据内容的差异化与去结构化，基于明确内容加工框架的商业情报系统已经难以灵活地推广到目前的大数据环境下，这一商业情报系统内生的缺陷呼吁更灵活的、基于程序框架的人工智能的参与。以机器学习技术为主的人工智能正在以更快的速度发展。与商业情报相比，机器学习过程更准确，更少出错，更有能力自己做决定并解决问题。商业情报能够定义特定业务的问题，而机器学习技术能够对决策者的行为进行预测分析。

三 算法升级与人工智能分析

利用人工智能或者机器学习进行分析是大数据分析的另一个研究导向。这一导向关注利用大数据训练机器实现对人类问题解决和决策能力的模仿和部分替代，以减轻人类认知负担，增加决策精确性。机器学习最初的定义是"不需要明确编程就能让计算机获得学习能力"。机器或者系统能够根据输入给出最优的输出。目前更具操作性的定义则认为机器学习是引入新的算法以使计算机能够利用数据进行训练并预测结果。在机器学习之前，计算机必须依赖于编程人员和决策指令的参与；而机器学习发明后，计算机可以自己思考并优化决策过程。组织注意到使用机器学习技术解决问题的新机会。人工智能是机器学习的最终目的。利用机器学习，机器最终能够学习人类决策特征，并达到甚至超过人类智能水平以及解决问题的能力。

机器学习的工作程序很简单，研究者首先在算法和模型帮助下为机器学习系统提供数据，一旦系统熟悉了数据，它就会根据已知的数据集生成目标预测结果。这一工具目前已被应用于管理学等社会科学研究中。例如，Luan、Reb 和 Gigerenzer（2019）就利用机器学习系统，利用计算机模拟个体决策，探究了启发式和经济理性两类决策逻辑在不同生态环境和知识水平下的决策绩效。

机器学习包括三个水平，即监督学习、无监督学习和强化学习。监督学习指根据以前的数据集知识预测新数据的输出。在这里，研究者输入数据，并期待机器输出结果。早期的机器学习强调对正确案例的模仿和逼近，因而适用规则明确的任务，例如取代基于历史数据的过滤算法并向客户提供更具个性化的推荐（Brynjolfsson & Mcafee，2017），或者对欠结构化的复杂数据进行挖掘并获取有意义的信息（Bose & Mahapatra，2001）。

而无监督学习指通过输入数据，让机器尝试检测模式、对算法进行聚类或者降维并总结数据点，以便分析人员获取有意义的洞见并得出结果。自然数据往往是没有标签的，因而针对无标签数据的无监督学习具有更大的适用场景以及普适性。例如，Azqueta - Gavaldón（2017）建议利用无监督学习和新闻数据建立一个反映经济政策不确定性的指数。当研究者不存在明确的问题或者目的，不知道该从数据中得到什么时，应用无监督学习能够为分析者提供更为异质性的知识。

强化学习则指机器关注环境中的交互，并通过合并交互模型来预测结果。强化学习强调对数据背景的敏感以及快速调整以适应环境并优化决策或者行为流程，这一点类似生态理性和启发式决策（Todd & Gigerenzer，2007）。生态理性决策强调在环境和认知的双重不确定性下，个体应当采用简化的判断方式，通过对环境进行判断并选择合适的决策工具（Kozyreva & Hertwig，2019）。例如，当环境数据分布呈"J"形时，决策者应当以"三角启发式"作为优选项，根据权重最高的因子进行判断而忽略其他因素（Luan et al.，2019）。因此，强化学习在信息有限及高不确定的环境下具有较高的使用价值。

值得注意的是，人工智能分析作为纯粹的技术，其价值实现往往依赖与具体情境的结合。例如，自然语言处理（Natural Language Processing，NLP）已经被纳入商业情报分析中，作为文本分析、语言录音分析的重要技术手段（Maynard，Saggion，Yankova，Bontcheva & Peters，2007）。此外，大量信息同样以视觉表征和图像的形式被储存在大数据仓库中，因此图像识别作为另一项重要的人工智能分析技术，对商业情报系统同样有重要的支持作用（Kimble & Milolidakis，2015）。通过将人工智能算法与商业情报系统结合，大数据分析系统可以有效提高运行效率、运行结果以及价值创造（Canhoto & Clear，2020；Francia，Golfarelli & Rizzi，2020），这一整合后的系统可以被称为商业智能（情报）系统。

第二节　大数据技术与知识管理

大数据技术的主要目的是将原始数据和数据中的信息转化为可理解的知识，并利用相关知识解决问题和优化决策，这一过程涉及从大数据到大信息进而产生大决策的知识产生过程（Bar – Yam，2016；Chen et al.，2012）。从数据到知识的过程被称为数据—信息—知识—智慧阶层模型（Data – Information – Knowledge – Wisdom Hierarchy，DIKW），又称"知识层次""信息层次"和"知识金字塔"，是信息和知识文献中最基本的、被广泛认可的、"理所当然"的模型之一。数据、信息和知识的定义在信息管理、信息系统和知识管理的文献中经常被直接或者间接引用。而层次结构则被用来描述和说明数据、信息、知识、智慧之间从较低层次的结构向较高层次的结构发展的过程。

在知识阶层模型中，一个隐含的假设是数据可以用来创建信息，信息可以用来创造知识，知识可以用来创造智慧（Ackoff，1989）。具体而言，数据是表示目标、事件及其环境属性的符号。单个数据是没有用处的。数据和信息之间的区别是功能性的，而不是结构性的。信息来自数据推断，往往包含在文字描述中，回答以"谁""什么""何时""多少"等词开头的相关性问题。信息系统生成、存储、检索和处理数据。知识是对过程机制的理解，它使信息转化为行为指导成为可能。知识可以通过教导、从经验中提取或者迁移等学习方式中获取（Simon，1960）。智慧是提高效率的能力。智慧增加价值，这需要我们称之为信念判断的心智功能，而信念往往是独特的和个人的（Rowley，2007）。根据这一模型，大数据技术通过商业情报分析将大量数据和信息转化为知识，分享并指导数据或者人类决策系统的运行。基于上述观点，Wu等（2016）指出，不同的学科领域的数据会产生不同的知识阶层模型，如表2 – 2所示。这八类知识阶层模型最终能够被归纳为支持传统决策的商业情报系统和取代传统决策的人工智能系统，这两类系统共同构成了大数据分析技术的知识阶层。

表2-2 大数据系统的知识阶层

数据	信息	知识	智慧
数据挖掘	信息分析	实时分析	商业分析
数据科学	信息可视化	预测分析	商业情报
数据工坊	信息系统管理	机器学习	人工智能
学习数据	文本分析	知识基础系统	决策支持系统
数据智能	文本挖掘	模式识别	可行情报
数据分析	网络分析	统计应用	商业预测
数据理解	网络语义分析	知识发现	商业战略
数据消化	网络搜索	专家系统	商务转移

大数据技术的一个显著特征是其依赖于云计算等分布式计算技术。分布式计算技术包括云计算、雾计算、边缘计算等，通常包括多个计算实体，并以消息传递沟通各个实体。以云计算为例，通过将数据中心化集成，计算系统能够利用不同算法整合处理数据，并得到组织各自所需要的结果。云计算提供的服务可以是任何类型的，如存储、数据库、软件、应用程序、网络、服务器等，因此覆盖数据集处理和数据分析处理。同理，大数据云的工作原理是将大数据集分解成可管理的"块"，并将这些块分布到不同的计算机系统中以可接受的效率进行处理。这种离散处理的过程就是云计算。在云计算中，数据信息存储在由服务提供商维护和控制的物理服务器上。用户可以通过互联网访问这些资源。根据产品及服务类型的不同，云服务可以被分为三类：基础设施云（IaaS）、平台云（PaaS）和软件云（SaaS）。云计算为数据存储、服务器、应用程序等大数据模块提供了灵活的分工模式，具有很高的可延展性、可及性、可靠性和鲁棒性，能够增强组织业务价值和组织敏捷性，并允许更低的转移成本和更高效率的组织结构。

大数据技术的外部化伴随其商业模式的外部化。大数据相关的先进信息技术降低了企业从外部市场获取资源和知识的转移成本（Young-Ybarra & Wiersema，1999），并促使企业开始利用扁平化的平台结构创造新的竞争优势。平台是一种为垄断、提取、分析和利用大数据而产生的组织形式（Ciborra，1996；Srnicek，2017），它通过将外部资源捆绑以创造集体价值，提高平台生态整体竞争力，因此平台生态的扩展遵循外部化的逻辑（Li et al.，2019）。

大数据技术这一外部化也被称为网络外部化或者网络效应，指网络中的其他用户使用相同或兼容产品或服务时产生的积极或消极效应（Katz & Shapiro，1985），因此也被称为需求侧的规模效应。一方面，将大数据技术纳入战略管理和日常运营的组织在组织利润、业务增长和竞争优势增长上的表现要优于不依靠大数据的组织（Cheng，Zhong & Cao，2020；Mikalef，Boura，Lekakos & Krogstie，2019）。平台生态内组织通过利用广泛存在于生态环境中的大数据范式推动使能创新，促进产品服务创新和机会识别（Davenport & Kudyba，2016；McAfee，Brynjolfsson，Davenport，Patil & Barton，2012；陈国青、曾大军、卫强、张明月、郭迅华，2020），优化供应链流程（Schoenherr & Speier – Pero，2015；Wang et al.，2016），优化企业营销策略（Erevelles et al.，2016），改善人力资源管理（Angrave，Charlwood，Kirkpatrick，Lawrence & Stuart，2016），增强组织决策能力（Janssen，van der Voort & Wahyudi，2017；陈国青等，2020）和更明智的战略制定（Mazzei & Noble，2017）等，最终提高生产效率和运营效率（Chen et al.，2012；Davenport，2006；McAfee & Brynjolfsson，2012）。

另一方面，大数据范式在平台内的泛化推动数字平台生态优势的构建，这进一步推动了平台组织的外部化过程。一项基于家庭游戏机行业的研究指出，网络效应取决于网络规模和网络强度的函数（Shankar & Bayus，2003）。通过参与与外部生态的信息交换，生态参与者能够获取更多用户数据及信息，增加自身网络效应，强化企业竞争优势和价值创造；而更强的企业竞争优势则能够进一步吸引潜在的用户，同时强化所处生态的竞争优势（Rietveld，Schilling & Bellavitis，2019）。三者的动态发展最终构成相互影响的正反馈循环（Li et al.，2019），并导致拥有最多数据资产和技术资产的平台生态垄断市场（Eisenmann，Parker & Van Alstyne，2011）。

第三节　大数据的社会—技术系统

在组织管理理论、演化经济学、新制度主义等社会研究中，解释个体行为往往是分析的起点，这个研究趋势也被称为方法学个人主义（Methodological Individualism）（Arrow，1994）。从这一视角出发，人类的所有行为都可以被认为是解决问题的活动（Mantzavinos，2004）。问题解决是一个手段—目的（Means-End）的过程，包括确定议程、设定目标和设计行动（Simon et al.，1987）。对于一个定义良好的问题，存在初始和目标两种状态。初始状态指现在的状态，目标状态则指期望达到的状态，或者说是一个解决方案。问题空间就是这两种状态之间的差距。解决问题就是在这个问题空间中寻找从初始状态到达目标状态的路径，而对所有可能路径方案进行评估和选择则进一步涉及了决策（Newell & Simon，1972；Simon，1978；Simon et al.，1987）。

一　大数据分析的社会基础

通过模仿和利用人类心智模型并构建大数据心智模型，大数据范式能够更精确地感知人类需求并推动智能管理、决策优化，并最终推动人类问题解决（徐鹏、徐向艺，2020）。然而，将大数据与管理组织理论实践结合不仅在于理解大数据如何在流程上成为决策支持，而且要求必须知道数据在通过加工"流水线"时是怎样被组织分析的，这就要求应用者在面对大数据系统时不仅能够回答"how"的问题，还要回答"why"的问题（Lugmayr et al.，2017）。

目前，大数据技术已经与人工智能技术深度结合。在大数据出现之前，一切问题解决和决策过程都发生在人类有限的工作记忆中，而大数据等计算技术的出现则部分取代了人类智力活动和问题解决过程（Pearl，1984）。大数据和人类可以被视为两个相应的实体，两者都在构建观察、理解和解决客观世界问题的模型，这一模型被称为心智模型（Mental Model）。大数据通过构建根植于数据符号空间的相关系统作为其心智模型来丰富自身数据空间（Chandler，2015）。它们可以处理复杂系统的计算模型，或者利用因果关系的数学模型迭代地优化数据空间以提高预测能力（Grimmer，2015）。因此，有研究者将大数据影响定义为人类通过应用大数据的"心智模型"，达成更高效的问题解决和决策效率（Provost & Fawcett，2013），并撬动个体、组织和社会的改变（Chen et al.，2012；McAfee et al.，2012）。

二 大数据分析的人机认知冲突

虽然大数据通过提高人类问题的解决和决策效率为组织带来了潜在的发展机会（Clarke，2016），但更广泛的批评质疑组织在利用大数据获取经济利益时兼顾社会价值和伦理道德的能力（Richterich，2018）。例如，记录用户信息的大数据能够赋予广告商和受众平台更精确的推送能力和更高的数字营销价值（Dempster & Lee，2015），而对数据以及数据潜在价值的渴望往往驱使大数据企业将目光投向用户隐私，典型的如脸书（Facebook）侵犯用户隐私的丑闻等伦理问题（Hull，2015）。因此，大数据在加强了组织问题解决能力的同时，也同样招致了很多社会舆论的批评。

Weber 和 Simon 的理性选择理论为比较数据与人类的心智模型提供了一个通用的理论框架。Weber（2019）将理性分为对立的两个维度，即实质理性（Substantive Rationality）和形式理性（Formal Rationality）。根据 Weber（2019）的定义，经济活动的形式理性可以被描述为该活动在技术上可能实现的计算（Calculation）程度，以及实际应用的程度；而经济活动的实质理性则更关注经济导向的社会行动受到特定社会人群评价主张（Evaluative Postulates）的影响程度。这些主张通常非常模棱两可。Lindebaum、Vesa 和 den Hond（2020）在数字背景下进一步澄清了两者的概念：以形式理性为前提的决策遵循抽象的形式的程序、规则或者规律，以在手段—目的（Means－end）框架下达到特定的合法目标；而以实质理性为前提的决策则更关注人类价值性的思考和行动的能力（Follesdal，1982）。

Simon（2000）则将理性定义为预先设定的目的和达到目的的方法之间的一致性关系，以过程理性（Procedural Rationality）指代形式理性，强调了形式理性取决于产生行为的过程而非目的，并指出了组织管理理论从实质理性向过程理性过渡的必然性（Simon，1976），以及以计算机技术支持组织管理的可能（Simon，1960，1979）。然而，这一观点的批判者认为极端的程序理性会压迫决策者进行价值判断和选择，甚至独立进行问题解决的能力（Lindebaum et al.，2020），大数据系统作为形式理性的载体因而对人类基于实质理性的监管有着固有的要求（Hoc，2001；Konar，2018）。

通过将形式理性固化为算法，不受限制的大数据发展将会导致两类可能的社会影响：它既可以通过形式理性强化对实质理性的抑制，也可以通过形式化将实质理性转化为形式理性。一方面，价值取向的形式化必然将资源和注意聚焦于程序所代表的价值，而会将其他理性同时边缘化，抑制实质理性。例如，Simon（1976）批评的传统实质理性取向的经济学家过度地将目光投向了经济因素，反而忽视了作为形式化结果的形式理性。Lindebaum 等（2020）则更进一步地指出，当某一组特定的价值通过形式化成为"显性"规则时，它们会自然挤压其他价值的生存空间。另一方面，形式理性是实质理性形式化的结果（Kalberg，1980），团体就一组可识别的价值观达成一致能够为其理性化提供方向，这一过程也可以被认为是实质理性的"制度化"过程（Mintzberg，1994）。通过形式化，特定价值凌驾于其他未形式化价值之上，实质理性将失去其多样性和模糊性，并作为主流价值观进一步对其他价值实施边缘化。因此，在一个封闭系统内，完全基于形式理性的大数据驱动的自动化决策在上述两方面构成了自我强化反馈循环，营造了适合仅形式化成长和数字技术极权生态，消弭了基于价值观选择的决策的必要性（Simon，1976），最终威胁作为形式理性基础的实质理性，并最终导致理性的消亡（Lindebaum et al.，2020）。因而，大数据与人类心智模型的冲突实则是大数据范式背后的形式理性与人类社会广泛存在的实质理性的人机二元冲突。

三 大数据分析的二元认知调协

有学者认为，大数据的社会应用并非仅仅是数据的加工。作为社会—技术系统的大数据依赖于大数据技术系统与人类社会经验系统的协同，这一二元模型也可被称为认知大数据。认知大数据指以人类可理解的数据为基础，以知识管理为目的，在合适的应用背景和合适的细粒度下，支持个体心智能力发展的社会技术系统（Lugmayr et al., 2017）。这一系统的实现除了依赖传统的监督学习等方法（Bostrom & Yudkowsky, 2014），同样也依赖于对大数据心智模型和人类心智模型的协调和统一。

认知大数据的本体论暗含着人类和机器的双元心智模型：一方面，它支持人类从数据中获取信息、知识、洞察和情报等，并接手程序性的决策过程，解放人类认知；另一方面，它还涉及将人类的经验价值等实质理性反向输入大数据系统，使大数据系统能够感知更多人类价值、意图和观念。信息系统研究和社会科学研究需要考虑这些趋势，并通过支持公司内部的知识创造过程来增加这种可能性。例如，通过关注数据分析和数据可视化等形式理性程序，减轻人类理解数据的认知负担；同时利用主流的实质理性作为指导，引导大数据发展方向。最终实现大数据系统与人类认知系统在客观世界的认知上达成一致，或者说允许决策者根据价值观等进行选择的大数据系统。

随着人机交互，关联模型与控制系统的因果模型之间不断转换。从人类的角度来看，大数据系统提供的感知表征提供了可被人类接收的信息。而人类的反馈则通过编码、规则、程序或数据的形式重构机器的心智模型。机器智能程度越高，两种模型的操作方式就越接近。此交互的结果减少了人类所需的认知负载，并使数据更易于受过培训的数据分析人员以外的用户访问。

在每个循环中，模型将过滤背景信息，并通过大数据分析转义为其他形式。通过创建感官表征（例如可视化），相关模型将从它所基于的数据中删除。只有原始数据的一小部分被传递给经验空间。通常，这些数据以摘要和更高级别的概念的形式呈现。当人类感知可视化时，它们被变成人类经验空间的记忆，通过记忆和经验网络验证数据中所呈现的抽象模式，并成为经验空间中的因果模型。

如果两个模型不匹配，则必须重新调整模型或者重构数据空间。在后一种情况下，因果模型从其人类经验背景中剥离出来，并通过编码转化为相关模型。当因果模型等于编译后的相关模型时，两者的平衡就达成了。也就是一个模型通过编码或表征不再改变任一模型的任何部分时。由于新数据、经验、需求和问题的出现，大数据的社会—技术知识空间处在持续地平衡破坏和再平衡过程中，这种过程创造了新的知识和应用。人类经验空间和机器数据空间是同步的，并且以人机可用的形式包含知识，进而成为可能的社会技术应用系统。

对这一再平衡过程的探讨同样见诸传统决策理论的文献中。Lindebaum 等（2020）指出，极端形式化的社会技术系统会按照手段—目的框架进行决策。换而言之，当决策目的被决定时，对方案的选择就拥有了抽象而统一的黄金标准，因而算法实质是通过一种必然产生一个结果的可重复的程序性演算来运行的，所以它们排除了根据信念、价值观等的"选择"阶段，而是自动化的比较和"优化"。Lindebaum 等（2020）同样借此批评 Simon（1976，1979）提出的管理学界应当更多地将注意投向程序理性和认知过程这一主张，认为过度关注利用计算机强化形式理性会自然导致人类理性的退化和进一步的"习得性无助"；实质理性必然是在事后反馈，尤其是对错误的反馈中，获得发展机会的。虽然目前社会已经广泛地利用以数据驱动决策为代表的大数据决策范式作为管理决策的重要组成（Brynjolfsson & McElheran, 2016），数据支持的决策系统，例如商业情报，在维持人类实质理性上具有更显著的积极作用（Larson & Chang, 2016）。然而，Simon（1979）的理论虽然强调程序理性的重要，但是其同样认为计算机虽然增强了人类问题解决能力，然而这仅仅代表赋予人类更多可选择的方案，而决策阶段最终的选择，则仍然依赖人类经验参与（Simon et al., 1987）。

第四节　结论与讨论

本章首先对未来的研究提出了一些建议，以提高该结构的清晰度和理论潜力（复杂系统和理性问题解决）。其次，我们提出了帮助大数据与组织管理理论研究相互促进的建议。

一　提升结构清晰度

清晰的结构对于理论研究是必不可少的（Suddaby, 2014）。结构的明确性要求研究人员对他们正在研究的现象进行内隐的推测，并提供具有边界条件的完整的明确的定义。最重要的是，清晰的构念有助于研究人员之间的沟通,并帮助他们在分析更大现象的不同元素时的理解(Suddaby,2010)。我们的分析框架显示,研究大数据的管理学者,以及采用不同假设的管理学者,往往会允许这些差异在操作概念时被放大。例如,研究人员考虑如何理论化和操作化大数据对组织管理理论时,正如我们前面所展示的,那些将大数据视为一种数据集合的人认为,这一影响存在于对复杂系统理论的涉及,因而能够对组织管理理论做出跨尺度的贡献(Bar–Yam,2016)。相反,数据技术的研究者则认为大数据的关键在于将组织管理理论的标准与程序纳入到大数据系统中,因此能使大数据处理相关内容并发展对应知识和能力(Chen et al.,2012)。然而,从大数据作为应用的观点来看,这些大数据的研究提出了有关大数据如何从"客观世界"的符号走向"社会世界"的重要问题(Bello–Orgaz,Jung & Camacho,2016)。大数据是否代表一种人与世界交互模式的质变?或者更确切地说,大数据是否代表了一种位于物质客观世界和人类精神世界之间的新的感知模型,在这个系统中,人类直接处理信息的经验认知系统被一群有同样甚至更高效用的大数据系统所辅助或驱动。此时,大数据直接影响了人类对客观世界的感知和精神世界的形成,并因此重塑了组织管理理论的构建和对社会现象的解读。

总的来说,这些文献都强调,在对大数据进行多角度观察时,结构的明确性是一个实质性的挑战。在本章中,我们引入了研究者关注的三个完全不同的视角下的大数据:作为大量数据集合的复杂系统;作为信息提取和知识管理的技术系统;作为桥接客观世界和精神世界的社会—技术系统。这三个视角从不同阶段的角度提供了关于大数据的根本不同但又相辅相成的概念。

二 利用社会科学方法研究大数据

我们分析框架的一个重要观点是,大数据研究的理论发展和实践发展是相互交织的。数据集合和技术视角的演变与方法论紧密联系在一起,这些方法论与每种方法的认识论和本体论假设是一致的,也与在特定时间点被学界视为合法的方法论方法是一致的。

然而,如果我们真的把大数据作为一个复杂的社会现象,那么它必然同时涉及上述多个属性或阶段的耦合。换而言之，对大数据系统的研究需要用新的或未充分利用的方法补充现有的方法，并将这些方法与未充分探索的大数据方面联系起来。这一点对于把大数据发展为一个社会议题——而非仅仅技术议题——并与组织管理理论与实践结合十分重要。接下来，我们简要概述社会科学中较为成熟但在大数据研究中未被充分利用的定量和定性方法，如调查分析和案例研究，它们很好地扩展了我们对大数据在组织管理理论中角色的理解。

1. 调查分析

在传统的社会科学研究中，抽样调查统计是最为常用且重要的工具之一。通过抽取具有代表性的样本并利用合适的统计方法，研究者能够发现大数据理论中各构念之间的关系，定量地测量大数据对组织行为的影响。虽然已有的大数据研究大多基于概念阐述和理论演绎，然而仍然有部分学者定量地分析了大数据与组织竞争优势（Côrte – Real et al.，2017）、组织绩效（Akter et al.，2016；Mikalef, Krogstie, Pappas & Pavlou，2020；Wamba et al.，2017）、产品创新（Xu, Frankwick & Ramirez，2016）等的关系。在大数据社会研究的背景下，定量调查研究特别适合阐明大数据作为社会—技术系统对组织成长以及经济发展的影响。调查研究也可以澄清大数据与其他社会构念之间的关系。未来，研究人员可以通过对大数据系统应用的调查，对作为社会—经济系统的大数据进行社会学意义上的研究。

2. 案例研究

研究者认为，另一种探索大数据作为社会—技术系统的方法是定性的案例研究。案例研究指对具有研究价值的案例进行近距离、深入和详细的检查。案例研究的主要目的是构建理论（Welch, Piekkari, Plakoy- iannaki & Paavilainen – Mäntymäki，2011）。企业利用大数据促进组织发展属于管理实践中涌现的新现象，归纳式的案例研究策略适合从质性数据中提炼规律，构建理论观点，以推进对新现象的理解（Yin，2011；毛基业和苏芳，2016）。因此，案例研究特别适用于为大数据在管理学中的应用构建新的理论，或者调整已有理论以适应数字时代的管理实践，从而进一步做出理论贡献（Colquitt & Zapata – Phelan，2007）。

三 利用大数据促进组织管理研究

大数据不仅仅是一种管理实践的现象，其同样是一种管理研究的工具。在数字时代的背景下，利用大数据系统促进管理学理论发展已经成为管理学研究的新趋势。例如，根据大数据技术的二分属性，大数据同样能够从数据情报和人工智能两个角度促进理论发展。一方面，数据情报获取与分析方式的变革导致了新的研究范式的出现。例如，Vaast、Safadi、Lapointe 和 Negoita（2017）利用社交媒体分析了墨西哥湾石油泄漏事件的后续影响，并据此归纳出了社交媒体使用影响新兴组织和新兴角色形成的参与模型。另一方面，人工智能的出现帮助研究者得以更好地设定理论边界，控制研究变量，进而开发新的实验研究范式。例如，Luan 等（2019）利用人工智能中交叉验证的方法以及 Schmidt 和 Hunter（1998）的元分析数据，分别控制计算机知识水平以及数据分布，系统地探索了启发式决策在不同任务环境下的预测效用。因此，大数据大大拓展了学者们构建和检验理论的工具与技术，利用大数据方法促进管理学研究范式的创新，对管理学理论的发展存在明显的贡献。

第三章

大数据认知模式及管理理论的挑战

第一节 大数据认知模式

在逐渐被赋予实际"生产力"的大数据加持下，管理理念的变革已成必然。早期的管理理念可以追溯到20世纪初到30年代的科学管理阶段，以泰勒、法约尔等人为标志性人物，此阶段的管理思想侧重于将人看作"机器"，具有浓重的"产品中心"色彩。20世纪30年代到60年代，随着生产规模的扩大以及忽略人的管理方法效果欠佳，促使管理学家们从人类行为角度进行研究，行为科学理论应运而生，诞生了梅奥的人际关系理论、马斯洛的需求层次理论、赫茨伯格的双因素理论等一系列理论，此阶段的管理理念强调通过研究人的心理活动去掌握行为规律，为管理学研究提供了新的视角，自此，人本管理逐步代替物本管理思想。此后20世纪60年代至80年代初的以战略管理为主的企业组织理论发展阶段、80年代至90年代初的企业再造理论与企业文化管理理论、90年代后的全球化及知识经济时代的组织管理理论都围绕"人"这一主体在管理领域中发挥着核心的作用。到了21世纪，伴随着互联网尤其是移动互联网的发展，数据源源不断地产生和流转，数据生成设备的激增以及数据存储能力和处理能力的扩展更是推动了社会世界的变革（Kores，2013）。在大数据等新兴技术蓬勃发展的短短几年间，我们创造出的数据已经超过了人类历史以往的数据总量，研究者从多源异构且呈指数级增长的大数据中洞悉社会世界的映像，挖掘出隐藏的价值，从此，大数据时代拉开序幕，大数据被称为亟待喷薄的数字石油。有学者认为大数据环境下，管理对象开始发生变化，由传统人的管理变成或正在变成数据的管理（冯芷艳等，2013），也有人呼吁"得数据者得天下"。那么，这是否意味着管理对象已从人转向数据呢？答案是否定的。正如 Gandomi 和 Haider（2015）指出大数据独立存在是没有价值的，它的价值在推动决策制定并实现解决问题的过程中得以释放，也就是说，大数据价值释放得借助于人类的认知，即理解、推理和解释能力。因此，本章认为，大数据的管理对象正在由人转向人—数的协同管理，即在人类认知疆界的根本性延展中推进大数据大放异彩。

规模（volume）、速度（velocity）、差异（variety）是大数据定义中被广泛认可和引用的属性（Chen，Chiang & Storey，2012；Kwon，Lee & Shin，2014；Boyd & Crawford，2012）。为了适应不断进化的大数据现实和大数据应用领域扩展，研究者引入其他属性丰富和发展大数据内涵。面对快速增长且波动不稳定的数据流，IBM 的客户开始质疑大数据来源和质量（Zikopoulos et al.，2012），为了提高客户对数据的信任度，IBM 增加真实性（veracity），将 3Vs 扩展到 4Vs。与此同时，维克托·迈尔—舍恩伯格认为大数据的真实价值就像漂浮在海洋中的冰山，而目前我们所能揭示的仅是价值一角，更多价值隐藏在冰面之下，因此在《大数据时代》中提出大数据的属性由规模（volume）、速度（velocity）、差异（variety）、价值（value）构成。也有学者在 IBM 提出的 4Vs 基础上引入价值（value）属性，构成 5Vs（Demchenko et al.，2014；Bello，2016）。商业巨头微软公司为了业务价值最大化，增加 variability（易变性）、veracity（真实性）和 visibility（可见性）属性，将 3Vs 扩展到 6Vs。然而寻找成就大数据的"关键节点"并未止步，目前大数据的定义属性已增加到 11Vs 之多（Venkatraman，2019）。令人遗憾的是，这样的提炼和发展固然有其意义，但囿于表层而忽略了数字痕迹背后的主体，已不再适用于专业环境（Lugmayr et al.，2017）。

不可否认，大数据作为一个技术术语在技术领域发挥了重要的作用（朱扬勇、熊赟，2015），然而大数据这一概念不仅仅是一个复杂的信息技术系统，而且是一个对社会结构、经济发展和组织管理等具有显著影响的社会—技术系统，因此需要引导大数据纳入社会世界的阐述，即与政治、社会、文化和生活等诸方面的融合，进而全面把握它的内涵。因此，本书引入"认知"构建"认知大数据"概念。"认知"包含了两个含义：①心理活动（或操作）；②心理结构（或表征）。管理学研究主要集中于"认知"的第二种含义，关注认知主体获取知识以及理解的心智活动，其中包括知觉、构想、推理、记忆、判断和评价等（Helfat & Peteraf，2015）。认知大数据提出了一种不同于传统大数据的认识维度，提高人这一主体在利用大数据支持决策过程中的核心地位。

第二节 认知大数据与管理决策

20世纪以前，人类出于经验管理时代，其决策属于经验决策范畴。囿于人类获取、分析数据的能力，决策过程只能依靠决策者的直觉、经验以及"记忆数据"进行，并受到决策者主观偏好等因素的影响，所得到的决策结果往往是低理性的。泰勒在1911年提出科学决策概念，认为借助实地调研获得的科学知识来协助并代替个人的经验判断，使决策更具科学性。这一概念的提出及实践推动管理决策从经验决策向科学决策转变。1946年，人类历史上第一台电子计算机在美国问世，一年之后，赫伯特·西蒙教授在其出版的《行政组织的决策过程》一书中指出人类的理性是有限的，因此所有的决策都是基于有限理性的结果，并提出如果利用存储在计算机里的信息来辅助决策，人类理性的范围将会扩大，决策质量就能提高。西蒙的这一提议在21世纪已成现实，随着大数据应用的不断深入，人们利用大数据进行决策分析，期望从数据中发现隐含的规律或价值，在决策时赋予管理者智慧。于是，传统的管理决策变成或正在变成基于数据分析的决策（徐宗本等，2014；陈国青等，2018）。本书认为认知大数据的分析体系离不开人和数据的相互协作和优势互补，从这一立足点出发，认知大数据的决策应是基于人类认知和机器数据分析的协同决策。技术人员利用其算法对数据进行分析从而实现复杂问题简单化、分解化，根据管理人员所提供的组织理论、已有直觉、经验和知识数据化融入算法中，进而提供可理解、可推理、可解释的数据分析结果，使管理人员权衡人类决策和数据决策，做出决策方案选择。

第三节 认知大数据的分析原则

目前，大数据的起源大致分为三类：①未提出"大数据"词眼，但蕴含"大数据"现象。有学者认为大数据最早源起于 19 世纪 80 年代美国第十次人口普查，虽然当时没有提出"大数据"词眼，但当时的数据集已经庞大复杂到超出了传统的处理技术和能力（Ohlhorst，2012）。②提出"大数据"词眼，但不蕴含"大数据"现象。例如，有学者认为在公开场合首次提出"大数据"一词可视为大数据源起，但是此观点很快被有力的证据所推翻，如 1984 年 Tilly 发表的论文和 1989 年 Larson 发表的论文都指出了"big data"一词，但与如今的"大数据"术语毫无关系，只是简单的"big"和"data"的偶然组合。③提出"大数据"词眼，并蕴含"大数据"现象。有学者认为 1997 年 Cox 和 Ellsworth 发表的论文《科学可视化的大数据管理》已相对准确地指出大数据是单个数据对象（或数据集）太大，无法用一般算法与技术进行处理和可用硬件进行存储的数据，应是大数据源起的重要学术参考文献（Wu et al.，2016）。

大数据精确地映射了人类社会活动的全景图（Hacking，1991）。人们期望通过借助以计算机为基础的数据分析技术来破解大数据世界运行的黑箱，以获取对真实世界的理解，这背后的假设是数据量与精确性的交易。然而，当大数据处理能力远超人类认知时，人类是否造就了打开黑箱的另一个黑箱？为保证对大数据系统的控制，大数据必须满足人类的理解能力、推理能力和解释能力。

第一，可理解。可理解指应用者对大数据分析系统具有完全的掌握能力。大数据涉及复杂的类型、复杂的结构和复杂的模式，数据本身具有很高的复杂性，目前人们对大数据背后的物理意义缺乏理解、对数据之间的关联规律认识不足，对大数据的复杂性和计算复杂性的内在联系也缺乏深刻理解（李国杰，2015）。只有充分理解数据类型、结构和模式，理解数据之间关联的奥秘才可能打开从微观到宏观"涌现"规律的突破口；只有充分理解大数据技术涉及的算法的局限性以及应用者研究问题的边界，才能把握这些算法以及研究问题的边界会引致什么样的误差和偏向，进而决定对大数据分析结果施以多大程度的信任和限制。因此，认知大数据分析应当是人类和机器可以共同理解的，即人类与机器之间信息对称。一方面，应用者要能够理解数据访问边界、系统阈值和技术手段，并利用大数据分析的结果来促进自身的理解。另一方面，机器可以理解人类的意图和研究问题的情境，并不断扩展技术包容性和开放性。例如，各大平台采用个性化协同推荐（Personalized Collaborative Recommender）算法追踪用户的每一个行为（如交易记录、页面浏览和评价等），为用户智能推荐个性化信息。

第二，可推理。可推理指在资源无限的条件下，应用者能够通过自身认知推理过程，获取与大数据分析呈现的相同结果。认知大数据的分析能将人类经验空间的知识和智慧与数据空间的数据和信息相匹配、相关联，推理数据之间的多模态、多层次和跨时空的关系。首先，人类根据获取的大数据信息，在认知层面对大数据进行关联、推理和总结，形成一种思维模型的复式框架以便大数据分析的有效利用。其次，面对爆炸式增长的大数据，人类对于大数据的认知是一个随着人类知识经验缓慢累进的动态过程，利用人类认知反馈系统，将有效推理过程保留，舍弃不适用于大数据分析的推理能力，形成认知推理能力螺旋式上升系统，同时也促进机器进行数据关联和推理算法积累。例如，世界一级方程式赛车锦标赛中，每辆赛车的传感器产生的数据可以帮助赛车手分析车辆部件的技术性能以及自身赛程反应。借助大数据从比赛结果推理出每一个近在咫尺且映射成功或失败的促成性因素，绘制出赛程行为细粒推理图（George et al., 2014）。

第三，可解释。可解释赋予大数据分析以现实意义。Glasersfeld（1998）指出相关性并非必然被拒绝，有效的相关性仍然可以作为解释现实世界运行的重要补充机制。可解释是大数据分析的重要体现之一，是分析结果被决策人员采信的前提。但这不是意味着对大数据分析的每一个步骤、大数据技术原理和实现细节进行解释，而是在适当的时候提供说明或解释，包括背后的逻辑和数据，使大数据分析后续行为和决策实现透明和可信，从而减轻人类的认知负担。例如，有些研究者会通过"文字云"（Word Clouds）技术可视化权威期刊中的关键词，以此来确定目前的研究趋势以及热点。但要确切地从众多研究趋势和热点中确定自己未来研究方向，需要对其进行预判，并提供合理的解释支撑研究导向。

第四节　认知大数据范式下的管理决策理论

一　数据摄取阶段

管理人员摒弃已有经验和直觉，尽可能保持客观中立的原则来确定数据目标，技术人员则根据数据目标确定摄取哪些类型、哪些来源的数据和摄取数据的技术，并从相应的传感器、智能设备等数据域中收集数字足迹。由于认知导向的系统结构、系统参数和应用边界定义存在一定的局限性，数据完整性往往存在误差，而数据摄取的关键在于确保数据的完整性，即能够根据数据目标真实地反映客观世界，这就要求管理人员和技术人员能够理解并掌握数据空间中的已有数据、缺失数据和未知数据的充斥程度。基于此，本章从大数据有效性维度将数据分为活跃数据、休眠数据和缄默数据三种类型，以便实现数据空间有效理解和进一步扩展。活跃数据是指大数据集合中与其他数据发生价值关联，可供管理人员和技术人员随时访问和使用的数据。例如快递公司利用活跃数据（地理定位数据以及车辆各部位的传感器数据）来跟踪车辆位置，并达到优化行车路线的目的。休眠数据是大数据集合中已经被识别并存储在各种相应的系统中，囿于没有与其他数据发生价值关联，或者价值关联尚未被挖掘或呈现而未被访问和使用的数据，但是决策者可以根据已有理论和经验对这部分数据的属性做出合理假设，进而假设和界定其对系统模型的影响。例如，移动公司通过电话来访、短信来访等形式获取顾客满意度数据，在此过程中会遇到诸如客户拒接电话、拒回短信等情况，使移动公司无法获取到每位客户的数据，但是这部分数据的不完整度是被移动公司所掌握的。缄默数据是系统中尚未被挖掘和表达的数据，且无法被管理人员和技术人员以任何方式定性或定量进行合理假设的数据。例如，社交网络包含多个数据空间配置，任何社交媒体平台都无法覆盖所有个体，而个体在不同的社交媒体平台行为存在差异，此时若对某个个体进行社交网络分析，数据空间会充斥较多的缄默数据。特别地，数据空间中存在的三种类型的数据不是静态固定的，而是根据数据目标的界定以及大数据分析技术的发展进行动态的转化，且呈单向和双向两种形式转化。随后，管理人员和技术人员根据数据目标、数字足迹和上述划分的三种数据类型形成可理解的数据情报，使管理人员和技术人员对系统结构、系统参数和应用边界有一个统一的认知和把握。

二 数据准备阶段

管理人员和技术人员直接或间接从有效的独立数据源摄取的数据往往需要经过合并、集成等环节，无差错的数据合并、集成后的错误通常是无法避免的（Dean & Sharfman，1996；Yaqoob et al.，2016），获取的数据情报也仍包含着错误，而大数据的应用要求是根据数据目标客观反映研究对象的特征和变化，进而建构事物客观发展规律的数据模型和得出正确的数据结论。因此，管理人员需秉持着经验性和非评判性处理标准，在技术人员的协助下对数据进行质量检查、同构转换、建立索引以及加密存储等工作（Gandomi & Haider，2015；Blazquez & Domenech，2018），去伪存真，加以修正，进而完成信息提取。经验性和非评判性处理标准指的是按照观察的事实进行处理，不需要立即判断或标记（Good et al.，2016），只涉及对当下的感知但并不自发地评估、分析或反思。质量检查，即防止意外值、缺失值对数据分析起干扰甚至破坏作用，保证数据的一致性；同构转换即根据分析软件配置，选取标准通用的数据形式，将多源异构的数据进行同构转换；建立索引即通过建立数据索引机制，实现数据的重用和可追溯性；加密存储即根据国家法律法规对数据进行加密处理及存储，实现数据安全。由于系统结构、系统参数和应用边界定义的局限性，管理人员和技术人员清醒地认识到数据摄取的有效性和可信度，并通过大数据技术探索和外部环境调整等策略发现数据摄取的新来源、关联休眠数据的尚未发掘的价值、挖掘和表达系统中缄默数据，进而拓展活跃数据、休眠数据、缄默数据独立的数据空间半径和改变数据空间中三种类型数据的权重来提高数据情报的有效性。

三 数据分析阶段

根据认知发展理论，在分析推理过程中，人类的强项是在受到外界刺激时瞬间将新感知到的信息纳入已有的知识结构中，同时，对于感知到的与现有知识结构不一致的信息，也能够迅速找到相似的知识结构予以标记，或者创造一个新的知识结构。机器在分析过程中的强项是具有远远超过人类的工作记忆能力、强大的计算能力以及信息处理能力，并且不带有任何主观认知偏向性（Piaget，1972）。但也有学者提出异议，认为政治内嵌与资本介入、社会结构性偏见的循环以及量化计算对有机世界的遮蔽使基于机器的大数据分析仍存在主观偏向（Bengio，2013）。事实上，机器从未独立创造认知偏向性，偏向性习得于数据挖掘中的数据集不均衡、特征选取的偏颇以及人工打标带入的主观性等环节。也就是说，数据摄取和数据分析阶段已经存在认知偏向现象，而这种"隐匿性"往往未被管理人员和技术人员所察觉。因此，管理人员和技术人员应协同分析，充分发挥人类强项和机器强项，使数据分析结果呈现客观性和合理性。一方面，管理人员作为需求主体，根据研究目标选择合适的组织理论建构分析模型，并利用对外部环境的态势感知将个人经验、直觉和知识融入到数据分析过程中，为技术人员提供理论化和情境化的信息。另一方面，技术人员将管理人员提供的信息纳入和整合到自己已有的认知结构中，改变原有的认知结构或创造新的认知结构，运用算法将新的认知结构数据化来丰富数据空间，并通过编码构建和完善数据分析模型，如此不断建构、修正、扩展现有的经验空间和数据空间，使其摩擦、同化、顺应和平衡，得出客观结果。此外，技术人员利用可视化技术输出数据分析结果，尽最大限度地消除数据空间和管理者认知空间的边界（邱国栋和王易，2018），呈现出数据中隐含的信息和规律，并建立符合管理人员认知规律的心理映像。基于可视化结果，管理人员利用创造力和思维表征启发性地关注分析结果中富有潜力的空间领域（Holzinger et al.，2019），提高数据分析的附加值。

四 数据决策阶段

大数据技术纳入决策的参考范围深刻影响了组织的决策制定和决策

执行。相较于智能决策（即基于数据分析模型产生的结果预测和评估不同方案的结果进而做出决策），知情决策（即基于数据分析所产生的信息使决策者在知情状态下决策）的可操作性和可解释性更容易被组织所接受（Tabesh，Mousavidin & Hasani，2019；Lee，Kao & Yang，2014）。事实上，Simon 早在 20 世纪 60 年代在其决策理论中就提出计算机作为一种新的决策技术和工具能够为组织管理决策带来全新的变化，这种变化不仅仅在于数据与经验的区分，还在于决策过程的参与（Simon，1960），而决策过程进而又影响决策的有效性，即决策产生预期结果的程度（Eisenhardt & Zbaracki，1992）。Dean 和 Sharfman（1996）选择程序理性和政治行为两个构念开发了战略决策有效性的模型。程序理性是指决策过程多大程度上包含与决策有关的信息收集，以及多大程度上依赖于对这些信息的分析。政治行为是指旨在保护自己个人或者群体利益的行为。Dean 和 Sharfman（1996）认为有效的决策必须基于组织整体的目标，但决策过程中的政治行为更多地涉及个人或群体的利益，一旦这些利益与组织整体利益相冲突，政治行为就会使决策目标偏离。综合 Simon、Eisenhardt、Zbaracki、Dean 和 Sharfman 的观点，认知大数据的数据决策应是基于决策过程的数据知情决策。程序理性则表现为决策过程中依赖于数据和经验的程度。政治行为则表现为组织决策过程中涉及自身利益的不同部门和管理人员行为，例如，数据部门通过大数据分析获取了产品测试权力，使业务部门管理人员无法直接决定多款产品的生产和营销资源分配，长远来看，影响了部门内部收入分配及权力分配，因而遭受业务部门等利益相关部门和人员的抵制（刘意等，2020）。不可否认的是，数据分析结果不仅可以显著地降低决策复杂度，减少决策过程中的不确定性，还能洞悉大数据背后的信息、知识与智慧（Chang，Kauffman & Kwon，2014），从而在微观、中观、宏观层面为决策者提供支持（邱国栋、王易，2018）。因此，管理人员和技术人员的有效沟通、组织正确的数据文化等价值命题引导显得极其重要。价值命题引导下的认知大数据决策过程中，管理人员面对非线性、变结构、变参数等开放性复杂决策问题，根据经验、直觉所积累的知识存储，客观把握数据决策程度和调整数据分析结果，同时，尽可能地减少政治行为对决策过程的消极影响。当然，随着人工智能等新兴技术的发展，无人工参与的机器决策也不断应用在组织决策中。例如，阿里金融以大数据为基础，引入大数据分析和数据挖掘技术寻找企业经营状况和资金流向等关键数据，通过阿里云征信系统将分析结果转化为提供授信审批的凭证，从而实现"三分钟申请、一秒钟房贷、无人工审核"的阿里金融信贷模式。因此，除了积极将基于决策过程（程序理性和政治行为）的数据知情决策应用在组织实践中，我们也要不断探索数据智能决策模式。

第五节 结论与讨论

大数据在经济发展、社会生活和国家治理中正产生着根本性、全局性、革命性的影响。在此背景下，本章提出"认知大数据"这一概念，旨在区别于传统大数据的认识维度，提高人这一主体利用认知技术在实现人类理解大数据、推理大数据和解释大数据中发挥的不可或缺的作用。进一步，本章利用认知大数据的分析体系具体描述了管理人员和技术人员在数据摄取、数据准备、数据分析和数据决策中发挥的协同作用。本文呼吁管理学领域的学者在未来研究中充分考虑认知大数据和社会—技术系统，使大数据向可理解、可推理、可解释的均衡方向发展，牵引大数据发展再上新的台阶。

第四章

大数据分析能力对企业国际化绩效影响机制研究

第一节 研究背景

在企业国际化进程不断深化的过程中,国家间的贸易壁垒逐渐弱化,迫使国内现有的分工模式进一步参与全球化。同时,信息技术、通信技术的不断发展,使大数据分析技术在企业经营领域获得了广泛应用,为企业快速做出精准决策提供了技术支持,这种技术上的进步使企业之间的相互依赖与日俱增,越来越多的中小企业尝试通过国际化来扩展其业务活动(Prescott,2014)。随着中小企业在国际贸易领域扮演越来越重要的角色(Knight & Cavusgil,2005),中小企业国际化在全球商务中的重要性日益突出。在信息技术突飞猛进的大背景下,大数据分析能力作为中小企业未来应对市场变化的基础能力,对其国际化绩效将产生极大的影响力。

当前,关于大数据分析能力对于企业经营决策的影响,国内外学者已经进行了大量的研究。Fosso 等(Fosso,Akter & Bourmont,2019)发现,大数据分析能力的出现宣告数据驱动决策时代的到来,企业无论是发起竞争行动还是采取反击策略,提高企业分析决策的准确性都离不开大数据分析能力。然而,在大数据时代,面对海量数据的生成,识别有效的数据资源、数据类型以及如何处理这些数据为企业或组织提供尽可能多的研究价值是实践界面临的最大挑战(Agarwal & Dhar,2014),

因此，大数据分析能力在提高企业决策者决策能力的同时也对数据处理技术提出了更高的要求。传统的数据汇总、图表可视化等统计分析方法难以处理具有大量、多样、高速等特点的大数据，因而要求企业应用特定的技术来挖掘大数据的潜在价值（Morabito，2015）。已有研究表明，具备大数据分析能力的企业可以在生产率和利润率上超过同行的5%—6%（Barton & Court，2012）。大数据分析能力能够增强发现机遇的及时性和预测趋势的准确性，从而有利于企业发起竞争行动或采取反击策略时制定相应的精准商业战略（Chen et al.，2013）。因此，无论是从理论研究还是企业实践来看，大数据分析能力都将成为影响企业国际化绩效的一个重要因素。

第二节　理论假设

一　大数据分析能力

大数据分析能力被广泛认为在提高业务价值和企业国际化绩效方面起着至关重要的作用。过去关于大数据分析的研究，主要聚焦于大数据特征、分析技术、资源配备以及如何利用各种技术和知识发展大数据分析能力等视角（Gupta & George，2016；Fosso et al.，2015）。大数据的定义特征包括规模性、多样性、高速性、真实性和价值高五个维度（Fam，Ismail & Shinyie，2019）。就信息技术策略师和数据分析师而言，大数据所具备的每一个特征都非常重要，尤其是分析数据的真实性。并且，大数据为企业带来宝贵价值也对企业的数据处理技术提出了更高的要求，尽管大数据本身为核心资源，但对企业而言，拥有能够存储、共享和分析数据的基础平台也至关重要，即从大数据投资中获得有价值的数据，需要一定的技术支持（Gupta & George，2016）。研究表明，有效运用大数据分析技术可以为企业获取竞争优势，并帮助企业在国际市场上脱颖而出（Ravichandran，Lertwongsatien & Lertwongsatien，2005）。因此，大数据分析技术是提升组织或企业决策者决策水平的最重要的影响因素（Prescott，2014）。

大数据分析技术的出现推动了信息化领导力和信息化创新的产生，

改变了企业传统经营管理模式，应用大数据分析技术使企业能够迅速获取国内外有益于提升其领导力和创新能力的先进技术和知识，增强企业自身竞争优势，快速抢占市场份额（丁绪武等，2013）。一方面，培养数据驱动的决策文化对企业极其重要，在这种文化中，管理者的行动基于数据处理所形成的洞察力而不是传统的经验直觉。企业通过大数据分析能力所形成的洞察力能够帮助企业预见市场风险和趋势，为决策者提供有效的决策信息资源，增强决策水平（Choi，Wallace & Wang，2018）。另一方面，海量数据的处理为企业创新提供所需信息。企业通过使用大数据分析能力从国内外迅速获取提升其创新能力的先进技术和知识，创新是一个知识和信息密集的过程，企业通过对海量数据的分析可以及时跟踪和快速掌握技术知识的最新动态和信息，这种全球范围的数据量为企业创新提供了基础，从而获得更好的创新绩效。然而，要为企业管理者获得数据驱动的决策文化，这不仅仅是一个技术问题，还需要公司或其他组织的业务分析部门，使分析能力与业务战略相一致（Vidgen，Shaw & Grant，2017）。因此，大数据分析能力扩展了大数据的概念，包括所有相关的组织资源，并且这些资源对于企业充分利用大数据以捕获有效的价值信息至关重要，由大数据分析能力所推动的信息化领导力和信息化创新帮助企业管理者基于大数据分析结果制定战略决策，对企业国际化绩效起积极作用。

　　如今企业管理人员越来越依赖大数据分析来为他们的决策提供准确有价值的信息，并指导未来的战略实施。具有强大的大数据分析能力的企业能够通过使用大数据分析能力获得的洞察力，最大化企业国际化绩效。并且，在信息技术业务价值研究领域，越来越多的共识是，信息技术能够帮助企业获得国际化优势。Chen 等（Chen，Roger & Storey，2012）提出通过大数据分析形成的洞察力可以使企业在国际市场中观察到新的趋势并重新配置战略措施。大数据分析的重要性从企业不断对此增加的投资中可见一斑。Lavalle 等（Lavalle，Lesser，Shockley，Hopkins & Kruschwitz，2011）指出在应用大数据分析上处于领先位置的企业更有可能推出新产品和服务。但是，企业从大数据投资中实现的价值，在很大程度上取决于它们在获取有意义的洞察力时所开发的特殊能力。然而，上述研究的重要前提是，企业进行大数据分析所必备的技术的完善，即如果企业配备的技术无法满足海量数据的处理以及提取出有价值的信息，大数据分析不足以为企业国际化绩效带来任何价值（Abbasi, Sarker & Chiang, 2016）。因此，研究企业大数据分析能力对不同类型的信息化能力的影响及其如何影响企业国际化绩效尤为重要。

二 大数据分析能力与信息化领导力

全球经济正在经历一个重大的转变，这个转变从根本上改变了组织建立新市场的方式和利益相关者的关系。而这一转变的核心是先进信息技术（Advanced Information Technology，AIT），它使在现实世界和虚拟世界中工作和创造价值的全新方式成为可能（Rayport & Sviokla, 1996）。AIT 被定义为工具、技术和知识的结合，通过先进的方法对复杂的数据进行有效处理、管理、检验、传输并展现出来，使多方能够参与组织间的活动（De Sanctis & Poole, 1994），有利于领导者了解、计划、决定、传播和控制信息。基于以往关于 AIT 的研究，我们将大数据分析能力定义为新一代的技术能力，旨在通过实现对海量数据的高速捕获、存储及分析并从中挖掘出其所蕴藏的信息和知识，最终达到充分利用海量数据宝贵价值的目的（Mikalef, Krogstie, Pappas & Pavlou, 2019）。本章将信息化领导力定义为一个由 AIT 介导的社会影响过程，目的在于改变个人、团体或组织的态度、情感、思维、行为及表现（Avolio, Kahai & Dodge, 2000）。

大数据分析有助于企业掌握大量数据，并根据在竞争环境中观察到的趋势重新配置其战略（Chen, Roger & Storey, 2012），大数据分析能力不仅能够帮助企业识别风险和威胁（Chen et al., 2013），而且有利于企业获取新的市场机会，并通过更新企业经营模式及战略措施以维持企业竞争力。因此，没有大数据分析能力的支持，信息化领导不足以为企业国际化绩效提供任何的帮助。决策者基于大数据分析所形成的洞察力制定决策，而非传统的直觉，能够有效提升决策水平。因此，大数据分析能力对提高信息化领导力具有重要的作用。综上所述，我们假设：

H1：大数据分析能力对信息化领导力有积极影响。

三 大数据分析能力与信息化创新

大数据分析能力是企业信息化创新能力的前提，通过海量数据的分析处理，企业可以汲取丰富的信息和知识源，获得更多创新所需的信息。创新活动具有风险和不确定性，特别是当产品或服务的开发与公司现有经验不同时不确定性会更强。因此，创新活动需要大量的市场知识，需要获取相关信息包括客户的信息，了解竞争对手的需求、活动和行为，并基于此制定相应的创新策略（Luigi & Atuahene – Gima，2007）。大数据分析能力为企业创新能力提供信息基础，使企业内部人员充分了解市场需求，从而促进企业在产品或服务上的创新（Veldhuizen，Hultink & Griffin，2006）。

在当今竞争激烈的市场环境中，企业必须不断地更新自身经营方式以便保持对外部经营环境的适应性，然而对不断变化的市场环境做出反应能力是一个复杂的过程，包括觉察到新出现的威胁和机会，抓住发展和生存的机会，改变现有的运作方式以更好地适应市场需要。大数据分析能力所产生的洞察力可以作为创新能力的推动者（Schilke，Hu & Helfat，2018）。与此同时，当前大数据分析技术支持的处理能力允许在更短的时间周期内将原始数据转换为可操作的洞察力，有助于提高处理环境变化和抓住新机遇时的效率，并及时做出响应。大数据分析是创新的关键活动，因为它减少了环境的不确定性，并支持全企业范围内的信息分配（Choi，Wallace & Wang，2018）。在大数据分析的结果上总结以及拓展新的创新思维，是企业获得竞争优势的关键。高效使用大数据分析技术，可以把握行业发展趋势并重新配置战略，因此，大数据分析能力可以有效提高企业的创新能力。基于此，本章提出如下假设：

H2：大数据分析能力对信息化创新能力具有积极影响。

四 信息化领导力和信息化创新

信息化领导力和信息化创新均为基于 AIT 产生的能力，AIT 指的是通过先进的方法对复杂的数据进行有效处理、管理、检验、传输并展现出来，使诸多工作人员能够参与组织间的活动。而信息化创新则指的是基于信息技术及其应用的创新（Xiao，Wu，Xie & Hu，2019）。因此，大多数信息化创新都与不断提高的信息技术能力有内在联系。信息技术通过扩展组织可以管理的信息量来增加企业的信息处理能力（Ben – Arieh & Pollatscheck，2002）。通过信息技术进行协作、协调和沟通的形式对信息化创新的支持变得越来越重要。

信息技术的进步与提升会推动信息化领导力的发展，信息化领导力的进步会直接地提升企业的决策与执行能力，而信息化创新的企业则必须具备有较强信息化领导力的领导层（Avolio，Sosik，Kahai & Baker，2014）。通过信息化领导，快速制定创新策略，提高企业信息化创新能力，从而为企业在市场竞争中提供必要的优势。因此，信息化领导力可以很大程度帮助企业提高信息化创新的能力。信息化领导帮助企业进行正确的决策制定，为创新提供知识基础，从而推动信息化创新能力的提升。基于此，本章提出如下假设：

H3：信息化领导力对信息化创新具有积极影响。

五　信息化领导力与企业国际化绩效

以信息技术为基础的时代背景正在为领导力创造新的管理环境，而信息技术的关键特征是实时信息可用性、利益相关者实现信息共享。伴随着 AIT 带来的巨大变化的是组织关系全球化，跨国界信息交换的便利促进了组织关系的全球化（Kucuk & Flouris，2017）。不仅领导者的知识结构发生改变，领导的本质也在改变。

信息化领导指的是一个由先进信息技术介导的社会影响过程，目的在于改变个人、团体或组织的态度、情感、思维、行为或表现（Avolio，Kahai & Dodge，2000）。之所以选择信息化领导力，是为了将新兴的信息技术背景纳入到对领导力的研究当中，即以 AIT 为介导的领导力。企业国际化绩效是指企业在国际市场上的经营业绩，它反映了企业在国际市场的运营状况（Jantunen，Puumalainen，Saarenketo & Kyläheiko，2005）。信息化领导力可以摆脱时间与空间的制约，制定及时策略，对国际市场做出快速反应，以应对国际市场的变化，最终达到盈利的目的。具体来说，信息化领导力以新兴的大数据分析能力作为技术支撑，对不同地区的国际化市场进行快速分析，并对分析结果快速响应，通过新兴的信息交流手段，共同商榷制定策略与方案，以应对市场及时的变化或未来的发展趋势,企业则通过这种快速反应机制,从而使企业国际化绩效满足企业自身的需求与发展。因此,信息化领导力可以帮助企业提高企业国际化绩效。基于此,本章提出如下假设:

H4:信息化领导力对企业国际化绩效具有积极影响。

六 信息化创新与企业国际化绩效

信息技术的进步促进了企业与客户的交互,从而帮助企业充分获取相应客户的需求信息,这是创建新产品和服务所必需的(Gatignon,Tushman,Smith & Anderson,2002)。基于网络的信息技术,客户可以配置或设计自己的解决方案,提供关于客户特别需要的解决方案的信息。同时,大数据已成为连接各环节的重要纽带,企业通过对大数据的掌握,有效从客户端收集新产品和服务的创意,并对其进行优先排序(Poetz & Schreier,2012)。此外,大数据分析技术的管理有助于企业挖掘并收集市场深层次的知识,推动创新活动的形成,从而提升企业国际化绩效。因此,企业使用信息技术的强度越高,其市场知识就越强,这对企业的整体企业国际化绩效有积极的影响。

信息化创新为企业国际化绩效提供了诸多优势。通过信息技术将得到的信息融合处理,并创建全新的知识系统,知识则通过信息技术获取,以新知识为基础创新,帮助企业快速应对市场变化以及未来的发展趋势,提高企业国际化绩效,信息技术能够为企业的创新能力提供基础,提高企业国际化过程中的竞争优势,对企业国际化绩效的影响具有重要的作用。一方面,采用信息化创新理念的企业可以通过领先于竞争对手,开发关键能力来提高企业在国际市场的表现(Zahra & Garvis,2000)。另一方面,信息化创新,主要体现在获取国际市场先行者的优势。这些优势包括能够收取高价、控制分销去得到、利用专有技术发货议价能力(Kimura,1989)。

基于此,本章提出如下假设:

H5:信息化创新对企业国际化绩效有积极影响。

基于以上所提出的假设,本书提出如下研究模型(见图4-1),并假设大数据分析能力是通过信息技术的实现来调节的,因此,大数据分析能力被视为企业国际化绩效的基本条件,大数据分析能力被假设为能够提高企业信息化领导力并促进信息化创新，为企业国际化绩效提供备选条件。

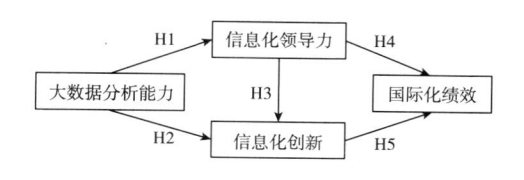

图 4-1 研究模型

第三节 研究设计

一 研究方法

为了提高研究结论的可靠性，本章参考 Mikalef 等（Mikalef & Pateli, 2017）和易明等（易明、罗瑾琏、王圣慧、钟竞, 2018）的研究思路，采用混合研究方法展开研究。具体的研究思路是首先采用结构方程模型（SEM）来检验理论模型中的经验假设，其次采用必要分析法来进一步验证上述结论的可靠性。具体而言，SEM 能够运行模拟一个或多个独立变量与一个或多个因变量之间的多重因果关系，是当前多元数据分析普遍采用的重要工具之一，本章主要用来检验各变量之间的影响程度、解释水平、显著性等，必要分析方法主要从探究在给定水平的企业国际化绩效对所需条件的限制水平出发，与 SEM 一同用于因果关系分析，以更加科学、全面地检验企业国际化绩效的影响机制。

二 数据获取

数据来自广东省具有跨国经营业务的企业，我们使用了三个标准来创建抽样框架。第一，调查的公司是国内所有的，而非外国的子公司。第二，企业具有丰富的国际化业务经营经验。第三，所选企业属于同一企业下的子公司时最终选择国际化业务最长的子公司。最后选定 268 家具有 3 年以上的国际化业务经营经验的企业。之后，我们按照 Knight

等（Knight & Cavusgil，2004）对于企业国际化绩效的测量要求，对上述企业进行第二轮资料收集，最初通过电话联系受访者，告知他们研究目的，以及数据匿名和保密问题，一共访谈、收集了145家企业数据资料，时间跨度为2018年4月—2018年9月。最后对这145家企业采取问卷调查方式获取有效数据，结果具有普遍性、便于同时调查大量因素。通过公司目录确定问卷调研对象——企业的最高管理人员和一位参加国际化业务的基层员工，时间为2018年11月，回收有效问卷131份，有效回收率为90.3%。

三 变量测量

1. 大数据分析能力

大数据分析能力是根据Gupta和George的研究将其定义为企业有效运用技术和人才以捕捉、存储数据并对其进行分析，从而生成洞察力的能力（Barton & Court，2012）。量表主要参考Boynton和Kim等的研究，具体包括3个题项（Ben–Arieh & Pollatscheck，2002；Wamba et al.，2017）。

2. 信息化领导力

信息化领导力是一个由先进的信息技术介导并能够改变个人、团体或组织的态度、思维、行为或表现的社会影响过程（Vidgen，Shaw & Grant，2017）。研究采用Boyce等的问卷，具体包括4个题项，例如"领导是否为团队行动传达清晰而有意义的目标"等（Akter & Wamba，2016）。

3. 信息化创新

信息化创新指企业进行经营过程中融入先进的信息技术开发新产品或服务（Mikalef，Krogstie，Pappas & Pavlou，2019）。研究问卷来自Kroh等（Boynton，Zmud & Jacobs，1994），问卷采用李克特七点量表，我们选择"企业使用信息技术来开发产品或服务"等3个题项进行测量。

4. 企业国际化绩效

企业国际化绩效是指企业在国际市场上的经营业绩，其反映了企业在国际市场上的运营状况（Kim，Shin & Kwon，2012）。Knight和Cavusgil 的研究认为国际绩效包含两个维度：一是历史满意度：指与最初预期相比，领导者对国际化结果的满意程度；二是比较满意度，指与主要竞争对手相比，领导对国际化结果的满意程度（Knight & Cavusgil，2004）。因此，本研究对中小企业国际化绩效的测量也主要是从上述两个角度进行测量，具体包括 4 个题项。

第四节　数据分析与假设检验

一　信度与效度检验

由于偏最小二乘法结构方程模型（PLS – SEM）可以处理小容量的样本数据，并且允许同时估计一个或多个自变量、一个或多个因变量之间的多重因果关系，故选定该方法对相关理论假设进行进一步的检验，所使用的数据分析软件为 PLS3.0。所有变量测量均采用七点式李克特量表对问卷进行计分测量，要求受访者根据题项所描述的内容给分，1 表示"非常不符合"，7 表示"非常符合"。本研究采用 PLS – SEM 对相关理论假设进行检验，利用 PLS3.0 对数据首先进行了信度与效度检验，采用 Cronbach's α 和 CR 进行信度检验，结果显示（见表 4 – 1），各个构念的 Cronbach's α 和 CR 均大于 0.7，表明各个变量具有较好的信度。就效度而言，测量模型中各个变量的因子载荷均在 0.7 以上，完全符合因子载荷不小于 0.5 的要求。同时，从表 4 – 1 可以看到，各个构念的平均方差提取（AVE）都大于 0.6，表明本研究所使用的各个变量的测量模型达到聚合标准。此外，为进一步检验区分效度（见表 4 – 2），各变量的 AVE 的平方根均大于各个潜变量之间的相关系数，各变量之间的相关值最高为 0.392，因此测量量表具有较好的区分效度。

二　相关性分析

本研究测算了模型中各变量的相关系数，结果如表 4 – 2 所示。具体而言，大数据分析能力与信息化领导力呈正相关关系，相关系数为 0.372；大数据分析能力与信息化创新呈正相关关系，相关系数为

0.330；信息化领导力与信息化创新呈正相关关系，相关系数为0.392；信息化领导力与企业国际化绩效呈正相关关系，相关系数为0.288；信息化创新与企业国际化绩效呈正相关关系，相关系数为0.353。

表4-1　　　量表来源及测量模型的信度与效度检验结果

构念	题项	标准化载荷	Cronbach's α	CR	AVE
大数据分析能力	我们以系统的方式执行大数据分析规划流程	0.915	0.851	0.908	0.768
	我们为大数据分析的引入和使用制订了充分的计划	0.878			
	我们经常调整大数据来更好地适应不断变化的环境	0.833			
信息化领导力	为团队行动传达一个清晰而有意义的目标	0.786	0.828	0.885	0.658
	促进深入、支持性的互动，以修复破碎的信任	0.826			
	利用电子邮件和电子公告板来报告成员的行动和决定	0.812			
	验证团队的电子交流并提供及时的反馈	0.820			
信息化创新	使用信息技术来开发产品或服务	0.788	0.721	0.843	0.642
	知识共享由信息技术支持	0.776			
	使用基于信息技术的工具来生成、收集和评估创意	0.838			
企业国际化绩效	与最初期相比，企业的税前利润有了一定的提高	0.853	0.833	0.888	0.664
	与最初期相比，参与国际市场的百分比有了一定的提高	0.781			
	与国内市场相比，投资回报主要集中在出口市场	0.817			
	与主要竞争对手相比，主要出口市场销售额有了一定的提高	0.806			

表 4-2　　　　　　　　各变量间的相关系数与 AVE 值

变量	BDAC	EI	ICT	IP
大数据分析能力	0.876			
信息化领导力	0.372	0.811		
信息化创新	0.330	0.392	0.801	
企业国际化绩效	0.186	0.288	0.353	0.815

注：对角线上数值为 AVE 的平方根；BDAC 表示大数据分析能力；EI 表示信息化领导力；ICT 表示信息化创新；IP 表示企业国际化绩效（下同）。

三　假设检验

利用 PLS-SEM 进一步评价结构模型，通过对样本数据进行 bootstrap 分析，获得理论假设中各变量之间关系的路径系数 β、统计量 T 以及 P 值进行检验。结果表明（见图 4-2 以及表 4-3），大数据分析能力对信息化领导力具有显著的正向影响（β = 0.372，T = 3.666，$P < 0.001$）；同时，大数据分析能力对信息化创新也具有显著的正向影响（β = 0.213，T = 3.453，$P < 0.05$），假设 H1、H2 得到验证。其次，信息化领导力对信息化创新也具有正向影响（β = 0.313，T = 2.433，$P < 0.05$），信息化领导力对企业国际化绩效具有正向影响（β = 0.177，T = 2.132，$P < 0.05$），信息化创新对企业国际化绩效也具有正向影响（β = 0.284，T = 3.059，$P < 0.01$），综上假设 H3、H4、H5 均得到验证。此外，模型的 SRMR 指标值为 0.065，表明模型的拟合度较好。

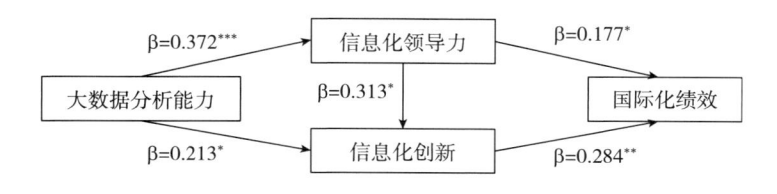

图 4-2　全模型路径系数

注：* 表示 $p < 0.05$，** 表示 $p < 0.01$，*** 表示 $p < 0.001$（下同）。

四　稳健性检验

为了检验大数据分析能力、信息化领导力、信息化创新对企业国际

表4-3　　　　　　　　　　模型检验结果

影响路径	效应量（β）	T值	P值
BDAC→EI	0.372	3.666	0.000
BDAC→ICT	0.213	3.453	0.001
EI→ICT	0.313	2.433	0.015
EI→IP	0.177	2.132	0.033
ICT→IP	0.284	3.059	0.002

化绩效解释力的可靠性以及研究结果的稳定性，通过 NCA 分析对数据进行稳健性检验。R 是一种编程语言，被应用于不同领域的数据分析，包括管理学。它包含了很多统计数据，图形函数也是 SPSS 和 SAS 等软件统计的一部分。此外，R 可以运行特定的用户定义函数，NCA 分析就是在 R 语言中作为一个调用函数应用于必要性分析。

表4-4　　　　　　　　　　必要性分析结果

变量	方法	精确度	上限区域	范围	效应值(d)	条件无效	结果无效
大数据分析能力	CE-FDH	100%	0	21.333	0	—	—
	CR-FDH	100%	0	21.333	0	—	—
信息化领导力	CE-FDH	100%	2.000	19	0.105	10.526	0
	CR-FDH	84%	4.558	19	0.240	14.678	43.773
信息化创新	CE-FDH	100%	3.583	22.667	0.158	35.294	50.000
	CR-FDH	97.7%	2.889	22.667	0.127	43.758	54.674

注：0 < d < 0.1 为轻微效果，0.1 < d < 0.3 为中等效果，0.3 ≤ d < 0.5 为显著效果。

通过两种上限技术（CE-FDH 和 CR-FDH）得到上限包络线，同时利用 R 软件计算得到相关的精确度、上限区域、范围、效应值、条件无效以及结果无效等上限参数值。大数据分析能力、信息化领导力、信息化创新是国际化绩效的必要性分析，CE-FDH 方法所得的上限包络线之下涵盖了所有的观测值且上限区域中没有任何观测值，其精确度为100%，而 CR-FDH 方法所得的上限区域中包含特定观测值。虽然

CR-FDH 方法所得的精确度未达到 100%，但两种方法所得的结果差异不大，因此只将 CR-FDH 方法所得结果进行分析。

必要条件的效应值可以体现潜在变量对结果变量的约束性，由上限区域的大小与可以观察整个区域的大小之比所得，效应值越大，其对结果的约束性更强，必要条件的影响越强。同时，分析结果也与偏最小二乘结构方程模型的实证结果出现了高度一致性。具体而言，大数据分析能力对企业国际化绩效的效应值为 0，说明大数据分析能力不能直接影响企业国际化绩效，而信息化领导力与信息化创新对企业国际化绩效的效应值分别为 0.240 与 0.127，在中等效果的区间内，为假设 H4 和 H5 提供了佐证。

单要素必要性分析结果是对影响各个结果变量的单个前因变量的必要性予以判断，并发现大数据分析能力并不是企业国际化绩效的必要条件，而信息化领导力与信息化创新是企业国际化绩效的必要条件。对于给定的企业国际化绩效水平，大数据分析能力、信息化领导力以及信息化创新的组合效果也并不清晰。因此，需要通过瓶颈表进行进一步分析。此外，由于变量具有连续性特征，本章选择 CR-FDH 技术进行分析。瓶颈表表示的是给定水平结果所需的条件必需水平，在解释多变量必要条件以及识别必要条件组合方面具有重要作用。

如表 4-5 所示，对于低水平（0—40%）企业国际化绩效，信息化领导力和信息化创新均不是必要条件。而就中水平（40%—80%）和高水平（50%—80%）的企业国际化绩效而言，信息化领导力和信息化创新均为必要条件，同时，随着企业国际化绩效的提升，对信息化领导力和信息化创新的要求也相应提高，且对信息化领导力的要求明显高于信息化创新。此外，对于任何水平的企业国际化绩效，大数据分析能力都不是必要条件。

表 4-5　　必要条件组合瓶颈表（CR-FDH，NN = 不必要）

企业国际化绩效	大数据分析能力	信息化领导力	信息化创新
0	NN	NN	NN
10	NN	NN	NN

续表

企业国际化绩效	大数据分析能力	信息化领导力	信息化创新
20	NN	NN	NN
30	NN	NN	NN
40	NN	NN	NN
50	NN	9.4	NN
60	NN	24.6	6.6
70	NN	39.8	19.0
80	NN	55.0	31.4
90	NN	70.1	43.8
100	NN	85.3	56.2

第五节　结论与讨论

第一，大数据分析能力通过管理者的信息化领导力提高企业国际化绩效。从企业的领导力来看，传统的决策者主要依据先前经验进行决策的制定，在当前信息爆炸的管理决策背景下，往往力不从心。而信息化领导力本质是在信息化活动中管理者实现利用信息技术强化竞争力，并将信息化打造成一个新的竞争力的能力。信息化领导力对于企业管理者依据大数据分析能力所引发的新的组织管理能力具有积极作用，具有信息化领导力的管理者，不仅能够迅速对快速变化的市场环境做出响应，还能在纷繁的数字化发展背景下做出科学、高效的决策。企业信息化领导力的存在，能够即时响应不同地区的国际化市场的变化，协调企业行动计划，提高企业国际化过程中应对市场变化的效率，这对于企业国际化绩效的提升有积极的影响。

第二，信息化创新也在大数据分析能力与企业国际化绩效之间起到积极的中介作用。信息化创新作为影响企业国际化绩效的重要因素，在国际化业务活动中显得尤为重要，这是因为企业人员能够通过大数据分析技术的管理实施，在更短的时间周期内挖掘并获取有价值的信息以充分了解市场需求，预见市场趋势，推动企业在产品或服务上创新活动的形成，提升企业竞争力，从而影响企业国际化绩效。因此，信息化创新能够将大数据分析能力更加顺利地输送到企业国际化经营活动当中，最终提升企业国际化绩效。

第三，信息化领导力也能够通过信息化创新对企业国际化绩效产生积极影响。在复杂的国际市场中，企业对于国际化绩效的追求离不开企业高效的信息化领导力和扎实的信息化创新。我们的研究还表明，管理者信息化领导力是通过对企业信息化创新的引导、约束和承诺等来推动企业国际化绩效的。在应对持续信息化的国际市场环境时，企业必须通过大数据分析能力制定战略策略以不断更新竞争手段以保持竞争力，改进现有的运作方式更好地适应市场需要，企业信息化领导力对企业信息化创新起到了积极的促进作用，以此拓展新的基于信息化发展的企业创新思维。因此，企业为提高国际化绩效，信息化领导力和信息化创新都尤为重要。

第五章

商业智能对我国企业国际化速度影响机制研究

第一节 研究背景

20世纪80年代，与经典渐进式企业国际化模型不同，早期国际化、快速国际化的公司开始引起学术界的关注。Hedlund 和 Kverneland（1985）在检查了瑞典公司在日本的进入情况后发现这些公司经常选择快速进入模式，跳过出口以支持外国直接投资等阶段，并在国外市场上积累丰富的知识和经验（Hedlund & Kverneland，1985）。又如在以色列，Ganitsky（1989）检查从一开始就建立起来服务于国外市场的公司，称为"先天出口商"，通过灵活的管理态度和做法克服了国际化挑战（Ganitsky，1989）。与传统渐进式国际化不同，"进攻性"的企业国际化行为日益凸显（Knight & Liesch，2016），企业快速国际化这一现象引起学术界的讨论。国际化速度也成为企业国际化进程中除了区位选择（Dunning，1998）与进入模式选择（Ekeledo & Sivakumar，1998）之外的另一重要战略决策内容。对实施国际化战略的企业而言，如何实现快速国际化对于企业的国际化布局至关重要。

在现有的国际商务主流研究中，学者们对国际化速度的内涵进行了诸多研究（Chetty，Johanson & Martín Martín，2014；Hilmersson & Johanson，2016）。然而，目前尚未形成国际化速度测度的统一认识（Hilmersson，Johanson，Lundberg & Papaioannou，2017），特别是对新

兴经济体企业而言，国际化速度的测定很大程度上是借用发达国家企业的国际化速度测定方式。而值得关注的是，与发达经济体企业相比，新兴经济体的企业在进入东道国市场时往往遭受着更大的社会认同度的挑战，即面临严峻的"合法性"问题。合法性成为理解企业国际化过程的关键因素（Ramamurti，2012）。正如 Brown（1998）明确指出的那样，合法性地位是获得资源、不受限制地进入市场和长期生存的必要条件。企业通过建立合法性可以更容易获得有助于自身生存与发展的战略资源（Zimmerman & Zeitz，2002；Cheung，Aalto & Nevalainen，2019）。因此，在构建新兴经济体企业的国际化速度体系中必然需要将合法化速度这一维度考虑在内，合法化速度作为衡量企业社会认同度的指标反映了企业的国际化状态变化，从外部视角把握了企业的国际化进程。由此，为回应学者们呼吁构建更适用于新兴经济体的企业国际化速度测量体系，本章尝试从中国企业出发提出符合自身条件的国际化速度测量维度。

Oviatt 和 McDougall 于 1994 年发表的关于 INVs（国际化新创企业）的开创性文章为早期国际化公司提供了一个解释框架，他们强调了知识和其他独特组织资源在早期国际化中的作用（Oviatt & McDougall，1994）。随后，关于国际化速度的前因条件研究层出不穷，学者们开始研究网络和联盟（Yayla，Yeniyurt，Uslay et al.，2018）、组织资源（Oviatt & McDougall，2005）、创始人特征（Aspelund，Madsen & Moen，2007）等在企业国际化中的作用。然而，尽管上述文献从资源观、能力观、制度理论等角度极大地丰富了国际商务研究（Cavusgil & Knight，2015；Knight & Liesch，2016；Schu，Morschett & Swoboda，2016），但现有研究忽视了信息技术对企业国际化决策造成的影响，这显然与日前的信息大浪潮相悖（Manyika，Lund，Bughin et al.，2016；Neubert & Van der Krogt，2018）。在信息技术蓬勃发展趋势下，如何将信息技术运用到国际化决策为企业的快速国际发展提供了新思路（Lecerf & Omrani，2019；Skudiene，Auruskeviciene & Sukeviciute，2015；Dangi，Ismail & Juhaida，2018）。

商业智能作为一项收集数据并将集成数据转换为分析性信息，进而帮助减少决策不确定性的信息技术已成为自 2009 年以来组织在信息技术投入中占比最高的一项支出（Clark，Jones & Armstrong，2007）。麻省理工学院的研究报告显示，商业智能是改善企业绩效的一个强大来源（Kappelman，McLean，Johnson et al.，2017），企业甚至将商业智能的发展提高到战略层面以最大限度发挥其改进性能的承诺。遗憾的是，尽管现实实践中已有大量企业家试图通过投资商业智能来实现最大限度产出，然而学术文献对如何界定商业智能的内涵以及使用方式几乎没有提供任何规范的指导，这在很大程度上归因于我们长期以来对将信息技术运用到企业战略决策的疏忽。对国际化企业而言，信息收集的快慢与有效性是企业能否快速了解并投资国际市场的关键（Neubert & Van der Krogt，2018）。因此，本章尝试首次讨论商业智能对企业国际化进程的影响，并将组织敏捷性与文化距离纳入本章的模型，提出商业智能提高企业国际化速度的实现路径。

第二节 理论假设

一 商业智能正向影响企业国际化速度

商业智能作为一项信息技术，可以挖掘出动荡环境中的信息，发现潜在的机会，同时最小化企业面临的不确定性的威胁（Berndtsson，Gudfinnsson & Strand，2015；Elbashir et al.，2008）。商业智能为企业提供了几个关键的行动：目标规划、数据收集、数据分析以及信息共享与传播（Dishman & Calof，2008；Elbashir et al.，2013；Wamba et al.，2017）。在企业的国际化过程中，企业的国际化速度非常依赖于信息知识的获取与整合，国际化的企业需要收集充足的信息来增加对国际市场的认知，制定恰当的国际化决策（如进入模式等）以及获取内外部人员对企业的认同度。而商业智能的运用可以为企业提供国际化所需的信息，商业智能中的数据集成可以为企业提供不同来源的数据集，通过收集不同来源的数据可以提高数据的完整性，并且通过比较不同数据源的信息可以提高信息准确性。因此，企业可以在此基础上充分了解到国际市场以及企业内部的竞争以及运作状态（Alberto et al.，2018；Wamba et al.，2015）。商业智能的分析能力可以帮助企业在所收集到的信息的基础上，进一步提炼出能提高企业国际化速度的关键信息，形成有意义的国际化相关知识，从而有利于企业的一系列决策等（Chen，Chiang & Storey，2012；Rameshwar，Angappa & Stephen，2018）。因此，本研究认为商业智能在促进企业国际化速度上有正向影响。

具体来看，对于新兴市场（如中国）的企业而言，企业由于"来源国劣势"，在国际化进程中遭受着更多的挑战，企业需要通过不断地学习来获取对东道国市场的认识。因此，商业智能的应用为国际化企业提供了大量有关国际市场的特定信息（Dedić & Stanier，2016；Autio & Zander，2016），从而有助于企业加深对国际市场的了解，提高企业的学习速度。企业的国际化行为本质上是配置资源的过程，企业需要制定合理的资源决策来使企业资源产出效率的最大化。在此过程中，商业智能的运用有助于分析企业收集到的信息，从相关信息中识别出潜在的市场机会和风险，提炼出可用于企业操作的相关知识（Dedić & Stanier，2016；Autio & Zander，2016）。这种转化后的知识可以帮助企业了解竞争者的动向、消费者的取向等，从而快速并且"对症下药"地进行资源投入，提高承诺速度（Manyika et al.，2016）。对企业的合法性速度而言，企业的合法性速度取决于企业内外部人员对企业的评价。对内部员工而言，员工对企业国际化决策的认同度会影响企业的合法化速度。在这一点上，商业智能的使用可以帮助企业收集到员工对企业运作的意见及反馈，企业可以针对收集到的意见进行进一步调整，更好地满足员工的期待。并且，员工的反馈意见的收集可以帮助企业"集思广益"，从多方面多角度加深企业的国际化行为认知，提高企业的国际化速度。对外部利益相关者而言，政府、消费者和供应商是企业国际化沟通的重要环节，了解政府的制度、满足消费者的偏好以及供应商的要求是企业能持续实现竞争优势的基础。因此，商业智能通过收集并分析上述利益相关者的诉求可以及时改变企业的不足之处，制定出具有针对性的决策方案，从而满足各用户的期待，提高企业的合法化速度。综上，本研究提出如下假设：

H1：商业智能正向影响企业国际化速度。

H1a：商业智能正向影响企业学习速度与承诺速度。

H1b：商业智能正向影响企业合法化速度。

二 组织敏捷性的中介作用

商业智能对组织敏捷性的作用主要体现在以下几点上：首先，商业智能为组织的敏捷性提供了广泛且有效的信息，它们增强了组织的知识广度和丰富性（Mikalefa & Pateli，2017）。而知识的广度和丰富性在很大程度上决定了组织的敏捷性（Lu & Ramamurthy，2011）。商业智能提供的丰富的信息可以帮助企业了解不断变化的市场（Cavusgil & Knight，2015；van Oosterhout et al.，2006）。特别是对新兴经济体的企业而言，商业智能提供的信息可以缓解企业自身资源的局限性，有效降低由于企业缺乏国际化经验所带来的障碍。商业智能所提供的信息可以帮助企业增加对国际市场机遇与挑战的认知，识别和预测出国际市场的变化并发掘出国际市场中潜在的机会，从而快速应对市场变化提高市场资本化的敏捷性（Dove，2001）。其次，现有的和实质性的知识储备使企业能够最大限度地调动自身资源。当商业智能提供的信息为企业提供市场的运行轨迹之后，企业可以针对这些变化快速调整组织架构。即便是在高度不确定性的情况下，企业也能合理配置资源并进行一系列的运营变革从而快速改进产品和服务，提高企业的运营调整敏捷性（Cegarra – Navarro，Soto – Acosta & Wensley，2016；Lu & Ramamurthy，2011）。

虽然商业智能为中国企业的国际化战略提供信息，但是企业仍然必须利用组织的敏捷性来解释这部分信息，并且将这些外部知识转化为可以重新学习的明确形式（Ortega – Gutierrez et al.，2015；Rameshwar et al.，2018）。因此，组织敏捷性对于提高企业的学习速度与承诺速度至关重要。对国际化企业而言，企业面临着巨大的市场波动以及差异，组织需要充分发挥敏捷性来帮助企业有目的地响应环境的变化，并为企业提供高质量的决策服务。就市场资本化敏捷性而言，市场资本化敏捷性可以增强国际化企业的学习能力，帮助他们成功地运用显性知识，快速地感知目标市场的机会（Lu & Ramamurthy，2011；Swafford，Ghosh & Murthy，2008），提高企业的学习速度。对于一个国际化的公司来说，其市场资本的灵活性越强，它可以转换和解释的国际化知识就越多，这就增加了企业在不同的制度和文化环境下运作的可行性。市场资本化敏捷性越强，企业能解析出的有关产品和服务的市场趋势的知识也就越多

（Swafford et al.，2008；Shahrabi，2012），企业可以根据这些未来趋势及早地进行资源部署，及早获取竞争性资源，从而提高承诺速度。相应地，运营调整敏捷性越大，企业能够解析出的内部知识就多。当企业能够获取到更多有关内部流程的知识时，企业就会加强学习强度来改善内部流程的不足之处，进而提高企业的学习速度。此外，运营调整敏捷性的提高还能帮助企业了解到最大化资源效率的知识，从而企业进行合理的资源配置，提高资源的利用效率，提高企业的承诺速度（Tallon & Pinsonneault，2011）。由此，本研究提出以下假设：

H2：组织敏捷性在商业智能与学习速度与承诺速度之间起着中介作用。

H2a：市场资本化敏捷性在商业智能与学习速度与承诺速度之间起中介作用。

H2b：运营调整敏捷性在商业智能与学习速度与承诺速度之间起着中介作用。

组织敏捷性对提高企业的合法化速度也必不可少。企业的合法性来自于企业内部（如员工）、企业外部（如政府、消费者和供应商）的评价（Díez-Martín et al.，2013；Díez-Martín et al.，2010），评价越高代表企业的合法化速度越大。因此，企业在提高合法化速度时需要满足不同利益相关者的要求与期望。对企业的外部利益者而言，企业需要满足的利益点很多。具体而言，企业需要构建合理的组织架构来满足东道国政府的要求与管制；东道国市场的异质性使国际化企业需要了解消费者的行为，制定出合理的营销方案；企业的国际化行为也为供应商的利益带来了一定程度的风险，供应商期望企业能在国际化活动获得稳定的收入等。在此方面，市场资本化敏捷性地发展能帮助企业及早甄别出政策、市场竞争以及消费者行为变化的相关知识，并有效地根据这些知识制定出有效的应对措施，从而提高外部合法化速度。对企业内部员工而言，企业员工对企业国际化的战略决策评价不尽相同，员工根据自身岗位提出的意见与建议对企业的日常国际化活动至关重要。因此，企业需要总结员工的意见，依据员工提出的意见进行及时的反馈，并做出相应的组织调整。在此方面，组织的运营调整敏捷性能够帮助企业转化更多的内部运营知识，并且针对员工提出的建议合理地进行生产要素分配，最大限度地满足员工的期望（Shahrabi，2012），从而提高企业的合法化速度。相应地，对缺乏组织敏捷性的企业而言，企业难以解析出满足利益相关者要求的相应的知识，因而也难以做出合理的决策，无法调整现有的流程和例程来应对新出现的期望，反而会因为市场的波动限制了企业的合法化进程。

综上所述，商业智能为企业提供了诸多内外部信息，这些获得的信息有助于企业掌握国际市场的变化、消费者行为方式的改变，竞争对手的动向以及企业员工的想法，从而能够针对上述变化采取及时且有效的行动，充分调动企业的资源，提高组织的市场资本化敏捷性以及运营调整敏捷性。市场资本化敏捷性与运营调整敏捷性的提高能够帮助企业更有效率地将外部知识转变成显性形式（Ortega–Gutierrez et al.，2015），并用于企业更好地服务于企业内外部人员，满足利益相关者的期望，从而提高企业的合法化速度。由此，本研究提出以下假设：

H3：组织敏捷性在商业智能与企业合法化速度之间起着中介作用。

H3a：市场资本化敏捷性在商业智能与企业合法化速度之间起着中介作用。

H3b：运营调整敏捷性在商业智能与企业合法化速度之间起着中介作用。

三 文化距离的调节作用

对实现国际化战略的企业而言，组织敏捷性的积极作用还受文化距离的调节作用。文化距离作为国际化企业面临的典型因素是国际商务领域学者讨论的重点。不过，就现有的文献而言，文化距离对国际化企业的影响仍是不确定的（Rottig，Reus & Tarba，2013；Beugelsdijk et al.，2018）。部分研究认为文化距离为企业提供了新的市场机会，文化差异带来的不同的信仰、价值观有助于企业的学习与创新（Ahammad, Tarba, Liu & Glaister，2016；Barkema & Vermeulen，1998）。但绝大部分学者认为文化距离的出现有损企业的国际化绩效（Reus & Lamont，2009），文化距离阻碍了需要转移的关键能力的可理解性，限制了收购方与其被收购单位之间的沟通，从而对收购绩效产生了负面的间接影响。

本章认为，对新兴经济体的企业而言，文化距离的加大限制了组织敏捷性对企业学习速度与承诺速度的积极作用。新兴经济体的企业在国际化竞争中常常面临着国际经验匮乏、储备资源较少等困难，因此文化距离的增加会使企业的国际化也遭受着更大的风险，新兴经济体中的国际新创企业（INVs）越发受到学者的关注（Deng, Jean & Sinkovics, 2018; Kiss, Danis & Cavusgil, 2012; Musteen, Datta & Francis, 2014）。当文化距离加大时，即便是对具有高度组织敏捷性的企业而言，企业也会因为市场异质性的增加导致知识解释能力的降低。具体而言，当文化距离增加时，企业在运用市场资本化敏捷性解析知识时会遭遇到更多的信息沟通和知识整合成本，企业因而难以更快速更准确地了解国际市场的变化趋势，难以针对潜在的国际机会进行快速和有效的学习与承诺，从而降低了企业的学习速度以及承诺速度。当文化距离增加时，即便组织能够运用运营调整敏捷性针对企业运作出现的问题进行调整，但文化距离的出现增加的成本降低了企业的一系列学习和承诺活动的强度。如 Uhlenbruck（2004）提出文化距离降低了收购者从国外经验学习的程度，阻碍了被收购企业的销售增长。由此，本研究提出以下假设：

H4：文化距离负向调节组织敏捷性与学习速度与承诺速度之间的正向关系。

H4a：文化距离负向调节市场资本化敏捷性与学习速度与承诺速度之间正向关系。

H4b：文化距离负向调节运营调整敏捷性与学习速度与承诺速度之间的正向关系。

相似地，企业的合法化速度强调满足各方利益相关者期望值的程度，而文化距离的出现降低了组织的沟通效率，增加了企业的运营成本与知识管理效率（Reus & Lamont, 2009; Pauluzzo & Cagnina, 2019）。具体来看，文化距离的增加限制了组织与外部人员的沟通程度，在这种情况下，即便企业可以运用市场资本化敏捷性发现外部人员如消费者消费行为的变化，企业也难以与消费者进行有效的沟通，无法及时给予消费者反馈。文化距离的增加还会增加员工之间的价值观的冲突以及不信任程度，这种冲突与不信任会降低组织运作的效率（Gomez – Mejia &

Palich，1997），甚至导致组织的内部冲突，进而降低了企业的合法化速度。正如 Reus 和 Lamont（2009）所指出的，文化距离增加了企业并购中的整合成本，阻碍了关键能力的可理解性，限制了收购企业与被收购单位之间的交流。由此，本章提出以下假设：

H5：文化距离负向调节组织敏捷性与企业合法化速度之间正向关系。

H5a：文化距离负向调节市场资本化敏捷性与企业合法化速度之间正向关系。

H5b：文化距离负向调节运营调整敏捷性与企业合法化速度之间正向关系。

第三节 研究设计

一 样本选取与数据来源

本章以中国长三角地区开展国际化活动，并具备商业智能技术的企业为样本。之所以选择长三角地区的企业主要考虑到长三角地区孕育着中国最具活力的国际化企业，丰富的企业集聚资源为本研究测定企业国际化速度的提高路径提供依据。考虑到目标企业中大部分为中小企业，公开文档较少。因此在数据收集过程中，我们主要采取现场调查的方式收集原始数据，并且主要受访者为公司的 CIO 和负责信息管理的高级管理人员。在此次数据收集工作中，我们获得地方政府（如发改委、商务部）的大力支持。具体来说，在浙江省商务部和江苏省发改委的协助下，我们与 400 多家国际化公司进行了多次会议，邀请这些公司的信息管理主管参与本次调研活动。在与主管的交流过程中，我们简要地介绍了本研究的目的，并解释了我们的调查流程。详细数据收集流程如下。

数据收集的第一阶段为 2018 年 6—9 月。我们采用访谈和电子邮件这两种渠道收集数据。356 名 CIO 和信息管理经理提供了公司的人口统计数据，以及他们对商业智能和组织敏捷性的看法。在回收的 304 份问卷中，访谈占 28.3%，电子邮件占 71.7%。考虑到我们的方法可能涉及与单一受访者相关的潜在偏见,我们遵循 Podsakoff 等(2003)的建议,分别处理了问卷的两部分。检验结果表明本研究中的上述偏见并不存在。

数据收集的第二阶段为 2018 年 10—12 月。受访者主要提供企业国际化速度的相关数据。具体来讲,企业国际化速度的数据包括学习速度与承诺速度的客观数据,以及合法化速度的主观数据。如学习速度与承诺速度的客观数据的获取指标有第一个出口订单开始的年份除以企业的经营年限等,合法化速度的主观测定指标有在既定时间内,您认为组织所有的行动都能帮助实现国际化目标等。由于这两类数据收集难度较大,为保证数据的有效性,本章经筛选后最终将 269 份数据纳入研究。

二 变量测量

1. 国际化速度

关于企业国际化速度的研究最早可以追溯到 Johanson 和 Vahlne(1977)提出的 Uppsala 模型,在该模型中他们给出了传统企业国际化的一般路径。但随着企业国际化过程的不断复杂化,企业国际化速度的可操作性定义尚处于争论之中。近年来,越来越多从事国际商务研究的学者意识到企业国际化速度已经不仅仅是一个时间上的单维构念,后续的学者们提出了企业国际化速度是一个多维度、构成型的高阶概念,其中涉及企业经验性学习、市场承诺等多方面资源投入程度的过程(Chang & Rhee,2011;Chetty et al.,2014)。虽然现有文献回应了关于企业国际化速度的多维度的高阶构成,但这些研究仍主要是从企业本身的资源禀赋和能力角度来论证企业国际化速度的,忽略了外部情境视角下企业遭受的合法性的制约作用,尤其是像中国这样的新兴经济体国家企业面临的政治、文化及市场体制差异。因此,本研究将在 Casillas 和 Acedo(2013)以及 Chetty 等(2014)关于学习速度和市场承诺速度两个企业内部维度的基础上,结合中国企业国际化过程中面临的后来者劣势,增加合法化速度这一外部维度对中国企业国际化速度内涵进行分析,其中合法性的测量在参照 Díez-Martín 等(2013)和 Díez-Martín 等(2010)的研究基础上,将合法性题项进行一定程度的改写，使之反映"时间"概念并更加符合企业的国际化背景。具体测量指标见表5-1。

表5-1　　　　　　　　企业国际化速度的构建与测量

维度	指标	测量方式
学习速度	获得第一个出口订单的速度	自第一次出口订单起的年数/经营年限
	达到规律性出口订单的速度	定期出口年数/经营年限
	国际业务的地理范围的速度	国家数量/经营年限
	实现多种国际化进入模式的速度	进入模式合计/经营年限
承诺速度	派遣员工参加国际业务的速度	参与国际业务的员工的数量/经营年限
	运用外语技能的速度	不同外语种类/经营年限
	国际化进入模式承诺的速度	国际投资进入模式/经营年限
合法性速度	务实合法化速度	在既定时间内，您认为组织所有的行动都能帮助实现国际化目标
		在既定时间内，您认为组织的国际化行动对你们有利
	道德合法化速度	在既定时间内，您认为组织的国际化行为都是应该做的
		在既定时间内，您认为组织的国际化行动是必须完成的，不考虑个人利益
	认知合法化速度	在既定时间内，您认为组织能够以最好的方式执行国际化活动
		在既定时间内，您认为组织能够以最好的方式解决国际化问题

2. 商业智能

商业智能质量及有效性的衡量取决于两个方面，即选择哪些数据与如何将数据转化为知识，也就是数据集成与分析能力（Jane & Frank，2017；Popovič et al.，2012；Wamba et al.，2017；Zeng et al.，2006）。数据集成的目的是结合不同来源的数据，从而为使用者构建数据的整体视图（Alberto et al.，2018；Wamba et al.，2015），分析能力侧重于对数据的分析处理，利用分析方法与手段为企业提供有价值的决策知识

（Chen et al.，2012；Rameshwar et al.，2018）。具体来看，数据的集成水平的测量包括两个指标（Lenzerini，2002），即企业内部可用数据的集成水平与不同数据源的数据相互一致的程度。至于分析能力，本研究选择了之前使用最多的分析指标，即纸质报告、特别报告、OLAP、数据挖掘、KPIs和警报（alerts）（Davenport & Harris，2009；Popovič et al.，2012；Williams & Williams，2010），受访者需要填写李克特七级量表来评估本公司在上述方面与主要竞争对手相比的效率。

3. 组织敏捷性

组织敏捷性的测量包括两部分，即市场资本化敏捷性与运营调整敏捷性。其中，市场资本化敏捷性的衡量包括3个题项，如"面对市场/客户的变化，我们能够快速做出并实施适当的决策"，"我们将与市场相关的变化和明显的混乱视为快速获利的机会"。运营调整敏捷性的测量包括3个题项，如"我们能快速回应客户提出的特殊需求，客户很肯定我们的能力"，"当我们的供应商出现供应中断时，我们可以迅速做出必要的替代安排和内部调整需要"（Lu & Ramamurthy，2011）。受访者针对上述问题进行1—7级的打分，1分代表"完全不同意"，7分代表"完全同意"。

4. 文化距离

在本章中，文化距离反映的是母国与东道国之间在Hofstede的四个文化维度，即权力距离、不确定性规避、男性化/女性化、个人主义上存在的差异。参照以往研究（例如Brouthers, Brouthers & Werner, 2008；Cheng & Yang, 2017），我们遵照Kogut和Singh's（1988）的做法，将文化距离的四个维度组合成一个复合变量，计算其得分。低分代表着东道国与母国之间的文化接近，得分高意味着东道国与母国之间的差异较大。该论文是管理学中被引量最高的论文之一（Harzing & Pudelko, 2016）。

本章中，我们选取了以下几个控制变量：①企业年龄，企业存续的年数。由于企业的经营经验和学习能力往往与年龄有关（Agarwal & Gort, 2002）。因此，年龄可以预测企业应对机遇和挑战的方式，进而影响企业的国际化速度。②企业规模。公司规模通常与可用的资源水平相关（Mishina, Pollock & Porac, 2004）。因此，企业规模可以部分预测企业的战略决策（Chandy & Tellis，2000）。③企业所有权。由于所有权可以支持企业获得一定的资源来抵消国际化的风险（Luo & Tung，2007），这反过来会影响企业国际化的速度。

第四节　实证结果及分析

一　描述性统计分析

本章测算了模型中所涉及变量的均值、标准差以及变量之间的相关系数，结果如表5-2所示。具体而言，企业年龄的均值为2.96，标准差为1.54；企业规模的均值为3.69，标准差为2.13；所有权的均值为1.26，标准差为0.44；商业智能的均值为2.65，标准差为0.70；市场资本化敏捷性的均值为2.92，标准差为0.72；运营调整敏捷性的均值为2.94，标准差为0.76；文化距离的均值为3.39，标准差为0.58；学习速度与承诺速度的均值为0.88，标准差为0.22；合法化速度的均值为2.97，标准差为1.14。从相关系数上来看，企业年龄与企业规模呈正相关关系，相关系数为0.15；企业年龄与市场资本化敏捷性呈负相

表5-2　　　　　　　样本均值、标准差与相关系数

	均值	标准差	1	2	3	4	5	6	7	8
1. 企业年龄	2.96	1.54	—							
2. 企业规模	3.69	2.13	0.15*	—						
3. 企业所有权	1.26	0.44	0.10	0.02	—					
4. 商业智能	2.65	0.70	0.02	0.07	0.07	—				
5. 市场资本化敏捷性	2.92	0.72	-0.17**	-0.04	-0.13*	0.28**	—			
6. 运营调整敏捷性	2.94	0.76	-0.06	-0.001	-0.08	0.29**	0.70**	—		
7. 文化距离	3.39	0.58	0.001	-0.09	0.04	-0.05	0.04	0.08	—	
8. 学习速度与承诺速度	0.88	0.22	0.002	-0.05	0.01	0.15*	0.28**	0.25**	-0.03	—
9. 合法化速度	2.97	1.14	0.01	-0.06	-0.001	0.13*	0.23**	0.22**	0.02	0.80**

注：*p<0.05；**p<0.01。

关关系，相关系数为-0.17；企业所有权与市场资本化敏捷性呈负相关关系，相关系数为-0.13；商业智能与市场资本化敏捷性呈正相关关系，相关系数为0.28；商业智能与运营调整敏捷性呈正相关关系，相关系数为0.29；商业智能和学习速度与承诺速度呈正相关关系，相关系数为0.15；市场资本化敏捷性与运营调整敏捷性呈正相关关系，相关系数为0.70；市场资本化敏捷性和学习速度与承诺速度呈正相关关系，相关系数为0.28；市场资本化敏捷性与合法化速度呈正相关关系，相关系数为0.23；运营调整敏捷性和学习速度与承诺速度呈正相关关系，相关系数为0.25；运营调整敏捷性与合法化速度呈正相关关系，相关系数为0.22；学习速度与承诺速度和合法化速度之间呈正相关关系，相关系数为0.80。

二 假设检验

为检验本研究所提出的上述假设，本书运用SPSS进行了一系列回归检验，回归系数与相关结果在表5-3、表5-4中列示。表5-3检验的是控制变量（企业年龄、企业规模、企业所有权）、自变量（商业智能）、中介变量（市场资本化敏捷性、运营调整敏捷性）、调节变量（文化距离）与因变量（学习速度与承诺速度）之间的回归。

首先，本研究将学习速度与承诺速度设定为因变量，对企业年龄、企业规模、企业所有权这三个控制变量进行回归，回归结果如模型5，从模型5中可以看出控制变量对学习速度与承诺速度之间没有显著的影响；随后，在第一步的基础上，本章将商业智能放入回归系统检验，回归结果如模型6，商业智能对学习速度与承诺速度有显著的正向影响（$r=0.05$，$p<0.5$），假设H1a成立。

其次，本章检验市场资本化敏捷性与运营调整敏捷性的中介效应。根据Baron和Kenny（1986）的研究，当满足下述4个条件时，存在完全中介效应：①自变量（商业智能）对中介变量（市场资本化敏捷性、运营调整敏捷性）有显著的影响；②自变量（商业智能）对因变量（学习速度与承诺速度）有显著的影响；③中介变量（市场资本化敏捷性、运营调整敏捷性）对因变量（学习速度与承诺速度）有显著的影响；④当加入中介变量（市场资本化敏捷性、运营调整敏捷性）后，自

表 5-3　学习速度与承诺速度的假设检验

	市场资本化敏捷性		运营调整敏捷性		学习速度与承诺速度							
	模型1	模型2	模型3	模型4	模型5	模型6	模型7	模型8	模型9	模型10	模型11	模型12
控制变量												
企业年龄	-0.07*	-0.07**	-0.03	-0.03	0.001	0.001	0.008	0.003	0.007	0.003	0.006	0.004
企业规模	-0.004	0.011	0.003	0.005	-0.006	-0.007	-0.005	-0.01	-0.006	-0.007	-0.007	-0.009
企业所有权	-0.19	-0.22*	-0.12	-0.16	0.005	-0.001	0.02	0.01	0.02	0.01	0.02	0.004
自变量												
商业智能		0.30**		0.33**		0.05*						
中介变量												
市场资本化敏捷性							0.09**		0.08**		0.08**	0.01
运营调整敏捷性								0.08**		0.07**		0.07**
调节变量												
文化距离											-0.01	-0.01
交互项												
市场资本化敏捷性×文化距离											-0.03*	
运营调整敏捷性×文化距离												-0.05**
R^2	0.03	0.11	-0.003	0.09	-0.008	0.01	0.07	0.05	0.07	0.06	0.08	0.10
F	3.82*	9.61**	0.76	7.28**	0.27	1.82	5.95**	4.76**	5.07**	4.20**	4.52**	5.32**
ΔR^2	0.04	0.13	0.01	0.10	0.003	0.03	0.83	0.07	0.09	0.07	0.11	0.13
ΔF	3.82*	9.61**	0.76	7.28**	0.27	1.82	5.95**	4.76**	5.07**	4.20**	4.52**	5.32**

注：* $p<0.05$；** $p<0.01$，下同。

表 5-4 合法化速度的假设检验

	市场资本化敏捷性		运营调整敏捷性		合法化速度							
	模型 1	模型 2	模型 3	模型 4	模型 5	模型 6	模型 7	模型 8	模型 9	模型 10	模型 11	模型 12
控制变量												
企业年龄	-0.07*	-0.07**	-0.03	-0.03	0.02	0.02	0.04	0.02	0.04	0.02	0.04	0.03
企业规模	-0.004	-0.01	0.003	-0.005	-0.04	-0.04	-0.03	-0.04	-0.04	-0.04	-0.04	-0.05
企业所有权	-0.19	-0.22*	-0.12	-0.16	-0.005	-0.03	0.07	0.04	0.05	0.02	0.05	-0.01
自变量												
商业智能		0.30**		0.33**		0.21*						0.05
中介变量												
市场资本化敏捷性							0.39**	0.34**	0.36**	0.31**	0.34**	0.30**
运营调整敏捷性												
调节变量												
文化距离					-0.007			0.04	0.05	0.04	0.02	0.04
交互项												
市场资本化敏捷性×文化距离										-0.16*	-0.23**
运营调整敏捷性×文化距离												
R^2	0.03	0.11	-0.003	0.09	-0.007	0.007	0.05	0.04	0.05	0.04	0.06	0.08
F	3.82*	9.61**	0.76	7.28**	0.40	1.45	4.29**	3.80**	3.65**	3.29**	3.43**	4.40**
ΔR^2	0.04	0.09	0.01	0.10	0.004	0.02	0.06	0.05	0.07	0.06	0.08	0.11
ΔF	3.82*	9.61**	0.76	7.28**	0.40	1.45	4.29**	3.80**	3.65**	3.29**	3.43**	4.40**

变量（商业智能）对因变量（学习速度与承诺速度）无显著影响。

H2a 假定市场资本化敏捷性在商业智能与学习速度与承诺速度之间发挥中介作用。为检验该假设，第一，检查控制变量对市场资本化敏捷性的作用，结果如模型 1，发现企业年龄负向作用于市场资本化敏捷性（$r=-0.07$，$p<0.05$）；第二，将商业智能放入回归模型得到模型 2，发现商业智能正向作用于市场资本化敏捷性（$r=0.30$，$p<0.01$）；第三，将学习速度与承诺速度设定为因变量，单独放入市场资本化敏捷性得到模型 7，发现市场资本化敏捷性正向作用于学习速度与承诺速度（$r=0.09$，$p<0.01$）；第四，将商业智能与市场资本化敏捷性同时放入回归检验得到模型 9，发现商业智能对学习速度与承诺速度无影响（$r=0.03$，$p>0.05$），市场资本化敏捷性正向作用于学习速度与承诺速度（$r=0.08$，$p<0.01$），假设 H2a 成立。

同理，本章对 H2b 进行检验。第一，先检查控制变量对运营调整敏捷性的作用，结果如模型 3，发现控制变量对运营调整敏捷性无影响；第二，将商业智能放入回归模型得到模型 4，发现商业智能正向作用于运营调整敏捷性（$r=0.33$，$p<0.01$）；第三，将学习速度与承诺速度设定为因变量，单独放入运营调整敏捷性得到模型 8，发现运营调整敏捷性正向作用于学习速度与承诺速度（$r=0.08$，$p<0.01$）；第四，将商业智能与运营调整敏捷性同时放入回归检验得到模型 10，发现商业智能对学习速度与承诺速度无影响（$r=0.03$，$p>0.05$），运营调整敏捷性正向作用于学习速度与承诺速度（$r=0.07$，$p<0.01$），假设 H2b 成立。即 H2 成立。

最后，本章检验了文化距离的调节作用（H4a、H4b）。在检验调节效应时，本研究对商业智能、市场资本化敏捷性、运营调整敏捷性进行了标准化处理以最小化多重共线性（Aiken & West, 1991），然后分别将商业智能与市场资本化敏捷性的乘积项、商业智能与运营调整敏捷性的乘积项纳入回归，结果如模型 11、模型 12 所示。从模型 11、模型 12 中可以看出，文化距离负向调节市场资本化敏捷性与学习速度与承诺速度之间的正向关系（$r=-0.03$，$p<0.05$）；文化距离负向调节运营调整敏捷性与学习速度与承诺速度之间的正向关系（$r=-0.05$，$p<0.01$），假设 H4a、H4b 成立。

表5-4检验的是控制变量（企业年龄、企业规模、企业所有权）、自变量（商业智能）、中介变量（市场资本化敏捷性、运营调整敏捷性）、调节变量（文化距离）与因变量（合法化速度）之间的回归。

首先，为检验H1b，本研究将合法化速度设定为因变量，对企业年龄、企业规模、企业所有权这三个控制变量进行回归分析，回归结果如模型5，从模型5中可以看出控制变量与合法化速度之间没有显著的影响；随后，在第一步的基础上，本研究将商业智能放入回归系统检验，回归结果如模型6，商业智能对合法化速度有显著的正向影响（$r=0.21$，$p<0.05$），假设H1b成立。

其次，本研究检验市场资本化敏捷性与运营调整敏捷性的中介效应。H3a假定市场资本化敏捷性在商业智能与合法化速度之间发挥中介作用。为检验该假设，第一，检查控制变量对市场资本化敏捷性的作用，结果如模型1，发现企业年龄负向作用于市场资本化敏捷性（$r=-0.07$，$p<0.05$）；第二，将商业智能放入回归模型得到模型2，发现商业智能正向作用于市场资本化敏捷性（$r=0.30$，$p<0.01$）；第三，将合法化速度设定为因变量，单独放入市场资本化敏捷性得到模型7，发现市场资本化敏捷性正向作用于合法化速度（$r=0.39$，$p<0.01$）；第四，将商业智能与市场资本化敏捷性同时放入回归检验得到模型9，发现商业智能对合法化速度无影响（$r=0.11$，$p>0.05$），市场资本化敏捷性正向作用于合法化速度（$r=0.36$，$p<0.01$），假设H3a成立。

同理，本研究对H3b进行检验。第一，先检查控制变量对运营调整敏捷性的作用，结果如模型3，发现控制变量对运营调整敏捷性无影响；第二，将商业智能放入回归模型得到模型4，发现商业智能正向作用于运营调整敏捷性（$r=0.33$，$p<0.01$）；第三，将合法化速度设定为因变量，单独放入运营调整敏捷性得到模型8，发现运营调整敏捷性正向作用于合法化速度（$r=0.34$，$p<0.01$）；第四，将商业智能与运营调整敏捷性同时放入回归检验得到模型10，发现商业智能对合法化速度无影响（$r=0.11$，$p>0.05$），运营调整敏捷性正向作用于合法化速度（$r=0.31$，$p<0.01$），假设H3b成立。即H3成立。

最后，本章检验了文化距离的调节作用（H5a、H5b）。在检验调节效应时，本研究同样对商业智能、市场资本化敏捷性、运营调整敏捷性进行了标准化处理以最小化多重共线性（Aiken & West, 1991），然后分别将商业智能与市场资本化敏捷性的乘积项、商业智能与运营调整敏捷性的乘积项纳入回归，结果如模型 11、模型 12 所示。从模型 11、模型 12 中可以看出，文化距离负向调节市场资本化敏捷性与合法化速度之间的正向关系（$r = -0.16$，$p < 0.05$）；文化距离负向调节运营调整敏捷性与合法化速度之间的正向关系（$r = -0.23$，$p < 0.01$），假设 H5a、H5b 成立。

第五节　结论与讨论

本章立足于企业国际化速度这一焦点对象，重点关注新兴经济体企业的国际化速度的测定方式；商业智能作为一项最具潜力的信息通信技术对加快企业的国际化速度是否具有正向影响；商业智能提供的信息如何转化为企业能用于国际化活动的显现知识，组织敏捷性如何在商业智能与企业国际化速度间发挥桥梁作用；文化距离作为国际化企业面临的典型因素会对企业的国际化速度的提升造成怎样的影响；企业年龄、企业规模、企业所有权、商业智能、市场资本化敏捷性、运营调整敏捷性以及文化距离会对企业的国际化速度产生怎么样的组合影响等问题。在对中国企业的研究样本进行回归分析的基础上，得出了以下研究结论：

第一，本章构建了全新的国际化速度衡量体系，该体系充分体现了企业国际化中的新兴经济体这一国家背景。本研究提出新兴经济体企业的国际化速度包含三方面，即企业的学习速度、承诺速度以及合法化速度。国际化速度的测量方式需要充分展现国家背景。在总结国际化速度的衡量方式的研究中，本研究发现现有文献对国际化速度的探讨仍有很大的局限性：现有的国际化速度实证文献一般都以发达国家的企业为研究样本，而在现实中发达国家的企业与发展中国家的企业有着很大的不同，简单地将发达国家企业的国际化速度测定方式搬移至发展中国家的企业并不具备科学性；此外，在国际化速度的测量文献中，大部分文献只从时间维度这种单维度的角度考虑企业的国际化快慢，时间维度的测度方式忽略了企业的学习能力以及资源的配置，并且时间维度的测量往往聚焦于企业国际化的某一特定时间区域，无法从全局角度掌握企业的整体国际化。

第二，商业智能作为一项信息通信技术可以为企业提供全面且有效的信息，帮助企业提高国际化速度。商业智能包含数据集成以及分析能力两个维度，这两个维度取值越高代表商业智能的成熟度和有效性就越高，商业智能为企业提供的信息就越多。在企业的国际化过程中，企业需要不断学习东道国市场的特征，需要提高对东道国市场的有效承诺，努力达到各个利益相关者的合法性要求等目标。在实现这些目标的过程中，企业通过商业智能的运用帮助企业形成国际化竞争的全局认知。特别是对新兴经济体企业而言，企业本身存在资源匮乏、国际化经验不足、合法性程度较低的困难，从而迫使企业探寻出一条新的有助于克服上述困难的实现路径。商业智能为企业带来的充足的信息可以帮助企业克服信息不对称的窘境，激励企业承担风险更大的国际化行为，从而提高企业国际化速度。

第三，组织敏捷性在商业智能与企业的国际化速度间发挥中介作用。商业智能的运用为企业提供了充足且有效的信息，但在将这些信息转化成企业可用于日常国际化活动中的显性知识时，企业需要借助于组织敏捷性对上述信息进行解析、转化与发展。因此，在实现商业智能对企业国际化速度的积极作用时，本研究通过实证分析检验出组织敏捷性的中介作用。具体来看，组织敏捷性包含市场资本化敏捷性与运营调整敏捷性。市场资本化敏捷性可以从商业智能提供的信息中解析出更多有关东道国市场特征的信息，帮助企业了解国际竞争的动向，从而提高企业的国际化速度；运营调整敏捷性可以从商业智能提供的信息中解构出有效提高企业运营效率的相关知识，从而有效地调整人员安排或者组织架构，提高企业的国际化速度。

第四，文化距离在组织敏捷性与企业的国际化速度之间有着负向的调节作用。组织敏捷性作为解释并发展知识的能力可以提高企业的国际化速度，但是文化距离的出现降低了组织敏捷性的解释效率。具体来说，当文化距离增加时，企业遭受的国际化异质性程度也就越高，导致企业学习速度的降低；文化距离增加时，企业进行国际化活动的风险也就增加，此时企业对资源的承诺就会变得更加谨慎，即便当企业面临投资收益较大的项目时企业也会考虑再三；文化距离增加时，企业需要更花费心力地去挖掘各个利益相关者的期望，文化距离导致的异质性使企业在满足各方成员的过程中承担着更大的成本，并且文化距离带来的挑战阻碍了企业的及时反馈等行为，导致了企业的合法化速度的降低。因此，文化距离带来的差距与挑战减弱了组织敏捷性对企业国际化速度的积极作用。

第二篇

企业国际化组织应对专题

在 VUCA 时代，企业国际化将面临更加不确定的组织外部环境，如何来设计和应对这种环境不确定性对于企业组织的影响，已经成为了当前国际商务和战略领域研究的焦点问题之一。本篇主要采用理论演绎和案例分析两种方法，对当前我国企业国际化战略实施过程中，如何对企业组织进行制度设计、重组和变革进行了深入的理论探讨。在此基础上，一方面，从战略目标、集群网络和知识搜索等角度探讨了企业国际化过程中组织反馈问题，提出了相应的理论模型。另一方面，选取了浙江吉利控股集团并购沃尔沃和浙江三花控股集团并购兰柯和丹佛斯的跨国案例进行分析，深入探讨了我国企业在国际化过程中面临的组织变革及其应对机制。

第六章

我国企业国际化的战略目标相关理论基础

第一节 理论背景

虽然资源基础观是解释企业国际化速度的一种有效视角，认为企业拥有的资源，例如知识和技术，是企业加速国际化的诱因（Fang et al.，2013）。但是对于中小企业来说，这种观点不太适用，因为它们在国际化过程中会受到自身资源的限制（Love & Roper，2015）。这种限制要求中小企业寻找其他非资源依赖的路径以实现快速国际化。研究指出，相较于大型跨国企业，中小企业的管理者在企业国际化过程中发挥更大作用（Hagen et al.，2012）。一些学者提出管理者在国际化背景下承担组织变革和承担风险的倾向很大一部分来自期望差距（企业实际绩效和管理者的期望绩效的差距），即期望差距会通过改变管理者的认知机制进而影响企业的国际化速度（Jiang & Holburn，2018）。比如2008—2009年全球金融危机期间，全球经济出现严重下滑，但是却出现一种令人吃惊的趋势：很多中国企业都积极参加国际扩张。虽然这种趋势令人吃惊，但也可以通过期望差距解释：全球经济的严重下滑导致绩效远远低于管理者的期望绩效，因此他们更愿意冒险承担风险来提高企业国际化进而来提高企业绩效。此外，企业在对外投资时，会面临适应海外环境、加大资源投入等问题，对企业能力具有高要求，是否那些实现预期目标，实现盈利的企业也会加快国际化。基于此，本研究旨在探索期望差距对中小企业国际化速度的影响。

目前，研究同样指出，这个机制的效能会因内外部情境影响而产生变化（Xie et al.，2016）。就内部因素而言，企业的生存和发展依赖于自身的敏捷性，即企业发现和应对外界威胁和机会的能力（Sambamurthy et al.，2003）。对于跨国企业来说，它们通常会面对动荡的环境，要在动荡的环境中运营，公司必须准备和开发一套特殊的能力。在动荡的环境中，感知和应对环境变化的需求至关重要。对于中小企业来说，组织敏捷性对于它们在国际市场的生产和发展特别重要，因为它使中小企业在面对复杂环境时变得更灵活。因此，本研究将组织敏捷性作为影响期望差距和国际化速度关系的内部因素来探究。

而从企业外部情境来讲，最近的研究都关注于制度因素对企业国际化的影响（Estrin et al.，2016），即认为跨国企业的生存和发展取决于它们是否能适应东道国的信念系统和规则。因此，本研究关注制度距离，即母国和东道国制度间的差距对期望差距和中小企业国际化速度的关系的影响。

综合来说，由于历史原因，中国的国际化进程相对于国外发达国家起步晚、起点低，对外表现为国际竞争力明显不足，对内表现为资源利用率低、专利缺乏、竞争手段单一等，这进一步对我国企业的国际化贸易、海外投资扩张和国际化战略执行造成了严重阻碍。如何将我国企业解决国际化困境所特有的实践经验与在西方理论基础上发展的国际化理论进行有机结合，是我国企业在"走出去"和"一带一路"战略扶持下以及未来日益激烈的国际竞争中实现弯道超车的关键。

第二节 战略目标相关理论

期望差距是指企业实际绩效和期望绩效的差距（Greve，1996）。当中小企业的实际绩效高于期望绩效时，称为出现期望顺差；反之，当中小企业的实际绩效低于期望绩效时，称为出现期望逆差（王菁等，2014）。期望差距的概念来源于绩效反馈。学者 Cyert 和 March 在 1963 年《企业行为学》一书中指出，企业做出决策时，不是在信息完全对称的情况下，而且管理者也不是完全理性的，而是基于有限理性做出的战略决策，并且基于一种半自动化的规则做出决策，在这些规则中，绩效反馈就是最为核心的规则。

期望差距和企业的期望绩效是相互关联的，期望绩效是企业作为自己经营是否成功的参照点，是企业对每一年行业绩效的估计，也就是让企业能够感到自己经营是满意的最低绩效水平。根据期望水平（决策者认为满意的绩效值）对实现的绩效进行评估（Lucas et al.，2015）。行为结果来源于对成功与失败边界的识别，即基于期望水平的最满意结果。期望差距会改变管理者对待风险的态度，以驱动企业后续的战略决策的改变（刘鑫和薛有志，2015）。先前的研究认为，期望差距会改变管理者的风险承受能力，从而促进组织变革。期望逆差较大时，组织往往会选择战略变革以应对组织困境，进而减少组织损失（连燕玲等，2014）。

一 前景理论

前景理论是在行为理论的基础上发展起来的，最早由 Khaneman 和 Tversky 在 1979 年提出。在前景理论提出之前，学者通常用期望效用理论（Expected Utility Theory）来解释人的行为决策过程。随着研究发现，期望效用理论描述了人的完全理性型决策行为，无法解释很多决策行为。现实中很多情况都是在信息不充分的情况下做出决策，而前景理论没有区分开人的理性和非理性行为以及风险的偏好，认为这些都是不断变化的，因此更加适合用于解释个人的实际决策行为（施海燕和施放，2007）。至此，前景理论被认为是最成功的决策模型之一，并用以解释很多经济和管理问题。此后，很多研究以前景理论提供了个人决策的替代模型，以解释管理者对风险和收益关系的态度。

前景理论是基于三个假设的风险下个人决策的替代模型（Li & Yang, 2013）。第一，投资者不会根据最终财富的数量来评估结果，而是根据他们对相对于一个参考点或目标的损失和收益的看法。第二，投资者对损失的敏感度高于对同等幅度收益的敏感度；也就是说，个人做决策时是厌恶亏损的。第三，投资者面对损失是偏好风险的，而面对收益是规避风险的，从而表现出越来越弱的敏感性。在某种程度上，前景理论将对原因的调查和定性研究方法（即投资者的主观感知和决策框架）相结合，从这个意义上讲，前景理论提供了一定的规律性，提供了一些线索来试图找出解释风险和盈利能力之间关系的因果机制（Díez - Esteban et al.，2017）。

前景理论对决策者关于风险决策过程的解释如下：决策者设定目标结果，当预期结果高于目标（即收益）时，个人拒绝承担更多风险（Frugier，2016）。因此，决策者表现出厌恶风险的态度。相反，当预期结果低于目标水平（即损失）时，决策者试图通过承担更多风险来弥补差距。目标与预期业绩之间的差距越大，决策者承担的风险就越大。因此，决策者采取偏好风险的行动。如图6-1所示，决策者的价值函数是一条弯曲的曲线，在收益框架内，价值函数下凸，且损失越大，对风险越敏感（洪巍和王虎，2019）。这表明以收益为基础的决策框架将使风险厌恶成为主导偏好，而以损失为基础的决策环境将使风险看到主导偏好（盛光华等，2019）。

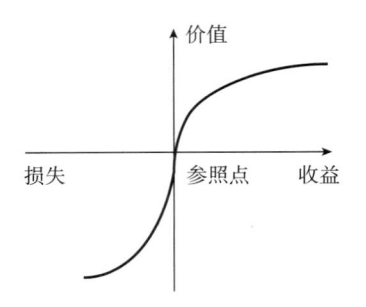

图6-1 前景理论的价值函数

根据前景理论，一个人对风险或谨慎选择的偏好（厌恶风险、确定事件、无风险）取决于参照点的偏差是发生在一个涉及潜在损失的环境中，还是涉及潜在收益的环境下。具体而言，前景理论认为，避免损失的价值会大于获得收益的价值；损失大于收益。因为个人主观上更看重损失而不是获得成就，他们倾向于为了厌恶损失而追求风险更大的选择，而不是为了获得成就。换句话说，前景理论表明以收益为基础的决策框架将使风险厌恶成为主导偏好，而以损失为基础的决策环境将使风险倾向成为主导偏好（Ganegoda & Folger，2015）。

总的来说，前景理论解释了在保持选择方案的客观结果不变的情况下，决策框架的方式如何影响决策选择（Tversky & Kahneman，1981），即以收益为基础的决策框架将使风险厌恶成为主导偏好，而以损失为基础的决策环境将使风险看到主导偏好。前景理论的这种框架效应被学术界广泛运用，后续的研究不断对前景理论进行一定的论证和完善。例如，已有研究用前景理论解释网络消费者在网络消费时负责的决策因素（左文明等，2019）、投资者的决策行为（张惠琴等，2018）、供应链运营管理（陈志松，2017）以及企业风险战略管理（Das Gupta，2017）等。

二 战略选择理论

战略选择理论的诞生可以追溯到权变理论的发展时期，可以说，战略选择理论是在和权变理论里的宿命论的辩论中诞生和发展的。权变理论认为，领导的有效性不是取决于领导者的固有品质，而是取决于领导者、被领导者和情境环境的三者有效配合（杨海燕，2019）。和权变理论不同的是，战略选择理论认为，决策者做出战略时会受到外部环境的影响，同时，决策者也可以通过自身积极战略选择来改变组织结构、环境和运作（罗珉，2006）。

在战略理论中，"战略选择"是指组织内掌权者决定战略行动路线的过程（Child，1972）。战略制定有两条腿，一条是深思熟虑的，而另一条则是自然形成的。在这两个极端之间，存在着不同类型的战略，如计划型战略（领导者是权力中心，拥有清晰的意图和正式的控制）、创业型战略（所有者严格控制企业，在新创企业中较为普遍），以及过程型战略（领导者设计行为模式的系统）等（Mintzberg & Waters，1985）。

战略选择理论的三大核心问题是：①代理人与选择的性质；②环境的性质；③代理人与环境关系、战略与环境关系的性质（Child，1997）。战略选择理论认为外部环境中的力量和变量是动态的，经营战略经常会受到这些因素相互作用的影响。决策者（代理人）在政策之间进行"选择"的能力最终取决于他们能够在多大程度上通过获得预期的绩效水平，以保持在环境中的自主权（Hrebiniak & Joyce，1985）。变化的外部环境促使决策制定者调整其竞争性经营战略。在进行调整的过程中，考虑的意见范围将受到过滤和限制，以与关键决策制定者思想中根深蒂固的价值观、信仰和哲学保持一致（Lawrence & Lorsch，1967）。

战略选择理论以嵌入的惯例和文化的形式，设想通过管理者的先前认知框架来通知行动（Ginsberg，1988）。行动和组织决心的要素就是这样产生的。管理者的先前价值、经验和培训会在一定程度上影响他的评价。战略选择理论还认为行动是由行动者和组织先前的认知框架所决定的，这一认知框架以嵌入式的常规和文化的形式存在。行动者先前的价值观、经验、训练都会在不同程度上影响他的评估。

第三节 目标战略对企业国际化决策的影响

期望差距提供了管理者关于如何对风险决策行为提供行为方面解释的新见解，这些解释已在各种战略决策中得到验证，例如研发投资（吕迪伟等，2018）、管理人员的变更（葛菲等，2016）、跨国并购（Iyer & Miller，2008）、企业家创新（贺小刚等，2016），以及其他企业战略管理（贺小刚等，2017）。

徐小琴等（2016）在研究中以2006—2014年中国制造业上市公司为研究样本，从前景理论的角度出发，探究了企业期望差距和负面行为之间的关系，在此基础上探究了产品市场的竞争程度以及经理自由裁量权对这种关系的调节作用。他们的研究得出三个结论：首先，制造业上市公司的实际绩效超出期望绩效时，出现负面行为的可能性变大；其次，在激烈的竞争市场下，为了生存和保持行业的竞争优势，制造业公司会加大负面行为发生的可能性，也就是说，和所处的行业竞争较为不激烈的公司相比，所处的行业竞争较为激烈的公司会增强期望差距对负面行为的作用；最后，和自由裁量权小的公司相比，具有高度自由裁量权的公司，期望差距对负面行为的作用要更强。

张远飞等（2013）以企业行为理论，特别是绩效反馈理论为基础，探究了民营企业在一个相对富裕的状态会追求稳定、避免变革和风险的可能性，在此基础上探究了企业内部控制和外部治理机制对期望差距和变革的调节作用。他们的研究以中国民营上市企业为样本来检验假设，并得出以下三个结论：首先，当企业的绩效高于期望绩效，处于相对富裕的状态时，企业会更可能采取追求稳定的战略，期望顺差越大，则企业越有可能"富则思安"。其次，当企业创始人会控制企业时，会在一定程度上抑制企业这种"富则思安"的倾向，但是如果是企业二代掌权的家庭企业更可能具有守业情节，而在期望顺差很大时更可能采取追求稳定的战略来保住家业；如果企业采取完全由职业化管理，那么职业经理人规避风险的意识会采取更加保守的测量来"富则思安"。最后，激烈的外部市场竞争会削弱企业思安的行为倾向，激烈的行业竞争促使企业时不我待、居安思危。

贺小刚等（2013）以企业行为理论，特别是绩效反馈理论为基础，探究了企业家族成员内部的权威配置。他们的研究以我国上市公司为样本进行分析，主要得到以下三个结论：首先，当企业实际绩效没有超过期望绩效时，期望落差越大，家族企业管理者越可能偏好采取拯救行为而不是放弃对家族企业的控制权，此外还偏好于培养最有能力的核心家族成员。其次，当企业实际绩效超过期望绩效时，企业的实际绩效越高，期望顺差越大，家族企业管理者越偏好把权力分配给经营能力最强的家族代理人，来实现他们的家族王朝的梦想，此外还会出现亲缘效应，也就是相比于血缘关系更远的成员，核心家族成员会被给予更多的权力和权威。最后，制度环境对这些家族成员内部权威配置具有显著的调节作用。也就是说，在不受监管的制度环境下，家族企业主往往会因为处于善良而把带有"负产品"性质的权力和权威给予有能力的、血缘关系更远的成员，而不是有能力的、血缘关系更近的核心家族成员。

Yang 等（2017）在他们的研究中以企业行为理论为基础，在关系网络理论的主导论点之外，通过关系转介探讨采购企业在供应商选择中的行为前因。他们以寻找新供应商的风险与不确定性为中心，尝试整合行为理论与关系网络理论来解释采购企业的供应商选择。他们的研究使用 112 家中国制造企业的数据来检验这些假设，并且研究结果表明，绩效回馈会触发采购公司在选择供应商时，对关系转介的依赖程度。绩效优异的公司更有可能使用关系网络来选择供应商，而绩效不佳的公司则不太可能使用关系网络。当市场竞争强度和对供需关系的具体投入较高时，这种关系将得到加强。

第四节 结论与讨论

我国企业已经成为国际市场上越来越重要的参与者,因此很有必要研究这些企业快速国际扩张现象背后的驱动因素。虽然很多企业国际化的研究强调了国际化的前因条件和驱动因素的重要性,但是很少有研究考虑到企业目标战略对国际化战略的作用,尤其是管理者为了特定目标而形成的对待风险的态度对战略选择的影响。本章以前景理论和战略选择理论为基础,将其扩展到国际化速度决策的背景下,试图揭示企业国际化速度决策的管理行为的理论基础。

首先,企业国际化速度作为当前的研究热点,针对其国内研究缺乏的现状,本研究对期望差距如何作用于企业国际化进行了相关理论分析。以往的研究大多关注国外跨国公司,我国企业的研究正备受关注。本章针对国内研究缺乏的现状,丰富和发展了我国企业国际化的理论框架。

其次,本研究基于管理者在中小企业决策中的作用,以前景理论和战略选择理论为依据,为期望差距与国际化速度之间的关系提供了重要的理论视角,在一定程度上解决了研究中对 IB 研究在很大程度上忽略了行为研究的担忧。

最后,本研究在分析目标战略对国际化的影响机制的基础上,为我国企业如何通过目标战略形成新的国际化决策机制建立了理论基础。为下文探讨绩效差距与企业国际化战略之间的实证研究奠定了扎实的理论基础。

第七章

"以市场换技术"目标下的企业国际化理论分析

第一节 研究背景

从 20 世纪 90 年代初开始,"以市场换技术"作为我国改革开放推出的一项国家创新战略,其目的是希望通过向外资企业让渡我国巨量的本土市场来引进、吸收外资企业的先进技术,从而提升我国本土企业的技术水平(王允贵,1996)。然而,近 30 年的市场实践表明,市场开放并没有完全给本土企业带来先进的技术,更多的企业则是迷失在技术"追赶—落后—再追赶—再落后"的迷途之中(Lee & Malerba, 2016;黄江明和赵宁,2014;彭新敏等,2017)。在当前产业分工深度全球化的背景下,中国企业仍然普遍受到跨国企业的市场和技术压制,挣扎在"微利化""受掣肘"的边缘(Zhang, 2005)。欣慰的是,仍然有少部分本土企业在与外资企业的长期合作竞争中,实现了市场占领和技术赶超的双丰收,例如通信行业的华为、汽车行业的吉利、家电行业的海尔,等等,这些企业的成功都离不开其独特的市场启发机制和技术累积范式(Mu & Lee, 2005;Liu, 2010;程聪等,2017)。那么,在"以市场换技术"的国家顶层制度体系下,应该如何来制定适合企业竞争赶超的市场和技术策略呢?

考虑到我国独特的市场体制,一些学者基于制度视角对我国企业发展过程中的市场体制和技术创新进行了研究,例如地方市场保护(陶志峰和何之渊，2005）、产业政策安排（Su et al.，2013；余明桂等，2016）、产业机会窗口（魏江和潘秋玥等，2016），等等。这些研究虽然对于解释我国独特市场体制下的企业技术获取机制具有启发意义，但大都从既有制度结构出发，将企业技术能力的获取、跃迁归功于国家政策或市场保护。这样的结论仍然难以回答我国相当多的企业无法借助产业政策窗口的"东风"，在与外资企业竞合过程中实现竞争赶超的困境的问题。事实上，"以市场换技术"的制度预设需要通过中外企业竞合过程中具体的战略执行来体现，随着制度意涵在企业决策认知研究中的不断深入，企业的行为决策和执行战略日益体现出制度逻辑演绎的特征（Battilana & Dorado，2010；Pache & Santos，2013；刘德鹏等，2017）。从制度逻辑变革的视角来看，本土企业通过"以市场换技术"来实现技术获取本质上是一个中外企业之间主导制度逻辑竞争性上位的过程。这种企业竞合关系中的主导制度逻辑转变对于提升企业竞争力具有积极意义（Misangyi et al.，2008），但也可能导致企业资源耗竭、组织机能下降乃至衰败（Battilana et al.，2015）。因此，如何处理好"以市场换技术"制度预设下不同主导制度逻辑之间的竞争性关系对于破解本土企业竞争赶超"诅咒"尤为重要。

本章基于我国"以市场换技术"的整体制度体系安排，探讨中外企业竞合关系下主导制度逻辑转变过程中的本土企业市场启发机制与技术积累范式及其对于本土企业实现竞争赶超的影响机制问题。本章的创新之处主要体现在以下两方面：一方面，首次从制度逻辑变革的微观视角来探讨"以市场换技术"宏观制度预设下本土企业的竞争赶超问题，强调了企业在市场、技术决策上的能动性，弥补了以往研究更多聚焦在国家政策导向、产业机会窗口等中宏观视角研究层面的偏向性。另一方面，从动态演化的观点来看待本土企业在与外资企业竞合过程中的市场和技术决策机制，并识别出了不同的市场启发机制和技术积累范式及其对于企业主导制度逻辑变革的影响。对于进一步理解我国本土企业如何通过独特的市场、技术决策机制来实现对国外领先企业的竞争赶超具有深刻的理论启发。

第二节　制度逻辑与企业竞合

一　企业竞合中的主导制度逻辑

广义上来看，组织层面的制度逻辑是组织应对社会经济环境的一种行动认知模式，这种认知模式通过意义建构、行为图示、动员等方式来对组织的决策行动产生引导作用（Thornton et al.，2012）。在以往的研究中，Thornton 和 Ocasio（2008）总结了制度逻辑对于组织行为影响的五种机制，即多元制度体系、组织结构与能动双元、制度交互机制、物质与文化二重性以及历史情境等。后续的学者们针对这种影响机制展开了持续的讨论，形成了许多启发性的研究成果（Reay & Hinings，2009；Dunn & Jones，2010；Almandoz，2014；Battilana et al.，2015；杜运周、尤树洋，2013；李宏贵、蒋艳芬，2016）。从逻辑决策的动力系统来看，组织内部主导制度逻辑则预设了组织内部行动者之间的特定认知规则以及未来的活动范式，组织场域中特定的制度逻辑不仅能够诠释组织存在的意义："……什么是组织规范行为……怎样才能达成组织目标……"（Thornton，2004），同时也为不同行动者之间的关系建立、资源配置方式、组织行为范式等确立了基本原则（Thornton & Ocasio，1999）。进一步地，外部环境中的制度多元化强化了这种主导制度逻辑对于组织结构和行为的影响，而制度逻辑的认知信号传递、解释机制设计又具备深层次的情境依赖特征，这进一步增加了主导制度逻辑在引导、塑造组织行动上的复杂性。

作为自身利益最大化的行动主体，企业之间无论是竞争还是合作都必须建立在双方诉求能通过"博弈"这一机制来实现动态平衡的基础上。在稳定的组织场域内部，这种平衡机制始终被一种主导制度逻辑所影响，从而维持企业之间竞合关系的稳定性。然而，企业所处环境的复杂性，为企业在竞合过程中响应外部制度要求时提供了选择的空间，例如 Durand 和 Szostak（2013）指出，企业经营范围的改变、市场竞争力的提升会增强其在组织中的逻辑话语权，从而促进组织内部新的逻辑聚焦出现。在此背景下，企业间平衡机制遭到破坏，组织场域内部制度逻辑冲突就不可避免，具体表现在宏观层面上的制度变迁行为（Thornton et al.，2012），而微观视角下就是场域中行动者的行动逻辑转变。

二 制度逻辑变革模式与行动者逻辑

从制度逻辑变革的微观机制来看，机会和限制是制度逻辑中解释制度如何在组织实践上实现复制或转变的两个基础性要素（Thornton et al.，2012）。机会即表现为组织场域内部制度冲突为个体或组织的能动性提供了空间，例如组织混合逻辑的出现、组织身份合法性获取等（Reay & Hinings，2009；杜运周和尤树洋，2013），而限制则体现在制度逻辑对于个体认知、组织利益以及行动方式的塑造上，例如制度依恋、行为默认和行动妥协等（Tilcsik，2010；Almandoz，2012；程聪等，2017）。当组织场域内部占据主导地位的制度逻辑足够强势时，将自动影响个体的制度聚焦模式，进而激发个体的行动目标、行为方式按照主导逻辑范式进行，以维持个体在场域内部的既有组织身份。这种制度逻辑对于行动者的影响体现为自上而下的影响机制（Goodrick & Reay，2011；Durand & Szostak，2013）。由于这种影响机制基本维持了原有的制度体系，并不会对场域内部既有的主导制度逻辑产生彻底的变革性影响，因此是一种发展型的制度逻辑变革模式。然而，当场域内部制度冲突激烈化，这种尖锐的矛盾会导致行动者选择最有利于自身发展的逻辑聚焦，进而影响行动者的制度聚焦模式，激发出行动者的另一种行动目标和方式。概而言之，组织场域中足够的制度变革空间提供了行动者选择制度聚焦的多种可能，从而通过改变自身行动目标、方式来推动对场域内部主导制度逻辑的改变，这是一种自下而上的制度逻辑变革模式（Battilana et al.，2015）。这种制度逻辑变革模式由于彻底改变了组织场域内部的主导制度逻辑，因此是一种变革型的制度逻辑变革模式。

虽然现有的研究对制度逻辑在组织或个体行动实践上的复制和转变进行了大量的研究，并总结出了组织内部主导制度逻辑如何影响组织实践范式的两种机制。但这种研究范式都首先预设了组织场域中制度逻辑会对行动者可能产生的影响，这与制度逻辑需要通过行动者的具体行为来反映有关。然而，对于具有强烈利益追逐诉求的企业来说，自身的能动性也将在企业主导制度逻辑变革中产生十分重要的作用，其行为范式并不仅仅是被动的接受制度逻辑塑造（Almandoz，2014；李宏贵和蒋艳芬，2016）。遗憾的是，现有的研究在探讨企业如何通过个体努力来改变组织内部主导逻辑变革的研究仍然十分缺乏。

第三节 "以市场换技术"情境下企业竞合制度逻辑及其复杂性

一 我国"以市场换技术"主导制度逻辑分析

20世纪90年代，大量出现在中国市场上的中外企业合资经营现象，其蕴含的主导制度逻辑十分明显：中国本土企业对于国外先进技术的极度渴望和外资企业对于中国巨大市场体量的强烈依赖（Ma et al.，2009；王允贵，1996），本土企业通过帮助外国投资者开拓国内市场来换取国外企业的技术转移，从而实现技术和市场的双赢局面（Gatignon，2014；李晓华，2004；魏江、刘洋，2017）。这种"以市场换技术"的主导制度逻辑基础源自于新古典经济学关于市场演化过程中技术识别、技术整合与技术创新等技术学习机制的讨论：对于发展中国家来说，掌握市场上已有的技术要远比技术的自主创新更重要，而通过与市场外部竞争者的合作，是快速获取领先技术的主要途径（Nelson & Pack，1996；Duysters et al.，2009；赵晓庆，2013）。通过开放国内市场引进外部投资者这种制度安排的可靠性，在以往的新兴经济体国家（日本、韩国、马来西亚等）市场中得到了大量的验证（Buckley & Hashai，2014）。在改革开放的大背景下，我国从中央到地方的各级政府都陆续出台了一系列的政策措施，来积极"撮合"这种中外企业的合作（资）行为（俞文华，2001），这是政府制度层面对"以市场换技术"制度逻辑体系的高度认可。

然而，从逻辑实践来看，我国市场、技术和制度体系的极度复杂性极大降低了这种制度体系的实践效率，集中体现在国内市场大量被外资企业占据，本土企业却没有获得预期的技术（田志龙等，2010）。为此，我国政府部门曾出台了一系列针对性的政策举措来克服这种主导制度逻辑体系的不完备性。例如，在汽车行业实行更加彻底的市场化改革、强化竞争机制，迫使跨国企业在中国市场实行技术升级（Nam, 2015；李晓华，2004），在高科技领域的合资企业必须由中国本土企业控股，在中国市场销售的产品必须将核心技术转让给中方企业（Gao, 2014；Zhang et al., 2017；李翀，2014），等等。这些举措确实在一定程度上提升了"以市场换技术"制度逻辑的实践效率，增强了中国本土企业在"以市场换技术"博弈中的资本。但宏观政策对市场的过度干预所产生的负面作用也十分明显：一方面，以政策为具象的干预机制只能是一种外部化的制度约束机制，并不能替代中外企业在"以市场换技术"制度逻辑实践中的主体地位。另一方面，外部干预机制过强，则会给决策主体传递这样的信号，即通过积极寻求外部机制支持更能获得合法性效力。例如，本土企业的政策性补贴依赖（韩超，2014）、外资企业的"超国民待遇"（梁超，2004），等等，弱化了企业之间领先技术的转移动力。因此，从企业微观决策角度来探讨这种"以市场换技术"制度逻辑实践的可靠性更有理论启发意义。

二 企业竞合制度逻辑的复杂性

当前，关于我国"以市场换技术"制度安排有效性的研究存在着积极、折中和消极三种观点。持积极观点的学者认为，国内市场的开放必然引入高强度的竞争，这种竞争会带来充足的资金、先进的技术和生产组织管理经验（Mu & Lee, 2005；桑赓陶、汪滔，1999）。持折中观点的学者在肯定"以市场换技术"所产生的积极作用的同时，也承认这种制度机制在执行过程中的缺陷乃至负效应（Ma et al., 2009；王允贵，2001；李翀，2014）。而持负面观点的学者则干脆否定了"以市场换技术"在某些行业（如彩电、汽车、民航飞机等）的实践可操作性（平新乔，2007；赵增耀，2007）。回顾中外企业合资经营在我国市场的发展历程，大部分中外企业合资经营并没有完全遵循既有的"以市场换技术"制度逻辑安排发展，即全面的国内市场开放并没有给本土企业带来核心技术的显著提升（Xiao et al., 2013；赵晓庆，2013）。尽管部分中国企业通过市场开发尝到了技术"引进消化吸收"的甜头，获得了中国企业当时急需的工艺技术（崔淼、苏敬勤，2013；彭新敏等，2017），但从一些行业的本土企业成长历程来看，仍然无法摆脱技术"落后—追赶—再落后—再追赶"的陷阱（Lee & Malerba，2016；黄江明和赵宁，2014）。

从技术体制角度来看，当时本土企业薄弱的技术基础决定了企业在技术机会选择、技术积累机制方面的自由发挥空间很大，"反正底子薄，学什么、怎么学"都可以（魏江、刘洋，2017）。同时由于缺乏以往的技术学习经验可借鉴，在技术摸索过程中"各显神通"，通常也能发展出符合当时市场需求的技术标准。而从市场机制来看，在我国巨大体量的市场空间中还突出表现为区域发展不平衡、动荡性强和深刻的地方文化嵌入性等特点，使深谙本地市场的部分中国企业通过独特的市场启发或隔离机制，也能够赢得与外资企业在我国市场竞争中实现"弯道超车"的机会。但从长远来看，本土企业无论是"撞大运"式的技术摸索方式还是凭借绝对的市场启发优势，都无法促进企业竞争力的持续提升（王允贵，2001）。一些学者尝试统合市场机制和技术追赶两个层面进行探讨（Su et al.，2013；魏江、潘秋玥等，2016），遗憾的是，这些研究主要针对独特市场制度下的技术追赶战略选择，未能考察市场长期演化情境下的企业技术决策过程，以及技术积累范式转变对于企业市场决策机制能动性选择的影响。概而论之，现有研究并没有深入探讨中国本土企业在实践"以市场换技术"制度预设下市场启发机制和技术积累方式的互动机制。

第四节　理论探讨与贡献

一　理论总结

本章和下一章以三花的两次竞合事件为研究对象，探讨了中国本土企业与外资企业之间在"以市场换技术"宏观制度情境下的企业主导制度逻辑转变机制，以及本土企业如何通过不同的市场启发机制和技术积累范式来推动这种主导制度逻辑转变的问题。本章和下一章的主要结论如下：

第一，在改革开放前期我国"以市场换技术"制度体系大背景下，中国本土企业与外资企业之间的竞合关系演变存在改革型逻辑转变和发展型逻辑转变两种变革机制。改革型逻辑转变通常发生在产品技术门槛相对较低、市场潜力巨大且有待开发的新兴市场中，其逻辑基础在于原来竞合双方的市场地位随着竞合关系的改变将发生彻底的转变。在四通换向阀业务上，三花从开始"被收购"的弱势局面到最后收购兰柯的强势市场地位转变就是很好的例证。改革型逻辑的意义在于，充分利用新兴市场提供的机会，为大量从低端制造起家的本土企业追赶国外领先企业，占领国际市场创造了无限可能。相反，发展型逻辑通常产生于产品技术门槛较高，且相对成熟的市场中，其逻辑基础在于原来竞合双方的市场地位就相对均势，通过双方从合作到竞争态势的转变，最终强化了企业的竞争力，因此，是一种逻辑强化的过程。三花与丹佛斯在微通道产品上竞争机制增强很好地证明了这一点。发展型逻辑的意义则体现为，对于那些有志于高端技术产品研发制造的中国本土企业来说，需要与全球领先企业的合作竞争，才能获取到最前沿的行业技术，进而占领高端市场。

第二，在主导制度逻辑转变过程中，中国本土企业的市场启发机制和技术积累方式也存在显著的差异。在改革型逻辑转变过程中，中国本土企业采取的是市场优先策略，即首要目标是占领国内市场，通过市场垄断优势来改变本土企业的竞争劣势。具体来说，首先通过踩点布局、蹲点推销等手段迅速打开国内市场，立足于国内绝对市场优势之后，再凭借大规模制造经验追随外资企业的国际市场营销模式，是一个从市场隔离到市场跟进的转变过程。而从技术积累的视角来看，由于产品技术门槛低，本土企业首先通过自主探索研发，极大地满足了当时以低端产品为主的国内市场需求。当企业通过市场规模效益具备技术升级、创新条件时，再通过联合外部机构展开合作研发，因此，是一个从自主创新的探索模式到技术吸收、获取的利用模式转变的过程。而在发展型逻辑转变过程中，本土企业采取的是技术优先策略，即首先通过与外部企业、机构的合作来实现领先技术的突破，通过技术创新赶超来提升企业竞争实力。为了适应这种技术发展要求，在市场拓展方面，本土企业采取的是先跟进再隔离的策略。首先通过与外资企业合作拓展国内市场，以迎合外资企业对于本土市场的要求，同时努力学习外资企业的国际化市场经营经验，再通过自建营销渠道、构建独立的国际化营销体系来对抗竞争者的挑战。在技术积累上，本土企业则采取先利用再探索的方式，首先通过合作研发获得领先企业在先进技术上的授权、转移，当获得足够的技术实力之后，再探索自主创新道路。

第三，本章和下章从市场和技术互动的角度构建了一个本土企业与外资企业之间竞合过程中主导制度逻辑转变的推动机制。我们的研究表明，发端于国内市场改革的中国本土企业要想在与国外领先企业的竞争中获得优势，在充分考察企业产品市场机会的前提下，综合利用市场拓展策略和技术积累手段十分关键。一方面，处于技术劣势地位的本土企业，对于产品技术要求低、尚未开发的新兴市场，要首先通过自主摸索研发低端产品，同时通过市场隔离策略对国内市场迅速实现占领，以获得与国外领先企业有关领先技术转移谈判的资本，为全面占领国际市场提供技术上的支撑。从市场与技术的互动过程来看，本土企业起初的技术探索为其在新兴市场采取隔离策略奠定了技术基础，而通过隔离机制迅速占领国内庞大的市场则为企业获取外部领先技术提供了市场支撑，这种技术获取、整合与创新则最终为本土企业产品的国际市场跟进策略奠定了扎实的技术基础。另一方面，在产品技术要求相对较高，成熟度也较高的市场中，为了进入国际市场，产品的技术提升对于本土企业来说特别重要，而相对均势的市场地位能够保证本土企业联合经营国内市场的同时获得领先技术。在这种市场与技术的内在关系中，要求本土企业首先暂时牺牲本土市场资源来获得外部技术支持，而技术的持续追踪乃至赶超则为本土企业最终在全球范围内建立独立的市场营销模式奠定了基础。我们将不同制度逻辑转变下的本土企业市场和技术策略概括如图 7-1 所示。

二　理论贡献

基于制度观的视角，学者们对我国本土企业的市场扩展、领先技术追赶问题进行了大量的研究（Mu & Lee，2005；谢建国，2007），这些研究结论已经成为理解我国独特的市场体制下企业组织和运营战略新现象的重要理论框架。但这些研究趋向于将制度要素作为企业运营决策的外生情境，未能从企业决策认知能动性、企业行为决策逻辑上探讨企业

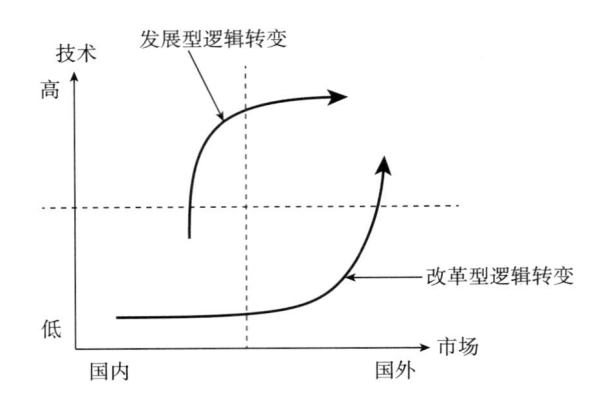

图 7-1　不同主导制度逻辑转变下市场和技术策略演化

制度逻辑演绎的过程（Ingram & Silverman，2002；Pache & Santos，2013；刘德鹏等，2017）。正如 Ingram 和 Silverman（2002）指出，制度作为内嵌于组织运营环境中的核心规则，其对于企业的战略决策和执行具有明确而直接的指示性作用。本书从制度逻辑的微观视角出发，探讨"以市场换技术"制度体系下的本土企业与外资企业之间主导制度逻辑转变及其驱动机制问题。研究结论拓展了 Thornton 等（2012）关于制度逻辑需要通过组织实践和身份扩散来实现转变的观点，总结出了企业制度逻辑转变的主要范式。我们的研究还表明，本土企业与外资企业之间主导制度逻辑转变具有深刻的市场嵌入和技术依赖特征，本土企业只有从市场格局和技术势差上形成正确的逻辑认知，采取"扬长避短"的竞争思路，并通过决策意义建构、传递和扩散才能够改变已有的市场地位或技术轨迹。这是对 Gaur 等（2014）、魏江和刘洋（2017）等关于新兴市场国家企业在治理机制缺失、国际化经验缺乏、创新能力薄弱背景下仍然实施跨越式扩张战略这一"悖论"的进一步解释。同时，也从理论上回答了为什么在中国独特的市场体制背景下，有些行业的企业通过"以市场换技术"获得了巨大的成功（文翥、韩笑，2014），也有些行业则完全迷失在企业全球竞争的丛林之中的问题（田志龙等，2010）。

本章和下一章的相关结论对于解释改革开放以来关于"以市场换技术"是否可靠的理论问题也具有启发意义。从以往的研究来看，学术界对于"以市场换技术"的政策褒贬不一（Deng et al.，2012；李晓华，2004；孙晓华等，2009），而大量的中国本土企业经营实践也表明，牺牲中国巨大的本土市场也未必能够获得国外企业的领先技术。面对这种不利局面，近来一些学者尝试从市场和技术协同的角度进行了深入讨论（Su et al.，2013；刘冰、周绍东，2014；魏江、潘秋玥等，2016），他们的研究虽然对于探讨企业市场与技术之间相互支持，共同推进企业竞争力提升具有积极意义，但这些研究往往忽略了市场和技术的动态发展过程，未能从一个相对较长的时间角度来考察这种市场与技术之间的动态协同过程。本章首先基于我国"以市场换技术"的制度逻辑预设，将本土企业的市场启发机制概括为隔离和跟进两种策略，技术积累则划分为自主探索和外部利用两种方式。其次，从企业制度逻辑转变的微观视角探讨了这种市场启发机制与技术积累方式的动态互动过程。我们的研究表明，在以企业市场地位彻底转变的改革型逻辑转变过程中，企业采取先隔离再跟进的市场启发机制，同时技术积累轨迹则是先自主探索再外部利用。而在以市场地位增强的发展型逻辑转变过程中，企业则采取先跟进再隔离的市场启发机制，同时采取先外部利用再自主探索的技术积累范式。总之，我们的研究尝试从市场和技术动态发展的角度解答"以市场换技术"是否可靠的重大理论问题，同时也对未来关于企业竞争赶超中的市场策略与技术追赶相关理论的发展提供了思路。

第八章

"以市场换技术"目标下的企业国际化案例研究

第一节 研究方法选择

本章采用单案例探索式研究范式来讨论上述理论问题。具体理由如下：首先，本章关心的是在我国"以市场换技术"制度预设情境下，中国企业如何通过市场启发机制和技术积累范式互动来实现赶超发展的问题，本质上是一个"如何"（How）型范畴的研究设计，需要对企业之间关系的主导制度逻辑变革过程展开深入讨论，并揭示其内在机制。而单案例探索式研究非常适合对于案例过程演绎的解剖与分析（Strauss & Corbin, 1998；Yin, 2002）。其次，制度理论中关于制度变革的研究强调对案例进行长时间的观察、思考，是一个时间跨度相对较长的事件发展过程，而这也是单案例研究中比较常见的研究范式。最后，单案例研究强调对案例演绎过程中核心线索的挖掘，并进行时间序列上的归因推理，从理论上识别出推动案例发展的核心要素之间的逻辑演化关系（程聪等，2017）。

一 案例选取

在案例的选择上，本章严格遵循单案例研究所要求的典型性与独特性原则（Eisenhardt, 1989），以浙江三花控股集团（以下简称"三花"）发展过程中，三花与兰柯"并购与反并购"、三花与丹佛斯"合资—对抗"两个典型事件作为研究对象。

三花控股集团有限公司创立于 1984 年，经过 30 多年的发展，三花以技术创新追求全球行业领先优势，在美国休斯敦、底特律和德国等地设有海外技术中心，已成为享誉海内外的"全球制冷空调控制部件王国"。选择这两个典型事件作为研究素材，主要有以下两方面的优势：一方面，兰柯试图并购三花的四通换向阀业务到三花成功反收购兰柯全球四通换向阀业务的"并购与反并购"过程，是 20 世纪 90 年代以来我国"以市场换技术"制度预设下十分普遍的企业竞合现象，非常具有代表性意义。同时，三花从被并购到反并购的过程在中国企业并购案例中却很少见。另一个是三花与丹佛斯从合资经营微通道换热器项目到三花并购 R – Squared Puckett 公司（以下简称"R2 公司"）来对抗丹佛斯。这一事件也具有典型意义，从近几十年来中外企业合资经营来看，中国企业合资失败的案例占多数，三花与丹佛斯虽然在微通道换热器项目合资上也以失败告终，但三花却从这次失败案例中迅速吸取教训，并通过快速收购 R2 公司实现了翻盘。三花从合资失败案例中快速吸取经验并迅速展开后续收购行为的案例也具有独特的研究价值。另一方面，这两个典型事件都是在三花一家企业内部发生的，便于我们排除掉企业内部管理机制、价值观的干扰因素进行比较分析，从而获得独到的研究发现。同时，两个事件起初与结局的巨大反差也为本章企业竞合过程中不同主导制度逻辑预设奠定了扎实的基础，为主导制度逻辑转变过程提供了宝贵的研究情境。

二 数据收集及分析

为了提高研究的可靠性，案例研究通常要求研究者从多个渠道来收集数据资料，具体包括田野调查、人员访谈、档案查询、公共宣传以及文献资料查阅等渠道，通过"三角验证"的方式来保证表述材料的客观性，进而保证研究的信效度水平（Yin, 2002）。本章遵循案例研究数据资料收集的上述原则，同时结合本研究的实际条件，主要采用企业内部档案资料查阅、企业员工半结构化访谈、权威媒体报道搜索和文献资料查阅四种资料收集方式，使搜集到的资料尽可能多地满足三角验证。

1. 文本资料收集与整理

通过企业档案材料、行业文件等文本材料来收集数据在以往的案例研究中已经十分普遍（张萍、杨雄胜，2018），而随着网络信息的日益发达，通过网络、媒体及企业线上平台等渠道获得研究资料也日益成为当前案例研究的重要方式之一（Vaast et al.，2017）。因此，在文本数据资料搜集过程中，我们将重点采用企业档案查阅、媒体报道和文献资料查询两个渠道进行资料搜集工作。①企业档案查阅。在企业档案查阅过程中，团队成员在 2014 年至 2017 年分三批 15 人次到三花总部浙江新昌和三花杭州下沙工业园区等实地考察。团队在向企业接待人员说明资料查阅只用于学术研究，保证不会产生商业机密泄露的情况下，从企业内部获得了大量有关三花发展的珍贵史料，其中既包括《三花发展史：1984—2014》《三花发展史料汇编》《张道才传：奠基者之路》等极具权威性的企业发展史志，也包括《三花控股集团有限公司五年（2006—2010）发展规划》《三花人》等企业规划制度，还包括《浙江三花集团公司计量检测体系程序》《专利奖励管理办法》等专业化管理文件。研究团队一共收集到了企业档案文本资料 48 本（份），并在 2018 年 1—4 月对这些文本材料围绕三花与兰柯、三花与丹佛斯及三花与 R2 公司的并购合资事件进行了分析整理，总共获得了有效文本材料 6 万余字，为了保证研究的真实性同时也为了避免知识产权等纠纷，研究团队还将最终整理形成的用于研究的文本材料返回给三花宣传部门审阅，审核通过了才会在后面的分析中被采用。②媒体报道和文献资料查询。关于网络媒体报道，我们首先搜集了包括三花官网、三花微信公众号（三花控股、三花智控和三花微通道）、微博三花智控等官方主流宣传网络平台上的相关资料，获得有效信息 43 条，其中三花官网 13 条、三花微信公众号 26 条、微博三花智控 4 条。其次，我们以"三花""三花控股"为关键词搜索了新浪和网易两大门户网站的财经频道，从中筛选出了 28 条相关新闻信息，其中新浪财经 17 条、网易财经 11 条。而关于文献资料搜集，我们主要通过中国知网检索了与三花相关的学术论文、新闻报纸等资料。其中，一共搜集到相关的学术论文 2 篇，新闻报纸报道 15 篇。

2. 半结构化访谈

为了提高资料的可信度，我们还对三花进行了三轮次的企业人员半结构访谈，以对比、验证本章所搜集到的文本材料的可靠性水平。本章的半结构化访谈主要分为三个阶段：第一阶段是 2012 年 8—10 月的初步接触阶段，这一阶段研究团队在浙江省商务厅外经处的帮助下，主要是对三花发展历史、生产经营情况进行对话式访谈，一共访谈了中层以上领导干部 7 人次。第二阶段是 2014 年 8—9 月的针对性访谈，这一阶段主要是针对三花主营产品制冷控制元器件、电子控制元器件等的研发、销售展开访谈，一共访谈了中层干部 4 人次、技术人员 5 人次。第三阶段是 2016 年 10 月到 2017 年 4 月，这一阶段主要是针对三花国际化经营展开重点访谈，尤其是三花和兰柯、三花和丹佛斯之间的合资、并购事件，进行了针对性的回溯性访谈。在每次访谈活动中，我们保证都有 3 人以上的研究团队成员参与访谈，采用 1—2 位负责发问、1 位以上负责录音和速记的分工模式进行访谈，每次访谈平均时间控制在 1—2 个小时。最后，我们将访谈笔录和录音进行誊抄、整理，共获得有效访谈资料 3.6 万余字。

3. 资料整理与分析

在获得文本资料和访谈资料之后，我们首先按照研究设计的要求，安排四位研究团队成员，每两位为一组分别从两类数据资料中挑选出与"三花+兰柯""三花+丹佛斯（R2）"具有紧密关系的文本信息，然后将两组成员所获得的文本信息进行对比分析，淘汰掉表述存在较大出入的文本信息。另外，对于不同出处但表述相一致的文本信息，我们只选择表述最为详细的文本信息。经过整理后，最终获得纳入分析的有效文本为 1.254 万字，有效条目 248 条，平均每条信息条目的大小为 50 个汉字左右。本章应用于研究的文本材料汇总如表 8-1 所示。

按照前文关于企业主导制度逻辑内涵的讨论，从图 8-1 中我们可以概括出三花与兰柯、三花与丹佛斯竞争合作过程中主导制度逻辑的显著变化。本章立足于三花成长过程的实际经验，从市场和技术两个要素视角对这种企业主导制度逻辑转变机制进行深入探讨。遵循案例分析的情景化和阶段性原则（Danneels，2011），我们首先对三花与兰柯、三花与丹佛斯的两次竞合事件进行分阶段单独分析，重点探讨三花市场启发机制与技术积累范式差异下的主导制度逻辑转变过程。在此基础上，对这两次竞合事件进行对比分析，尝试获得不同主导制度逻辑下的企业市场与技术决策机制及其互动。

表 8-1　　　　　　　　　　文本资料整理汇总

资料来源		有效文本	有效条目	编码类别
文本资料	企业档案查阅	5.72 千字	113	A-1
	网络媒体报道	1.57 千字	31	A-2
	文献资料检索	0.48 千字	10	A-3
访谈资料	第一次企业访谈	1.63 千字	33	B-1
	第二次企业访谈	1.56 千字	30	B-2
	第三次企业访谈	1.58 千字	31	B-3

兰柯欲收购三花四通换向阀80%的股权 →
- 20世纪90年代，四通换向阀领域的"兰柯时代"
- 90年代末期，兰柯四通换向阀原创性专利到期
- 90年代末期，三花在四通换向阀业务上的强势崛起
- 1998年，兰柯愿以3亿元的价格收购三花四通换向阀80%股权
- 1998年，经过反复权衡，三花拒绝了兰柯的收购要求
- 21世纪初，三花以低成本的竞争优势导致兰柯逐渐丧失中低端市场
- 2007年，兰柯欲向三花出售四通换向阀全球业务

→ 三花成功收购兰柯四通换向阀全球业务

三花和丹佛斯合资经营微通道业务 →
- 2003年，丹佛斯在中国建立全球采购中心
- 2006年，丹佛斯决定将中国市场作为第二故乡来开拓
- 2007年，三花与丹佛斯合资企业三花丹佛斯（杭州）微通道换热器有限公司成立
- 2010年，丹佛斯高层变动，将三花定为"全球竞争对手"
- 2011年，合资公司经营权纷争
- 2012年，三花谋求收购美国R2公司
- 2013年，三花补齐与丹佛斯在北美市场竞争的短板

→ 三花成功收购美国R2公司，对抗丹佛斯

图 8-1　三花与兰柯、丹佛斯两次合作事件的关键节点信息

第二节　三花与兰柯收购事件

兰柯作为家用空调控制冷暖调节转换核心部件四通换向阀的原创者

和市场控制者,从 1998 年开始试图收购三花四通换向阀业务开始,一直到 2007 年被三花反向收购四通换向阀业务的近 10 年时间,其间经历了十分复杂的市场开拓和技术积累过程。我们将其划分为兰柯求购三花四通换向阀业务、三花反收购兰柯四通换向阀业务两个阶段。

一 兰柯求购三花四通换向阀业务

四通换向阀作为家用空调的核心部件,1957 年首先由美国兰柯公司设计研发,在拥有原理性专利权之后,兰柯 30 多年来一直在各类规格的四通换向阀产品设计、开发上保持着绝对的领导权。兰柯在 20 世纪 90 年代初达到了巅峰,其是拥有四通换向阀品种最全、专利最多、检测能力最强的企业,尤其是在 60 吨以上的高端市场中占据绝对垄断地位,从而造就了四通换向阀产品上的"兰柯时代"。作为一家以制冷配件起家的小企业,20 世纪 90 年代初,三花敏锐地嗅到了空调在中国城市家庭中的巨大市场机遇。依托近 20 年在制冷元器件上积累的技术基础,三花开始摸索更高层次的四通换向阀产品的开发。当时对于三花十分有利的条件是,一方面,兰柯关于四通换向阀的原创性专利已经到期,不再享有垄断权,降低了该产品的技术进入门槛。另一方面,当时的三花对于市场开拓具有独到的经验,自主研发的产品在国内市场十分受欢迎,并初步形成了拥有自主知识产权的技术研发体系。

随着三花在四通换向阀产品上的迅速崛起,搅乱了兰柯在中国乃至全球市场的竞争格局。例如,当时兰柯在 4 型和 7 型四通换向阀这种小型产品上的定价在 160—200 元,而三花的价格甚至不到兰柯的 1/3,但性能上与兰柯的产品十分相近。1996 年,三花的四通换向阀产量扩大到了 10 万只以上,成为在该产品市场上强有力的竞争者。面对三花通过成本领先战略展开的市场拓展优势,兰柯终于坐不住了,1998 年,以兰柯中国区总经理刘景耀为首的兰柯市场、技术、财务和管理团队找到三花,提出愿以三花四通换向阀产品利润的 5 倍溢价收购三花四通换向阀业务 80% 的股权。三花领导层在充分讨论之后,没有接受。但兰柯并没有死心,最后将求购报价抬到了惊人的 3 亿元人民币,以近 10 倍的溢价收购。这对于处于成长期的三花来说,是一个非常巨大的考验。企业内部面对这份报价也出现了较大的分歧,对于刚从计划经济走

表8-2　　兰柯欲收购三花四通换向阀业务典型事件证据

主导制度逻辑	典型证据引用	市场启发	
		隔离	跟进
兰柯欲收购三花四通换向阀业务	1. 1991年，厂部根据市场调研，敏锐地捕捉到"空调热"即将来临，迅速抢占先机（A-1）	+++	
	2. 1995年3月，张道才在总经理办公扩大会议上强调，"……我们当前的大投入没有大产出，关键还是四通换向阀业务市场没有打开局面，需要在产品差异化上做文章……"（A-3）	+++	+
	3. 1995年，三花四通换向阀年生产量3.16万只，1996年扩大到10.14万只（B-1）	++	++
	4. "……在同等性能下，三花的产品要比兰柯便宜太多，价格只有人家的三分之一不到，十分契合当下的国内市场需求……"（B-2）	+++	
	5. "……在国内四通换向阀产品市场上，三花有自己的一套营销策略，这是其他人学不来的……"（B-3）	+++	
	典型证据引用	技术累积	
		探索	利用
	1. 1991年11月，三花与上海交通大学联合开始研制热泵型空调用四通换向阀，由陈雨忠、陈宝祥、王长生研发（A-1）	+++	++
	2. 20世纪90年代初，兰柯四通换向阀原创性专利到期，兰柯技术垄断结束（A-2）	+	++
	3. 生产四通阀的技术要求并不高，1993年，三花向上海夏普提供的自主研发的四通阀，不良率大约小于6‰，对方是满意的……（A-2）		++
	4. "……三花在4型、7型等初级四通换向阀产品上已经积累了领先的技术工艺优势……"（B-3）		+++
	5. 三花在四通换向阀产品上实行"一步一投入，一步一产出，一步一效益"的产品技改目标（A-2）		+++

注："+"数量多少表示特定市场/技术机制的强弱，"+"数量越多表示特定市场/技术机制越强。下文同。

出来的民营企业经营者而言,高于10倍的溢价收购是个很难抵挡的诱惑,当时公司的不少领导都主张卖股份,"企业完全可以通过出售的资金开办新厂,重新开拓一片市场"。这时候,企业一把手张道才经过反复、仔细地权衡利弊,最终还是拒绝了兰柯的收购请求。四通换向阀产品的国产化是大势所趋,三花没有理由放弃10多年来在四通换向阀上的技术积累,而国内市场仍然蕴含着巨大的市场潜力,三花已经走在国外巨头的前面,没必要为他人做嫁衣。

由表8-2可知,20世纪90年代三花四通换向阀产品的市场开拓和技术积累已经初见成效,兰柯欲通过高倍溢价来收购三花的四通换向阀业务,其收购的主导制度逻辑十分明确:就是要先一步收购三花四通换向阀业务,迅速占领中国市场,同时让三花成为兰柯家用空调控制冷暖器件产业链上的一环,而不是强有力的挑战者角色。但兰柯的收购诉求并没有达成,从市场开拓的角度来看,三花首先采用与国内外竞争者隔离的市场启发机制。三花不与兰柯正面竞争,而是凭借对当时国内主要空调主机厂商和市场运行机制的深刻理解,通过挖市场、跑销路、专人定点布局等启发机制快速抢占国内市场。而从技术积累的角度来看,三花在20世纪90年代初就制定了重点研发四通换向阀产品的发展战略,十几年来,从技术含量相对较低的低端产品开始,联合国内上海交通大学等技术力量,逐步实现以提升技术、工艺为主的探索式自主研发道路,并取得了在中低端产品上的巨大突破。

二 三花成功收购兰柯四通换向阀业务

在确定不卖给兰柯之后,三花就铆足了劲,横下心来集中力量发展自己的四通换向阀业务。凭借当时中国各种生产要素相对低廉的价格优势,三花紧紧抓住市场空间巨大的产品,突破生产工艺难关,不断提升产品质量,从而实现规模经济优势。到2000年,三花国内市场四通换向阀销售额为313.77万套,成为青岛海尔、广东科龙、珠海格力、广东美的、四川长虹等当时国内主要空调主机厂的优秀供应商,一举奠定了国内市场的绝对领先地位。到2006年,三花的四通换向阀产品销售规模达到了2100万套,占据全球市场约50%,成为全球最大的四通换向阀供应商。与之相反,兰柯在全球市场则节节败退,完全丧失了四通换向阀的中低端市场，连续关闭了其在美国、日本等地的生产工厂，失去了其在四通换向阀业务上的主导地位。

2007年，随着三花开始加强对北美市场的开拓，兰柯终于决定考虑出售四通换向阀的全球业务。本着对客户负责的职业精神，兰柯决定将四通换向阀业务出售给已经在行业内建立显著优势的三花。由于三花是一家日益成长起来的年轻企业，在国际化并购和经营方面经验不足，兰柯仗着自身在企业并购方面的丰富经验，在并购谈判过程中，仍然寸土必争。三花在认识到这一不足之后，采取了谈判冷处理的方式，同时加快了三花在北美市场的拓展速度，让行动说话，也让兰柯在市场竞争中疲态尽显。到2007年年底，兰柯的销售收入已经下降到6900万美元，如果再不快速解决与三花的并购谈判，将更加被动。在后续的谈判中，兰柯终于不断放低姿态，三花成功获得了兰柯在全球市场的销售网络、技术人才和品牌资产。从三花反向收购兰柯的过程来看，三花首先通过20多年坚持不懈的技术积累，从四通换向阀的低端产品市场底部进入，通过成本领先的市场快速进入战略，逐渐向市场顶端发力，最后颠覆了整个行业的竞争版图，成功登上了行业的巅峰。

由表8-3可知，三花通过坚持不懈的市场启发和技术积累，大规模制造优势和成本领先战略打败兰柯，进而收购兰柯，迅速实现了自身技术、品牌和市场的跨越式发展。三花的反向收购逻辑可以表述为：国内市场地位巩固之后，通过规模效应和低成本战略在国际市场上击垮兰柯，进而兼并兰柯，让兰柯的资源成为三花整个产业链上的重要组成部分。正如三花董事长所阐述的："只有成为产业链的资源组织者，才能成为强势的利润分配者。"从市场启发的角度来看，三花主要采用的是从国内市场占领到逐步开拓国外市场的市场跟进模式，即通过低成本竞争打击对手、提升产品品质、向优秀主机厂商推销等思路不断拓展市场。而从技术积累的角度来看，三花主要采取了利用式技术发展模式。在夯实自身技术、壮大自身实力的同时，三花也积极联合国外合作伙伴寻求共同开发，通过不断提升中高端产品研发的技术水平，扩大中高端产品市场份额来削弱兰柯的生存空间，最终通过并购兰柯来获得其核心技术和专利。

第八章 "以市场换技术"目标下的企业国际化案例研究

表 8-3　三花成功收购兰柯四通换向阀业务典型事件证据

主导制度逻辑	典型证据引用	市场启发	
		隔离	跟进
三花成功收购兰柯四通换向阀全球业务	1. 1999 年，三花四通换向阀产品销售 127.79 万套，2000 年销售 313.77 万套，2001 年销售 560 万套（A-1）	++	++
	2. 2000 年，三花相继成为了青岛海尔、广东科龙、珠海格力等国内主要主机商的优先配套器件供应商之一（B-2）	++	++
	3. 2002 年开始，在三花日本事务所的努力下，日本三电被三花的热情、事业心所打动，愿意考虑将三花作为三家潜在供应商之一（B-2）		+++
	4. 2006 年，三花四通换向阀销售规模达到 2100 万套，占全球市场约 50%（B-3）	+	++
	5. 通过收购兰柯，三花快速实现了品牌和市场的扩张，登上了世界行业巅峰（A-2）		+++
	典型证据引用	技术累积	
		探索	利用
	1. "……不二工机一改以前的傲慢态度，由副社长横山隆吉亲自接待，探讨共同开发家用空调膨胀阀……"（B-1）	+	+++
	2. "……2001 年的时候，我们的监测中心自主开发了开阀综合试验台、耐久试验、单向阀试验台……"（B-2）	++	
	3. 2003 年 10 月合资建立了国内第一台四通阀（SHF-9/11/20）液击试验台和模拟寿命台，为三花开辟美国开利市场提供了技术保障（A-2）	++	++
	4. 为了迎合国外市场节能降耗、安全环保的产品要求，张道才董事长专程赴日本，与松下谈判技术合作，邀请松下技术专家水谷先生亲临三花指导（A-1）		+++
	5. 2008 年，三花收购兰柯，获得了在四通换向阀高端产品上的技术、专利所有权（A-2）		+++

107

三 三花与兰柯"收购—反收购"的主导制度逻辑转变机制探讨

在21世纪初，国外领先企业收购国内发展势头良好的本土品牌一直是当时我国市场上企业跨国并购的主要范式之一。这种并购的逻辑出发点十分明确：对于外资企业来说，进入有巨大潜力的中国市场是其全球战略的必然选择，而通过收购一家发展态势良好的中国本土企业，不仅可以规避技术溢出风险，还可以直接打击本土企业的成长，进而迅速占领中国市场。正如三花高层在面临兰柯收购诉求所总结的那样："兰柯来并购我们的目的主要有：第一，发达国家市场基本饱和，到中国投资就是开拓中国市场；第二，看准了我厂在同行业中的基础；第三，看准了我厂的经营机制，也看到了我厂的发展业绩和事业心。"庆幸的是，三花并没有按照这种当时主流的企业并购逻辑来进行决策。相反，经过10多年的苦心经营，三花最终成功反收购了兰柯这家长期以来在空调冷暖控制器配件行业的巨无霸企业。这种并购逻辑思路如下：在技术含量不高的产业领域，从底端市场做起，实施低成本、差异化竞争，在迅速占领国内市场之后，通过大规模制造优势和成本领先战略拖垮对手，进而实施收购战略，以获取国外先进技术、专利品牌等战略性资产。

进一步地，我们对三花与兰柯"收购—反收购"主导制度逻辑转变过程进行总结，发现三花在市场启发与技术积累的决策机制起到了显著的推动作用。从市场启发机制来看，面对兰柯开始阶段的逼人态势，三花采取了以隔离为主要策略的差异化市场战略。当三花基本掌控了国内市场之后，同时在产品品质不断提升的背景下，则主要采取了跟随国外竞争者的市场跟进战略，并以成本优势拖垮竞争对手。而从技术积累的角度来说，三花刚开始采用的是自主探索研发策略，四通换向阀低端产品的技术门槛并不高，三花完全可以自主研发产品，首先占领国内低端市场。而当三花开始研发高端产品、进入国际市场竞争时，则需要依赖于外部领先技术的支持，通过外部合作来实现产品的不断升级。因此，三花与兰柯的"收购—反收购"主导制度逻辑转变机制可以用图8-2来反映。

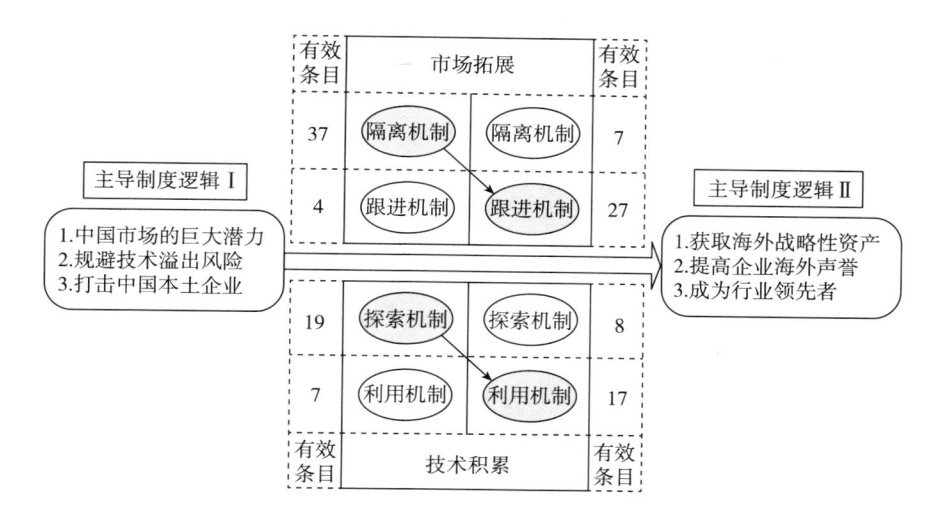

第八章 "以市场换技术"目标下的企业国际化案例研究

图8-2 三花与兰柯"收购—反收购"的主导制度逻辑转变机制

第三节 三花与丹佛斯合资事件

早在1989年,三花董事长就率团访问考察了丹麦丹佛斯集团,但两家企业真正全面合作是2006年合资组建三花丹佛斯(杭州)微通道热交换器有限公司。2013年三花宣布与丹佛斯拆分合资公司,各自独立经营微通道业务,三花在此期间收购了美国 R-Squared Puckett 公司来对抗丹佛斯在北美市场的竞争。我们同样将其划分为如下两个阶段。

一 三花与丹佛斯合资经营微通道产品

丹佛斯集团创建于1933年,是一家专注于制冷、供暖和传动变频控制领域的跨国企业。到20世纪末,面对经济全球化加深带来的巨大挑战,丹佛斯提出了全球市场整合的发展战略,并将中国市场作为其全球化战略整合的核心。1996年,丹佛斯在中国天津建立了第一家生产基地,2003年,再次决定在中国建立全球采购中心。而此时的三花经过20多年的发展,已经成长为国内在制冷、空调智能控制系统、微通道换热器领域的佼佼者。尤其是在微通道换热器系列产品上,已经能够与丹佛斯平起平坐。2006年4月,在丹佛斯第二代掌门人雍根·克劳

109

森的带领下,三花与丹佛斯进行了合资经营的洽谈。面对中国市场的高速发展,丹佛斯已经决定将中国作为第二故乡来悉心经营,为了更加贴近中国客户,与中国本土最有实力的企业——三花展开战略合作是丹佛斯最为明智的选择。2008年10月,三花与丹佛斯合资生产的微通道热交换器正式投产经营。

三花与丹佛斯合资经营,主要是基于以下两个方面的考虑:第一,微通道产品是三花正在重点研发的新一代核心产品,技术要求较高。而丹佛斯在微通道换热器研发能力和国际化经营方面则具有独到的优势,三花可以充分利用丹佛斯的领先技术和研发力量。第二,借助于丹佛斯在海外市场积累的经验,提高企业海外市场声誉,力推三花从"成本导向"向"技术导向"的战略转型。对于丹佛斯来说,三花20多年发展起来的大规模制造经验和低成本优势是其非常羡慕的资本。正当双方

表8-4 三花与丹佛斯合资经营微通道业务典型事件证据

主导制度逻辑	典型证据引用	市场启发隔离	市场启发跟进
三花与丹佛斯合资经营微通道业务	1. "微通道产品市场已经非常成熟……与丹佛斯合资,体现了三花为社会提供优质、领先产品,尽"企业公民"的社会责任……"(B-2)		+++
	2. "利用丹佛斯成熟的市场运营经验,同时发挥三花在大规模制造方面的显著优势,加快推进合资产品的国际市场占有率……"(B-2)		+++
	3. 2010年,合资企业微通道换热器产销效益达到成立以来的最好水平,实现销售收入2.15亿元,净利润0.21亿元(A-1)	+	+++
	4. 2011年,丹佛斯要求合资企业产品纳入丹佛斯自己的全球销售网络中(A-1)	++	+
	5. 2013年之后,三花独立经营合资企业微通道产品的全球销售(A-1)	+++	

续表

主导制度逻辑	典型证据引用	技术累积 探索	技术累积 利用
三花与丹佛斯合资经营微通道业务	1. "……选择微通道产品与丹佛斯合资，是三花重视微通道技术研发的重要体现……"（B-1）		+++
	2. "……借助于丹佛斯的技术支持，研发出含多个微孔结构的铝制换热器……"（B-2）	+	+++
	3. "……联合丹佛斯开发出了运用于发动机回收、医疗设备上的高技术含量的节能环保新型微通道换热器……"（B-2）	+	++
	4. 在合资公司中共同开发运用于汽车空调 RB4a 和 CO_2 系统的高技术 MCHX 产品（A-2）	++	++
	5. 购买了已经在合资企业中运用的原来知识产权属于丹佛斯的技术，继续运用于新型微通道产品研发（B-2）		+++

的合资经营取得显著成果的时候，丹佛斯新上任的领导层将三花定义为"全球战略竞争对手"，要求合资公司的产品必须纳入丹佛斯的全球营销渠道。三花则坚持双方应该尊重合资公司的独立市场地位，合资企业产品应该有独立的全球营销渠道。从2011年开始，双方围绕合资企业经营权问题展开了激烈的交锋。经过多次协商无果之后，三花和丹佛斯决定拆分合资公司为杭州三花微通道公司和嘉兴丹佛斯微通道公司，两家公司各自独立发展全球微通道换热器业务。

三花与丹佛斯在微通道产品上的合资经营从成功到失败，究其原因：丹佛斯的合资初衷是利用三花的大规模制造优势和市场开发经验来帮助丹佛斯克服自身生产能力的不足，同时快速占领中国市场。而对于三花来说，通过合资经营获取丹佛斯强大的研发技术、国际化运营经验是其主要目的，对于双方来说是双赢的。但三花在市场启发上的跟随、模仿能力，通过积极学习丹佛斯的国际市场经营经验，获得了快速成长，对丹佛斯的全球市场地位形成了巨大的挑战。而从技术积累方面来看，通过合资公司共同开发新产品，不仅让三花有机会掌握丹佛斯在微通道研发上的先进技术，同时也对三花产品品质在国际市场上的声誉提振帮助巨大，丹佛斯已经不再具有显著的技术优势。

二 三花并购美国 R2 公司

虽然三花与丹佛斯最终分拆独立经营，但摆在三花面前的一个严峻局面在拆分之前已经显现：各自独立经营的两家企业不仅彼此之间非常熟悉，客户群高度重合，而且微通道 80% 的业务都在北美市场，丹佛斯在墨西哥已经有了一个生产基地，不论是物流还是售后服务都十分方便，这对于三花来说是非常不利的。如何在短时间内在北美建立一个生产基地成为三花必须要重点考虑的工作。这时候位于美国密西西比州 Puckett 市的 R2 公司成为三花收购的目标。R2 公司作为一家在业内打拼多年的美国微通道换热器制造商，虽然在技术上表现得相当出色，但企业规模太小限制了其进一步发展。三花在对 R2 公司进行详细调查分析后，迅速展开了对 R2 公司的收购。

三花并购 R2 公司的过程虽然只有短短的 9 个月时间，但其中却经历了非常曲折的过程。三花虽然迫切需要 R2 公司作为其在北美市场抗衡丹佛斯的战略支点，但也要考虑成本付出。刚开始谈判的时候，R2 公司要价 1600 万美元，这远远超出了三花的 700 万美元预算。为了顺利推进收购计划，三花从市场拓展层面尝试说服 R2 公司：三花可以通过出色的大规模制造能力来弥补 R2 企业生产能力不足的问题，让 R2 公司获得规模经济效益，从而实现长期发展，这对于 R2 企业的发展是极为有利的。另外，三花在微通道全产业链上积累的技术、营销经验也能够让收购后的 R2 公司充分发挥研发方面的潜力，进而更好地服务于北美市场。最后，在双方各让一步的情况下，最终以 1000 万美元成交。成功收购 R2 公司后，三花终于补齐了微通道产品在北美市场的短板，例如，迅速在 R2 公司成立 JCI 客服窗口，完成对 TK 产品的切换，成功通过开利、LENNOX 公司的产品认证，抓住了美国三大客户的市场需求，最终在北美建立了大型物流中心。

三花在短时间内成功收购了美国 R2 公司，并借助于 R2 公司迅速进入了北美微通道产品市场，其决策逻辑的核心在于：三花与丹佛斯拆分微通道业务之后，彼此之间将面临正面直接的竞争关系。而没有了合资公司，三花在微通道产品的主流市场北美地区顿时失去了市场支点，急需通过并购一家位于北美的企业来弥补与丹佛斯的差距。从市场拓展的角度来说,三花并购 R2 公司,是希望通过 R2 公司来填补三花大规模制造能力、成本领先策略在北美市场的服务短板,并最终对丹佛斯在北美市场形成压制能力。而从技术积累的角度来说,此时的三花已经积累了强大的研发实力,只需在 R2 公司北美产品标准的基础上进行以改造、升级为主的改进式研发。

表 8-5　　三花收购 R2 公司对抗丹佛斯典型事件证据

主导制度逻辑	典型证据引用	市场启发	
		隔离	跟进
三花收购 R2 公司 对抗丹佛斯	1. MQ 国内生产线启动,JC 和天津 LG 成为三花微通道独家供货商(A-1)	+++	
	2. 在 R2 公司建立 JCI 服务窗口,投资 ND 热泵、MQ 产品生产(A-2)	+++	
	3. "……丹佛斯在墨西哥有一个工业基地已经占据现场服务优势,我们迫切需要在北美有一个支点……"(B-3)	++	++
	4. 2013 年,实现 TK 产品的开利、LENNOX 认证,投入量产,打开美国主要客户渠道(A-1)	++	+
	5. 2014 年,开始在北美建立大型物流中心,服务北美市场(A-1)	++	+

	典型证据引用	技术累积	
		探索	利用
	1. 2012 年,三花着手承接 Miele 微通道换热器项目,成功将微通道产品向新一代家电领域拓展(A-1)	+++	
	2. "……R2 公司在微通道技术把控上相当出色,能够帮助三花在北美市场上抗衡丹佛斯……"(B-2)	+	++
	3. "……收购 R2 公司后,迅速启动技改、引进自动化装备,加快适应北美产品的技改工作……"(B-2)	++	+
	4. 2014 年,借助于 R2 公司的技术基础,完成对 TK 产品的技术改造,通过开利的产品验证许可(A-2)	++	+
	5. "……推进集流管切换、缩口管切换等产品设计工作,以满足北美市场产品要求……"(B-2)	+++	+

三 三花与丹佛斯"合资—对抗"主导制度逻辑转变机制探讨

三花与丹佛斯合资建厂生产微通道产品也是当时中外合作经营的主要模式之一。这种合资模式对于当时实力相当的两家企业来说，也是一个双赢的局面：三花需要借助于丹佛斯的研发能力和国际化经验来克服自身国际化经营的不足，而丹佛斯则看中了三花大规模制造能力和本土市场的拓展经验。但合资经营最终还是失败了，这也是当时很多中外合资经营企业的必然结局，因为合资双方的力量对比会随着市场经营的推进而不断发生变化。很多国内发展较好的企业通过与国外合资经营后，要么被外资全权收购，要么买回外资企业在合资公司的全部股份。三花与丹佛斯则选择了另一条路，合资公司一拆为二，双方各自独立经营。

但对于三花来说，非常不利的局面是三花独立经营之后迅速丧失了在北美市场的物流、客服能力，必须马上通过购买"海外现成的"企业来对抗丹佛斯在北美市场的控制力。因此，找到一家位于北美地区的，具备客户供应和服务能力的，同时规模又不是太大的微通道行业企业就非常必要。三花最终选择了美国 R2 公司，并在短时间内对其成功收购。从与丹佛斯合资经营微通道业务转变到通过收购 R2 公司来应对丹佛斯在北美市场的竞争，这种主导制度逻辑转变的背后仍然有着深刻的市场和技术发展烙印。三花与丹佛斯合资经营初期，三花充分借助了丹佛斯海外市场的营销平台，紧随丹佛斯学习海外经营经验。合资公司拆分之后，则迅速吸收了 R2 公司的营销网络，通过在美国建立独立的营销服务中心来应对丹佛斯在北美市场的竞争。从技术积累范式来看，三花与丹佛斯的合资，主要是想借鉴丹佛斯的研发实力，以不断完善三花在微通道产业链上的技术实力。而收购 R2 公司之后，三花则需要不断融合 R2 公司的技术，在此基础上通过自主创新来改进微通道产品的生产工艺，以满足北美市场的要求。因此，三花与丹佛斯"合资—对抗"主导制度逻辑转变可以用图 8-3 来表示。

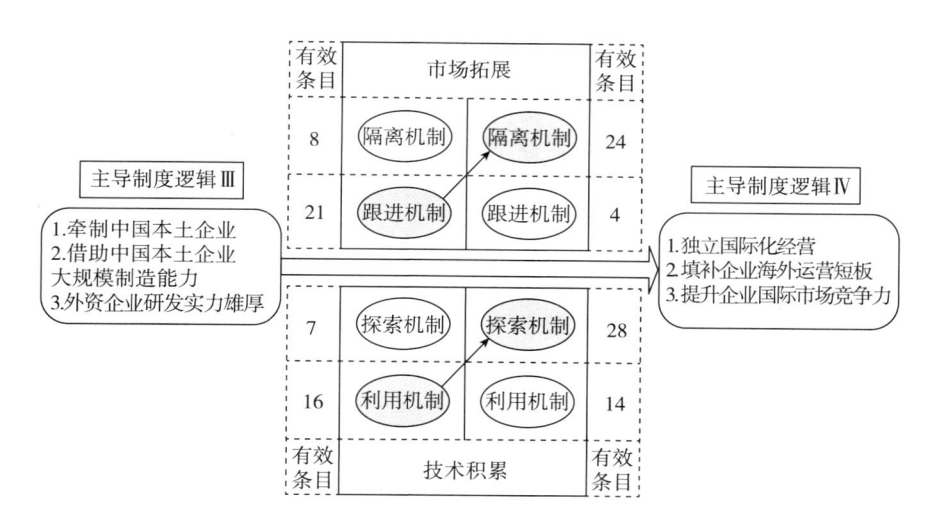

图 8-3　三花与丹佛斯"合资—对抗"主导制度逻辑转变机制

第四节　案例研究结果分析

综观三花与兰柯、丹佛斯的竞合过程，三花都经历了一个从被动应对到主动出击的转变过程。不同的是，三花与兰柯在四通换向阀业务上"收购—反收购"主导制度逻辑转变中蕴含着强烈的企业地位转变过程，收购事件的最终结果也表明，双方之间的市场地位最终是非平衡的，以三花成功反向收购兰柯的四通换向阀业务而告终。从逻辑意义建构的视角来看，是一种改革型的逻辑转变过程。而三花与丹佛斯在微通道业务上的"合资—对抗"主导制度逻辑转变过程中则表现出了竞争机制增强的过程，合资事件的最终结果是双方的均势状态，具体表现为三花与丹佛斯在北美市场微通道业务上的全面对抗，因此，是一种发展型逻辑转变过程。

进一步分析，在三花与兰柯"收购—反收购"的改革型逻辑转变过程中，四通换向阀低端产品的技术要求并不高，这为三花在技术上的自主积累创造了条件。而当时的中国市场刚刚起步，这种新兴市场业务开拓的困难之处在于对市场需求的全面了解，而这恰恰是三花的核心优势。因此，在这种主导制度逻辑变革过程中，三花以市场开拓为优先策略，首先摸准中国市场实际，采取蹲点开发、上门推销的市场隔离机制，快速打开国内市场。当三花凭借低成本优势迅速占领国内市场之后，与外部机构的技术合作自然水到渠成。此时三花充分利用外部合作者（例如不二工机、松下、上海交大等）的先进技术、工艺来提升产品品质，采取紧跟国外产品市场潮流的跟随机制，凭借大规模制造与成本优势向国际市场进发，最终实现对兰柯的竞争赶超。总的来看，三花开始阶段采取自主技术研发的技术探索模式为其采取市场隔离机制奠定了基础。在市场隔离机制下，三花迅速扩大了国内市场范围，这又为三花寻求与外部机构之间高阶技术合作的技术利用模式创造了条件。最终，三花凭借获得的先进技术、专利，并通过大规模制造优势和低成本战略迅速在国内外市场竞争中确立优势。

相反，在三花与丹佛斯"合资—对抗"的发展型逻辑转变过程中，微通道产品不仅技术门槛要高很多，并且市场机制非常成熟，三花虽然在探索微通道技术上有了一定的技术积累，但与国外领先企业之间差距仍然很大，同时三花也失去了从市场底部进入的先机。因此，获得丹佛斯在微通道产品上的领先技术对于三花来说最为迫切。开始合资阶段，三花首先帮助丹佛斯积极开拓国内市场，同时通过大规模制造能力以满足国际市场对于微通道产品的需求，从而换得丹佛斯在核心技术上对于三花的支持。随着三花技术实力的壮大，丹佛斯不再愿意与三花合作，迫使三花必须快速补齐在北美市场营销方面的短板，单独在北美建立营销基地。三花通过对 R2 公司技术吸收再创新，构建独立的生产营销网络来对抗丹佛斯在北美市场的竞争。因此，三花刚开始采取的是市场跟进战略。以产品市场跟进机制来为技术利用创造机会。当核心技术吸收、积累到一定程度之后，面对丹佛斯从合作到竞争的战略转变，三花以现有的技术支撑迅速采取了国际市场隔离机制，即"卡口"战略，通过并购 R2 公司，填补市场营销服务短板，构建独立的生产销售网络来回应丹佛斯的竞争。

我们将三花不同主导制度逻辑转变下的市场启发与技术积累互动演进进行概括（如图 8-4 所示）。概而言之，三花的两次合资经营发展过程表现出了截然不同的主导制度逻辑转变机制。在改革型逻辑转变框架下，面对技术门槛相对较低的四通换向阀业务，三花采取的是首先快速占领国内市场的市场优先策略,通过市场规模效益来支撑三花的技术升级和创新,最终通过大规模制造经验和成本领先优势击垮对手。而在发展型逻辑转变下,由于微通道技术要求较高,国内外市场也已经成熟,三花采取的是技术获取、利用的技术优先策略,通过为合资企业提供大规模制造服务的市场"牺牲"来换取国外领先企业的技术联合研发、专利授权以提升三花的技术水平,最终通过独立营销的市场隔离机制来对抗竞争对手。

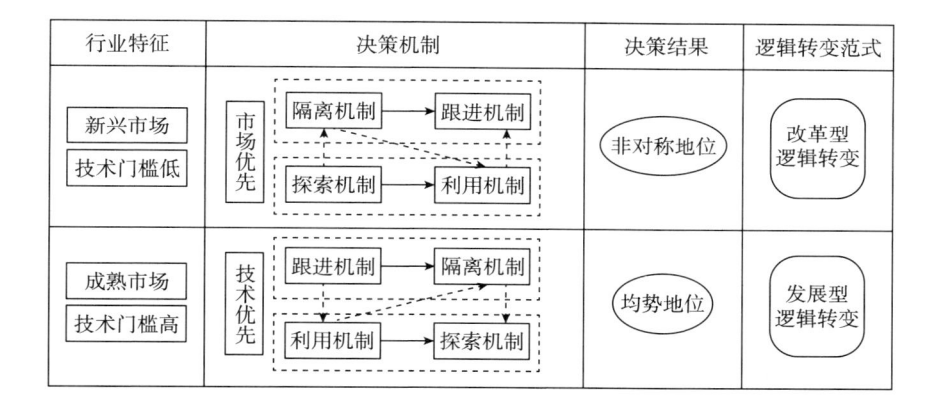

行业特征	决策机制	决策结果	逻辑转变范式
新兴市场 技术门槛低	市场优先 隔离机制 → 跟进机制 探索机制 → 利用机制	非对称地位	改革型逻辑转变
成熟市场 技术门槛高	技术优先 跟进机制 → 隔离机制 利用机制 → 探索机制	均势地位	发展型逻辑转变

图8-4 不同主导制度逻辑转变下市场和技术互动机制及其结果

第九章

跨国并购情境下企业组织
整合制度逻辑理论研究

第一节 研究背景

随着世界经济格局的转变，实施国际化战略的中国企业不仅日益成为经济全球化的中坚力量，更是关乎今后很长一段时间内我国"一带一路"倡议、"走出去"经济发展战略的实施成效和未来高度。在所有企业国际化活动中，企业并购作为迅速进入东道国市场（Vermeulen & Barkema, 2001）、快速扩大企业规模（Graebner & Eisenhardt, 2004）乃至直接消灭竞争对手（Zollo & Singh, 2004）的最有效手段，吸引了实践者和理论界的持续关注。21世纪初以来，全球经济贸易的繁荣和中国经济的腾飞为中国企业跨国并购提供了大量的机会窗口，中国企业纷纷"扬帆出海"，出去寻找另一片天地。遗憾的是，大部分缺乏国际化经验的中国企业，在跨国并购活动中往往表现出"雷声大雨点小""只开花不结果"的尴尬局面（李东红、赵闯，2014），跨国并购的整合效率普遍不高（程聪等，2017）。

一方面，从国家宏观制度体系来看，中国转型经济与西方国家成熟市场经济的巨大制度落差让西方国家领先企业具有一种天生的制度优越感（Lu & Xu, 2006；魏江、刘洋，2017），具体表现为并购整合过程中中国企业在技术资源、市场声誉、议价能力上全面落后的制度非对称性劣势（魏江等，2016），从而给中国企业整合国外领先企业带来巨的制度阻力（Yang & Hyland，2012），导致中国企业在并购完成后的组织整合上步履维艰。另一方面，从制度微观视角来看，从改革开放40多年释放的巨大市场红利中成长起来的中国企业，已经习惯了"埋头苦干"的经营方式（武亚军，2009），在解读西方商业文化、适应西方制度环境方面存在明显的能力短板（Peng，2003），从而使中国企业在整合西方国家领先企业时容易走极端：要么完全屈服于西方成熟的商业制度压力，典型的"购而不整""撒手不管"（胡洪力、张鸿，2016）；要么完全按照中国企业的并购意愿强行整合企业，最终弄得并购双方不欢而散（李东红和赵闯，2014）。

针对中国企业跨国并购面临的这种制度两难问题，很多学者从制度差异（Yang & Hyland，2012；唐炎钊等，2008）、战略资源获取（Boateng et al.，2008；Deng，2009）、组织文化冲突与融合（Du & Boateng，2015；Li，2016）、业务关联性（Cheng & Yang，2017；吴先明、苏志文，2014）等角度尝试进行了回答。但仍然存在以下两个方面的理论不足：第一，现有的研究虽然考虑到了中国企业跨国并购的双重制度嵌入问题（程聪等，2017），但主要是从中国转型经济与西方国家成熟市场制度体系、商业文化体制差异等宏观制度展开，而缺乏对跨国并购整合过程中微观层面的企业制度复杂性考量，尤其是在中国企业解读外部制度环境能力偏低的现实情况下，从组织制度逻辑的微观视角展开研究更显必要。第二，现有的研究更加关注中国企业并购交易过程及其对企业绩效的影响，而相对忽略了企业并购交易完成后的组织整合过程。从制度逻辑的观点来看，这种整合过程本质上是一个跨组织多种制度逻辑碰撞、交互、融合的变革过程，并以此来应对外部环境的制度复杂性挑战。基于此，本章以浙江吉利汽车集团对沃尔沃并购完成后近10年的组织整合过程为研究对象，从结构混合逻辑与交互混合逻辑的视角探讨中国企业整合国外领先企业的制度逻辑变革问题。本章的研究成果对于拓展制度逻辑中的混合逻辑分析和跨层次研究具有显著的理论贡献，同时也能够为中国企业跨国并购后的整合管理提供实践启示。

第二节 制度逻辑与组织决策

一 制度逻辑对组织决策的影响

制度逻辑是人类在经济社会生活中形成的，具有普适性的价值规范、文化信仰系统（Thornton et al.，2002）。在特定的社会文化制度情境下，制度逻辑具象通过意义构建、图示、动员等方式预设了组织行为活动的认知规则，并在对组织的日常行为进行识别、规制的同时将组织价值"嵌入"其中，是影响组织行为、现实以及指导组织获得成功的正式与非正式准则（Greenwood et al.，2014）。制度逻辑不仅诠释了组织存在的意义："……组织为何而存在……什么是组织规范行为…怎样才能达成组织目标……"（Thornton，2004），同时也为组织资源配置方式、成员关系确立、公民行为范式等设立了基本规范（Thornton & Ocasio，1999；Fini et al.，2017）。随着外部制度环境复杂程度的加深，以及组织内部多重制度逻辑共存现象的普遍化，最近的研究开始重视组织如何通过制度逻辑的变革来应对外部制度复杂性的挑战（Reay & Hinings，2009；Pache & Santos，2013），例如，制度共担行为（Battilana & Dorado，2010；程聪等，2017）、成员共同行动（DiBenigno & Kellogg，2014；程宣梅等，2018）、组织制度匹配（Perkmann et al.，2019）、信息交换与资源共享（Battilana et al.，2015），等等。这种多重制度逻辑变革虽然能够帮助组织应对复杂的外部制度环境，但也存在难以忽视的负面影响，例如逻辑冲突导致的组织恶性竞争、功能下降乃至组织衰退。

组织内部制度逻辑的变革主要存在竞争与非竞争两种方式：非竞争性变革即组织内部不同制度逻辑在引导组织实践时能够相互理解、相互包容乃至相互支持。相反，竞争性变革往往发生在价值观、行动准则以及意义构建方面表现出巨大差异的制度逻辑之间，由于组织关于行动目标、行动方案等很难达成一致，从而加剧了组织各方之间的紧张关系（Marquis & Lounsbury，2007），迫使组织陷入一个更加复杂的制度情境中。随着具有多元价值观的组织新形式（社商组织、平台企业等）的大量出现，这种具有巨大价值理念差异的制度逻辑将在同一组织中大量共存（Ocasio & Radoynovska，2016），从而使组织内部不同制度逻辑之间的竞争性变革成为主流。因此，如何消除组织内部不同制度逻辑之间竞争性变革的负面影响成为学者关注的焦点。例如，Thornton（2004）指出，在采用商业逻辑来替代出版逻辑占据主导地位时，图书出版商的出版质量保证非常重要，也是其适应出版市场发展的必然结果。Reay 和 Hinings（2009）通过对加拿大医疗改革过程中专业逻辑和健康逻辑的竞争性分析，设计了旧制度逻辑共存、新制度逻辑构建的妥协过程模型。Ramus 等（2017）对意大利社会福利组织的分析则表明，在外部制度复杂性不断提高的背景下，社会福利组织中商业逻辑与社会逻辑的冲突将不可避免，而协作和规范化是促成商业逻辑与社会逻辑协同的重要手段。

二 制度逻辑决策的跨层次性

随着组织的生态化发展，外部环境的制度复杂性不仅为组织制度逻辑变革提供了更多的选择空间（Goodrick & Reay，2011），同时也为组织寻求外部制度补给提供了机会（Li & Wong，2003；Durand & Jourdan，2012），组织可以选择通过公告、协议、联盟等方式来完善自身制度的不完备性（Dunn & Jones，2010；彭长桂、吕源，2016），以适应外部制度环境的新要求。因此，跨组织间的制度逻辑变革涵盖组织间与组织内两个层次，例如，Lounsbury（2008）就认为，组织场域内制度逻辑的转变既表现为组织整体上的制度变迁行为，也体现在组织内部行动者微观逻辑行动的改变。

从制度逻辑变革的行动者微观机制来看，机会和限制是解释个体层面上制度逻辑实现转变的两个基础性要素（Thornton et al.，2012）。机会即表现为组织场域内部制度冲突为个体能动性提供了空间，例如逻辑冲突导致的制度混乱、行动者行为合法性获取等（Reay & Hinings，2009；杜运周、尤树洋，2013）。而限制则体现在制度逻辑对于个体认知、行动方式的塑造上，例如行为默许、行动妥协以及制度依恋等（Greenwood et al.，2011；Almandoz，2012）。当组织内部某一制度逻辑形成主导态势时，将对场域内部个体行动者产生压迫式影响，迫使行动者的行动目标、行为方式按照主导制度逻辑范式行动。因此，这种制度逻辑变革机制是一种从组织到行动者的自上而下的影响过程。

在大多数跨组织制度逻辑变革过程中，场域内不同制度逻辑之间通常会产生激烈的交锋，从而无法在组织整体上出现占据主导地位的核心制度逻辑体系（Walker et al., 2007; Reay & Hinings, 2009; 杜运周、尤树洋，2013），组织这种"松散"的制度逻辑框架为个体行动者选择最有利于自身利益最大化的逻辑聚焦创造了机会。对于直面利害关系的行动者而言，其行为范式并不会被动地接受制度逻辑的塑造（Almandoz，2014），而是尽可能地追求最佳产出的制度逻辑范式。具体而言，组织场域中的制度变革所产生的制度空间提供了行动者选择制度路径的多种可能，不同逻辑主导的个体行动者之间通过持续地交涉、协调、沟通达成行动范式的一致性，最终通过改变业务上的行动目标、方式来推动对组织整体主导制度逻辑的改变，这是一种自下而上的制度逻辑变革模式。例如，Durand 和 Jourdan（2012）的研究指出，企业可以通过改变业务经营范围、提升产品竞争力来增强其在组织逻辑关系中的话语权，从而促进组织间制度逻辑按照预期的变革方向发展。本章对组织制度逻辑决策的跨层次性总结如表 9-1 所示。

表 9-1　　　　　　　制度逻辑决策的跨层次分析

逻辑层次	分析层次	逻辑结构	制度复杂性应对方案
组织间	组织层次	组织整体制度逻辑影响行动者行为范式	制度逻辑互补、协同的跨组织联盟
组织内	行动者层次	行动者逻辑促进组织新制度逻辑形成	外部制度复杂性问题的组织内化

第三节　制度逻辑复杂性

一　结构混合逻辑

制度逻辑中的结构混合逻辑通常被描述为组织场域中存在多个逻辑

单元，这些逻辑单元之间具有清晰的逻辑边界，并且在独特的逻辑决策模式指导下开展业务活动（Thornton et al.，2002）。这种独立的逻辑单元导致组织处于一种十分松散的逻辑框架之下，组织内部形成了一个个功能各异、独立经营的业务空间，这些业务空间共同构成了组织整体的日常活动（Kraatz & Block，2008）。结构混合逻辑形态下的组织在日常生活中十分常见，例如大学里的社团联盟组织，下面有体育、文艺、科研、社会实践等社团，不同的社团都有独特的价值观、目标和计划，这些社团除了统一受学校社团联盟管理之外，彼此之间通过对潜在大学生社团成员的争夺、对优秀社团评比的竞争等来获得在社团联盟的地位。结构混合逻辑的意义在于，由于组织内部逻辑单元决策的相对独立性，组织可以通过改变部分逻辑单元来回应外部制度环境施加的要求，从而减少组织整体制度变革可能产生的巨大成本、规避组织重构的潜在风险（Pache & Santos，2013）。

尽管结构混合逻辑通过内部逻辑单元的调整，有助于组织灵活应对外部制度复杂性，最大限度地缓解组织整体的变革压力，但其缺陷也十分明显：由于组织内部逻辑单元独立行事，彼此之间逻辑关系十分薄弱，从而给组织整体的逻辑协调带来了巨大挑战（Greenwood et al.，2011），在极端情况下，甚至可能导致组织功能失调、组织解散（Jarzabkowski et al.，2013）。从组织整体来看，结构混合逻辑是一种典型的行动者逻辑占据主导、组织整体逻辑处于被动地位的混合逻辑形式。

二 交互混合逻辑

交互混合逻辑是组织场域中多种逻辑共存的状态，并且这种逻辑共存状态一直伴随着组织的存在而存在（Greenwood et al.，2011）。从逻辑决策的微观视角来看，交互混合逻辑范式下的组织多种逻辑共存依然需要相应的逻辑单元作为支撑（Pache & Santos，2013），具体表现为不同逻辑主导下的业务单元之间的冲突、妥协、强化、重构等逻辑关系调整，从而使场域内的不同逻辑单元之间具有频繁、紧密的逻辑联系。相比于结构混合逻辑，交互混合逻辑更加强调组织整体逻辑对于外部制度复杂性的回应，例如，兼具社会逻辑与商业逻辑的社会型企业的出现（Battilana & Lee，2014；Ramus et al.，2017），兼顾公共福利与私人利益的公私合营伙伴关系的维持（Jay，2013），等等。在多元制度压力下，交互混合逻辑有助于组织构建出能够应对多种逻辑压力的逻辑能力，例如，滴滴、Uber等在开拓顺风车业务的同时也提高了私家车利用效率，缓减了出行拥堵。

组织的交互混合逻辑虽然经常被用来作为应对多元化制度压力的解决方案，但由于组织内部自始至终的多种逻辑共存状态，使组织场域从业务单元到组织整体的不同逻辑之间始终处于一种动态调整之中，形成复杂的逻辑嵌套效应，从而影响组织管控机制的稳定性。此外，在面临外部环境对组织的调整时，比如组织进入新行业、开展新业务、招募新成员等（Tracey et al.，2011；Besharov，2014），将可能打破组织原有的制度逻辑动态平衡，导致组织内部业务单元之间逻辑关系的复杂化，甚至激烈的逻辑冲突，使组织失去应对多元制度压力的能力。因此，对于交互混合逻辑范式下的组织来说，如何管理不同制度逻辑之间的关系，设计逻辑冲突解决机制是组织面临的一大挑战。

三 研究框架

将制度逻辑理论应用于组织决策研究已经吸引了学术界的大量关注，尤其是在外部制度多元化不断显现、制度复杂性日益增加的背景下，制度逻辑变革已经成为组织应对如此压力的重要解决方案之一，但仍然存在一些理论研究缺口。第一，以往的研究主要关注组织整体的制度逻辑变革问题，强调组织整体结构、功能改变对于外部环境的适应，例如，互联网时代社商企业的兴起、平台型组织的构建。而关于组织内部业务单元的逻辑变革研究则是十分缺乏，作为构成组织逻辑功能的核心要素，业务单元层面的制度逻辑分析能够帮助我们更加准确地厘清组织整体逻辑变革的内在机理。第二，制度逻辑的跨层次性为组织混合逻辑决策提供了新的研究思路。虽然学者们已经关注到了组织内部多种逻辑的共存、演化十分普遍，但如何从组织整体和业务单元两个层次来研究组织多种制度逻辑的变革却仍然存在理论空白，难以形成有效的成果理论对话。随着跨组织合作的日益兴起，组织间跨层次的制度逻辑决策将更加明显。正是基于上述考虑，本章以浙江吉利汽车并购沃尔沃之后的整合活动作为研究对象，尝试从结构混合逻辑和交互混合逻辑的视角来分析吉利整合沃尔沃的制度逻辑变革问题。一方面，我们参考 Durand 和 Jourdan（2012）的建议，对吉利整合沃尔沃过程中双方不同的制度逻辑决策思路进行了界定。另一方面，在吉利整合沃尔沃的不同阶段，我们从组织管控和业务单元两个层次对吉利整合沃尔沃的制度逻辑变革进行了分析。本章的研究结论将对上述理论缺口做出显著的理论贡献。

第四节　理论探讨与贡献

一　理论总结

虽然学界关于我国企业跨国并购的研究非常丰富，但对并购完成后组织整合的文献却并不多见，本章选择吉利并购沃尔沃之后的整合活动作为分析对象，基于制度逻辑的视角来探讨中国企业如何整合发达国家领先企业的问题。

第一，在技术势差明显、西方商业文明占据主导地位的国际背景下，中国后发企业整合发达国家领先企业是一个从松散的组织治理架构到具体业务协同推进，最后到组织管控制度强化的过程。从制度逻辑视角来看，这种企业整合过程主要存在结构混合逻辑和交互混合逻辑两种逻辑状态。吉利整合沃尔沃初期，吉利只从双方董事会建设上对沃尔沃进行了开放式管理，彼此之间仍然独立经营，仅通过国际化董事会进行沟通，这是一种典型的结构混合逻辑状态。而在吉利关于沃尔沃的全球转型计划和中国区建设过程中，吉利充分利用了 SPA 平台建设、CMA 平台投资、中国区工厂建设等一系列具体业务运作，全面展现了吉利与沃尔沃之间业务上的矛盾、冲突、沟通、谈判、妥协过程，促使双方努力找到具体业务上的协作空间，推动了吉利与沃尔沃在具体业务上的合作，进而形成一种频繁的组织协同关系。这一阶段的吉利整合沃尔沃的制度逻辑是一种交互混合逻辑状态。随着吉利与沃尔沃业务单元实施过程中的技术合作、市场开发的不断推进，使双方在具体业务上的合作取得了巨大成功，例如，SPA 平台帮助沃尔沃开发出了新款 XC90，而吉利则在 CMA 平台的支持下孵化出了吉利博瑞、博越等产品，而作为双方合作创新典范 LYNK&CO 产品的出现，最终促使吉利与沃尔沃之间构建了一种紧密协同的组织管控关系，即结构交互混合逻辑结构。

第二，从结构混合逻辑与交互混合逻辑视角构建了一个中国企业整合发达国家企业过程中制度逻辑变革的过程模型。在企业整合过程中，中国企业对于国外领先企业专有技术等战略性资产的极度渴望（Deng，2009），决定了其在整合起步阶段必须给予西方企业充足的经营空间（程聪等，2017），因此，此时的整合策略重点放在企业董事会设置、并购后企业未来发展计划设计等组织顶层战略上，从组织管控上构建一种相对宽松、开放的结构混合逻辑状态。当中国企业面临进一步的组织整合困难时，可以尝试从具体业务上实现突破，寻找分别隐藏在企业内部的专用技术研发、产品理念、市场拓展等业务上的逻辑协作空间，并通过构建一个新的逻辑解决机制来应对，本章总结出了两类业务单元之间逻辑关系的解决机制：新建业务单元的逻辑重构和跨业务单元的逻辑强化。这种业务单元之间的逻辑关系协调机制同时也加强了中国企业与西方企业之间组织管控上的逻辑联系，推动企业整合过程由松散的结构混合逻辑进化成一种关系密切的交互混合逻辑状态。当在具体业务上获得显著的协同成效时，中国企业与西方企业之间在业务层面形成了稳定、良好的逻辑关系，这种业务单元之间的逻辑关系推动双方在组织管控上实现由关系密切上升到协同合作的逻辑关系治理，即一种新的结构交互混合逻辑状态。本章进一步总结出中国企业跨国并购过程中组织整合的结构混合逻辑与交互混合逻辑转变过程模型，如图 9-1 所示。

第三，在中国企业跨国整合西方企业起步阶段，中国企业所面临的战略"瓶颈"和组织承诺是促发企业采取"先松后紧、先业务后整体"整合思路的重要因素。在当前的产业技术发展背景下，中国企业面对西方领先企业存在技术势差、市场话语权小等战略劣势是客观事实，这为设计更加包容、开放的企业整合策略埋下了伏笔。而组织承诺作为企业国际化过程中重要的关系型投资行为，是企业完成从并购到整合的先决条件（Johanson & Vahlne，2009）。从中国企业跨国整合的实践来看，组织承诺的核心价值体现在企业的并购诚意、专业化水平和企业实力三个方面，这种持续的组织正式、非正式社交商业行为，使西方发达国家

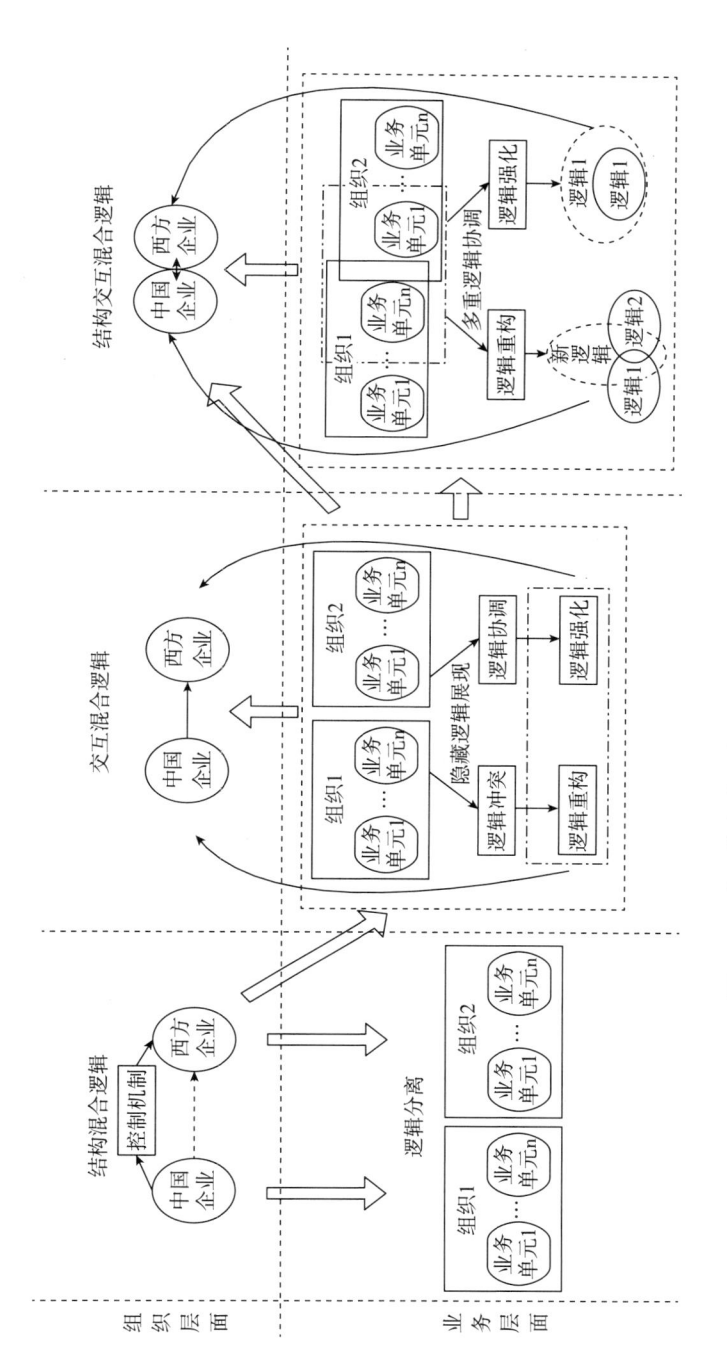

第九章 跨国并购情境下企业组织整合制度逻辑理论研究

图 9-1 企业整合过程中结构混合逻辑与交互混合逻辑演变

企业及其利益相关方能够切身感受到主并企业投资的价值。而在企业整合由业务单元到组织管控全面推进时，协作潜力和文化双融为整合双方在业务上的高效合作，进而构建目标明确、功能互补以及结构稳定的协同关系提供了保障。在具体业务合作上，协作潜力大意味着中国企业与外方企业之间往往能够在专有知识、市场经验上形成大量合作，而文化双融则体现在双方相互理解、尊重和包容的良好沟通机制，以及对于产品理念和市场定位的融合创新上。

二 理论贡献

本章第一个理论贡献是深化了以往制度理论中关于结构混合逻辑与交互混合逻辑的研究。在以往的研究中，学者们倾向于将结构混合逻辑定义为一种组织场域内由不同逻辑主导的业务单元组成的逻辑状态，各业务单元之间界限分明、相互独立（Kraatz & Block, 2008; Greenwood et al., 2011），整体组织逻辑呈现出一种区隔、松散的状态（Jarzabkowski et al., 2013; Perkmann et al., 2019）。这种分析思路以组织内部不同逻辑之间的平衡为导向，其逻辑决策的出发点在于照顾到多数业务单元的利益。而关于交互混合逻辑的主流观点则强调，组织内部多种制度逻辑的存在必然是相互影响的，这种以逻辑冲突、逻辑强化、逻辑重构等形式展现出来的逻辑关系是组织应对外部复杂制度环境的必然选择（Reay & Hinings, 2009; Battilana & Dorado, 2010; Pache & Santos, 2013; Ramus et al., 2017），是一种组织面临外部制度复杂性的整体逻辑解决方案。一方面，本章创造性地吸收了上述两种制度混合逻辑的观点，提出了一个能够兼顾内部业务单元利益均衡和外部复杂性制度应对的结构交互混合逻辑模型。在此模型中，组织场域内部的不同逻辑主导下的业务单元之间采取逻辑强化、逻辑重构的方式相互连接，同时这种逻辑连接关系进一步构成了组织层次上的核心逻辑内涵。关于结构交互混合逻辑与结构混合逻辑、交互混合逻辑之间的理论关系如表9-2所示。

另一方面，本章还讨论了结构混合逻辑与交互混合逻辑之间演化的理论基础。虽然以往的研究对不同制度逻辑之间关系的演化进行了大量的研究（Battilana & Dorado, 2010; Thorton et al., 2012; Ramus et al.,

第九章 跨国并购情境下企业组织整合制度逻辑理论研究

表 9-2　结构交互混合逻辑与结构混合逻辑、交互混合逻辑之间理论阐释

逻辑状态	逻辑关系模式	逻辑紧密程度	逻辑层次	应对实践挑战	主要参考文献
结构混合逻辑	不同逻辑主导业务单元活动	业务单元之间松散的逻辑联系；组织层次上松散的逻辑联系	重点在业务单元上的逻辑分析	组织内部不同利益群体的平衡	Kraatz & Block，2008；Greenwood et al.，2011；Jarzabkowski et al.，2013
交互混合逻辑	不同逻辑跨业务单元影响	业务单元之间紧密的逻辑联系；组织层次上合作的逻辑联系	重点在组织层次上的逻辑分析	组织整体应对外部制度复杂性挑战	Reay & Hinings，2009；Battilana & Dorado，2010；Pache and Santos，2013；Ramus et al.，2017
结构交互混合逻辑	不同逻辑既存在主导业务单元内部活动，也存在跨业务单元影响	业务单元之间合作的逻辑联系；组织层次上协同的逻辑联系	业务单元和组织层次上的逻辑分析都重要	兼顾组织内部不同利益群体的平衡和组织整体应对外部制度复杂性挑战	—

2017；程聪等，2017；刘德鹏等，2017），但主要是以组织内部的视角展开，关注组织内部逻辑关系演变对于组织成长变革及其应对外部复杂环境的议题。这种研究范式已经很难适应当前复杂的新型组织关系逻辑研究（Perkmann et al.，2019），而我们的研究则从业务单元和组织管控两个层面探讨了组织场域中制度混合逻辑的演化问题，全面论证了组织结构混合逻辑到交互混合逻辑再到结构交互混合逻辑演进是一个组织层次逻辑以及组织内部业务单元主导逻辑不断相互影响的过程。具体地，不同业务单元之间的逻辑关系变化会影响到组织整体的逻辑状态，而组织整体的逻辑关系调整将有利于不同业务单元逻辑之间达成最优化的逻辑互动机制。

本章第二个理论贡献是对中国企业如何整合发达国家领先企业的问题提出了一个崭新的理论解释框架。在以往的相关研究中，学者们基于制度观视角对中国企业国际化问题进行了大量的研究（Luo & Tung，

129

2007；程聪等，2017；魏江、刘洋，2017），但这些研究趋向于将制度因素作为企业并购整合决策的外生变量，未能从企业逻辑决策基础、具体业务活动逻辑上探讨企业整合国外领先企业的制度逻辑演化过程。本章从结构混合逻辑和交互混合逻辑的观点出发，论证了中国企业采取"先松后紧、先业务再整体"的企业整合思路的逻辑基础。我们的研究还表明，在中国企业整合国外领先企业初期，战略"瓶颈"和组织承诺对于中国企业构建开放、宽松的整合机制起到了非常重要的作用。而在企业整合由业务单元上升到组织整体时，双方之间的协作潜力和文化双融，最终帮助中国企业实现了由业务层面的深度合作到组织层面全面协同的整合过程。这一研究结论对当前大部分中国企业在技术能力较为薄弱、缺乏丰富的国际化经营经验以及成熟的现代企业治理机制的情况下，仍然能够通过实施弯道超车战略（江诗松等，2011），实现"小鱼吃大鱼"的中国企业跨国并购现象进行解释。此外，我们的研究成果也从理论上回答了为什么在相似的国际市场体制背景下，有些中国企业在完成并购后能够在企业整合上取得巨大成功（魏江等，2016；程聪等，2017），而另一些企业则完全迷失在"购而难整"的泥淖之中问题（田志龙等，2010）。

第十章

跨国并购情境下企业组织整合制度逻辑案例分析

第一节 研究方法选择

本章采用单案例研究法对本研究的理论问题展开讨论,主要基于以下几个方面的理由:首先,本章聚焦于中国后发企业国际化在资源、技术以及经验等全面处于劣势地位的情境下,如何对并购后的发达国家企业进行有效整合的问题,本质上是一个"如何(How)"型范畴的案例研究,需要对中国企业这种整合过程的制度变革进行全面分析,因此,采用单案例探索性研究是非常合适的(Strauss & Corbin, 1998; Yin, 2002)。其次,在单案例研究中,可以对研究对象或过程进行长时间挖掘,有助于我们总结出企业整合过程中涌现出的关键事件(阶段),并识别出这些关键事件在组织和业务两个层面上的逻辑决策相互影响机制,最后抽象出这些混合逻辑决策之间如何推动企业的高效整合。最后,从本章的研究目标来看,采用单案例研究方法有利于我们深入、系统地分析制度逻辑框架下,结构混合逻辑与交互混合逻辑是如何在中国企业整合国外领先企业中发挥作用的,并探讨这种制度逻辑的结构混合与交互混合机制的属性、功能以及启发意义,从而为当前中国企业跨国并购普遍面临的"并购容易整合难"问题提供新的实践启示。

一 案例选取

单案例研究对于研究案例对象的选择要求极高，选择的案例既需要具备反常的行为或现象（会说话的猪），同时也必须满足特定的理论情景要求，即案例启发性（Eisenhardt，1989）。本章选择浙江吉利控股集团对沃尔沃汽车的并购后整合过程（以下简称吉利整合沃尔沃）作为研究对象。具体理由包括以下几个方面：

第一，2010 年 8 月，吉利与福特完成并购沃尔沃的交割程序，一直到现在，吉利整合沃尔沃的过程已经持续了近 10 年的时间，在这一过程中涌现出了许多影响吉利整合战略的关键事件，例如，吉利完成并购后成立"沃尔沃—吉利"对话与合作委员会，并在沃尔沃内部设立"全球转型项目"，2011 年 6 月开始在沃尔沃中国区实施"配对计划"，2013 年 3 月，重新建设沃尔沃 SPA 模块化平台，2013 年 2 月吉利与沃尔沃联合成立欧洲研发中心，2014 年 2 月基于 CMA 基础架构的整车顺利下线，2016 年 10 月基于 CMA 架构平台的 LYNK&CO 新品牌诞生，等等，这为本章的研究提供了丰富的研究素材。

第二，在吉利对沃尔沃近 10 年的组织整合过程中，彼此之间关于整合的制度逻辑策略也多次发生了转变，例如，吉利在组织管控上经历了从宽松、开放到紧密、协同的制度逻辑转变。沃尔沃的制度逻辑转变则经历了由初期的独立经营到业务层面上的技术、管理合作再到组织层面的全面协同创新的过程。而从业务层面来看，吉利与沃尔沃之间则经历了业务单元经营上的制度逻辑分离、冲突、强化、重构等阶段。这为本章关于探讨组织多重制度逻辑变革提供了理论分析基础。

第三，吉利在整合沃尔沃过程中选择了组织管控与业务融合并行的渐进式整合战略，并不急于求成，在吉利整合沃尔沃近 10 年的时间里，从整体策略上主要采取了"先松后紧、先业务再整体"的整合思想，而从具体的战术执行上来看，将整合沃尔沃的过程分解到 SPA 平台重建、CMA 平台投资、CEVT 中心建设等具体的业务层面，重视先从 XC90 设计、"配对计划"、新品牌开发等具体运营项目的合作着手，以具体项目协同来推动吉利对沃尔沃的全面整合。这种从具体业务单元和组织整体管控两个层次来进行逻辑决策的企业整合思路非常适合本章关于结构混合逻辑与交互混合逻辑的分析。

第四,从吉利整合沃尔沃的具体情境来看,涉及整合过程中的企业跨文化管理、员工薪酬等制度情境差异,欧洲沃尔沃总部及其工厂的独特社会情境与中国沃尔沃的双重管理问题,以及吉利在整合沃尔沃过程中遇到的中国政府管理体制问题,这些都极大丰富了本案例研究所需的多重制度文化情境。

二 数据收集与分析

为了获得可靠的研究结论,案例研究通常要求用于分析的资料要尽量丰富、翔实,并且要求多元化渠道获得素材(Glaser & Strauss, 1967)。结合案例研究实际,一般包括人员访谈、实地观察、档案文献及公共资料查阅等方式,以支持案例分析关于研究资料来源的"三角验证"要求(Yin, 2002)。因此,我们结合本章的实际情况,主要采取了半结构化访谈、企业内部档案资料查询、文献资料查阅、权威媒体报道检索等资料收集渠道,尽可能多地获取案例研究素材。

1. 半结构化访谈

为了尽可能地回溯、还原吉利整合沃尔沃的现场情景,本章以半结构化访谈作为最主要的资料搜集方式,根据研究的需要,我们将访谈过程划分为三个阶段:第一阶段从 2010 年 11 月开始到 2011 年 2 月结束,一共访谈了 3 次约 10 个小时,研究团队主要围绕吉利完成对沃尔沃并购后的管理经营模式、组织架构战略考量这一主题展开对话式访谈。第二阶段从 2013 年 6 月开始到 2013 年 8 月结束,一共访谈了 4 次约 13 个小时,笔者所在研究团队主要是对吉利关于沃尔沃的经营模式、管理制度、人事安排以及合作研发、生产等主题展开对话式交流。第三阶段从 2016 年 11 月开始一直到 2017 年 12 月,一共访谈了 5 次约 15 个小时,这一阶段主要围绕吉利关于沃尔沃的项目推进、沃尔沃中国区建设以及吉利与沃尔沃的全面合作等方面展开访谈。在整个调研期间,笔者三位在吉利任职中层干部的同学和校友为长时间、持续访谈提供了巨大的帮助,三个阶段的访谈,我们总共访谈到了在职或曾经在吉利工作过的人员 68 人(次),其中,公司高层领导 6 人(次)、中层干部 32 人(次)、基层管理人员 30 人(次)。为了充分保证访谈所获资料的可靠性，在每次访谈中，我们保证至少有 3 位团队成员参与访谈，采用 1—2 位负责发问，1 位以上负责录音和速记的分工模式进行，每次访谈平均时间都在 2—4 小时，最后总共获得了大约 5 万字的文本资料，具体访谈情况汇总如表 10 - 1 所示。

表 10 - 1　　　　　　　　半结构化访谈情况汇总

访谈阶段	访谈时间	访谈次数	访谈人次	基层主管	中层干部	高层干部	录音时长	整理文本字数
第一阶段	2010.11—2011.2	3	15	7	5	0	544 分钟	1.3 万字
第二阶段	2013.6—2013.8	4	27	9	12	3	604 分钟	1.8 万字
第三阶段	2016.11—2017.12	5	14	14	15	3	668 分钟	1.9 万字

2. 二手资料收集

为了保证资料获取的多源性，同时避免访谈中回溯性解释、印象管理等对数据资料搜集产生偏差的现象（Eisenhardt，1989；魏江等，2014），本章还采用了企业内部档案查询、文献资料查阅和权威媒体报道检索三种二手资料收集渠道来补充资料搜集。①企业内部档案查询。在对吉利杭州总部、宁波工厂、台州基地以及张家口工厂等地的实地调研考察过程中，笔者首先向企业接待人员说明了相关资料查阅只用于学术研究，保证不会产生商业机密泄露，项目团队从企业内部获得了大量有关吉利并购整合沃尔沃的珍贵史料，经过分析整理后，总计获得了 6 万字的文本材料。为了稳妥起见，我们还将最终整理形成的文本材料返回给吉利公关部的相关责任人审核，在经过三轮来回删减、调整之后，最后获得了可用的二手文本资料近 1.4 万字。②文献资料查阅。我们搜集了 2010 年以来有关吉利并购沃尔沃的相关书籍、评论以及学术论文等资料共 22 篇，在分析这些文献资料后，最终留下了学术论文 12 篇，书籍 4 本，总共誊抄文本约 0.4 万字。③权威媒体报道检索。考虑到本章关于吉利整合沃尔沃所面临的制度安排、跨文化管理以及舆论热点问题，我们还搜集了瑞典、英国以及国内主要媒体、网站等关于吉利并购整合沃尔沃的相关媒体报道资料共计 18 件，其中英文报道 7 件、中文报道 11 件，总共誊抄文本约 0.3 万字。

3. 资料整理与分析

第一，关于半结构化访谈资料的整理。笔者所带领的两名团队成员首先对访谈录音进行誊抄，并结合访谈中速记的内容，按照时间统一和主题一致的原则归类整理成文本文档。第二，关于企业内部档案文件资料的整理。笔者带领团队一位成员首先通读所有搜集到的文本文件，按照表述最详细和最新出现两个原则，摘取出本章需要的文本信息，并进行归类整理。第三，关于权威媒体报道。我们主要以中国、瑞典和英国等国家主流媒体关于吉利并购整合沃尔沃的相关新闻报道为主要线索，包括瑞典的《每日新闻》和《每日工业报》、英国的《经济学人》等，按照主题要求将英文报道翻译成中文再归类整理。国内《中国经济时报》《经济日报》等，同样按照报道具体内容归类成文本文档。具体的资料归类总结如表 10-2 所示。由于本章聚焦于吉利整合沃尔沃过程中制度逻辑的变革问题，因此，遵循情景化、结构化和实用化原则对资料进行编码分析十分必要（Pan & Tan，2011），本章首先参考 Pratt（2008）、魏江等（2016）关于数据资料分析的范式，借助于图表演绎展示的方法（Glaser & Strauss，1967），不断加强资料分析与现有研究成果的比较，尝试挖掘潜在的理论涌现（Eisenhardt，1989）。

表 10-2　　　　　　　　案例资料编码汇总

资料分类		资料来源	文本篇幅	编码类别
一手资料	企业人员访谈	通过对企业员工的半结构化访谈获得	5 万字	F
二手资料	企业内部档案	通过社会媒体报道、网络媒体、新闻报道等资料	0.3 万字	S3
	文献资料	通过现场查看企业发展历程文件、重大事件表、宣传资料	1.4 万字	S1
	权威媒体报道	通过查阅书籍专著、学术文献、回忆录等资料	0.4 万字	S2

通过对吉利并购沃尔沃后组织整合过程资料的统筹性分析，吉利整合沃尔沃主要可以划分为沃尔沃全新战略下的董事会和管理层组建，以新产品开发和新工厂建设为核心的沃尔沃"放虎归山"计划，以及吉利与沃尔沃全面协同创新三个阶段。遵循案例分析的情境化和阶段性原则（肖静华等，2014；程聪等，2017），在下文的分析中，我们以吉利整合沃尔沃的上述三个阶段为分析阶段，探讨吉利整合沃尔沃的制度逻辑决策脉络。

第二节 董事会和管理层重组

随着 2010 年 3 月底吉利与福特正式签约并购沃尔沃文件之后，重新组建沃尔沃董事会和稳定管理层成为吉利面临的首要任务。因为以李书福为首的吉利团队知道，即使签约完成，吉利面对陌生的瑞典社会和瑞典员工，如何来管理沃尔沃？如何证明吉利能够管理好沃尔沃？仍然在沃尔沃内部、公共媒体乃至瑞典社会中充满疑虑。就连在吉利并购沃尔沃过程中立下汗马功劳的汉斯·奥洛夫·奥尔森（下文简称奥尔森）也不禁向李书福发出这样的疑问：你希望沃尔沃是中国老板的公司，还是中国公司？这一发问直击吉利并购沃尔沃后面临的第一个重大问题：沃尔沃如果是中国老板的公司，那么中国人只是沃尔沃的股东而已，经营团队就可以国际化、多元化，而沃尔沃如果是中国公司，那就意味着沃尔沃的管理层要以中国人为主（王千马和梁冬梅，2017）。以李书福为首的吉利团队在分析吉利和沃尔沃的现状，了解国际上跨国并购后整合的诸多案例之后，果断做出了如下决策：让沃尔沃成为一家国际化企业，中国老板的国际化企业。

吉利做出这样的决策主要基于以下两点考虑：第一，吉利要迅速赢得沃尔沃各方力量的信任和支持，同时遵守并购之前对沃尔沃做出的吉利和沃尔沃之间是"兄弟般的关系"的承诺，必须让并购完成后的董事会成员国际化，并保持沃尔沃原有的管理层稳定。第二，吉利毕竟是一家刚刚开始国际化经营的企业，在国际化经营团队组建、国际化经验方面十分缺乏，暂时保持沃尔沃管理层的稳定，不仅有利于沃尔沃经营的持续，同时也避免了吉利可能对沃尔沃具体经营决策的干扰。从吉利

第十章 | 跨国并购情境下企业组织整合制度逻辑案例分析

整合沃尔沃的决策逻辑来看，沃尔沃董事会的国际化和管理层的稳定化，不仅让沃尔沃从福特时期的"纸上董事会"藩篱中脱离出来，同时也避免了中国企业普遍存在的"董事长一言堂"，最大可能地让沃尔沃独立自主经营，也让外界消除了对来自中国的新股东——吉利的疑虑。在奥尔森的提议下，李书福团队最后确定了吉利并购沃尔沃完成后的第一届董事会成员，既包括李书福、奥尔森、沈晖等并购期间的主要成员，也包括新招进来的汉肯·赛缪尔森等汽车专业人才，还包括两名工会代表。这一董事会成员结构充分展示了吉利打造一个具有广泛代表性的国际化董事会的使命。在国际化董事会的指导下，沃尔沃管理层也获得了相应的自主决策权，按照当时的授权权限表（DOA），沃尔沃管理层获得了包括财务授权和非财务授权在内的自由裁量权。正如李书福说的："我们搭建了一个适应西方商业文化，又符合西方国际商业实践的治理结构。"而沃尔沃各方对于董事会和管理层的安排也满意，例如，工会代表 Marko Peltonen 曾如此评价："……现在的董事会比以前更专业了，董事会里有高管，他们有明确的业绩压力，需要更好地努力工作……"

随着国际化董事会运作进入稳定阶段，沃尔沃的新全球战略也提上了日程，为了保证沃尔沃全球新战略的顺利推进，吉利与沃尔沃还成立了"合作与对话委员会"，在此对话机制下，吉利和沃尔沃双方将在汽车相关产品采购、新产品与技术开发、潜在客户的营销和拓展以及人才培养等领域展开广泛合作，实现信息共享。"对话与合作委员会"的成立是对"吉利是吉利，沃尔沃是沃尔沃"战略的最好诠释，同时也标志着吉利和沃尔沃将在平等的基础上友好开展对话，最终将沃尔沃关于汽车安全环保领域的领先技术优势与吉利对中国市场和消费者的深刻理解有效结合，实现优势互补。吉利这种国际化董事会构建、维持沃尔沃原有管理层，以及成立"对话与合作委员会"的决定极大地赋予沃尔沃独立自主经营权，这在以往的跨国并购整合中是十分罕见的。这种并购后整合制度逻辑的设置具有深层次的内在原因：落后企业并购领先企业所遭遇的战略"瓶颈"和整合过程中必须履行的组织承诺。

一 战略"瓶颈"

企业跨国并购的相关文献一再表明,来自新兴经济体的企业在并购发达国家领先企业时,总是存在明显的技术、品牌等劣势(Deng,2009;江诗松等,2011;程聪等,2017),进而影响企业的后续整合效率。而 Graebner 和 Eisenhardt(2004)、范黎波等(2014)的研究则认为,被并企业的态度会显著地影响企业并购绩效,甚至决定企业的并购成败。为了获得国外领先企业的先进技术、经验和品牌,在完成并购之后,后发企业不得不采取开放、宽松的管理制度来经营被并的领先企业。我们从本章搜集的数据资料中挖掘出了吉利并购沃尔沃所遭受的战略"瓶颈"的证据,例如,国际化经营能力欠缺、产品品质不高、社会责任承担、跨文化管理问题,等等,具体如表10-3所示。

表10-3　　　　　　吉利并购沃尔沃遭遇的战略"瓶颈"

战略"瓶颈"	证据举例
国际化经营能力欠缺	吉利是世界上非常小的汽车公司,不足以消化和吸收沃尔沃;(F) 吉利没有管理国际企业的经验……吉利与沃尔沃的结合"很不般配"(F) 如果沃尔沃可以实现独立管理,沃尔沃和吉利将来才可能进行项目合作研究和开发(S3)
产品品质不高	吉利从2001年开始销售汽车以来,它的商业中心在中国市场,大多数出口产品都是卖到发展中国家(S3) 福特的担心在于吉利是否"靠得住",包括收购沃尔沃之后的发动机互供与研发互补,能否长期在技术上打交道……(S2) ……他们(沃尔沃方相关人员)看车看得很仔细,坐在车里闭着眼睛摸车,摸前盖和车帮子,开关车门听声音,是不是有安全隐患……(S2)
社会责任承担	福特需要找到一家能够维持沃尔沃高品质运营的企业,显然,吉利并不具备这种能力……(S2) 沃尔沃品牌的精髓将被慢慢稀释,吉利这个小小的汽车制造商能对沃尔沃未来负责吗(S3) 中国公司生产的沃尔沃,还能拥有与欧洲生产的沃尔沃一样的内涵和尊敬吗(F)

续表

战略"瓶颈"	证据举例
跨文化管理问题	沃尔沃来全国总工会告状了，提了很多意见……（F） 吉利如何与欧洲的工会、管理层以及雇员合作，将一个长期亏损的汽车制造商变成一家盈利的企业（F） 由于文化和企业管理理念上的巨大差异，中国人收购沃尔沃并不是最佳选择（S1）

战略"瓶颈"是影响吉利整合沃尔沃策略的重要因素，但并不是最终的决定性条件。以往的研究表明，以战略"瓶颈"突破为核心的并购成功只是意味着企业完成交易手续，为企业后续的企业整合行为打开了一个"机会窗口"（范黎波等，2014）。至于之后的整合策略，企业完全可以按照另外的策略实施，即将企业的并购和整合过程割裂开来。尤其是在"什么事情先干了再说"的中国文化传统理念里，大多数企业会认为，并购后的整合战略是可以灵活变通的，这与西方商业文化的严谨守信存在分歧，这也是导致很多中国企业跨国并购失败的重要因素（Li，2007；Boateng et al.，2008）。因此，维持企业从并购到整合战略的持续性，提高企业跨国并购过程中的组织承诺十分重要。

二 组织承诺

在企业跨国并购活动中，如何取得被并企业各利益方的信任十分重要（Bauer et al.，2016）。一方面，这种信任机制的建立需要并购方在并购交易过程中信守契约精神，遵守承诺（Leung & Morris，2015）；另一方面，要让被并企业感觉到自己与主并企业之间是"般配"的（Graebner & Eisenhardt，2004），尤其是在后发国家企业并购发达国家企业过程中表现得尤为明显。本章的相关证据表明，吉利在获取沃尔沃信任的过程中，一直保持很高的组织承诺水平。具体体现在以下两个方面：第一，吉利并购过程中表现出巨大诚意，例如，多次拜访沃尔沃工会，对工会关心的问题、并购沃尔沃完成后"独立"经营做出承诺，等等。第二，提升企业专业化水平和展现企业实力，例如，并购正式开始之前先投入巨大成本聘任专业机构组建并购团队，多次邀请沃尔沃工会、员工到吉利参访，等等。具体如表 10-4 所示。

表 10-4　　　　　　吉利并购沃尔沃过程中的组织承诺

组织承诺	证据举例
并购诚意表现	李书福带领团队多次赴瑞典和比利时，拜访瑞典政府、五金工会和供应商代表，阐述吉利并购沃尔沃的方案，并听取了沃尔沃有关方面对于吉利并购的看法和建议……（F） 李书福对外承诺，收购沃尔沃之后，吉利与沃尔沃之间是"兄弟般"的关系，将给予沃尔沃足够的独立经营权（S1） 吉利多次向沃尔沃管理层和工会阐述采用"沃人治沃"的管理理念，承诺保留现有大部分管理模式（F/S1）
提升专业化水平和展现企业实力	吉利聘请了沃尔沃前任董事长奥尔森作为吉利并购沃尔沃的顾问（F） 吉利按照国际惯例组建了高水平的专业化并购团队（S2） 吉利邀请瑞典政府负责人、沃尔沃工会代表以及新闻界人士到吉利总部考察（F） 吉利收购了澳大利亚 DSI，保留了 DSI 的核心团队，并维持薪酬待遇不变……（F） 吉利承诺并购沃尔沃之后，投入资金维持沃尔沃品牌的现有地位（S1）

吉利关于董事会国际化、稳定管理层以及成立"合作与对话委员会"等系列证据表明，吉利在整合初期完全遵守了对沃尔沃所做出的系列承诺，给予沃尔沃独立自主经营决策权。由于吉利的充分放权，沃尔沃汽车迎来了历史上首次独立自主经营的道路。从制度逻辑的视角来看，作为后发企业的吉利在面临并购战略"瓶颈"时，为了顺利获得西方企业先进技术、国际化品牌等战略性资产，需要在企业经营权上做出必要的让步，以更加包容、开放的心态来设计企业的组织管控制度。而并购完成后企业高水平的组织承诺则能够保证这种开放性的管理机制设计得到实施，具体表现为，提升并购过程中的组织承诺水平来打破来自沃尔沃各方的质疑，通过持续地沟通、交流，展现企业实力来获得沃尔沃相关利益方的认可（程聪等，2017），让被并企业明白，并购双方之间是平等的、"般配"的（Graebner & Eisenhardt，2004）。而从并购后整合初期效果来看，吉利与沃尔沃之间确实经历了一段"蜜月期"

（王千马、梁冬梅，2017）。总之，此阶段吉利整合沃尔沃逻辑是一种结构混合制度逻辑：吉利与沃尔沃基本保持独立经营，仅通过国际化董事会维持一种连接关系，具体如图 10-1 所示。

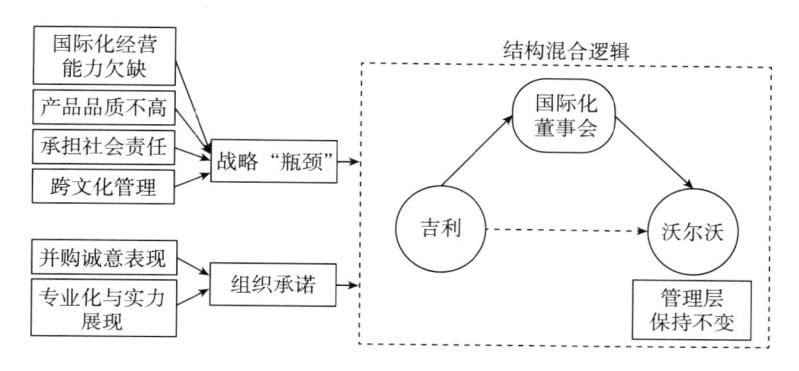

图 10-1 吉利整合沃尔沃的结构混合逻辑

第三节 沃尔沃"放虎归山"

在完成董事会和管理层的组建之后，接下来最核心的任务就是推进沃尔沃全球新战略——沃尔沃"放虎归山"计划，具体包括沃尔沃的全球转型计划和中国区建设两个子战略。其中，沃尔沃全球转型战略是一个以 10 年为期（2010—2020 年），分两步实施的战略，具体包括产品战略、品牌战略、人力资源战略和工厂布局战略等。沃尔沃中国区建设则是一个围绕沃尔沃在中国乃至亚太市场布局的，从汽车零部件到整车研发制造的中国区战略。通过对搜集到的数据资料进行分析，关于全球转型计划过程中吉利对沃尔沃的整合，主要体现在沃尔沃 SPA 平台重建、CMA 平台投资、新品牌战略等。而关于沃尔沃中国区建设则主要体现在管理"配对"计划、品牌维护、工厂建设等。本章接下来以上述事实为业务单元展开分析，探讨此阶段吉利整合沃尔沃的制度逻辑转变。

一 沃尔沃全球转型计划

（1）业务单元一。作为沃尔沃全球转型计划的重要部署的大型车平台 SPA 和小型车架构平台 CMA，最早是 2011 年 3 月开始讨论的。

SPA 作为一个模块化平台，通过共享基本相同的汽车底盘结构、悬架、电气系统和传动系统，从而获得开发汽车所需的灵活性，提高沃尔沃的长期竞争力。因此，对于沃尔沃 SPA 技术的开发，以李书福为首的董事会给予了全力的支持，当着沃尔沃管理层的面，李书福说道："沃尔沃的各位，你们完全可以自由地开发能让沃尔沃成功的 SPA 技术，只要你们能成功，我绝不会干涉公司的运营业务……沃尔沃是沃尔沃，吉利是吉利……"新的 SPA 平台投资不仅让沃尔沃第一次能够独立经营平台，同时也满足了沃尔沃对于轻量化、电气化和动力十足产品的追求，在降低经营成本的同时提高了研发速度和灵活性。

SPA 平台的建设帮助沃尔沃走上了新的发展道路，但后续也出现了一些消极的影响。一方面，由于是沃尔沃独立经营 SPA 平台，吉利在持续对新的 SPA 平台建设高投入之后，并没有产生显著的产出效益，尤其是在汽车设计、市场理念方面，吉利与沃尔沃之间的分歧逐渐显现，吉利觉得有必要对沃尔沃运营施加约束，提高沃尔沃的运营效率。关于沃尔沃的持续亏损问题，李书福曾说："我不会再给你们大额的支票了……如果你们想要钱，先赢得别人的信任吧。"另一方面，由于 SPA 平台是沃尔沃原来就有的平台，主要从事大型车的研发设计，具备成熟的技术、市场体系，这并不利于吉利参与共享沃尔沃的技术、研发和市场拓展。如果构建一个小型车平台，让吉利和沃尔沃共同建设，则能够提供一个良好的技术共享、转移平台，这个平台就是小型车架构平台 CMA。

（2）业务单元二。作为沃尔沃 SPA 平台的补充，CMA 平台的投资是吉利力主实施的，这也是吉利为了加强与沃尔沃的技术协同的权宜之计。按照吉利整合沃尔沃的协议框架，沃尔沃虽然保持独立运营，但有义务向吉利转让相关技术。但以沃尔沃 CEO 斯蒂芬·雅各布为首的沃尔沃管理层对与吉利的合作协同态度十分消极，雅各布认为："吉利不行，技术太弱"，面对吉利的压力，也只是口头上应付一下，并不付诸行动，而在关于投资 CMA 的董事会讨论过程中，他也是极力反对投资 CMA 平台。为了推动 CMA 平台投资顺利实施，吉利以沃尔沃的高品质加吉利的低成本为嵌入点，努力说服董事会沃尔沃方成员和沃尔沃管理层同意 CMA 平台的投资。经过多轮的协商、讨论之后，吉利和沃尔沃终于达成了一致：第一，CMA 平台的研发人员主要来自哥德堡的汽车行业技术人员，保证 CMA 平台的研发效率。第二，沃尔沃在 CMA 平台所在的新公司中占据一半股权，以此激励沃尔沃新员工的工作投入度。吉利与沃尔沃共同参与建设的 CMA 平台，迫使沃尔沃必须与吉利共享技术、研发经验，而从 CMA 平台的后续发展来看，吉利与沃尔沃确实也实现了良性的技术协作。

（3）业务单元三。新品牌战略是沃尔沃全球转型计划的核心内容之一，虽然吉利和沃尔沃在新品牌汽车安全与环境的核心价值观上很容易达成一致，但在具体的汽车生产、制造方面仍然存在较大的分歧。吉利与沃尔沃之间争论的核心问题是：沃尔沃到底要造什么车？在以李书福为首的中国团队看来，沃尔沃是与奔驰、宝马一样的豪华车，在新的全球战略框架下，沃尔沃将来会跟奔驰、宝马在全球市场范围内展开竞争。但以雅各布为首的沃尔沃管理层却并不认可这种观点，多年不同品牌汽车行业的经验让他们笃信，沃尔沃与奔驰、宝马的市场定位具有本质区别。这种争议一直细化到沃尔沃汽车设计的细节上，例如，李书福希望沃尔沃在外形上能够更加复杂，比如大量弯曲的线条和曲线。而沃尔沃首席设计师托马斯·英格拉特认为，简洁高雅的外观才是北欧风格。这种双方之间文化、思维、理念上的碰撞，创造了一种频繁、良性的互动关系。沃尔沃全球转型计划的协同效果具体如表 10-5 所示。

表 10-5　　　　　　　沃尔沃全球转型计划证据示例

沃尔沃全球转型计划	证据举例	协同效果
SPA 平台建设	以原有的 SPA 平台为基础，我们还需要开发新的 SPA 技术，那样我们才能获得开发汽车所需的灵活性……（F） 沃尔沃原有的 SPA 平台已经非常成熟，拥有 9 条生产线和 3 个技术平台……（S2） SPA 平台投入非常大，钱根本不够花，沃尔沃只是一家穷的公司，产出效益十分有限……（F） 吉利面对成熟的 SPA 平台，无法享受技术、研发共享带来的协同效益（F）	消极

续表

沃尔沃全球转型计划	证据举例	协同效果
CMA 平台投资	CMA 平台建设能够弥补沃尔沃在小型车架构上的不足（F） CMA 平台建设架起了吉利与沃尔沃真正意义上的协作"桥梁"（F） CMA 平台是吉利与沃尔沃联合组建成立的，很好地结合了沃尔沃高品质与吉利低成本的优势（S1） CMA 平台设在哥德堡，便于吸收附近的汽车专业人才，同时提升吉利与沃尔沃之间的沟通、协作效率（F）	积极
新品牌战略	沃尔沃北欧的设计风格还是太简单，需要在外形上更加强调隆重繁复……（F） 李书福在看新车测试时，把后排座位拉出来推进去，又拉出来又推进去……（S2） 通过正确的方法，北欧设计也可以打造出符合中国市场的豪华版汽车……（S2） 我们更推崇经典典雅的外观设计，欣赏巧妙设计的经典造型……（F）	积极

沃尔沃全球转型计划推进过程中，SPA 平台建设、CMA 平台投资以及新品牌战略实施等系列证据表明，在沃尔沃独立经营的情况下，吉利很难与其形成有效的技术、研发协作。在董事会约定的治理框架下，只有通过 CMA 平台共建、新产品设计等具体业务上的交流、合作才能逐步形成有效的技术协同。进一步地，我们还发现，在具体业务开展过程中，吉利与沃尔沃这种技术、研发上的协同仍然面临很多挑战。从制度逻辑的视角来看，这是由于原来隐藏在具体业务操作层面上的不同制度逻辑逐渐展现出来，进而引发多种制度逻辑在特定业务范畴内的冲突（程宣梅等，2018），例如，沃尔沃 SPA 平台的自成体系与吉利试图获取 SPA 平台技术的冲突，沃尔沃与吉利在汽车外形设计上的矛盾，等等。这种业务单元内的逻辑冲突迫使组织需要构建一个新的逻辑协调机制来应对（Dunn & Jones，2010），例如逻辑重构（Greenwood et al.，2011；Misangyi et al.，2008）等。后续吉利主导 CMA 平台建设以及关于沃尔沃新产品战略的共同决策，正是这种制度逻辑重构的具体表现形

式，吉利与沃尔沃在具体业务上形成了多种形式的逻辑共存状态，有利于吉利加强对沃尔沃的组织管控与制度约束效力，最终促成了此阶段制度逻辑的交互混合（具体如图10-2所示）。

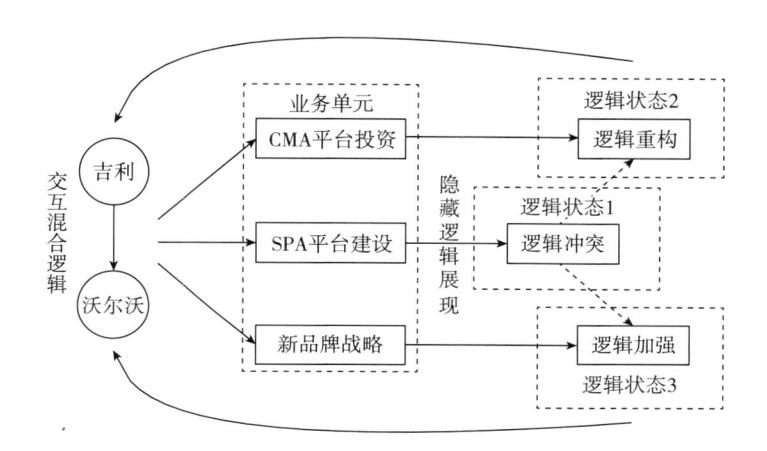

图10-2 沃尔沃全球转型计划阶段的交互混合逻辑

二 沃尔沃中国区建设

（1）业务单元一。中国市场开拓战略是吉利并购沃尔沃之后非常重要的一部分，中国作为全球最大的汽车市场，沃尔沃的未来和希望很大程度上都是在中国。在后续董事会的决议上，李书福曾多次呼吁沃尔沃管理层：希望沃尔沃中国到2020年达到20万辆的目标，占领中国豪华车市场的20%。为了实现这一宏伟目标，沃尔沃CEO雅各布提出了帮助中国区快速建立起来的"配对计划"，即从瑞典沃尔沃的各个职能部门选取精干成员派驻到沃尔沃中国区，与中国区的相应部门管理层一起办公，形成一对一的帮扶机制，从而将沃尔沃的成熟运营管理机制迅速复制到中国区，这一计划暂定实施两年。

从效果来看，"配对计划"对沃尔沃中国区的运营效率产生了一些负面影响。例如，此时的沃尔沃中国通常一个部门有两个负责人（一个中国人和一个西方人），无论事情大小、紧迫与否，一个文件的签发都需要两个负责人都签字才有效。但从企业长期发展来看，"配对计划"有利于加强沃尔沃中国区与瑞典总部的沟通、交流,在短时间内将瑞典的整套研发、设计和制造体系复制到中国,对加速沃尔沃中国区的建设进程起到了非常明显的促进作用。另外,得益于"配对计划"中的瑞典管理机制,沃尔沃品牌在中国市场的声誉也获得了很好的维护,而基于"配对计划"的高效沟通机制则加快了工厂建设速度。

(2)业务单元二。品牌维护是沃尔沃中国市场开拓无法回避的问题。中国消费者一直都有崇拜欧美发达国家洋品牌的心理,例如,某位中国沃尔沃经销商在听到沃尔沃将在中国本土生产时,就流露出难以形容的失落表情:"难受啊,就跟自己家里养的黄花大闺女最后嫁了一个土包子一样……"因此,沃尔沃品牌稀释风险一直伴随着中国区的建立过程。为了应对这种不利局面,一方面,吉利积极配合沃尔沃提出的中国区"配对计划",在外界看来,沃尔沃中国区的所有运营仍然是按照瑞典的模式经营,仍然由瑞典人直接管理,从而打消了顾虑。另一方面,吉利在对沃尔沃中国进行大规模投资的同时,严格区分了吉利与沃尔沃中国之间的界限,吉利管吉利,沃尔沃中国管沃尔沃中国,相互不干涉,从而保证沃尔沃中国生产和制造汽车的品质。李书福也在多个场合对沃尔沃中国区做出承诺:"只要你们能成功,绝不干涉公司的任何运营业务,并且我会给你们保驾护航……"

(3)业务单元三。对于吉利来说,中国区工厂建设是一个十分棘手的问题。一方面,吉利与沃尔沃之间关于在中国建设多少工厂一直存在分歧。沃尔沃认为,在中国区建厂需要大量的投资,建厂越多,投资就越大,另外,建设工厂过多,将可能出现产能过剩的问题。沃尔沃工会就对此表达了忧虑:"如果沃尔沃汽车未来销量急剧下降,到时候很多工厂就要倒闭,我们就会有很大的麻烦……"而吉利的观点则是,中国巨大的汽车市场潜力,完全能够消化沃尔沃中国区生产的汽车,同时,中国各地政府为了吸引外资,通常会出台很多诸如土地、税收方面的优惠政策。另一方面,关于建厂的程序性问题,沃尔沃方面一直秉持西方的商业思维,严格按照商业流程来选址、设计和建设工厂。而对于吉利来说,国内关于合资企业投资的审批程序复杂性将严重影响沃尔沃中国工厂的建设进程,因此,按照中国汽车企业的潜规则,一边递交申请一边建厂,等审批手续完成,工厂就可以投产了。最后,沃尔沃

CEO雅各布同意了中国工厂建设的特殊性，也愿意为此向董事会努力做出解释。沃尔沃中国区建设推进的典型证据如表10-6所示。

表10-6　　　　　　　　沃尔沃中国区建设证据示例

沃尔沃中国区建设	证据举例	协同效果
"配对计划"	为帮助中国区快速建立起来，CEO雅各布的管理团队提出了"配对计划"，类似于一对一的帮忙……（S1） 同一办公室有三个房间，中间是秘书办公室，两边各一个房间分别是中方和瑞典负责人（F） 两年下来，除了研发部门，鲜有中方负责人认为"配对计划"实现了一加一大于二的效果（F） ……这样的配对策略加强了双方的沟通、协作，短时间内把整套工厂体系、工厂IT系统、研发IT系统从瑞典复制过来（F）	中立
品牌维护	难受啊，就跟自己家里养的黄花大闺女最后嫁了一个土包子一样……（F） 吉利管吉利，沃尔沃管沃尔沃，执行得很好，沃尔沃依然是瑞典人管……（F） ……吉利虽然不怎么样，但是会把资源给你，慢慢觉得这个品牌还是有发展的（S3）	积极
工厂建设	对于在中国建厂董事会一致同意，但具体建几个厂董事会内部分歧十分严重（F） 从瑞典的角度来看，如果工厂过多，出现产能过剩，最终会导致员工被迫下岗……（F） 瑞典方面还认为，建设工厂越多，投资就越大，沃尔沃很难承受……（F） 中国市场的巨大潜力，沃尔沃品牌号召力完全能够消化沃尔沃的全部汽车……（F） 沃尔沃中国已经在一边递交申请一边建厂了，这让瑞典方面很难理解：没有拿到资质为什么就开始生产（S2）	积极

作为吉利整合沃尔沃重要部署的沃尔沃中国区建设的顺利推进，意味着吉利与沃尔沃之间进入了一个新的整合阶段，本章关于"配对计

划"、品牌维护和工厂建设的系列证据则表明，吉利在与沃尔沃的紧密协作过程中得到了沃尔沃的大力支持，但双方在具体业务层面上的决策分歧十分明显。具体来看，沃尔沃凭借在技术、管理上的领先优势，试图完全将瑞典模式复制到中国区，但由于缺乏对中国商业环境的深度了解，需要吉利方面的积极配合，并听取相关意见。这在"配对计划"业务上体现得十分明显，例如，"配对计划"虽然导致了沃尔沃中国区运营效率下降，却加快了沃尔沃中国区的建设速度，同时对避免沃尔沃品牌稀释、推动中国工厂建设发挥了积极作用。我们发现，在吉利整合沃尔沃战略全面推进的逻辑框架下，嵌入于具体业务单元内部的制度逻辑协调机制不再局限于业务范围之内（Perkmann et al.，2019），还产生了跨业务、跨部门的逻辑影响机制。因此，这一阶段吉利整合沃尔沃的逻辑过程，由于业务层面制度逻辑的跨业务嵌套性质，最终形成了更加复杂的交互混合逻辑形式。

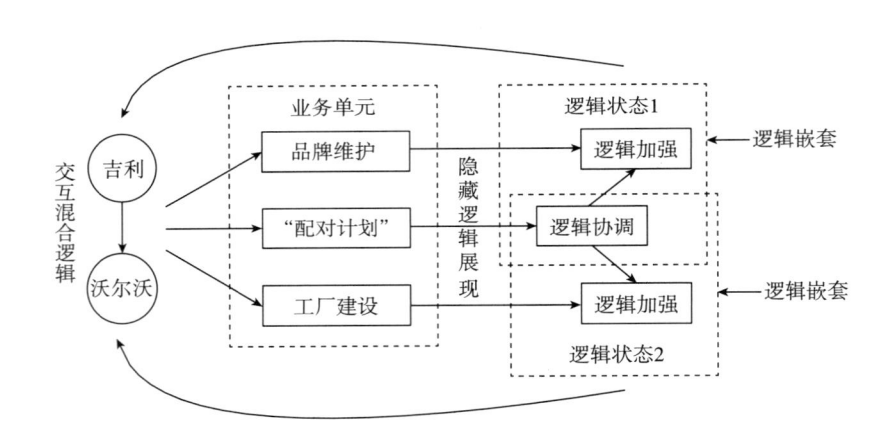

图 10-3 沃尔沃中国市场开拓阶段的交互混合逻辑

第四节 全面协同创新

随着吉利与沃尔沃协作的持续推进，让沃尔沃逐渐相信，与吉利"1+1"能够让各自的能力汇集在一起获得更大竞争力。吉利则在提升汽车制造标准的同时，也逐渐拉近了与沃尔沃之间的距离。2013年2月吉利欧洲研发中心（CEVT）的正式成立，标志着吉利与沃尔沃之间的技术合作进入到新阶段。而到2016年6月，CEVT已经由原来的7名创始员工发展到近2000人，独立成长为吉利集团下的全资子公司，为吉利新品牌汽车的研发、设计奠定了扎实的技术基础。正是在CEVT技术平台的大力支撑下，吉利陆续推出了博越、博瑞等全新品牌，2015年3月，吉利首款使用沃尔沃安全技术的汽车博瑞被选为我国外事礼宾车，而博越也在同年上市之后，成为炙手可热的SUV，符合中国人审美的外观加上超高性价比，市场反应火爆。与此同时，沃尔沃自身也从这种技术、研发合作中获得了显著的效益，例如，作为沃尔沃SUV主打产品的新XC90的研发，就吸取了吉利方面的建议，不仅增加了后排空间，同时提高了车内空气质量，让乘坐体验更加舒适。沃尔沃全球销售副总裁约克·安沃也承认："……事实上，身在哥德堡公司的人很难对中国公司的发展做出正确的决定……我们需要多听听来自中国的声音。"据统计，2015年，受到全新XC90上市的影响，沃尔沃全年销售量突破50万辆，欧美市场增速更是超过20%。

作为吉利与沃尔沃技术协同的典范，CMA基础架构平台也在2014年迎来了第一款新车，并且这款被命名为LYNK&CO的新车在2016年10月正式在瑞典哥德堡和德国柏林发布，吉利更是将其视为收购沃尔沃之后实现协同效应的标志性成果。LYNK&CO品牌的定位介于吉利品牌和沃尔沃品牌之间，有效填补了双方产品品牌之间的市场"空白"，沃尔沃CEO汉肯·赛缪尔森说道："基于CMA平台的新品牌成立，是吉利与沃尔沃实现双赢的典范。"LYNK&CO品牌的三大特征充分反映了吉利与沃尔沃在研发、设计上的融合与创新：既继承了沃尔沃安全至上、智能环保的优点，也满足了中国市场有关外观鲜明、价廉物美的要求。在XC90、博瑞、博越以及LYNK&CO等品牌的持续推动下，吉利最终实现了对沃尔沃在组织架构上的全面整合，吉利与沃尔沃全面协同的经典产品如表10-7所示。

虽然吉利与沃尔沃的协作最终获得了显著的成效，吉利整合沃尔沃也实现了预期的目标。但本研究对搜集到的数据资料分析发现，这种技术、研发协同过程仍然是在双方具有显著共同利益，并且彼此之间持续地相互沟通、相互理解中逐步实现的。这种全面协作创新的逻辑基础主要体现为协作潜力与文化双融。

表 10-7　吉利与沃尔沃协同创新经典产品汇总

品牌属性	品牌名称	主要创新成果	市场表现
吉利	博瑞、博越	博瑞基于 City Safety 的安全系统、笼式车身结构；博越获得 C-NCAP2015 五星安全评定	博瑞被我国外事部门选为礼宾车；首款博越被评为"最美中国车"；博越以超高的性价比，上市三个月销量过万
沃尔沃	XC90	Drive-e 发动机、安全技术遥遥领先、省油减排、后排空间更宽敞	T5、T6 发动机获得"沃德十佳发动机大奖"，2016年沃尔沃全球销量53.4万辆，沃尔沃中国销量9.09万辆
吉利+沃尔沃	LYNK&CO	更加出色的车身外观、拥有了互联网概念的新型汽车	到2020年，LYNK&CO 将成为吉利的主打产品，年销售量达到60万辆以上

一　协作潜力

企业参与并购整合的动力本质上是来源于并购双方之间可能在研发、制造以及市场合作方面的潜力（Graebner & Eisenhardt，2004），尤其是新兴经济体国家企业并购发达国家企业时，发掘出双方都存在的潜在需求十分重要（Deng，2009；Yang & Hyland，2012）。本章参考Graebner 和 Eisenhardt（2004）和范黎波等（2014）的研究，将企业跨国并购整合中的协作潜力划分为相似性和互补性两个维度来解读吉利与沃尔沃之间的协作潜力。本研究的相关证据表明，首先，吉利与沃尔沃都有生产安全性能领先、智能环保的高品质品牌汽车的理念；其次，沃尔沃先进的技术、研发系统是吉利急需的，而吉利的企业运营效率与中国市场经验则能够弥补沃尔沃的短板。表 10-8 列出了吉利与沃尔沃之间协作潜力的典型证据。

表 10-8　　吉利整合沃尔沃过程中的协作潜力

协作潜力	证据举例	
	吉利	沃尔沃
相似性	吉利要生产智能环保、安全性高的汽车（S1） 吉利立志于打造世界级的豪车品牌（F）	沃尔沃拥有全球领先的安全技术（F） 沃尔沃需要重振在全球豪车市场的地位（F）
互补性	吉利需要沃尔沃来提升国际市场影响力（F） 对于吉利来说，获得沃尔沃的相关知识产权是最关键的，没有技术知识授权，沃尔沃就是一个空壳（F） 吉利的中国市场经验、运营效率对于沃尔沃来说十分重要（F）	对于沃尔沃来说，与 ABB 等竞争对手相比，利润率偏低（S2） 沃尔沃的研发、制造等 IT 系统对吉利新工厂的建设帮助巨大（F） 沃尔沃需要中国庞大的市场空间（F） 沃尔沃需要吉利的大量研发资金投入（F）

二　文化双融

文化是影响企业跨国并购十分重要的因素之一，是特定群体中成员相互传递、学习，进而达成共享、期望的共同价值观的表现方式（Shenkar，2012）。在中国企业并购整合西方企业过程中，不同文化之间的摩擦、冲突是显而易见的（Luo & Shenkar，2011；Leung & Morris，2015）。特别是当落后企业整合领先企业过程中，被并企业基于技术领先、商业文化偏见的心理优势会加剧文化融合的难度，因此，文化双融能够在很大程度上代表企业跨国整合的成效（谢佩洪等，2019）。在整合沃尔沃过程中，吉利一直有一颗文化融合之心（王千马、梁冬梅，2017），本章基于 Chen 和 Miller（2012）、谢佩洪等（2019）学者的研究观点，结合本研究搜集到的数据资料，从沟通机制和产品理念两个角度来分析吉利整合沃尔沃的文化双融，其代表性证据如表 10-9 所示。

表 10–9　　　　吉利整合沃尔沃过程中的文化双融

文化双融	证据举例
沟通机制	他的比喻很形象，很有画面感……我很喜欢把沃尔沃比作老虎这个比喻，我们先要把它从笼子里放出来……（S3） 那时几乎所有中国制造的车都在模仿国外车型，我的第一反应这是一种偷窃，但随后我意识到中国文化里，被别人模仿，它是一种荣耀……（F） 采购工作在中国实现了本土化，但要求中国同事具备全球化视角，这一点至关重要（F）
产品理念	沃尔沃随后推出的新车上增加了一些董事长李书福的意见，而李书福本人对于沃尔沃的定位也有了新看法，他承认不同的品牌有自己特定的客户群（S2） 在西方国家，我们没有觉得月亮有什么特别，但在中国不一样……李董事长希望沃尔沃看上去更圆润、更平滑……（S2） 吉利是中国公司，我们需要有典型的中国元素在车里（F） 用普通的笔和毛笔来画车的线条，那是完全不同的质感（F）

在吉利与沃尔沃全面协同创新阶段，沃尔沃新款 XC90，吉利博瑞、博越以及 LYNK&CO 等新品牌在市场上的巨大成功，最终让吉利与沃尔沃实现了双赢。在这一过程中，吉利与沃尔沃之间协作潜力和文化双融发挥了至关重要的作用。从市场业务逻辑来看，企业跨国整合中的协作潜力取决于企业对于跨国经营活动中专业知识、技能以及基于特定市场环境经验的需求（相似性），虽然西方企业拥有至关重要的专有知识和技能，但也需要中国企业的特定市场经验来"推动"这种专有知识的最佳商业化（互补性）。而从文化双融的视角来看，吉利从整合初期的努力"转换角色"，设身处地地体验沃尔沃的感受，并尊重沃尔沃的习惯和文化，到相互尊重、理解和包容（沟通机制），最终融合双方对于市场的理解，设计、制造出最符合特定市场标准的汽车产品（产品理念）。因此，从制度逻辑的视角来看，在协作潜力与文化融合推动下，吉利与沃尔沃在具体产品业务上的深入合作最终帮助吉利在组织、财务上实现了整合，形成了一种目标明确、结构稳定以及功能互补的结构交互混合逻辑状态。

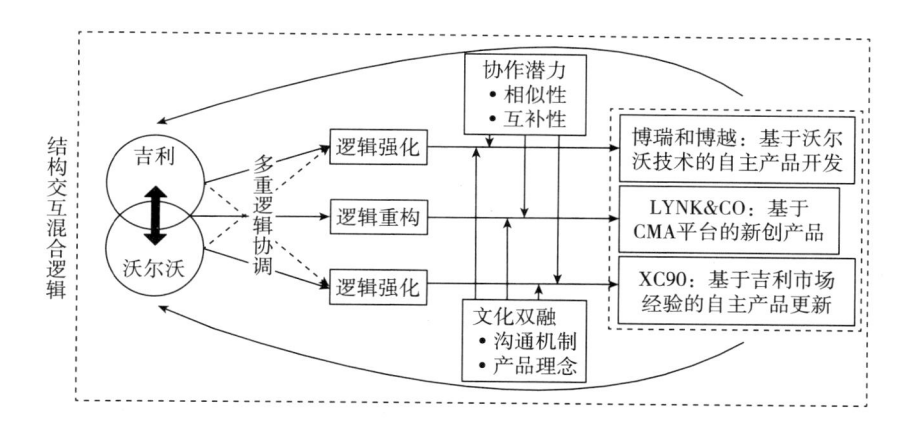

图 10-4　吉利整合沃尔沃的结构交互混合逻辑

第五节　结论与讨论

在吉利支持沃尔沃全球转型计划阶段，沃尔沃 SPA 平台建设、既有品牌维护以及新品牌战略实施等业务都是由沃尔沃独立负责，吉利很难与沃尔沃形成有效的技术、研发、品牌合作，从而难以对沃尔沃形成组织管控上的有效控制。因此，这是一种组织结构混合逻辑形态。在沃尔沃中国区建设过程中，吉利充分利用了与沃尔沃在 CMA 平台投资、中国区工厂建设等一系列具体业务上的全面、深度合作，形成了由吉利与沃尔沃双方共同主导、实施和负责的业务运营模式，从而促使沃尔沃对吉利实施实质性的技术转移、专利转让。为了保证这种合作业务的顺利开展，吉利与沃尔沃还从组织管理上推出了"配对计划"，"配对计划"不仅提高了吉利与沃尔沃在具体业务上的沟通、协作效率，同时也强化了吉利对于沃尔沃具体业务的组织管控力度。因此，这是一种典型的组织交互混合逻辑形态。而在吉利与沃尔沃的全面协同创新阶段，在具体业务层面，双方在技术研发、市场开发上既保持了一定的独立性，也发挥了合作的巨大优势，例如，吉利在 CEVT 平台的支持下孵化出了吉利博瑞、博越等产品，而 SPA 平台帮助沃尔沃开发出了新款 XC90，而作为双方合作的 CMA 平台则推出了创新产品 LYNK&CO。最后，从组织管控角度来看，吉利与沃尔沃则形成了一种平等、包容的高效管控机制，通过协作潜力和文化双融的组织机制来强化双方业务单元既独立又联系的逻辑决策机制，因此，是一种组织"结构+交互"混合逻辑结构形态。

在我国"一带一路"倡议、企业全面"走出去"等国家经济对外开放战略进入攻坚期的背景下，如何提高中国企业跨国并购成效，提升企业整合效率成为了理论界与实务界都十分关心的议题。然而，中国企业在进入发达国家市场、竞购发达国家领先企业时，"购而不整""购而难整"的现象尤其突出，极大地降低了中国企业跨国并购的成效。本章的研究至少在以下几个方面能够为中国企业提高跨国并购整合效率提供一些参考。第一，在中国企业跨国并购交易完成后，不能急于对被并企业进行大规模、大幅度的组织职能改革，希望快速"吸收、消化"西方领先企业的研发、技术等知识，而要首先建立一种宽松的、平等的组织管理机制，给予外方企业相对独立的经营空间。第二，在加强中国企业对西方企业组织控制过程中，要首先从具体业务着手，尝试寻找双方在业务层面上的技术、市场合作空间，例如吉利帮助沃尔沃设计新款XC90以适应中国市场、沃尔沃支持吉利的CMA平台建设等，最终创造双方之间的共赢局面。第三，不断夯实双方在具体业务上的合作基础，创造一种包容、开放的企业文化氛围，以稳健、持续的业务合作关系来最终推动中国企业对国外领先企业文化、财务、治理架构等组织机制上的功能整合。

第十一章

制度距离对企业跨国并购绩效影响理论研究

第一节 研究背景

"对于外来者来说,掌握当地的语言、法律以及商业习惯所投入的成本是十分必要的,但这仅仅是一项固定成本……外来企业在本地化经营过程中由于政府政治阻挠、消费者偏见以及员工认知优越等歧视性因素造成的成本投入却是长期的,并且往往破坏力更大……"(Hymer,1976)。

现代运输方式和信息技术的不断进步,极大地弱化了企业跨国并购所面临的空间距离障碍,随之,制度距离成为了企业跨国并购领域十分重要的研究议题。在早期的企业跨国并购活动中,主要是发达国家的企业并购发展中国家的企业。对于大部分致力于经济发展的后进国家来说,都十分欢迎具有先进技术、雄厚资本的外资企业来国内投资并购,并给予相对优惠的政策条件(于津平,2004)。因此,后进国家的制度性阻碍力量将在企业国际化进程中得到一定程度的抑制,即在以技术、知识溢出为核心的企业自上而下式跨国并购活动中,主并企业在技术专长、管理范式上拥有权威,后进国家则为承接先进技术、管理知识创造了优惠的制度条件,此时的大量研究成果也证实了企业国际化能够显著促进企业经营效益的提升(McDonald, Westphal & Graebner, 2008)。进入21世纪以来,随着国家之间资本要素流动加快、技术差距逐渐缩小,以及贸易保护主义抬头,制度距离逐渐演变成了一些国家维护东道国企业利益,削弱跨国企业在东道国市场优势的"杀手锏",成为制约企业跨国并购成功的首要因素(潘镇、殷华方、鲁明泓,2008)。

然而,面对制度距离所形成的国际市场进入障碍,以中国、印度为主的新兴经济体国家的企业国际化兴致却日趋高涨,近几年我国企业以10%以上的增长速度在全球范围内展开并购活动。在国家经济高速增长背景下成长起来的中国后发企业,对于发达国家企业高端技术、成熟市场品牌以及稀缺资本等战略性资产的极度渴望,在一定程度上抵消了制度性阻碍力量对于企业跨国并购进入的消极影响。虽然有学者已经关注到对于海外战略性资产的迫切需求是造成我国后发企业这种"逆向式"跨国并购行为的重要驱动因素(Deng,2009),但我国企业跨国并购效益不高却是不争的事实。我国企业这种"蛇吞象"式的跨国并购行为,无论是从行业标准上还是社会心理上,都面临着更高的制度性阻碍。因此,制度距离在我国企业"逆向式"跨国并购中的影响效应将更加突出。遗憾的是,很少有学者针对我国后发企业开展跨国并购下的制度距离影响机制进行详细阐述。本章通过对我国后发企业在发达国家市场并购所触发的制度规制效应展开深入分析,以系统地勾勒出制度距离对于我国企业这种"逆向式"跨国并购的影响机制。

第二节 理论基础

企业跨国并购活动对东道国相关行业发展、产业资源乃至整个社会资本的配置都可能产生深远的影响。因此,企业跨国并购成功在很大程度上依赖于企业对于东道国制度体系的认知、理解和执行。有研究发现,跨国企业的核心竞争力在于企业所拥有的技术、知识等专属资源(Massinghan,2010),而企业在跨国并购过程中所面临的制度情境差异,使企业技术、知识以及管理范式等的传承过程必然会带有当地制度环境的烙印(Deng,2010)。虽然跨国公司在整合过程中能够通过国际经验、社会资本等来缓和制度因素可能导致的负面影响效应(Kostova,1999;陈怀超、范建红和牛冲槐,2014),但实际效果却参差不齐。国家制度体系所具备的层次性和递进式结构,决定了制度距离对于企业跨国并购进程的影响必然是多重性的，尤其是对于处于经济新常态下的我国企业来说，不仅需要克服发达国家长期以来对我国企业"廉价、山寨"的刻板印象，同时需要实现战略性资产高效率整合的目标，因此，在我国跨国企业并购发达国家战略性资产进程中，所面临的制度性阻碍力量更加复杂。

一 管制距离

在制度理论中，管制的含义为管理约束组织行为的正式或非正式规则，体现的是企业行为的"可以"与"不可以"，具有显著的外部强制性。东道国制度框架下的管制距离会直接影响跨国企业的战略行动（Lee & Pan，2014），在 Scott、Kostova 等关于制度距离的定义中，制度情境下的管制要素是指那些通过法律、政策等形式显性存在的，对企业在当地的并购经营行为具有明确指导作用的规则。对于规则制定者来说，管制规则是为了维护东道国政府以及社会各阶层整体利益而制定的显性制度约束机制，这种制度性约束机制以法律、规章以及行业发展规范的形式存在，提高了制度管制的权威性。跨国企业在进入东道国时，首先面对的就是那些可以直接获取、学习的相关并购政策法律，这些具有强约束效力的规则首先对跨国企业在当地的企业并购行为产生制约作用（Kostova，1996），这种力量同时也是促使跨国企业适应东道国制度环境的最直接力量，企业为了从东道国政府或者组织中获得自身需要的市场、信息和许可证等资源，不得不向管制规则低头。这在我国后发企业进入发达国家市场的过程中体现得更加明显，由于发达国家在产品市场准入门槛上更加严格，总会有意无意地在外来企业市场进入上给予来自后发国家企业更多行业标准、产品检测、市场营销等层面的制度约束，从而提高了后发企业市场进入的管制成本（Nas，2012）。一旦后发企业掌握了这些显性管制规则，并获得政策层面的"合法"市场地位后，管制距离对于这些后发企业在东道国并购的影响将不再成为主要障碍。因此，管制规则是我国后发企业在发达国家市场并购面临的首要的也是最直接的制度性门槛。违反管制规则的巨大成本风险迫使企业更愿意在并购初期投入大量认证、宣传乃至公关成本以期在东道国市场实现身份的"合法化"（Reimann，Ehrgott，Kaufmann et al.，2012）。总之，在我国后发企业进入发达国家展开并购活动的初期，管制规则的存在将在短时间内提高企业的跨国并购成本，随着企业对管制规则理解持续深入，企业在管制距离上面临的成本投入增长将会显著减少。

二　规范距离

制度距离体系中，规范距离反映的是一个国家的行为规范、价值理念以及道德信仰等，这些社会基本规范决定了东道国社会关系中哪些行为是比较好的行为，哪些是社会较为期待的行为。在制度规范体系指导下，无论是企业内部人际交往还是商业贸易，都明确了哪些事"应该"做，哪些事"不应该"做（Kogut & Singh，1988；Xu & Shenkar，2002）。规范制度的形成是东道国内部长期以来形成的一种约定俗成的商业文化范式，不具备显著的外显特征，因此很难被国外的投资者所迅速感知，但却影响深远。我国后发企业在选择并购标的过程中，更加重视战略性资产获取与匹配的可能性，企业一旦开始对并购标的展开整合行动，双方的社会资本、组织战略、商业形态等将成为整合博弈的焦点。这时候，东道国企业虽然作为被并目标，但在技术、管理上所具备的领先地位却能够提升企业在整合过程中的话语权，从而不利于我国后发企业顺利完成整合目标（Deng，2009）。凭借长期以来形成的市场地位，这些成为被并目标的领先企业仍然会下意识地努力维持原有的组织结构、管理方式，并将它们融入独具特色的本国商业习惯中，成为后发企业并购整合的显性制度障碍，从而极大地增加了规范距离给后发企业所带来的并购成本。我国后发企业围绕并购后战略重组的企业组织架构、商业规范以及人员配置都将经历曲折的磨合过程（范黎波、周英超、杨震宁，2014）。基于此，我们可以推断，在我国后发企业"逆向式"跨国并购活动中，规范距离作为一种缄默性制度因素，伴随着我国企业跨国并购过程中技术、管理整合涉入程度的加深，其对于企业并购成本的影响程度将随着并购进程发展而不断上升。

三　认知距离

相对于管制距离与规范距离，认知距离代表着在商业社会中被广泛接受和分享的专业性知识（Nas，2012），它深刻地影响着人们对组织内外部情境下系列活动的认知行为,如社会阶层观点、个体人格独立等。在认知规范的驱使下,企业在东道国战略的合规性会受到机构、组织乃至公众的质疑,这种合规性虽然不具有强制性的约束力,但对于企业的潜在危害仍然十分明显,比如,企业并购受到非营利组织干扰、产品受到市场抵制,等等。从而迫使企业不得不在谋求企业合规性方面付出更多的努力,这也成为跨国企业克服认知距离所必须付出的成本(Kostova & Zaheer, 1999)。从文化的视角来看,虽然认知距离与规范距离都可以从文化距离中找到理论的渊源,但规范距离更加强调商业层面的文化习惯,而认知距离更加强调个体的价值导向,注重文化保护和人格尊重,隐蔽性更强。虽然规范距离与认知距离都强调"心照不宣",但认知距离的信息大多存在人们的潜意识层面,个体的内省并不能帮助提取此类信息,但是此类信息又潜移默化地影响着个体、群体在商业交往中的态度(Kunde, Reuss & Kiesel, 2012)。另外,个体认知并不像管制或者规范制度一样拥有明确的制度边界,而是表现出价值认同范畴的意涵,在这个价值范畴内部,个体对认知的接受程度往往不会有强烈的波动,一旦超出这个界限,个体将会明显地意识到价值认同的变化从而做出激烈的反抗行为。因此,在跨国企业开始并购谈判的初期,企业不同认知差异尚未实现有效接触,企业在认知距离上无须投入太多成本。而当企业进入全面并购整合阶段时,要求企业在整合过程中实现经营决策、价值理念等的统一(Hennart & Slangen, 2014),此时,基于母国与东道国之间的认知模式将形成激烈的交锋,跨国企业将不得不投入大量的资源来弥合这种企业认知差异。我国后发企业这种"逆向式"并购行为,更容易使被并企业的员工形成心理落差(Hamp-Lyons, 2009),感到"难以接受""没面子",并极力维护其在并购整合过程中的原有专业性地位。而到了并购整合后期,这种基于心理落差所形成的认知差异将出现适应、妥协和同化等结果,但不论结果如何,后发企业为了化解这种认知分歧而投入在认知距离上的成本将逐渐下降。因此,我们推断,在我国后发企业的跨国并购过程中,认知距离所带来的成本将经历一个先上升后下降的过程。

第三节 理论模型

一 制度距离与企业跨国并购市场绩效

根据以上分析，我们可以做出如下推论，在我国后发企业并购活动中，管制距离对于企业跨国并购成本的影响是一种短时间内迅速提升，并在中后期缓慢增加的过程。而规范距离对于企业跨国并购成本的影响则是一种随着企业跨国并购整合程度不断加深而逐渐增长的过程。最后，认知距离对于企业跨国并购成本的影响则是一种倒"U"形的影响关系。通过对制度距离管制、规范和认知等要素对我国后发企业跨国并购的影响机制分析，我们进一步推断，制度距离与我国后发企业"逆向式"跨国并购之间并不是线性影响关系，制度距离所导致的我国企业跨国并购成本更可能是一种复杂的曲线影响趋势。从我国后发企业进入发达国家的实际情况来看，很多企业在尚未进入发达国家市场之前，其市场声誉几乎为零。而当企业宣布对发达国家的企业实施并购战略时，往往能够在东道国市场上形成强烈的舆论震荡（Luo & Wang, 2012），这些早已习惯在世界并购浪潮中扮演主导角色的发达国家领先企业，一时很难从心理上接受被后进国家企业兼并的现实。他们认为，被来自中国的不知名企业兼并是一种很"失败"的行为，从而导致"龙来了"（Dragon is coming）这一舆论效应并迅速在发达国家市场扩散开来（Hamp-Lyons, 2009），无形中使我国后发企业在发达国家市场上成为关注的焦点，极大地促进了企业的市场宣传，无形中也在短期内迅速提升了企业的市场价值。而当前期的市场提振效应消散，并且东道国市场逐渐适应这一过程之后，在发达国家相对完善的市场体制下，我国后发企业的市场价值将通过市场推广、品牌宣传等常规手段推进，因此，企业的市场效应也将回归到逐渐提升的过程。因此，我们提出以下假设：

假设1：制度距离与我国后发企业跨国并购的市场绩效呈水平"S"形曲线关系（图11-1中净市场效益曲线），在我国后发企业实施跨国并购战略初期，制度距离与企业跨国并购的市场绩效呈正相关；而当企业跨国并购进入全面整合战略决策阶段时,制度距离与企业跨国并购的市场绩效则呈负相关;最后,在企业跨国并购进入并购整合后期时,制度距离与企业跨国并购的市场绩效又将呈现出正相关。

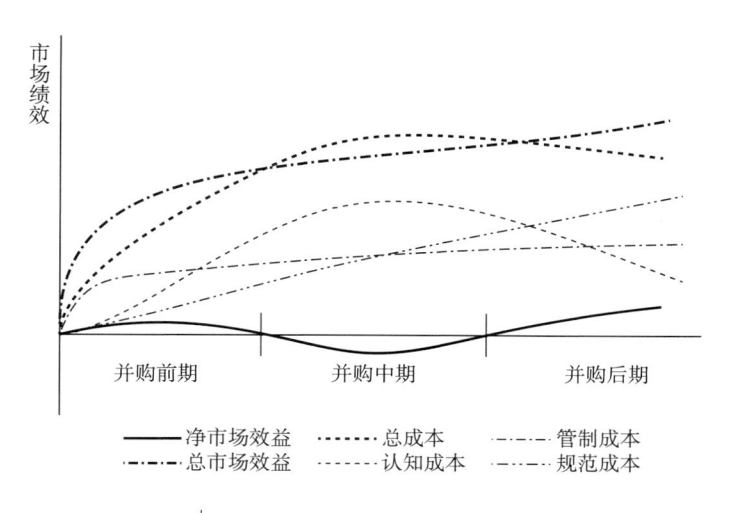

图 11-1 制度距离与企业跨国并购市场绩效关系

二 制度距离与企业跨国并购财务绩效

我国后发企业跨国并购的目的在于通过获取海外战略性资产来提升企业的竞争优势。在跨国并购过程中,企业财务绩效受到产品国外市场占有率、价格以及市场推广成本等的影响。当我国后发企业宣布在东道国实施并购战略时,其在东道国的市场提振效应将十分明显,企业在短期内能够获得较好的财务效益。而当企业进入并购全面整合阶段时,作为后来者在并购过程中所面临的逆向整合工程(范黎波、周英超、杨震宁,2014)、被并者领头羊优势(Luo et al.,2010)等因素,预示着我国后发企业在技术消化吸收、品牌融合推广以及资源利用效率方面必然面临诸多困难,因此,一方面企业将不得不投入巨资在企业技术学习、资源整合渠道拓展等方面来消除并购中的技术性阻碍因素。另一方面加大企业在商业非正式沟通、整合宣传等公关方面的投入,以期消弭整合过程中的非技术性障碍对我国后发企业财务绩效造成消极影响。一旦企业度过这一艰难的并购后整合过程，其所获得的战略性资产将迅速推动后发企业的国际化，并购后的"1+1>2"效应也将逐渐体现出来，提升企业在国际市场上的竞争力，企业跨国并购财务绩效又将实现增长。因此我们认为，在企业跨国并购整合的不同阶段，制度距离对我国后发企业并购财务绩效的影响是不一样的，并提出以下假设：

假设2：制度距离与我国后发企业跨国并购财务绩效呈正"U"形曲线关系（图11-2中净财务绩效曲线），当企业进入并购战略实施的前期，制度距离与企业跨国并购的财务绩效呈现较高的正相关关系；而当企业进入并购的全面战略决策阶段时，制度距离与企业跨国并购财务绩效相关性逐渐下降；最后，在企业进入跨国并购整合的后期，制度距离与企业跨国并购财务绩效之间又将逐渐回升到较高的正向关系。

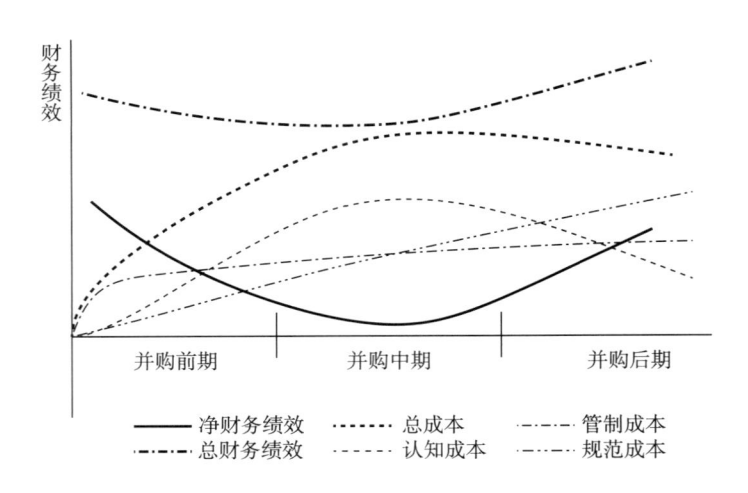

图11-2 制度距离与企业跨国并购财务绩效关系

第四节 理论总结

尽管企业跨国并购中制度距离的约束效应近年来得到了越来越多学者的关注，但针对制度距离不同结构要素与跨国并购绩效之间的关系却仍然缺乏深入的研究。本章在对制度距离进行全面理论分析的基础上，提出在我国企业跨国并购的不同阶段，由于管制距离、规范距离和认知距离等制度距离结构要素的作用机制差异，使制度距离对于企业并购绩效具有不同的影响机制。具体来说，制度距离对于企业跨国并购初期的影响并不显著，进入谈判期后，其对于企业跨国并购市场绩效和财务绩效分别产生了一种曲线影响效果，而从我国企业跨国并购由并购初期进入到后期整合完成的完整过程来看，制度距离与企业跨国并购市场绩效之间是一种"S"形曲线的影响关系，而制度距离与企业跨国并购财务绩效之间是一种"U"形曲线的影响关系。

第十二章

制度距离对企业跨国并购绩效影响实证研究

第一节 研究设计

一 样本获取

本章选择 2000—2012 年我国境内企业在欧洲从事跨国并购业务的企业作为研究样本。我们首先从 Zephyr 数据库中获得我国企业在欧洲从事跨国并购的企业数据，一共获得了 676 个有效样本。之所以选择在欧洲投资的企业，原因主要有两方面：一方面，近年来欧洲经济发展逐渐放缓，欧洲发达国家的很多企业成为了我国企业并购的主要目标，便于我们搜寻到足够多的研究样本，且这些跨国企业中上市公司较多，有助于我们获得可靠的企业财务及相关数据。另一方面，欧洲作为现代传统商业文明的发源地，在其长期的商业贸易中形成了成熟、稳定的商业规则与交易范式，不同的欧洲国家之间都拥有独特的商业制度体系，并且与我国的商业制度情境存在显著的差异。通过对获得的 676 个样本进行有效性分析，并以宣布并购完成的企业作为研究对象共得到 317 个研究样本。然后对这 317 个样本按照具备并购启动宣布、并购协议签署以及并购交割完成的典型时间点进行再分析，最后筛选后得到有效样本 73 个，其中 17 个在中国大陆上市样本、32 个在中国香港上市样本以及 24 个在境外上市样本。本章有关跨国企业数据主要来自国泰安数据库、

Oriana 亚太企业分析库、Wind 数据库和 CSMAR 数据库等。

二 变量测量

1. 因变量

当前，对于企业跨国并购绩效的评价主要有事件研究法和财务指标法两种方式（朱勤和刘垚，2013）。考虑到本章搜集的样本为上市企业，并且非常重视并购过程中由于意识形态方面因素导致的并购活动转折性事件对于并购绩效的影响，因此，本章将采用事件研究法来评价企业的跨国并购绩效。

（1）企业市场绩效的测量

企业跨国并购所产生的显著效应之一就是市场对企业资产价值预期的显著变化。Tobin Q 通过对一项资产市场价值与其重置价值进行比较，从而衡量该资产的市场价值的高低。在以往的研究中，Tobin Q 经常被用于反映企业跨国并购后市场价值的变化（Coeurdacier, De Santis & Aviat, 2009）。在本章中，我们同样用 Tobin Q 值作为衡量企业跨国并购后的市场绩效。在数据搜集过程中，我们发现，没有一个数据库的 Tobin Q 值数据是齐全的，并且 CSMAR 数据库、Wind 数据库等数据库中的 Tobin Q 计算并不统一，因此，我们决定参考汪晖（汪晖，2003）的方法来计算企业的 Tobin Q 值：

$$Q = \frac{CSTP_t + FSTN \times ESTA + LIASIZE_t}{LNSIZE_t}$$

其中，$CSTP_t$ 表示企业在特定时间窗口期间内[①]的流通股股票的市场价值，$FSTN$ 表示企业非流通股数量，$ESTA$ 表示每股净资产，$LIASIZE_t$ 表示事件窗口期内企业的总负债，$LNSIZE_t$ 表示时间窗口期内企业的总资产。

（2）企业财务绩效的测量

关于企业跨国并购财务绩效的测量有很多指标，比如 CAR、ROA、BHAR、AR 等，其中，累计超额收益率 CAR 是反映企业资产短期收益

---

① 本章的时间窗口期包括三个阶段，并通过企业宣布对标的企业展开并购和企业完成对标的企业并购将并购活动划分为三个阶段，下文所有的事件窗口均按照该时间点进行划分，根据研究需要，本章的事件窗口期限定在一个星期。

率的重要指标（Hennart & Slangen，2014）。在本研究过程中，我们将跨国并购过程进行了阶段性划分，重点考察制度距离对于不同阶段的并购财务绩效的影响，因此采用 CAR 指标比较合适。我们参考 McDonald 等（McDonald，Westphal & Graebner，2008）的分析方法，首先根据市场收益模型来计算股票的实际收益率，计算公式如下：

$$R_{it} = \alpha_i + \beta_i Rim + \varepsilon_{it}$$

其中，R_{it} 是企业股票在 t 时期的收益率，Rim 则表示企业所在行业的整体收益率，ε_{it} 则为随机扰动项。然后利用参数估计方法对上式进行回归分析，获得 α_i 和 β_i 的估计值。因此，在事件窗口期内，我们可以假定 α_i 和 β_i 是常数项，我们接下来就可以获得该企业在特定事件窗口期 n 的累计超额收益率：

$$CAR_i = \sum_{t=1}^{n} R_{it} - \alpha_i - \beta_i Rim$$

2. 自变量（ID）

当前有关制度距离的测度主要可以划分为正式制度距离和非正式制度距离，其中，正式制度距离主要衡量母国与东道国在法律、规则、制裁等强制约束企业行为的制度方面的差异，即是本章的管制距离。我们参考周经和张利敏（周经和张利敏，2014）的测量方法，以中国在法律结构和产权保护指标上的得分减去东道国在此指标上的得分进行测量。而非正式制度距离则包括规范距离和认知距离，其中，对于规范距离，我们则以中国与东道国在腐败指数上的得分差异来评价。对于认知距离，我们以霍夫斯泰德的文化距离中的权力距离、不确定性规避和个人/集体主体三个指标进行测量。数据来源主要是国家经济自由指数、全球治理指数以及透明国际等（Chao & Kumar，2010）作为测算依据，计算出母国与各东道国之间的治理指数差异值，本章统一按照母国（中国）治理指数值减去东道国治理指数值作为制度距离的测量值。这里之所以不像 Li 等（Li，Vertinsky & Li，2014）那样取绝对值，是为了区别我国治理水平在不同欧洲国家之间的层次性。

3. 控制变量

由于经济体制方面的原因，我国企业在跨国并购经验、并购动机方面都存在显著的差异，而且企业本身在所有权结构和规模方面也差异巨大（Deng，2009），因此，本章将并购经验、并购动机、企业所有权结构、企业规模以及 FDI 流量等作为控制变量进行分析。

（1）并购行业（IND）。在本章的企业并购案例中，从行业分布上来看，主要包括制造业和服务业两大类，为了分析不同行业对并购活动可能产生的影响，本章中我们将制造业的企业并购赋值为 1，服务业行业的企业并购赋值为 0。

（2）支付方式（PAY）。在企业跨国并购活动中，主并企业的并购方式对于并购将产生显著的影响，根据并购实际，本章中我们将并购按照现金支付比例划分为现金支付为主型和非现金支付为主型。其中，现金支付比例超过并购总值 50% 的赋值为 1；反之则赋值为 0。

（3）并购经验（EXP）。我国大部分企业在跨国并购方面都存在经验不足的问题，跨国并购经验对于企业并购成功与否将产生显著的影响。我们以企业在国外是否进行过并购来作为衡量企业并购经验的丰富程度，这就意味着如果只有一次并购，则说明缺乏并购经验，如果有两次以上并购，则说明具有并购经验。具有并购经验赋值为 1，没有并购经验赋值为 0。

（4）并购动机（MOT）。我国企业跨国并购的动机主要是获取技术、品牌以及自然资源等战略性资产。不同的并购动机将引发并购目标所在国家政府、市场的不同反应，从而影响企业跨国并购绩效。我们按照并购动机分别是技术性、品牌（市场）性和自然资源开采服务类，相应赋值 0、1 和 2。

（5）企业所有权（OS）。企业跨国并购形成的企业市场提振效应，迫使被并企业所在国家政府更加重视对主并企业背景的调查，而出于政治文化考虑，我国国有企业的强烈政府色彩往往让外国政府对于这种企业的政治敏锐性更高。因此，企业所有权性质也是我国跨国并购中需要关注的影响因素之一。本章将国有企业和民营企业分别赋值 0 和 1。

（6）企业规模（SIZE）。企业规模不仅反映了企业在资本市场上的影响力，也是决定企业能否快速有效调动相关资源实现并购目标的重要因素之一，本章参考朱勤和刘垚（朱勤、刘垚，2013）的方法，以企业总资产的自然对数来衡量企业规模大小。

（7）FDI。本章 FDI 是指被并企业所在国家 FDI 流入量。这一 FDI

流量能够较为准确地反映被并国家对于外资进入的开放程度，从而在一定程度上反映政府部门对于外资企业并购本国企业的态度。本章也以 FDI 流量的自然对数值作为衡量 FDI 流量大小的依据。

表 12-1　　　　　　　　变量含义及数据来源

变量	含义	数据来源
Tobin Q	跨国并购净市场绩效	CSMAR 数据库、Wind 数据库、国泰安数据库
CAR	跨国并购净财务绩效	国泰安数据库、Oriana——亚太企业分析库、CSMAR 数据库
ID	制度距离，母国与东道国之间治理指数差异	http://www.world-governance.org/
IND	制造业和服务业	商务部对外投资企业（机构）名录
PAY	现金支付所占比例是否超过 50%	CSMAR 数据库、Wind 数据库、国泰安数据库
EXP	跨国并购经验，企业在境外并购次数	商务部对外投资企业（机构）名录
MOT	并购动机，技术类、品牌类、自然资源类	商务部对外投资企业（机构）名录
OS	企业所有权，国有企业或民营企业	商务部对外投资企业（机构）名录
SIZE	企业规模，企业总资产值	中国工业企业数据库、国泰安数据库
FDI	对外直接投资，东道国 FDI 流入量	http://www.worldbank.org.cn/、Eurostat yearbook 2013 等

第二节　数据分析

一　估计方法

由于跨国并购样本数据在时间上分布的非均衡性，并且本章更加关注制度距离对于并购活动不同阶段并购绩效的影响机制问题。因此，本章采用截面时间序列回归模型进行分析。截面时间序列回归方法能够获得比广义最小二乘回归方法更优的分析结果,而且能够获得更有效的参数估计。为了检验本章所提出的不同并购阶段制度距离对于并购绩效的不同影响机制问题,本章在下面的分析中分别选取了三个事件窗口期(一个星期),并购初期以并购双方宣布并购公告为时间点分别向前向后延时三天,并购谈判期以并购协议达成时间点分别向前向后延时3天,并购后整合期以完成全面交割为时间点分别向前向后延时3天。

二 实证检验

表 12-2 是变量之间的描述性统计及相关关系分析。可以发现,制度距离与企业跨国并购财务绩效之间不存在显著关系,而与市场绩效之间也只是存在微弱的负相关关系,这说明,制度距离与企业跨国并购绩效之间肯定不是线性影响关系那么简单,初步验证了本章提出的假设。另外,为了确保变量之间不存在共线性问题,我们参考了 Belsley 等 (Belsey et al., 1980) 的共线性检验方法,结果表明,本章共线性条件系数为 6.84,小于理论值 10,因此,不存在共线性问题。

表 12-2 样本描述性统计及相关系数

变量	均值	标准差	1	2	3	4	5	6	7	8	9
CAR	0.66	0.34									
Tobin Q	1.38	0.76	-0.09								
ID	-3.65	17.93	-0.03	-0.07+							
IND	0.57	0.16	0.01	0.06	0.03						
PAY	0.44	0.08	-0.14+	0.12+	-0.11+	0.05					
EXP	0.23	0.19	-0.02	0.17*	-0.02	0.02	-0.08				
MOT	0.67	0.11	0.08	-0.02	-0.01	0.21*	0.03	0.01			
OS	0.59	0.22	-0.17*	0.07	-0.00	0.01	0.02	-0.01	-0.01		
SIZE	1.73	3.08	0.04	-0.04	0.13+	0.14*	0.06	0.24*	-0.36**	-0.31**	
FDI	7.25	3.19	0.06	-0.07	-0.03	0.03	0.01	-0.04+	-0.03	-0.01	0.01

注:+表示 $p<0.1$;*表示 $p<0.05$;**表示 $p<0.01$。

表 12-3 是截面时间序列的回归分析结果。按照回归分析的研究思路，分别将控制变量、自变量、自变量平方以及自变量立方依次加入到模型当中。事件窗口期 1、事件窗口期 2 和事件窗口期 3 分别表示并购初期、并购初期和并购谈判期以及并购初期、并购谈判期和并购整合期的数据集合。在事件窗口期 1 中，从模型 1 和模型 3 可以看出，企业支付方式对企业跨国并购初期的市场绩效和财务绩效分别具有显著的负向影响（$\beta = -0.12$，$p < 0.1$）和正向影响（$\beta = 0.13$，$p < 0.1$），企业所有权结构对于企业跨国并购初期的财务绩效具有负向影响（$\beta = -0.16$，$p < 0.1$）。由模型 2 和模型 4 则可以知道，企业制度距离对于企业跨国并购初期的市场绩效和财务绩效均没有显著的影响。在事件窗口期 2 中，从模型 7 和模型 8 可以看出，企业支付方式对企业跨国并购谈判期的财务绩效具有显著的正向影响（$\beta = 0.12$，$p < 0.1$），企业所有权结构对于企业跨国并购从初期到谈判期的财务绩效具有负向影响（$\beta = -0.17$，$p < 0.1$）。而由模型 6 和模型 8 则可知，企业制度距离对于企业跨国并购从初期到谈判期的市场绩效和财务绩效分别具有显著的正向影响（$\beta = 0.13$，$p < 0.1$）和负向影响（$\beta = -0.16$，$p < 0.1$）。在事件窗口期 3 中，从模型 12 可以看出，企业所有权结构对于企业跨国并购从开始到并购后期的财务绩效具有负向影响（$\beta = -0.16$，$p < 0.1$）。而由模型 11 和模型 13 则可知，企业制度距离对于企业跨国并购从初期到整合后期的市场绩效和财务绩效分别具有不同的曲线影响机制（$\beta_3 = 0.12$，$p < 0.1$）和（$\beta_2 = 0.13$，$p < 0.1$）。具体来说，从并购开始到并购后整合完成阶段，制度距离对于企业跨国并购的市场绩效产生"U"形影响；而制度距离对于企业跨国并购财务绩效产生"S"形影响，因此，我们可以推断，本章的假设 1 和假设 2 都成立。

三　稳健性检验

为了检验本章所获得结果的稳健性水平，我们从制度距离的测量方面进行进一步分析。我们在稳健性检验中以单个维度的制度距离测度方法来计算制度距离，并再次按照前面的分析方法进行回归分析，为了节省篇幅，我们只在下文中报告了时间窗口 3 的情况，具体如表 12-4 所示。由表 12-4 中模型 5 可知，从并购开始到并购后整合完成阶段，企

表12-3　截面时间序列回归模型分析结果

变量	事件窗口1 [-1, 1]				事件窗口2 [-2, 2]				事件窗口3 [-3, 3]					
	Tobin Q		CAR		Tobin Q		CAR		Tobin Q		CAR		
	模型1	模型2	模型3	模型4	模型5	模型6	模型7	模型8	模型9	模型10	模型11	模型12	模型13	模型14
IND	0.00 (0.04)	0.00 (0.04)	0.00 (0.02)	0.00 (0.01)	0.01 (0.04)	0.01 (0.03)	0.01 (0.03)	0.01 (0.02)	0.01 (0.03)	0.01 (0.03)	0.00 (0.00)	0.01 (0.02)	0.01 (0.02)	0.01 (0.02)
PAY	-0.12⁺ (-3.16)	-0.12⁺ (-2.87)	0.13⁺ (3.63)	0.13⁺ (3.57)	-0.09 (-1.07)	-0.09 (-0.98)	0.12⁺ (2.84)	0.12⁺ (2.81)	-0.08 (-1.01)	-0.08 (-0.91)	-0.07 (-0.78)	0.10 (1.34)	0.10 (1.31)	0.10 (1.31)
EXP	0.02 (0.09)	0.02 (0.09)	0.00 (0.01)	0.00 (0.01)	0.03 (0.11)	0.02 (0.09)	0.00 (0.01)	0.00 (0.00)	0.00 (0.00)	0.00 (0.00)	0.00 (0.00)	0.00 (0.01)	0.00 (0.00)	0.00 (0.01)
MOT	-0.01 (-0.07)	-0.01 (-0.06)	0.07 (0.49)	0.06 (0.41)	0.00 (0.01)	0.00 (0.01)	0.07 (0.49)	0.05 (0.31)	0.03 (0.09)	0.02 (0.08)	0.02 (0.07)	0.06 (0.41)	0.05 (0.30)	0.05 (0.31)
OS	0.04 (0.15)	0.02 (0.11)	-0.16⁺ (-3.84)	-0.14⁺ (-3.23)	0.02 (0.09)	0.01 (0.04)	-0.17⁺ (-4.08)	-0.17⁺ (-4.02)	-0.00 (-0.02)	-0.00 (-0.00)	-0.00 (-0.00)	-0.16⁺ (-3.78)	-0.16⁺ (-3.72)	-0.16⁺ (-3.73)
SIZE	-0.02 (-0.11)	-0.02 (-0.11)	0.03 (0.18)	0.03 (0.16)	-0.01 (-0.04)	-0.00 (-0.02)	0.01 (0.03)	0.01 (0.01)	-0.00 (-0.02)	-0.00 (-0.00)	-0.00 (-0.00)	0.01 (0.02)	0.01 (0.01)	0.01 (0.01)

续表

| 变量 | 事件窗口1 [-1, 1] |||| 事件窗口2 [-2, 2] |||| 事件窗口3 [-3, 3] ||||
| | Tobin Q || CAR || Tobin Q || CAR || Tobin Q || CAR ||
	模型1	模型2	模型3	模型4	模型5	模型6	模型7	模型8	模型9	模型10	模型11	模型12	模型13	模型14
FDI	-0.06 (-0.35)	-0.04 (-0.25)	0.05 (0.33)	0.05 (0.32)	-0.08 (-0.69)	-0.07 (-0.48)	0.04 (0.26)	0.03 (0.24)	-0.06 (-0.31)	-0.05 (-0.19)	-0.04 (-0.13)	0.04 (0.28)	0.03 (0.26)	0.03 (0.27)
ID		-0.06 (-0.41)		-0.02 (-0.11)		0.13$^+$ (3.97)		-0.16$^+$ (4.97)		0.06 (0.37)	0.14$^+$ (3.78)		0.12$^+$ (2.69)	0.09 (1.33)
ID^2						-0.09 (-1.27)		-0.10 (-1.68)		-0.14$^+$ (-3.87)	-0.08 (-0.73)		0.13$^+$ (3.09)	0.12$^+$ (2.89)
ID^3											0.12$^+$ (2.39)			-0.08 (-1.01)
调整的 R^2	0.10	0.10	0.12	0.12	0.08	0.12	0.11	0.14	0.09	0.13	0.14	0.11	0.13	0.13
Log Likelihood	-355.51	-338.67	-362.56	-334.65	-368.57	-278.43	-389.92	-328.33	-336.88	-304.64	-269.69	-337.98	-268.87	-207.56

172

第十二章 | 制度距离对企业跨国并购绩效影响实证研究

表 12-4 事件窗口 3 截面时间序列回归模型分析结果

变量	Tobin Q					CAR			
	模型 1	模型 2	模型 3	模型 4	模型 5	模型 6	模型 7	模型 8
IND	0.01 (0.03)	0.00 (0.02)	0.00 (0.02)	0.00 (0.02)	0.01 (0.02)	0.00 (0.01)	0.00 (0.01)	0.00 (0.01)
PAY	-0.08 (-1.01)	-0.07 (-0.99)	-0.07 (-0.97)	-0.07 (-0.97)	0.10 (1.34)	0.10 (1.07)	0.10 (1.01)	0.10 (1.01)
EXP	0.00 (0.01)	0.01 (0.01)	0.01 (0.00)	0.01 (0.00)	0.00 (0.01)	0.00 (0.01)	0.00 (0.00)	0.00 (0.00)
MOT	0.00 (0.00)	0.00 (0.00)	0.00 (0.00)	0.00 (0.00)	0.06 (0.41)	0.06 (0.39)	0.05 (0.30)	0.05 (0.31)
OS	0.03 (0.09)	0.02 (0.08)	0.02 (0.08)	0.02 (0.08)	-0.14⁺ (-3.38)	-0.14⁺ (-3.23)	-0.13⁺ (-2.54)	-0.13⁺ (-2.53)
SIZE	-0.00 (-0.02)	-0.00 (-0.01)	-0.00 (-0.00)	-0.00 (-0.00)	0.01 (0.02)	0.01 (0.00)	0.01 (0.00)	0.01 (0.00)
FDI	-0.06 (-0.31)	-0.05 (-0.25)	-0.05 (-0.24)	-0.05 (-0.23)	0.04 (0.28)	0.03 (0.24)	0.03 (0.21)	0.03 (0.21)

173

续表

变量	Tobin Q 模型 1	模型 2	模型 3	模型 4	CAR 模型 5	模型 6	模型 7	模型 8
ID		-0.04 (-0.21)	-0.02 (-0.17)	-0.03 (-0.28)		-0.02 (-0.11)	-0.02 (-0.09)	-0.04 (-0.23)
ID^2			-0.17+ (-5.33)	-0.09 (-0.84)			0.15+ (4.48)	0.14+ (4.29)
ID^3				0.14+ (3.27)				-0.03 (-0.61)
调整的 R^2	0.08	0.08	0.11	0.10	0.07	0.07	0.13	0.12
Log Likelihood	-306.88	-275.75	-248.53	-127.63	-317.98	-309.66	-130.67	-121.37

注：+ 表示 $p<0.1$；* 表示 $p<0.05$；** 表示 $p<0.01$。

业所有权结构对财务绩效产生显著的负向影响（β = -0.14，p < 0.1）。而由模型 7 和模型 8 可知，从并购开始到并购后整合完成阶段，制度距离对于企业跨国并购的市场绩效产生"U"表影响（$β_2$ = 0.15，p < 0.1）；而制度距离对于企业跨国并购财务绩效产生"S"形影响（$β_3$ = 0.14，p < 0.1），这与表 12-3 中的结论具有相似性，因此，我们可以推断，本章所获得的研究结论是稳健的。

第三节 结论与讨论

本章的理论贡献主要体现在以下三个方面。第一，首先通过对制度距离不同结构要素在企业跨国并购不同阶段影响机制的探讨，从一种更全面的角度解释了当前有关制度距离与企业国际化绩效之间关系的争论。本研究从获得广泛认同的制度距离三支柱理论出发，并结合企业跨国并购不同阶段管制、规范和认知等制度距离结构要素对于企业跨国并购作用机制的差异，全面论证了制度距离对于企业跨国并购绩效产生的复杂影响效应。研究结果在一定程度上验证了 Luo 等（Luo et al., 2010）的理论观点，即我国后发企业在获取发达国家企业战略性资产过程中，面临更多的曲折，由此带来的国际化效益也将经历一个较大起伏的过程。并从理论上揭示了但凡能够坚持到最后的我国后发企业跨国并购活动往往都能获得较好的并购效益。

第二，在以往关于企业制度距离与国际化绩效之间的关系研究，学者们主要从正式制度/非正式制度两方面来探讨企业国际化绩效，并将研究重点聚焦在国际并购经验、企业属性以及行业类型对于制度距离与企业国际化绩效之间的调节作用（陈怀超、范建红，2014），例如阎大颖（2011）指出，正式制度/非正式制度均对我国企业跨国并购产生负向影响，并且海外并购经验对于提高我国企业跨国并购成功率具有积极作用。我们的研究则从我国后发企业并购发达国家战略性资源的视角出发，更加关注企业层面的跨国并购动机，强调企业国际化进程中提升企业技术实力、市场影响力的战略性资产追求，更加强调制度距离本身对于企业国际化绩效的影响机制问题，不仅是对以往相关研究的有效补充，同时也是对 Deng（2009）等研究的进一步深化，同时也弥补了

Kostova 和 Zaheer（Kostova & Zaheer，1999）等学者有关发达国家到发展中国家投资理论在解释新兴经济体国家企业这种"逆向式"并购行为的局限性。

第三，本章有助于我们对我国企业跨国并购整个完整过程的理解。关于企业跨国并购的研究一直以来都是结果导向的，学者们更加关注企业在不同并购阶段如何充分利用内外部资源禀赋，例如政策吸引、吸收能力等（汪晖，2003），来提升企业的跨国并购效益。而我们的研究则更加关注我国企业在不同并购阶段所面临的具体制度阻碍，在管制、规范、认知等制度距离要素的影响机制下，如何构建更加合理明确的并购行动策略。本章的研究结论从理论上完整阐述了我国后发企业跨国并购不同阶段所面临的制度距离约束效应，为进一步从制度视角下深化企业跨国并购过程研究提供了思路。

在我国全面实施"一带一路"经济发展战略的背景下，通过跨国并购模式进入国际市场将是我国企业未来经营的新常态。本章从我国后发企业在技术、品牌方面落后于发达国家企业实际出发，明确了我国企业"逆向式"跨国并购的事实。并从制度距离的角度对这种"逆向式"并购行为进行了深入的探讨，对我国企业实施跨国并购战略具有以下启发意义。

第一，对于我国以战略性资产获取为目标的企业来说，选择以现金支付为主的支付方式虽然会对初期的并购绩效产生影响，但对于并购的最终完成影响不大，因此，从降低成本以及长期战略的角度来看，采用其他支付的方式是更为合适的选择。而从企业所有制结构来看，我国民营企业在获取战略性资产方面显然要比国有企业更具优势，因此，国家应该加大对民营企业"走出去"的政策支持，重视我国民营企业在获取海外优质资产、核心技术以及品牌方面的重要战略意义。

第二，我们的研究还表明，在企业并购初期，制度距离对于企业跨国并购的绩效影响并不明显，因此，对于我国跨国企业来说，在制定并购战略目标时，需要将战略重心聚焦在技术、知识等战略性资产评估、获取方面。而在并购谈判期和并购整合期，则需要企业充分重视管制、规制和认知等制度差异对于企业跨国并购的影响。具体来说，以品牌获取、市场拓展为目标的跨国企业，需要在并购整合期间，充分重视制度性阻碍因素对于企业跨国并购过程产生的影响机制问题。而对于以技术、资源等获取为核心的并购活动，则需要在前期和后期充分重视制度性因素对于并购活动的影响。

本研究从我国后发企业并购发达国家企业这一"逆向式"跨国并购行为出发，考察了制度距离与企业跨国并购绩效之间的影响关系，证实了制度距离对于我国后发企业跨国并购绩效的影响是一个曲折的过程，对于推动我国企业跨国并购具有重要的理论启示和实际意义。但本章的研究仍然存在一些不足之处。首先，由于研究条件的限制，我们仅以上市企业作为研究样本，而当前实施跨国并购战略的我国后发企业有很大一部分是非上市企业，在后续的研究中需要关注非上市企业的研究结论，加强研究结果的可比性。其次，本章虽然从企业层面探讨跨国并购的驱动机制，但并没有分析企业本身拥有的技能，比如，组织学习能力、知识获取能力以及动态适应能力在克服制度距离对企业跨国并购绩效负向影响中所发挥的作用，这在未来研究中需要加强。

第三篇

企业国际化速度专题

近年来，我国经济发展的巨轮已经驶入了国际化发展的深水区，在数字经济发展大潮风起云涌的大环境下，"加快走出去"已经成为这些中国企业突破发展"天花板"的重要出路。企业如何迈好"资源和能力"两条腿，来应对数字化时代下的国际化经营是一项挑战性任务。与传统、经典的国际化进程模式不同，我国企业的国际化表现出更加"灵活""激进""跳跃"等战略态势，许多企业甚至在成立之初就进行国际化活动，这一快速国际化的现象吸引了国内外学术界与务实界的广泛关注。本篇首先对企业国际化速度理论进行了深入系统的文献回顾，在此基础上结合我国企业国际化的特殊情境，提出了合法化速度是我国企业国际化速度的重要内涵之一。其次，从我国企业国际化的前因、后果两个方面对我国企业国际化速度进行了实证研究，研究结论对于总结我国企业国际化战略实施经验，指导我国企业国际化实践具有重要意义。

第十三章

企业国际化速度理论及其模式研究

第一节 研究背景

自我国提出"一带一路"发展倡议以来,我国经济更深层次地嵌入国际市场,中国企业开始大范围地实施"走出去"战略。"走出去"战略已经成为中国企业解脱国内市场"禁锢"的重要选择。与传统、经典的国际化进程模式(Uppsala 模式)不同,新兴经济体的企业的国际化表现出更加"灵活""激进""战略跳跃"的形式,许多企业甚至在成立之初就进行国际化活动,即"天生国际化"。这一快速国际化的现象吸引了国内外学术界与实务界的广泛关注。从国际市场机会这一视角来看,企业往往试图通过提高国际化速度以实现对竞争企业的赶超,以此确立先发优势。对作为跨国经营的"后来者"的中国企业而言,企业的国际化行为具备"机会寻求"与"战略资产寻求"的显著特点,中国企业希望通过提高国际化速度以实现在尽可能短的时间窗口内发现并利用国际机会来克服"新兴者劣势",实现"逆风翻盘"式的赶超(程聪、谢洪明、池仁勇,2017;魏江、王诗翔、杨洋,2016)。此类快速国际化的行为是中国企业响应国家政策、遵循市场调控的"顺势"选择。

考虑到中国企业这种独特的国际化进程和态势,如何来分析这种中国企业的国际化速度就显得尤为重要。因此,在本章中,我们将重点对我国企业的国际化速度理论内涵展开分析,首先,我们对企业国际化速度相关理论进行回顾;其次,对国际化速度的内涵以及测量方式进行了探讨；最后，总结出了我国企业国际化速度的概念模型。

第二节　企业国际化速度的理论基础

国际化过程模型是研究企业国际化速度的重要理论基础（Chetty et al., 2014）。Uppsala 模型作为经典的国际化过程模型最显著的特征是关注企业的国际化活动过程，而不是孤立的投资决策（Cyert & March, 1963; Johanson & Vahlne, 1977）。虽然也有其他的理论框架来讨论企业国际化过程中的资源积累过程（Narula & Verbeke, 2015），但部分还是将 Uppsala 模型视为唯一能够解释国际化进程的模型（Welch & Paavilainen – Mäntymäki, 2014）。Uppsala 模型的发展经历了两次改进，如图 13 – 1 所示。

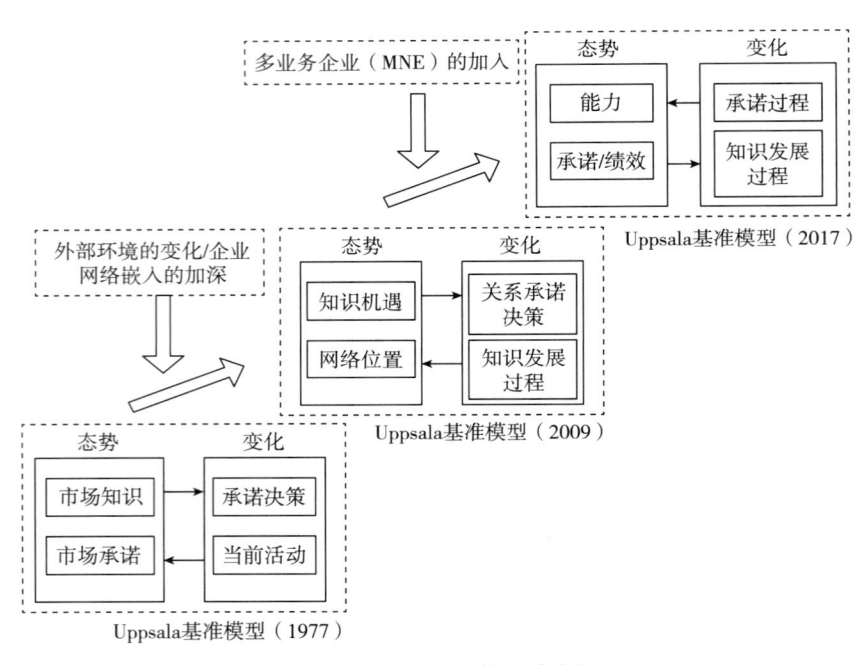

图 13 – 1　Uppsala 模型的变化

Uppsala 的初始模型见于 Johanson 和 Vahlne 于 1977 年发表在 *Journal of International Business Studies* 的论文"The Internationalization Process of the Firm"。在该初始的 Uppsala 模型中，Johanson 和 Vahlne（1977）将国际化分析为一个循序渐进的、增量的以及风险减弱的过程（Knight & Liesch，2016）。具体来说，Uppsala 模型关于企业国际化的战略决策过程可以概括为企业市场知识决定了企业在国外市场的资源承诺模式，继而形成相应的企业国际化运营活动，企业通过对这种特定决策模式下的运营活动绩效进行考察以判断国际化决策实施的效果，从而又反馈给企业并做出新一轮的市场资源承诺，促进企业国际化知识的增加。因此该模型支持从心理距离较近（风险较小）的市场开始累积市场承诺，随后企业通过不断的国际市场运营学习来将企业推进到更高的承诺和心理距离更遥远（风险更大）的市场上，由于运营学习以及经验的积累需要时间，因而该模型指出国际化是一个耗时、缓慢的过程（Johanson & Vahlne，1977）。

随着产业分工的细化和技术、专利联盟的兴起，企业国际化战略已经不能只考虑企业本身的成本与收益之间简单的投入—产出关系，企业的国际化行为已经深度嵌入在商业网络之中。因此在后续研究中，学者们也随之将"原子"的、以公司为中心的视角转向了一个更商业的网络视角（Johanson & Vahlne，2009）。Johanson 和 Vahlne2009 年的论文 "*The Uppsala Internationalization Process Model Revisited：From Liability of Foreignness to Liability of Outsidership*" 是这一转变的完整陈述，即网络位置取代市场承诺。该修订模型首次明确国际化中的企业学习行为是在国际化情境下发生的，需要合作伙伴之间相互承诺的发展，而不仅仅是企业内部的学习行为（Johanson & Vahlne，2009）。在改进的模型中，它更加关注外部市场机会的发掘以及由此形成的知识机遇，这种机会引发了企业对于其所在商业网络关系承诺的决策模式，进而改善企业的信任关系和价值创造模式，最终改变企业在国际商业网络中的地位，这是一种全新的企业国际化战略决策机制。这也就意味着企业需要创建并利用网络关系来获得特定国家的知识体系，从而有助于减少"外来者劣势"和"局外人劣势"（Elango，2009）。改进的 Uppsala 模型更加契合当前企业面临的多变的国际环境，也更加适应企业作为国际产业网络、企业联盟、关系组合等新型网络关系主体之一的分析框架（Padmanabhan & Cho，1999），并且该模型将企业决策过程中的学习能力提升到一个十分重要的战略地位（Petersen，Pedersen & Sharma，2003；Dashti & Schwartz，2015）。

多业务企业（Multi-Business Enterprise，MBE）的出现又进一步更新了现存的 Uppsala 模型（Johanson & Vahlne，1990；Vahlne & Johanson，2013）。Vahlne 和 Johanson 于 2017 年发表在 JIBS 上的一文 "*From Internationalization to Evolution：The Uppsala Model at 40 Years*" 对 Uppsala 模型做了进一步调整，使其更符合 MBE 的国际化活动演化。在最新的修改模型中，承诺过程包括重新配置与协调两维度，知识开发过程包括学习、创造和信任建立三部分。在能力和关系被改变和特定的绩效水平达到后，以学习、创造和信任建立的知识发展形式会触发新的知识开发（Vahlne，Ivarsson & Johanson，2011），上述结果将成为承诺过程的新输入用于重新配置资源和协调，最终改变能力状态与企业绩效。同样地，学习意味着改变现有的能力，影响资源承诺过程，资源承诺的改变也意味着企业能力储备的状态正在改变，现有储备能力的改变进而影响公司和任何网络合作伙伴的实际资源位置、绩效以及承诺过程（例如减少多样化、退出市场和中断市场关系），能力和资源位置的改变将反过来影响进一步的知识开发和决策或资源分配。虽然 Uppsala 模型经过一次次的修改，但其最核心的观点仍是企业知识开发和资源承诺的过程（Vahlne & Johanson，2017）。

第三节 企业国际化速度的测量方式

自 Autio 等（2000）、Vermeulen 与 Barkema（2002）在 21 世纪初发表企业国际化速度的相关研究概念性以来，国际化速度的文献研究呈现快速增长。不过，现有的国际化速度内容仍是比较分散，文献之间尚未相互建立联系。为了更全面地了解企业国际化速度的概念、测量方式等内容，在本部分我们通过文献检索方法（Tranfield et al.，2003）对企业国际化速度的相关文献进行搜集。具体实现流程如下：我们参照 Hilmersson 和 Johanson（2016）的研究首先使用 rapid、accelerated 和 speed 来捕获"速度"，并将这些关键词与 foreign market entry、international expansion 和 internationalization 等关键词结合在一起在 Web of Science 中进行检索，将年份设定为 2000 年至 2018 年，并选择 business 和 management 两个学科的文献进行第一次查找；然后，我们进一步以第一次文献搜索中出现的高频关键词"initial entry speed""post - entry speed"等进行第二次搜索，并与第一次所获得的论文进行比较，剔除关联性不大的文献后共计得到 21 篇英文实证文献，并对这 21 篇文献进行深入细致的阅读，提取出文献中的国际化速度的概念、测定方式、研究样本与研究视角等方面并进行汇总，形成表 13-1。相似地，我们以"国际化速度""国际化速率""加速国际化"等关键词在中国知网上搜索并选择经济与管理科学目录，并在经过仔细阅读之后选择期刊质量较高的文章进行整理，共计 29 篇，时间截至 2019 年 9 月。

从表 13-1、表 13-2 中可以看出现有国际化速度的中英文文献有以下特征：

其一，国际化速度文献中的样本大多为发达国家，学者们呼吁新兴经济体企业样本的加入。从国际化速度的发展历程来看，最早的国际化速度实证论文来源于国外文献并可以追溯到 2004 年（Wagner, 2004）。国际化速度的实证研究的样本有两个边界条件：企业必须进行国际化活动；企业的国际化活动必须持续一段时间。为满足这两个条件，以往学者从样本要求的角度出发往往更倾向于选择发达国家样本，如发达国家样本主要有瑞典、西班牙、美国等并且样本的研究期间大约都为 5 年。从样本的质量可以看出发达国家企业数据的可行性更高。不过随着新兴经济体企业的国际化活动的崛起，学者们也意识到讨论新兴经济体企业国际化速度的重要性，在回应这一顾虑中，我国学者做出了极大的贡献，学者们聚焦于中国制造企业、上市公司、国际新创企业，从多样本类型出发考察企业的国际化速度（宋铁波、钟熙、陈伟宏，2017；黄胜、叶广宇、周劲波，2018）。

其二，国际化速度的测量方式中，单维的测量方式占主导，多维的测量方式地位逐渐凸显。在现有的国际化速度文献中，国际化速度内涵的界定主要还是单维时间上的概念，它被定义为企业达到特定国际化水平所需要的时间。具体来讲，国际化速度单维时间的界定主要有三种：第一，企业从成立到首次进入国际市场的时间（Hilmersson et al., 2017；Zhou, Wu & Barnes, 2012；Musteen, Francis & Datta, 2010）；

表 13-1　企业国际化速度的英文文献汇总

作者	样本企业	测量	维度	速度类型
Hilmersson, Johanson, Lundberg & Papaioannou (2017)	203家瑞典中小企业	企业建立到首次国际化的时间间隔	单维	初始速度
Mohr & Batsakis (2017)	2003—2012年111家国际化零售商	海外子公司数量与国际化经营年限的比值	单维	进入后速度
Hilmersson & Johanson (2016)	183家瑞典南部的中小企业（截至2007年）	出口市场的数量的变化速度；出口额占总销售比例来衡量公司国际商业强度；海外资产占总资产的比例来衡量企业的速度对外国资源投入的速度	多维	进入后速度
Schu, Morscett & Swoboda (2016)	1995—2014年的150家欧洲的线上零售商	企业连续进入不同市场的时间间隔	单维	进入后速度
Casillas & Moreno–Menéndez (2014)	1986—2008年的889家西班牙企业	连续两次海外扩张的时间间隔	单维	进入后速度
Chetty, Johanson & Martín (2014)	170家西班牙中小企业	国际化学习速度；国际化承诺速度	多维	进入后速度
Hilmersson (2014)	183家瑞典中小企业（截至2007年）	出口市场数量与企业经营年限的比值	单维	进入后速度
Jiang, Beamish & Makino (2014)	1578家进入中国市场的日本企业	连续两次海外投资的时间间隔	单维	进入后速度
Powell (2014)	114家进入中国市场的法律企业	是否进入中国市场的时间	单维	初始速度

第十三章 企业国际化速度理论及其模式研究

续表

作者	样本企业	测量	维度	速度类型
Mohr & Batsakis (2014)	2003—2012年的110家国际化零售商	海外子公司数量与国际化经营年限的比值	单维	进入后速度
Lin (2014)	2000—2008年的772家台湾上市公司	海外子公司数量与国际化经营年限的比值	单维	进入后速度
Lin (2012)	2000—2008年的772家台湾上市公司	海外子公司数量与国际化经营年限的比值	单维	进入后速度
Zhou, Wu & Barnes (2012)	159家中国企业	企业建立到首次国际化的时间间隔	单维	初始速度
Ramos, Acedo & Gonzalez (2011)	1990—2006年的945家西班牙企业	首次获得海外销售收入的时间	单维	初始速度
Musteen, Francis & Datta (2010)	155家捷克中小企业	企业建立到首次国际化的时间间隔	单维	初始速度
Coeurderoy & Murray (2008)	375家高科技企业	企业建立到首次国际化的时间间隔	单维	初始速度
Acedo & Casillas (2007)	104家西班牙企业	企业建立到首次进入海外市场的时间间隔	单维	初始速度
Luo, Zhao, & Du (2005)	93家美国企业	企业建立到首次出口的时间间隔	单维	初始速度
Chetty & Campbell-Hunt (2004)	16家新西兰企业	海外销售收入比例，企业建立到首次出口的时间间隔	多维	初始速度，进入后速度
Wagner (2004)	1993—1997年的83家德国大型上市公司	海外销售比例5年变化率	单维	进入后速度

表 13-2　企业国际化速度的中文文献汇总

作者	样本企业	测量	维度	速度类型
周立新、宋帅（2019）	中国8个重点省、直辖市的274家家族企业	2015年企业产品出口和境外投资所涉及的国家和地区数量除以自企业首次海外扩张以来的年数	单维	进入后速度
田曦、王晓敏（2019）	2007—2015年的608家A股上市公司	海外子公司数量与国际化经营年限的比值；海外投资的东道国数目与国际化经营年限的比值	多维	进入后速度
周立新、宋帅（2019）	2016年的342家私营家族企业	2015年企业产品出口及境外投资所涉及的国家和地区数量除以自企业首次海外扩张以来的年数	单维	进入后速度
钟熙、宋铁波、陈伟宏、翁艺敏（2019）	2012—2016年中国A股468家上市公司	海外销售总额与总销售额的比值，以及海外子公司数量与总数量的比值的这两者的算术平均数的变化量	单维	进入后速度
李杰义、闫静波、王重鸣（2019）	长三角地区211家外向型制造企业	企业创立年份与首次海外扩张年份之差	多维	初始速度 进入后速度
王立丰（2018）	130家浙汇企业	学习速度；承诺速度	多维	进入后速度
钟熙、宋铁波、陈伟宏、翁艺敏（2018）	2007—2016年中国深沪A股的910家制造业上市公司	［t，t+4］内海外销售收入的平均增长率	单维	进入后速度
黄胜、叶广宇、周劲波（2018）	349家中国国际新创企业	初始进入速度；国家范围速度；国家承诺速度	多维	初始速度 进入后速度
李杰义、闫静波、王重鸣（2018）	长三角地区336家外向型制造企业	企业成立年份与首次海外扩张年份之差；制度距离除以企业首次海外扩张至今的年份之差；国际业务发展阶段除以自企业首次海外扩张至今年份之差	多维	初始速度 进入后速度

188

续表

作者	样本企业	测量	维度	速度类型
钟熙、陈伟宏、林披颖（2018）	2008—2016年的773家中国制造业上市公司	海外销售收入与企业总销售收入的比值	单维	进入后速度
李竞（2018）	2008—2014年的A股上市公司	海外子公司数量与海外投资年限的比值	单维	进入后速度
方宏（2018）	2008—2015年的253家A股上市企业	海外子公司数量的变化率；海外销售收入占总销售收入比重的变动率；海外子公司所在国家数量的变化率	多维	进入后速度
孙斌（2018）	2008—2013年的企业	海外子公司数量与国际化经营年限的比值	单维	进入后速度
王艺霖（2016）	2008—2013年242家上市公司	海外子公司数量的变化率；海外销售收入占总销售收入的变动率；海外子公司所在国家数量的变化率	多维	进入后速度
黄胜（2016）	361家国际新创企业	企业首次海外扩张年份与创立年份之差	单维	初始速度
印伊玲（2018）	2010—2014年的849家A股上市公司	目标年份海外子公司总数除以公司第一次对外投资与目标年份的时间差	单维	进入后速度
来长新（2018）	2012—2016年的中国上市公司	2012—2016年海外销售收入增速	单维	进入后速度
林披颖（2018）	2008—2016年的中国制造业上市公司	海外销售收入与总销售收入的比值	单维	进入后速度
柳亚专（2018）	建立子公司的企业	海外子公司总数与国际化时间的比值	单维	进入后速度

续表

作者	样本企业	测量	维度	速度类型
王益民、方宏（2018）	2007—2013 年的 301 家中国上市公司	海外子公司数量与国际化经营年限的比值	单维	进入后速度
宋铁波、钟熙、陈伟宏（2017）	2012—2015 年的中国 A 股制造业上市公司	海外销售收入总收入的比例；海外子公司比例的算术平均值的变动率	多维	进入后速度
蔡梦雨（2016）	2009—2013 年的 203 家中国上市公司	海外销售收入占总销售收入比值的变动率	单维	进入后速度
靳田田（2016）	206 家国际新创企业	子公司数量除以企业对外扩张至今的时间差	单维	进入后速度
杜旬（2015）	2008—2013 年的 118 家制造业上市公司	1 年内子公司数目的变化量	单维	进入后速度
李俊晓（2015）	国际新创企业	海外销售收入占总销售收入的变化率	单维	进入后速度
林洽洪、陈岩、秦学志（2013）	2006—2011 年中国制造业上市公司	境外销售额与总销售额的比值的变化率	单维	进入后速度

第二，企业在国际化进程中两次象征性事件之间的时间差，如企业连续进入不同市场的时间间隔（Schu et al.，2016；Casillas & Moreno-Menéndez，2014；Jiang，Beamish & Makino，2014）；第三，在单位的经营年限内企业达到的国际化目标，如海外子公司的数量与企业经营年限的比值（Vermeulen & Barkema，2002；Chang & Rhee，2011；Hilmersson，2014）。随着研究的推进，单维时间范式下的企业国际化速度测量方式已难以很好地对接现有的企业国际化理论（Casillas & Acedo，2013）。国际化速度的测量方式也展现出从单维到多维的发展过程。如 Hilmersson 和 Johanson（2016）提出一个三维度的国际化速度测量模型，包括国际市场的变化速度、国际商业强度的速度和企业对外国资源投入的速度。Chetty 等（2014）提出时间和空间两个维度下的国际化速度概念，并且将学习速度和国际承诺速度用于国际化速度的衡量。国际化速度作为一个多维度、多要素构成的高阶概念已逐步成为共识（Vahlne & Johanson，2017；Hilmersson & Johanson，2016）。

其三，国际化速度的测量方式包括初始速度与进入后速度两类。根据企业国际化活动测量区间的不同可以将国际化速度的测量方式分为初始速度与进入后速度两类。其中，初始速度集中于企业成立到企业初次国际化这个时间段，一个公司从成立到第一次进入国外市场之间的时间越短表明国际化速度越快；进入后速度聚焦于企业首次国际化时间戳之后，定义为新创企业发展为国际化企业之后的国际化扩张的快慢，往往以连续多次国际化、子公司数量等指标进行衡量（Mohr & Batsakis，2017；王益民、梁枢、赵志彬，2017）。在现有国际化速度测定中初始速度这一测量方式占主导地位，大多数关于国际化速度的研究都集中在从公司成立到开始国际化的起步阶段，即只研究了中小企业在第一个国外市场开展活动所需的时间。而在此之后，关于企业后续的国际化的情况就不那么为人所知了。因此，学者们也对初始速度这一测量方式保持怀疑态度（Chetty et al.，2014；宋铁波、钟熙、陈伟宏，2017）。

其四，国际化速度的前因条件研究中，能力、资源、制度距离成为主要视角，但多种研究视角的文献也逐渐增多。国际化速度作为企业国际化活动的高阶决策内容，已经逐渐成为企业经营活动中的战略决策内容。在对国际化速度前因条件文献的梳理中发现，企业国际化速度的研究视角主要集中于资源基础观、能力观、网络视角、制度理论等（Schu et al.，2016；李杰义、闫静波、王重鸣，2018）。在国际商务研究中，企业的国际化过程由于涉及新市场的环境，自然而然需要考虑到企业资源的分配、能力的输出，以及不同国家市场之间的异质性。因而，资源基础观、能力观以及制度距离成为研究企业国际化速度的"排头兵"（Schu et al.，2016）。不过，随着不同类型的企业也纷纷在国际市场上取得成功的情况出现，企业国际化速度的前因条件研究也更具多样化。如现有研究已经从管理者的特质等角度出发考察企业的国际化速度的影响因素（钟熙、陈伟宏、宋铁波、翁艺敏，2018）。这些多视角企业国际化速度文献的出现对应了学者提出的国际化速度作为高阶决策内容的前因影响条件的复杂性与多样性。

第四节 企业国际化速度的中国情境

一 合法性的概念与流派

合法性指的是实体的行为是可取的、适当的，或在某些社会构建的规范、价值观、信仰和定义体系中是适当的一种"普遍的感知或假设"（Suchman，1995）。自 Meyer 和 Rowan（1977）描述的组织根据现有的制度采取行动获得合法性之后，许多合法性文献将组织视为行为主体，他们采取行动使自己合法化。Suddaby 等（2017）在对合法性文献的综合评述中区分了三种研究流派：第一种观点被称为"合法即财产"（Zimmerman & Zeitz，2002）。该观点指出合法性是一个实体的财产、资源或能力，其关注重点是合法性所有者。第二种观点被称为"合法性过程视角"（Suddaby & Greenwood，2005），侧重于产生合法化结果的多个参与者（主要是组织）之间的互动过程，其重点是代理的变更。第三种观点被称为"合法性即感知视角"（Bitektine，2011），它认为合法性是一个跨层次的感知、判断恰当性，以及在集体和个人之间的互动行动的过程（Suddaby et al.，2017），其重点是合法性评估，也就是说该研究流派认为一个实体合法性的程度在于旁观者的眼光（Ashforth & Gibbs，1990）。上述三种流派相关信息如表 13-3 所示。

表 13-3　　　　　关于合法性的三个流派的相关内容汇总

流派	内涵	理论基础/视角	代表文章
合法即资产	合法性是一项财产、资源、资产、能力与事务	权变视角：组织属性与外部受众期望之间的匹配	Suchman（1995），Zimmerman & Zeitz（2002）
合法性过程视角	社会构建的互动过程	代理视角：通过变革推动者和其他社会者的有目的性的努力	Barron（1998），Suddaby & Greenwood（2005），Golant & Sillince（2007）
合法性即感知视角	社会判断、评价与社会认知构建	评价视角：通过个体在集体层面制度化判断影响下的感知、评价和行为	Walker, Thomas & Zelditch（1986），Lamin & Zaheer（2012），Bitektine & Haack（2015）

在评判使用何种流派来定义合法化时，学者们提出"合法即感知视角"观点的优点是它建立在其他两种观点的基础上，并将它们有效地结合起来（Prashantham, Kumar & Bhattacharyya, 2018; Suddaby et al., 2017）。正如 Suddaby 等（2017）提出的感知视角保留了合法性作为属性的概念，这一方法也保留了合法性作为过程的认识，但侧重于判断的过程。然而，遗憾的是，现有文献鲜有从感知视角提出合法性的测量指标。

二　合法性的理论维度与测量

合法性理论维度的探究自20世纪90年代以来得到了充分的研究（Deephouse & Suchman, 2008）。Aldrich 和 Fiol（1994）将合法性划分为认知合法性以及社会政治合法性。Scott（1995）进一步将社会政治合法性维度划分为三个子维度，即制度合法性、认知合法性和规范合法性。Suchman（1995）提出了一个基于三种类型合法性的框架，即务实合法性、道德合法性和认知合法性。务实的合法性产生于本组织周围环境的利益，在一个组织与其周围环境的关系中，利益相关者的支持源于组织正在接受并帮助他们推进自身利益的感知，其不一定是因为组织实现了目标。道德合法性反映了对本组织及其活动的积极规范评价（Aldrich & Fiol, 1994; Parsons, 1960）。与务实合法性不同，道德合法性不涉及评估某一特定行为是否有利于评估者，而是评估该行为是否应该被做。当一个组织在其既定的社会体系内以预期的方式对待员工和客户时，它就表现出了道德合法性。认知合法性关注的是简化或帮助理解决策的行为，从而有助于解决问题。认知合法性来自于由专业人士设计的信念体系，在这种体系中，知识被指定和编码。这个系统后来可以被认为是日常生活和更专业活动的框架（Scott，1995）。一个组织用通过发展被其周围环境中的专业人士和专家普遍接受和认为有用和可取的方法、概念和想法来展示其可取性和可接受性，从而表现出认知合法性（Scott，1995；Zimmerman & Zeitz，2002）。这种合法性是基于知识的，而不是基于兴趣或判断（Aldrich & Fiol，1994）。Díez - Martín、Prado - Roman 和 Blanco - González（2013）在此基础上提出了上述三个维度的测量方式。

在测定合法性时，根据合法性评定参与者的类型可以将合法性的参照轨迹分为内部与外部，内部合法性表示"适当性"，其参与者是组织成员（如职工），外部合法性表示"有效性"，其参与者往往是外部的利益相关者（如社区成员、客户、供应商与当地政府等）（Díez - Martín et al.，2013；Díez - Martín，Blanco - González & Prado - Roman，2010；Thomas，2005；Deephouse & Suchman，2008）。适当性是指根据个人的评价标准，认为某一行动或政策是可取的、正确的、适当的看法或信念；有效性是指个体的信念，即他们有义务通过参与特定的行动或遵守特定的政策和社会规范来应对社会压力，即使与个人的评价标准相悖（Thomas，2005）。因此，在评价某一政策或行动方针的合法性时必须同时评价个人对其适当性的态度以及权威人士对其有效性的看法。结合上述合法性的三个维度，可以得出合法性的测量体系，如图 13 - 2 所示。

在构建新兴经济体企业的国际化速度测量体系时，本研究首次将企业国际化速度的测定划分为三个维度，即学习速度、承诺速度与合法化速度。学习速度与承诺速度的来源依据为 Chetty 等于 2014 年发表在 JWB 上的"Speed of Internationalization: Conceptualization, Measurement and Validation"，该论文以 Uppsala 模型为理论基础，结合模型提出的学习与承诺两大国际化重点活动构建了基于双元学习速度与承诺速度的国

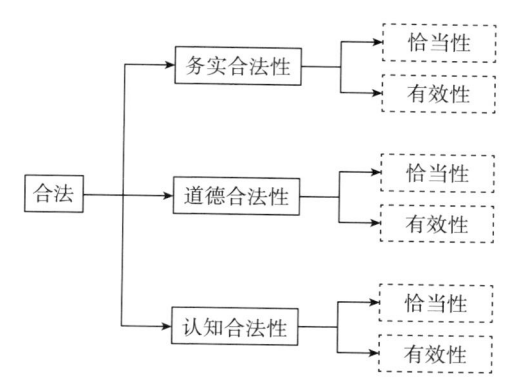

图 13-2 合法性的测量体系

际化承诺模型,并通过实证分析检验模型的有效性。该测量模型符合主流的国际化过程模型,并且实现了从多维度构建企业国际化速度的要求(Casillas & Acedo,2013;Casillas & Moreno,2014)。但值得注意的是,该模型是基于发达国家企业提出的,并不完全适用于新兴经济体企业。对新兴经济体企业而言,企业的国际化进程往往面临着突出且严峻的"合法性赤字"(Puthusserry,Child & Rodrigues,2014;Pant & Ramachandran,2012;Prashantham et al.,2018)。企业的国际化活动还需克服"原生国家"带来的合法性不足的缺陷(Prashantham & Dhanaraj,2015;Zhou,Barnes & Lu,2010)。因此,本研究提出新兴经济体企业的国际化速度测量指标需要具备内部与外部属性。从内部属性来看,企业的国际化活动包括一系列的学习活动与承诺活动;从外部来看,企业的国际化活动还应该是遵循合法性准则的一系列活动。国际化速度的测量包括内部视角上的学习速度与承诺速度,以及外部视角的合法化速度。总体测量模型如图 13-3 所示。

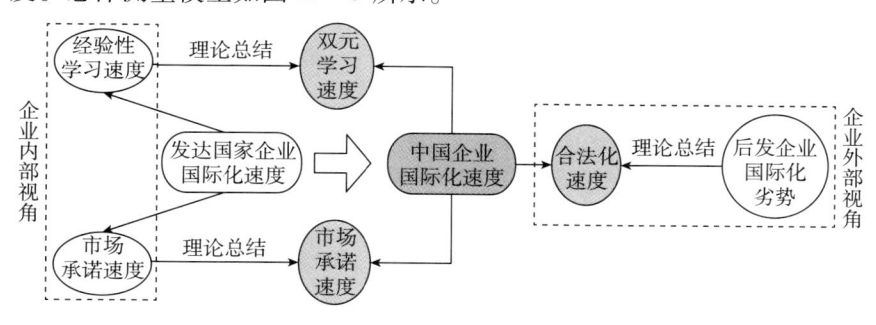

图 13-3 我国企业的国际化速度测量维度

第五节 结论与讨论

本章首先回顾了企业国际化速度相关理论,重点讨论了以 Uppsala 模型为基础的国际化过程模型,在此模型中,企业国际化速度的演变主要经历了外部环境变化和企业网络嵌入的加深以及多业务企业成为国际化主导两个阶段。其次,对国内外文献关于国际化速度内涵以及测量方式进行了理论总结:当前关于国际化速度测量研究文献中的样本大多为发达国家;单维的测度方式占主导,多维的测定方式地位逐渐凸显;测量方式包括初始速度与进入后速度两类;能力、资源、制度距离为主要视角。最后,本章基于我国独特情境,提出了合法化是我国企业国际化速度的重要内涵之一。

第十四章

企业国际化速度驱动机制研究

第一节 研究背景

时间竞争已成为企业国际化竞争的关键。由于企业自身条件的限制，时间管理得不善可能会增加企业运营风险。因此，企业面临的一个关键决策是如何根据自身的实际情况来选择并管理国际化路径。根据国际化速度的不同，企业有两种国际化路径可供选择（Chetty & Campbell Hunt，2003），即慢速国际化与快速国际化。在 Uppsala 模型中，国际化的速度应该是缓慢和持续的（Johanson & Vahlne，1978）。相反，一些研究表明，企业应该进行快速和彻底的国际化（Oviatt & McDougall，2005）。虽然部分研究发现，缓慢而谨慎的国际化增加了企业的成功率（方宏和王益民，2017），但仍有一些企业通过快速而激烈的国际化获得了成功（Chang & Rhee，2011；Zhou et al.，2013）。目前，我们尚无法解释这种争议，即不同的速度决策如何影响企业国际化的效果。此外，现有研究探讨了国际化速度的影响因素，包括地理范围（Mohr & Batsakis，2017）、企业经验或知识（Mohr & Batsakis，2017；García et al.，2017；Zhou et al.，2013）、企业资源（Chang & Rhee，2011）、企业学习（李杰义，2019）。然而，以上研究主要探讨个体变量之间的关系。在企业国际化的过程中，个体因素具有模糊和不一致的影响（Shenkar，2001），导致企业决策的复杂性。现有的研究结论无法解释企业在面对复杂的内外部因素时，如何在不同的国际化速度之间做出选择。

在此背景下，我们提出了一种整体的方法来研究影响国际化速度决策的前因变量。我们认为，国际化速度决策并不取决于单一因素，而是取决于多个因素组合。企业倾向于做出符合客观条件的决策。企业的国际化绩效则进一步取决于企业的国际化速度是否适应客观条件。我们考虑了两个制度因素，即母国与东道国之间的正式制度距离和非正式制度距离，以及企业所拥有的国际化经验和冗余资源。制度距离可能成为企业国际化的障碍。有研究指出，制度距离对企业国际化速度有负面影响（Hutzschenreuter et al., 2011）。然而，部分研究表明，制度距离并不妨碍企业的国际化进程，这取决于企业如何利用其经验和资源来弥合制度距离（Collinson & Houlden, 2005）。当潜在的国际化企业面临不同的制度距离、经验和资源时，我们仍然不知道企业如何做出不同的国际化速度决策。

因此，我们使用 fsQCA 从非对称的角度探讨影响国际化速度决策的前因条件构型。本研究包括两部分。首先，本研究探讨四个前因条件的组合如何影响企业国际化速度决策。我们的结果证实了企业根据制度距离和现有的经验和资源做出不同的决策。其次，进一步研究了基于四个条件的国际化速度决策是否能获取较高的国际化绩效。我们认为，国际化绩效取决于国际化速度决策与四个前因条件的匹配程度。

第二节　理论假设

一　企业国际化速度

关于国际化速度与国际化绩效之间的关系，目前还没有达成共识（Meschi et al., 2017）。快速国际化有助于企业获得先发优势（Lieberman & Montgomery, 1988）。企业得以快速进入东道国，搜索新机会并抢占新知识和新资源，将其转化为利润，以避免因时间的推移而导致资源贬值（Dierickx & Cool, 1989）。快速国际化具有"新事物的学习优势"（Zhou et al., 2013），在从东道国市场吸收信息的同时，它们面临较少的惯性约束（Sapienza et al., 2005）。此外，快速国际化的企业更有可能获得成本优势。通过市场领先实现规模经济

(Hilmersson，2014)。然而，快速国际化受到吸收能力有限和时间压缩不经济的不利影响。一方面，由于企业吸收能力有限，快速国际化使企业在国际化过程中无法及时吸收知识，导致企业绩效不佳(Chang & Rhee，2011)。另一方面，快速国际化可能导致时间压缩不经济(Dierickx & Cool，1989)。投资过程的复杂性和管理资源的有限性导致国际化成本的上升和边际收益的下降，净收益会随着时间的推移而逐渐减少。

慢速国际化也是企业实施国际化的重要手段。在国际化的准备阶段，企业可能会遇到诸如缺乏相关知识和有形或无形资源(Kothari et al.，2013)以及成员缺乏足够的态度和心理承诺(Tan et al.，2007)等问题。此外，企业需要时间评估项目、制定国际化战略和寻找合作伙伴(Meschi et al.，2017)。缓慢的国际化为企业带来了足够的准备时间，有助于提高成功率。然而，缓慢的国际化也会带来问题。由于知识会随着时间的推移而贬值(Dierickx & Cool，1989)，国际化进程缓慢的企业可能更难从国际活动中获取高价值的知识和资源。

本章认为，两种不同的国际化路径可能导致企业国际化绩效的提高或下降，这进一步取决于企业的内部与外部条件。

二 制度距离

制度是社会结构对组织的约束。根据 North (1990) 的研究，我们将制度分为正式制度和非正式制度。正式制度是指明确的和可执行的产权、规则和法律(Salomon & Wu，2012)。非正式制度包括主要反映在文化差异中的社会规范、信仰、价值观、制裁、禁忌、习俗、传统和行为准则(Chao & Kumar，2010；Salomon & Wu，2012)。我们用制度距离来衡量不同国家的制度差异，并将其分为正式制度距离和非正式制度距离。对于国际企业而言，制度距离是指母国和东道国之间的相似性和差异程度(Liou et al.，2016；Kostova，1997)。当国际企业进入国际市场时，它们将同时受到母国和东道国的规则和秩序的影响(Vaccarini et al.，2019)。企业必须通过模仿和重塑来约束自己的行为，以适应外部环境。因此，部分学者认为国际管理的本质是距离管理(Zaheer et al.，2012)。

制度距离的增加引发了东道国对外部合法性和企业内部一致性的矛盾要求（Xu & Shenkar，2002）。因此，企业需要制定相应的组织管理方法，包括组织结构、决策程序（Gomez – Mejia & Palich，1997；Hutzschenreuter et al.，2011），以缓解可能出现的内外部冲突。正式制度距离是指母国与东道国在法律、法规和社会规范方面的差异。当东道国的差异扩大时，企业面临更大的合法性挑战（Kostova & Zaheer，1999），包括市场监管标准、外国责任（Eden & Miller，2004）和社会责任（Keig et al.，2019）。合法性的必要性增加了适应法规和政策的成本（Campbell et al.，2012）。非正式制度距离意味着不同文化、习惯和价值观导致的不同思维和行为（Kirkman et al.，2006）。非正式制度距离给企业带来非正式的外部约束，包括利益相关者网络、人际行为规范和社会习俗。制度距离阻碍了与客户、供应商和其他代理商的互动，使人们更难了解东道国市场（Salomon & Wu，2012）。如果企业缺乏对它们的认知，那么它们在经营过程中更容易与外部环境发生冲突（Dikova et al.，2010），并导致关系风险（Gaur & Lu，2007）。因此，对于企业而言，如何制定适宜的规范以顺利开展国际化活动是较为困难的（Nadolska & Barkema，2007）。

简而言之，制度距离过大，导致东道国对企业的判断滞后，产生猜疑，企业则会对东道国的规则缺乏适应。因此，企业在制度距离较大的东道国建立合法性既复杂又耗时（Dikova et al.，2010）。合法性的获得将滞后于国际化进程，企业将遭受陌生化和歧视性的伤害。因此，企业必须根据不同的制度距离，调整国际化速度，平衡成本和效益。在高制度距离的情况下，由于政府、供应商、零售商、消费者和其他利益相关者的不认可，企业面临着高信息成本、高关系成本和歧视性待遇（Eden & Miller，2004）。企业可以通过适当降低国际化速度，逐步获得合法性。在制度距离较低的情况下，企业更容易理解和满足东道国的法规和价值观（Campbell et al.，2012），合法性的建立相对容易。企业可以加快国际化的速度，以便迅速进入东道国，抢占市场和资源。

三 国际化经验

国际化经验被认为是企业国际化过程中的重要影响因素（Autio et al.，2000）。国际化经验取决于管理者的国际教育经历和国际市场经验（Chetty & Campbell-Hunt，2003），对于企业而言，是具有独特性和关键性（Thomas et al.，2007）的重要国际化资源之一（Baum et al.，2015）。国际化经验对企业的国际认知具有重要影响（Luo et al.，2005；McDougall et al.，1994；Xu et al.，2013），在企业国际化决策过程中起到决定性作用（Johanson & Vahlne，1978；Contractor et al.，2014）。

国际化经验帮助企业克服国际业务发展过程中的不确定性和风险（Hsu et al.，2013；Baum et al.，2015）。具有国际经验的企业了解当前的行业动态，并有效地制订与执行国际化计划（Chen et al.，2016），从而促进企业进行国际扩张（Forsgren，2002）。当进入一个新的东道国时，企业面临着外来者责任（Casillas & Moreno，2014；Zaheer，1995；Johanson & Vahlne，2009）。丰富的国际化经验意味着企业了解东道国的市场标准，有助于企业迅速克服国外的劣势，适应新的环境。另外，国际化经验有助于企业缩短克服母国与东道国之间的市场壁垒的时间，使企业更快地实施国际化扩张。

国际化经验促进了一系列必要的国际化能力，包括搜索能力（Lu et al.，2014）、关系能力（Li，2018）和吸收能力（Baum et al.，2015；Mohr & Batsakis，2017）。搜索能力有助于企业获取关键资源和精确信息，例如国际化人才、全球供应商、本地分销商以及生产或服务的发展现状（Chen et al.，2016），以加快企业的国际化进程。企业在关系能力的基础上，与东道国政府、全球供应商、采购商和金融机构建立良好的关系，精心选择市场，进行产品差异化，建立良好的营销渠道和企业形象（Mitchell，Shaver & Yeung，1992；Oxelheim et al.，2013）。此外，吸收能力有助于企业轻松发现、评估和开发增长机会（Moen，2002；Baum et al.，2015），并在不太可能遭受时间压缩不经济的情况下，从快速国际化中获益（Mohr & Batsakis，2017）。

相反，缺乏国际化经验会导致对东道国缺乏认识，进而导致决策失误，增加国际化成本。经验的模糊甚至可能导致他们不必要地改变正确的规范，并应用错误的知识（Nadolska & Barkema，2007），干扰企业国际化活动的开展。因此，经验丰富的企业倾向于快速国际化（Gao & Pan，2010）。经验不足的企业更可能在国际上缓慢扩张，并通过边干边学的方式逐步实现国际化（Sandberg et al.，2019）。

四 冗余资源

冗余资源被定义为"一个组织中超过产生给定组织产出水平所需的最低限度的资源池"（Nohria & Gulati，1996）。冗余资源的存在是在国际市场生存和发展的先决条件（Carneiro et al.，2018）。因此，作为企业国际化决策的重要因素，冗余资源在企业国际化活动中得到了广泛的应用（Sui & Baum，2014）。冗余资源为企业国际市场提供了必要的增长空间（Tan，2009），并用于适应外部环境的突然变化（Thi et al.，2018）。与本地投资相比，国际投资面临着更大的机遇和风险（Carpenter & Fredrickson，2001）。机遇越大的国际商务活动需要更多的资源。缺乏资源的企业只能专注于防御，而丰富的冗余资源则允许企业设计和实施国际战略，以追求和实现机遇（Sui & Baum，2014；Dolmans et al.，2014）。冗余资源被视为提供不同选择和试验潜在替代方案的缓冲，以促进国际决策过程（Thi et al.，2018）。此外，它还为应对国际化进程中的不确定性和获取市场知识提供了良好的资金（Thi et al.，2018）。

相反，企业若缺乏冗余资源，则难以适应快速国际化带来的变化，无法及时关注和识别不同的客户、竞争对手、供应商和政府机构（Deng & Sinkovics，2018）。因此，在国际化扩张的过程中，拥有丰富冗余资源的企业有能力快速实施国际化。相比之下，资源冗余程度较低的公司谨慎而缓慢地进行国际化，以减少不确定性并隔离风险（Lin et al.，2009）。

五 经验、资源和制度的相互作用

尽管母国和东道国之间的制度距离阻碍了国际化进程，但企业可以通过资源和知识来应对制度距离（Lin & Liu，2012）。企业基于制度距离考虑冗余资源的部署和经验的运用（Dutta et al.，2016），消除制度距离造成的企业合法性缺失。

国际化经验使企业能够降低整合成本和协调制度距离（Hsu et al.，2013）。

一方面，国际化经验直接帮助企业提高对东道国制度的认知，减少制度距离带来的陌生感（Eden et al.，2004）。因此，国际化经验可能有助于开发企业在东道国获取的知识和资源，从而减少评估、选择所需的时间和精力（Nadolska & Barkema，2007）。另一方面，国际化经验有助于企业发展和改进国际化进程（Dikova et al.，2010）。它"制度化"了国际化进程中现有的公约（Nadolska & Barkema，2007；Gaur & Lu，2007），并减少了企业合法化所需的时间和成本（Mohr & Batsakis，2017）。此外，国际化经验使企业能够整合东道国和母国之间的文化差异（Sambharya，1996；Gupta & Govindarajan，2002），并获得对海外市场的重要认识。国际经验丰富的管理者能够使企业人力资源系统适应国际化需求（Zollo & Winter，2002），并管理不同于母国文化的劳动力（Kirca et al.，2012）。

由于制度距离而产生的外来责任造成国际化障碍和不确定性（Zaheer，1995；Carneiro et al.，2018），需要冗余资源来克服。当企业面临来自东道国的不信任时，冗余资源起到缓冲作用（Lin，2014）。具体来说，冗余资源有助于企业学习和宣传，缓解信息不对称（Khanna & Palepu，2006）。企业利用冗余资源参与东道国的社会责任活动，提高其合法性。国际市场上的业务会增加管理的复杂性，导致内外部协调困难。冗余资源使企业能够在复杂的竞争环境中应对政治和文化风险（Lin et al.，2009），并适应东道国环境。因此，如果企业拥有丰富的冗余资源，但它可能倾向于进行快速的国际化。反之，企业很难迅速融入东道国。此时，企业可能倾向于降低国际化速度，以逐步适应东道国的制度环境，避免国际化失败。

因此，本章认为制度距离、国际化经验和资源之间存在相互作用，国际化速度的决定要依靠制度、经验和资源的匹配。当企业目标东道国与母国制度距离较低，拥有丰富的国际化经验和冗余资源的企业更倾向于进行快速的国际化以克服制度距离的负面影响，开发市场机会。当企业目标东道国与母国制度距离较高，知识和资源稀缺的企业往往会表现出缓慢的国际化，或者通过更换目标东道国与在国际化前进一步积累内部知识与资源以应对可能出现的风险。此外，国际化绩效取决于国际化速度、制度距离、国际化经验和冗余资源的匹配程度。适当的匹配可以提高国际化绩效。

第三节　研究设计

一　研究方法

本章采用 Ragin（2007）所创的模糊集定性比较分析方法（fsQCA）。这主要出于以下几点考虑：第一，在本研究中，企业国际化路径的选择取决于制度距离、国际化经验与冗余资源等前因变量的复杂交互作用。变量之间的因果关系在许多情况下是不对称的。fsQCA 有效地区分了因果不对称。基于构型理论，前因变量的组合可能对结果产生协同效应（Sergis et al.，2018）。相比之下，传统的定量分析方法与 fsQCA 方法有显著差异。传统的分析方法在解释因变量变化时限制了自变量之间的内在联系，仅能处理单个变量或者两两交互关系，无法处理多变量交互问题（王凤彬等，2014）。

第二，而不同组合的协同效应可能达到相同的结果，形成替代的前因构型组合。例如，尽管冗余资源的缺乏可能促使企业采取慢速国际化路径，但是拥有丰富冗余资源的企业同样可能采取这一路径。传统的统计方法无法刻画变量之间的等效替代关系。fsQCA 方法则支持对等效结果的刻画。

二　数据收集

我们以 940 家中国上市企业为样本。为消除国际环境变化、通货膨胀等因素的干扰，我们缩小了时间范围，以 2013 年至 2016 年为观察期。企业必须在这四年中首次实施国际化。剔除一些数据严重缺失的样本后，我们的样本量为 79。数据来自多个数据库。正式制度距离数据来自世界银行（ICRG）数据库。非正式制度距离的数据来源于霍夫斯泰德数据库。国际化经验和冗余资源来自 CSMR 数据库，该数据库包含来自中国上市公司的丰富业务数据。

三 变量测度

1. 正式的制度距离

正式制度由 6 个部分组成，包括政府效能、监管质量、法律、腐败控制、政治稳定和问责制，这些指称均来自 ICRG 数据库。正式制度距离是 6 个制度指标之差的绝对值总和。由于所有样本企业均来自中国，因此本研究只计算中国与其他国家或地区的正式制度距离。

2. 非正式的制度距离

本研究采用了霍夫斯泰德的研究成果，包括 6 个维度：权力距离、个人主义/集体主义、男性化/女性化、不确定性回避、长期/短期取向和放纵/克制（Hofstede et al., 2005）。两国得分的差值为非正式制度距离。

3. 国际化经验

国际化经验包括教育经验和工作经验。教育经验指企业管理者在国际化之前曾经留学海外。工作经验是指管理者在国际化之前曾在海外工作（Herrmann & Datta, 2005）。教育经验和工作经验均为虚拟变量。两者之和即为国际化经验。

4. 冗余资源

冗余资源通常以财务指标的形式来衡量。根据 Lin（2009）的研究，我们以流动资产与流动负债的比率来衡量。为了保证数据的准确性，我们提前一年计算冗余资源。

5. 国际化速度

根据 Chetty 等（2014）的研究，国际化速度分为时间和距离两部分。因此，国际化速度被定义为覆盖的国际化距离与达到该距离所需时间之间的关系（Chetty et al., 2014）。距离可以进一步定义为企业当前的国际化状况（Chetty et al., 2014; Johanson & Vahlne, 1977）。在 Uppsala 模型中，这种状态被视为企业对国际市场的资源承诺和企业获得的经验知识。与 Johanson 的观点不同，我们认为"国际化速度"应该更加具体，所以我们主要通过市场承诺来衡量企业的国际化速度。这一承诺保证了企业在特定市场投资的资源量，并且这些资源不能转移到其他市场（Johanson & Vahlne，1977）。目前，外商直接投资已成为中国企业最普遍的国际化方式。因此，我们认为，国际化的速度是以企业从建立到国际化的投资额和所需时间的比率来衡量的。为了尽可能地控制不相关因素的影响，我们选取了2013—2016年实施国际化的上市公司作为样本。

6. 国际化绩效

国际化绩效是衡量企业国际化经营成功与否的主要指标，主要体现在盈利能力上。根据先前的研究，我们使用资产回报率（ROA）来衡量国际化绩效。同时，为了保证数据的准确性，我们将ROA做延迟一年处理。

第四节　数据分析

本章运用fsQCA作为分析工具，分析步骤包括数据校准、必要性分析、真值表建立与分析（张明和杜运周，2019）。第一，将前因变量（正式制度距离、非正式制度距离、国际化经验、冗余资源和国际化速度）和结果变量（国际化速度和国际化绩效）用模糊隶属分数表示（Ragin，2008）。模糊隶属分数范围从0.00（完全非隶属）到1.00（完全隶属）。我们采用间接评分对样本进行定性分类（Ragin，2007）。四个定性类别分别是1、0.67、0.33、0。

第二，对所有条件的必要性进行检验。必要性指缺乏该条件，则无法产生相应的结果。根据表14-1和表14-2，我们发现所有条件的一致性小于0.9，这表明任何一个条件都是非必要的，它们对结果的影响取决于条件组合（Navarro et al.，2016）。

表14-1　　　　　　　　　国际化速度必要条件分析

前因条件	国际化速度	~国际化速度
	一致性	一致性
正式制度距离	0.540	0.631
~非正式制度距离	0.652	0.529

续表

前因条件	国际化速度	~国际化速度
国际化经验	0.703	0.499
~国际化经验	0.510	0.659
冗余资源	0.619	0.565
~冗余资源	0.591	0.629

注:"~"表示该前因条件的反作用,下同。

表 14-2　　　　　　　　国际化绩效必要条件分析

前因条件	国际化绩效 一致性	~国际化绩效 一致性
正式制度距离	0.583	0.610
~非正式制度距离	0.654	0.537
国际化经验	0.600	0.565
~国际化经验	0.596	0.542
冗余资源	0.705	0.464
~冗余资源	0.507	0.695
国际化速度	0.641	0.541
~国际化速度	0.588	0.598

第三,我们将模糊集隶属分数导入 fsQCA 软件,我们将频率阈值设置为 1,将一致性阈值设置为 0.90 (Ragin, 2008) 并建立真值表。通过对真值表进行分析,本章获得了三种结果,即复杂解、中间解和简约解。复杂解不考虑逻辑余项,揭示了导致特定结果的所有构型。中间解根据现实情况纳入部分逻辑余项。而简约解基于所有逻辑余项简化了构型。由于未对逻辑余项进行假设,本研究中的中间解与复杂解相同。如表 14-3 和表 14-4 所示,所有配置的一致性 (CS) 都大于 0.8,这表明所有配置都满足一致性条件 (Fiss, 2011)。总体一致性 (OCS)分别为 0.834 和 0.790,保证了结果的可靠解释 (Ragin, 2008)。

表 14-3　快速国际化 fsQCA 构型

	X1	X2	X3
正式制度距离	⊗	⊗	⊗
非正式制度距离	⊗	•	•
国际化经验	⊗	•	•
冗余资源	⊗	⊗	•
CS	0.822	0.826	0.813
CV	0.191	0.156	0.216
NCV	0.116	0.067	0.125
OCS	0.834		
OCV	0.415		

表 14-4　慢速国际化 fsQCA 构型

	Y1	Y2	Y3	Y4
正式制度距离	•		•	•
非正式制度距离		•	•	
国际化经验	⊗	⊗		⊗
冗余资源	⊗	⊗	⊗	
CS	0.877	0.809	0.878	0.853
CV	0.366	0.289	0.238	0.298
NCV	0.163	0.086	0.034	0.094
OCS	0.790			
OCV	0.580			

研究结果揭示了国际化速度的七种构型。表 14-3 中的三种构型代表了快速国际化：~正式制度距离 * ~非正式制度距离 * 国际化经验 * ~冗余资源，~正式制度距离 * 非正式制度距离 * 国际化经验 * ~冗余资源，~正式制度距离 * 非正式制度距离 * 国际化经验 * 冗余资源。表 14-4 中的四种构型代表了慢速国际化：正式制度距离 * ~国际化经验 * ~冗余资源，非正式制度距离 * ~国际化经验 * ~冗余资源，正式制度距离 * 非正式制度距离 * ~冗余资源，正式制度距离 * 非正式制度距离 * ~国际化经验。研究结果表明，企业基于对制度距离、国际化经

验与冗余资源的考虑，选择合适的国际化路径。

表14-3显示了快速国际化的构型。在构型X1中，核心条件是~正式制度距离*~非正式制度距离*~国际化经验*~冗余资源。这种配置表明，企业在缺乏国际化经验和资源不足的情况下组织国际化活动。因此，企业选择进入一个与本国环境更为相似的东道国。由于正式制度与非正式制度的距离较低，企业将面临较少的制度约束和冲突，降低适应成本。因此，企业实施快速国际化，以迅速占领东道国市场。在配置X2中，核心条件是~正式制度距离*非正式制度距离*国际化经验*~冗余资源。虽然企业缺乏足够的资源，但他们有丰富的国际化经验。面对较高的非正式的制度距离，企业利用丰富的国际化经验，学习东道国的文化和价值观，进入关系网，与政府、供应商、客户等利益相关者建立密切联系。在构型X3中，核心条件是~正式制度距离*~非正式制度距离*国际化经验*冗余资源。企业不仅面临着较低的制度距离，而且拥有丰富的国际化经验和冗余资源。企业特有的资源和经验可以形成互补，从而提高彼此的相对价值（Sandberg et al.，2019）。企业利用国际化经验快速了解东道国市场信息，评估发展机遇，制订国际计划。此外，企业运用冗余资源实施既定战略，达成既定目标。因此，企业加快国际化步伐，占领东道国市场，建立合法性，获得先发优势。

表14-4显示了慢速国际化的前因构型。高正式制度距离导致更大的外来者责任，而高非正式制度距离导致企业对东道国市场的文化、习惯和价值观缺乏认识。此外，国际化经验与冗余资源的缺乏使企业很难在短时间内适应新的环境。在面临着严重的不确定性和风险时，企业将会出现决策失误，导致国际化失败。在配置Y1和Y2中，企业分别面临着较高的正式制度距离和较高的非正式制度距离，缺乏必要的经验和资源。因此，企业国际化的进程是谨慎而缓慢的。企业通过边做边学，逐步提高自身的合法性，减少不确定性，隔离风险。在配置Y3和Y4中，企业面临更高的正式制度距离和非正式制度距离，分别缺乏国际化经验和冗余资源。与配置Y1和Y2类似，企业通过缓慢的国际化来逐步适应东道国的制度环境，以规避风险。

本章以正式制度距离、非正式制度距离、国际化经验、冗余资源和国际化速度为前因变量，以国际化绩效为因变量，探讨国际化路径对国际化绩效的影响。本章排除了覆盖度较小的构型 Z2 和 Z5，得到了三种配置：~国际化经验＊冗余资源＊国际化速度，~非正式制度距离＊国际化经验＊国际化速度和~正式制度距离＊冗余资源＊国际化速度（如表 14 – 5 所示）。

表 14 – 5　　　fsQCA 的配置（国际化绩效作为结果变量）

	Z1	Z2	Z3	Z4	Z5
正式制度距离		●		⊗	⊗
非正式制度距离		⊗	⊗		●
管理者经验	⊗		●		●
冗余资源	●			●	⊗
国际化绩效	⊗	●	●	●	⊗
CS	0.815	0.832	0.822	0.872	0.857
CV	0.354	0.281	0.338	0.330	0.096
NCV	0.162	0.049	0.016	0.082	0.024
OCS	0.822				
OCV	0.750				

在配置 Z1 中，企业缺乏国际化经验，但拥有丰富的冗余资源。在这种结构中，制度距离并没有发挥重要作用。以 Z1 构型为代表的企业虽然没有面临很高的制度距离，但企业仍然采用缓慢的国际化速度来获得高绩效。具体来说，企业利用丰富的冗余资源，谨慎地进行慢速国际化，包括详细的市场评估和更为保守的经营策略，以降低国际化风险，获得了较高的国际化绩效。在 Z3 构型中，企业缺乏冗余资源，但拥有丰富的国际化经验。由于制度距离较低，企业在东道国面临着相似的市场环境。因此，企业利用国际化经验，以较高的国际化速度来制定国际化计划，搜索知识和资源，抢占市场，以获得较高的国际化绩效。在 Z4 构型中，企业拥有丰富的冗余资源。企业利用资源开展快速的国际化活动，迅速拓展市场，获得了较高的国际化绩效。

对国际化绩效前因变量的探索，证实了不同国际化路径的存在。本章发现，国际化经验和冗余资源有助于企业克服制度距离带来的国际经营风险。当企业拥有丰富的经验和资源且面对较低的制度距离时,进行高速国际化更有利于企业的发展。当企业缺乏国际化所需的经验和资源且面对较高的制度距离,实施低速国际化将有助于企业克服高制度距离带来的问题,提高国际化的成功率。然而,当企业拥有丰富的经验和资源且面对较低的制度距离时,企业同样可以采取慢速国际化以降低国际化经营的风险。

第五节　结论与讨论

本章探讨企业如何根据制度距离、国际化经验和冗余资源做出国际化路径决策,以及不同路径对国际化绩效的影响。我们的发现从三个角度改进了国际化速度的相关研究。

第一,本章证实了不同的企业国际化路径存在。以往的研究提出了基于国际化速度的不同企业国际化路径(Meschi et al., 2017)。遗憾的是,这一研究尚未得到证实。本章认为,企业在国际化过程中,根据国际化速度的差异,可能采取两条路径:快速国际化和慢速国际化。

第二,本章探讨影响企业国际化路径的前因变量及其影响机制。制度距离、国际化经验和冗余资源虽然被广泛用于国际化研究,但它们对企业国际化的影响仍不确定。企业国际化路径的形成和作用并不明确。本章考虑了它们的相互作用。具体来说,国际化经验和冗余资源可以弥补制度距离过大对企业国际化的负面影响。由于制度、经验和资源在企业国际化进程中的关键作用,企业在选择国际化路径时需要考虑其外部环境和自身禀赋。因此,企业应当在认清现状的基础上,选择与制度距离、经验和冗余资源相匹配的国际化道路。

第三,本章探索了国际化速度与国际化绩效之间的关系。以往的研究探讨了国际化速度对国际化绩效的影响。然而,它们之间的关系还没有明确的结论。现有结果包括正相关(Chang & Rhee, 2011; Zhou et al., 2013; Chetty et al., 2014; Hilmersson, 2014)、"U"形或倒"U"形关系(林治洪等, 2013; Hilmersson & Johanson, 2016; 黄胜等, 2017; Mohr & Batsakis, 2017; García et al., 2017)、负相关(Jiang et al., 2014; 方宏、王益民, 2017; 钟熙等, 2018)和无关系

(Vermeulen & Barkema，2000；Zhou，2007；Khavul et al.，2010)。本研究认为，国际化速度与国际化绩效没有固定的关系。国际化速度对国际化绩效的影响取决于国际化速度与企业外部环境和内部条件的匹配。恰当的匹配对提高企业国际化绩效具有积极作用，否则可能导致企业国际化失败。

本章的研究为国际企业管理者提供了基于国际化速度的两种国际化路径。在国际化过程中，管理者应根据不同的内外部环境，做出相应的国际化速度决策。一方面，企业的经验和资源可以缓解制度距离带来的风险和冲突。具体来说，当母国与目标东道国的制度距离较大时，管理者需要进行谨慎而缓慢的国际化，或者在企业国际化之前预先积累足够的经验与资源。相反，当母国与目标东道国的制度距离较小时，企业可以进行快速的国际化以抢占市场。管理者同样可以考虑改变潜在的目标东道国以匹配企业的资源禀赋。另一方面，国际化速度决策与内外部环境的匹配影响着国际化的绩效。执行与内外部环境不相匹配的速度决策可能造成国际化的失败。在企业资源不足以应对制度距离影响的同时，企业国际化需要更加谨慎。管理者可以通过降低国际化的速度来减轻制度距离的负面影响。相反，当企业有足够的经验和资源来应对制度距离的影响时，管理者可以通过高国际化速度来提高国际化绩效。

另外，本章存在三个方面的局限性。第一，本研究所使用的数据来自中国上市公司。由于上市公司所占比例较小，研究结果可能会受到抽样偏差的影响。应利用不同类型企业的数据对模型进行进一步检验。第二，作为新兴经济体，中国企业正在积极开展国际商务活动，这与发达国家和其他新兴经济体明显不同。这种差异的结果可能反映在企业管理者的决策中。需要进一步研究西方发达经济体和其他发展中市场，以提高研究结论的解释力。第三，本研究仅探讨了制度距离、国际化经验和冗余资源对国际化速度决策的影响。研究其他资源因素和环境因素对企业决策的影响，将是一个很有意义和必要的话题。例如国际化企业的能力、人力资源和产业环境，在企业国际化进程中同样发挥着重要作用。根据 fsQCA 的结果，较低的构型覆盖率也表明了其他影响因素的存在。因此，未来的研究应该研究这些潜在因素对企业速度决策和国际化绩效的影响。

本章的结果揭示了制度距离、冗余资源、国际化经验、国际化速度与国际化绩效之间的关系。我们发现了三种导致高速国际化的配置和四种导致低速国际化的配置。引入国际绩效变量的结果进一步证实了不同国际化速度决策的可行性。我们发现，企业可以调整国际化速度，以应对高制度距离和经验与资源的缺乏，也可以充分发挥低制度距离与丰富经验和资源所带来的优势。

第十五章

供应链网络与企业国际化速度关系研究

第一节 研究背景

近年来,我国经济巨轮驶入发展新航道,习惯了"窝里横"的中国企业亟须加快国际化步伐,"加快走出去"已经成为这些中国企业突破发展"天花板"的重要出路。企业如何迈好"两条腿"(能力和资源)来实施企业国际化战略是一项挑战性难题。企业国际化进程中会面临能力和资源时间挤压的不合理性问题(Chang & Rhee, 2011),因此,国际化速度与企业资源以及能力的适配至关重要。以往研究发现,商业网络、国际市场环境制度等因素会对企业国际化有重要影响(陈立敏、刘静雅和张世蕾,2016;李杰义、闫静波和王重鸣,2019)。特别是,企业充分利用其所处的商业网络关系能够对其国际化产生积极影响。然而,鲜有文献考虑以企业所处的供应链网络为背景的网络关系,来探索其对国际化速度的影响(Caiazza, Volpe & Stanton, 2016)。

企业国际化进程的研究应当考虑企业所处的网络关系。网络关系理论起源于新经济社会学"嵌入式"思维与关系管理思维的有机结合,该理论强调,企业的经济行为并不是孤立存在的,而是嵌入于其所处的网络之中,并且网络的结构、关系等会对企业有着重要影响(Granovetter, 1985)。尽管网络关系管理在战略管理文献中得到了广泛应用,但在新兴经济体企业供应链网络管理研究中却鲜有涉及。因此,探索供应链网络关系对于中国企业国际化速度的影响机制，有利于完善中国企业国际化发展的理论框架。

企业国际化需要投入大量资源，而关系作为一种独特的资源，在加速企业国际化方面起着重要作用。但是，处于同一供应链网络且拥有相似网络关系资源的企业有些国际化较快，而其他企业却在国际化进程中举步维艰，这一现象说明企业在国际市场中供应链的整合是有差异的。高效的供应链整合，如产品运输、分销策略等能够促进企业国际化（Zhu，Sarkis & Lai，2011）。此外，企业自身的能力也在网络关系中发挥独特作用，企业产品创新的能力有助于企业获取差异化竞争优势，促使其高效进入国际市场（Lewandowska，Szymura-Tyc & Gołębiowski，2016）。基于此，供应链网络关系如何影响中国企业供应链整合和产品创新能力，而不同的供应链整合和产品创新能力又是如何影响企业国际化速度，这是需要探索的理论问题。

综上，本章从网络关系视角出发，基于"供应链网络关系—供应链整合/产品创新能力—国际化速度"的理论逻辑，试图探索中国企业在供应链网络关系中的不同特性（关系建立和关系质量）如何影响供应链整合和产品创新能力，进而探讨对国际化速度的影响。本研究可能的理论贡献在于：第一，国际化作为企业提高绩效的重要手段，以往的研究主要从管理者角度（钟熙、陈伟宏、宋铁波等，2018）、制度角度（黄胜、叶广宇、周劲波，2018）等探讨其对国际化战略的影响，本章创新地从供应链网络关系、供应链整合以及产品创新能力出发来对中国企业国际化速度进行深度探讨与研究，补充和丰富了中国企业国际化速度的理论框架。第二，企业国际化速度作为当前的研究热点，更多的是围绕其概念、内涵以及作为前因变量探究对绩效的影响等方面展开（方宏、王益民，2017），本研究通过实证探究了供应链网络关系对国际化速度的影响机理。第三，本章在分析供应链网络关系的影响机理的基础上，进一步探究企业如何运用网络中的关系资源来加强供应链整合、提升产品创新能力，以及不同的供应链整合和产品创新能力如何作用于企业国际化速度，意欲打开企业在国际化中的理论"黑箱"。

第二节 理论假设

一 供应链网络关系与企业国际化速度

关系作为企业一种特殊的重要资源,受到学术界广泛关注,已被应用于研究企业绩效、企业创新等领域(解学梅和李成,2014;李敏、王志强和赵先德,2017)。在供应链网络中,节点企业与其他企业之间的关系会对其新市场的发展能力产生重要影响,具体展现在一个企业与另一个企业之间的关系动用上。本章借鉴 Nyaga 等(Nyaga, Whipple & Lynch, 2010)以及 Wathne 和 Heide(Wathne & Heide, 2004)在供应链网络方面的研究,从关系建立和关系质量两个维度度量供应链网络关系。关系建立是指个体企业与其他企业进行关系联结的过程;关系质量反映的是企业进行合作行为时,满足组织成员需求的适宜程度。

国际化速度一般指特定时间内企业在市场和业务范围全球化的程度。有学者将国际化速度定义为公司成立与首次国际销售之间的时间(Li, Qian & Qian, 2015),然而这忽视了企业进入国际市场后的国际化活动。Prashantham 和 Young 把国际化速度分为广度和深度,广度是每年增加的海外销售额,深度是每年新增的海外子公司数量(Prashantham & Young, 2011)。本研究借鉴 Chetty 等的研究,考虑首次进入国外市场的时间,以及国际化深度和广度的时间跨度,采用多维视角将国际化速度分为学习速度和市场承诺速度两个维度,学习速度是企业在国际经营中获得经验知识的速度,而市场承诺速度是企业在国际活动中投入的人力、物力等资源的速度(Chetty, Johanson & Martín Martín, 2014)。

企业在国际化过程中,由于海外市场的高不确定性,包括客户需求、同业者竞争等,会面临发展困境。关系建立可以将网络中不同背景、经验、知识和技能的节点企业联系起来,形成更多的信息传输管道,来应对国际市场的高风险性(Forsgren, 2002)。另外,关系建立可以促进企业在供应链网络中和其他企业的信息传递和技能学习,一方面可以构造更低运营成本的全球供应链,另一方面帮助寻找新的国际市场渠道和合作伙伴，进而有效促进企业国际化（Cheung，Myers & Mentzer，2010）。因此，当供应链网络中的节点企业具有高频次的关系建立时，能够帮助其快速、有效地融入东道国环境，降低进入风险和成本，进而提升国际化速度。

在供应链网络中，高关系质量的企业和合作企业间有着更深的合作层次、更高的信任程度，而承诺和信任对关系质量的提高至关重要（Huntley，2006）。在不断变动的国际形势下，频繁稳定的业务往来、高度信任的伙伴关系能够降低企业在国际化进程中的试错风险，提升国际化效率。企业与合作伙伴之间的相互承诺是其国际化成功的必要因素（Johanson & Vahlne，2009），这种关系质量有益于促进企业有序、高效地进行海外扩展，进而提高企业国际化速度。因此，本研究提出如下假设。

H1：供应链网络关系对企业国际化速度具有积极影响。

H1a：供应链网络关系中的关系建立对企业国际化速度具有积极影响。

H1b：供应链网络关系中的关系质量对企业国际化速度具有积极影响。

二 供应链整合和产品创新能力的中介作用

供应链整合是指企业与其供应链合作伙伴之间信息、资源流动的一系列协调活动，包括物料移动、资金流转、信息整合以及交易流程优化过程。Frohlich 和 Westbrook 通过对企业外部环境的"整合弧"分析，将供应链整合分为供应商整合和客户整合两个方面，供应商整合能够提升供应链上游的"可见度"，降低交易成本，而客户整合则能促进信息、产品和服务顺利流向客户，提高企业竞争力（Frohlich & Westbrook，2001）。

在企业国际化过程中，供应链网络关系中关系建立和关系质量对于提升企业的供应链整合能力具有重要作用。关系建立能够增加企业与其合作伙伴修正原先运作方案、流程的机会，带来丰富的非重复性信息，找到更加适合自身企业发展的合作伙伴企业，进而实现上下游企业的有效整合（Prajogo & Olhager，2012）。而以信任、承诺为基础的关系质量，促使企业与其合作企业进行更为频繁的业务往来和更深层次的信息交流，降低交易成本，帮助其整合供应链中的物流、信息流和商流（张宝建、胡海青和张道宏，2011）。

一方面，有效的供应链整合能够修正原先运作流程中的欠缺点，并促进企业之间信息、技术的交流共享，减弱外部环境不确定性带来的经营风险，提高企业海外生存的机会，进而促进企业加快国际化（Wong, Boon – Itt & Wong, 2011）。另一方面，高效的供应链整合能够建立风险和利润共享的高度互信伙伴关系，并能够根据客户需求灵活变动供应关系，还能改进工艺流程，增强企业海外生存能力和竞争力，进而提升国际化速度（Cao, Huo, Li et al., 2015）。因此，供应链整合既帮助企业从网络中获得有用的市场信息，极大程度上减少了企业海外市场的试错成本，又可以促进物流、信息流的高效运转和产品及服务输出，进而加速企业国际化扩张。综上，供应链网络中的企业关系能够有效提升企业的供应链整合，进而加速企业国际化。因此，本研究提出如下假设：

H2：供应链整合在供应链网络关系与企业国际化速度之间具有中介作用。

H2a：供应链整合在关系建立与企业国际化速度之间具有中介作用。

H2b：供应链整合在关系质量与企业国际化速度之间具有中介作用。

供应链网络关系中关系建立和关系质量对于提升企业的产品创新能力具有重要作用。当企业在所处的供应链网络中具有较高频次的关系建立时，就能提供企业与网络中的其他企业进行信息、知识交流的机会，进而促进企业进行产品创新（Caniato, Golini & Kalchschmidt, 2013）。关系建立还会促成供应链网络中的企业开展联合生产行动，进而有效提高企业精益化生产水平，也将一定程度上提高企业的产品创新能力（Jayaram, Vickery & Droge, 2008）。同时，高水平的关系质量能够带来高频率、高质量的合作互动，促进深层次的知识、技术交流，从而帮助企业进行创新活动，提升企业产品创新能力（Chang, Cheng & Wu, 2012）。

企业在海外市场会遭受高不确定性、高风险性的危机，有竞争优势的企业就更容易在海外市场进行生存和发展。企业在面临激烈的市场竞争时，往往通过提高产品的创新能力来促进自身成长，提高企业的竞争能力。企业通过产品创新，进而可以更快更好地满足客户需求，提升市场占有率和降低成本，能将业务成功扩展到新的海外市场（Boso, Story, Cadogan, et al., 2016）。因此，产品创新能力能够帮助企业提升企业生存和竞争能力，进而加速企业国际化。因此，本研究提出如下假设：

H3：产品创新能力在供应链网络关系与企业国际化速度之间具有中介作用。

H3a：产品创新能力在关系建立与企业国际化速度之间具有中介作用。

H3b：产品创新能力在关系质量与企业国际化速度之间具有中介作用。

基于上述理论推演及相关研究假设，本研究提出如下研究模型，具体如图 15 – 1 所示。

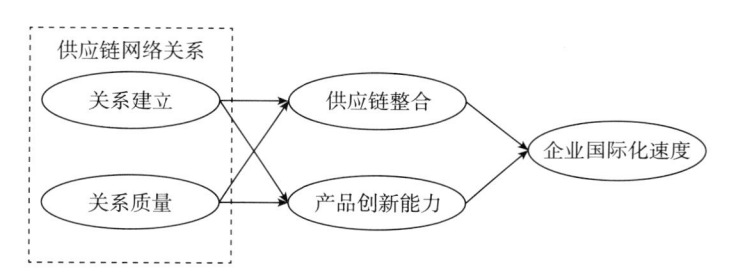

图 15 – 1　供应链网络与企业国际化速度关系研究的理论模型

第三节　研究设计

一　研究方法

为了提高研究结论的可靠性，本研究参考 Yueh 等（2016）以及宋华和卢强（2017）的研究思路，采用混合研究方法展开研究，即使用 PLS – SEM 用于提供对称的"净效应"解释和 fsQCA 用于发现共同影响新产品绩效的前因变量的相互作用。

具体的研究思路是首先采用偏最小二乘法结构方程模型（PLS-SEM）来验证理论模型中的经验假设。其次，考虑到对称统计分析的局限性，即 PLS-SEM 在解释复杂交互作用的局限性，包括三个或更多因素的相互作用，为提升研究结论的可靠程度，本章将利用模糊集比较分析对数据重新进行分析，来研究各个变量与企业国际化速度之间非对称关系再次进行检验。fsQCA 是一种使用模糊集理论和布尔逻辑的分析工具，并确定前因和结果的不同组合之间的关系，是一种可以直接简化复杂性的测量方法。

二 数据获取

鉴于本研究主要探索跨国经营企业在供应链网络中的特性以及其能力对该企业国际化速度的影响，研究样本的选择与数据收集来自浙江省具备跨国经营业务的企业，原因有二：第一，浙江省是民营企业发展强省，上市公司数量排名全国第二，并且其国际化经营水平在全国处于领先水平，方便我们进行相关数据资料的收集；第二，研究小组与浙江省商务厅以及浙江省经信委之间有长期的合作关系，便于在上述政府机构配合下进行数据资料收集。数据资料收集分三阶段进行。第一阶段，研究小组从 A 股上市的 397 家浙江公司中筛选出有 3 年以上国际化运作经验的企业，对于同一集团下的多家子公司，我们选取的研究对象是其国际化业务经营最长的子公司，最后我们搜集到了 267 家企业的数据样本。第二阶段，在依据 Chetty 等（2014）对企业国际化速度的测量条件之下，我们对上述企业进行了第二轮数据搜集，时间跨度为 2017 年 4 月—2017 年 8 月，这期间，研究小组在浙江商务厅外经处以及经信委经济信息中心的帮助下，走访、调研了 143 家公司的数据资料，包括 30 家非上市公司。第三阶段，在 2017 年 10 月，我们对上个阶段调研的 143 家企业开展问卷调查，发放问卷的对象是这些企业的首席执行官（CEO）或者供应链总经理和一名参与国际化业务的供应链部门基层员工，回收有效问卷 130 份，有效回收率为 90.9%。样本的基本情况如表 15-1 所示。

表 15 – 1　　　　　　　　　　　　样本结构分布

	最大值	最小值	均值	行业分布	分布频数
公司总产值（亿元）	319	0.9	17.8	信息产业	31
公司员工（人）	38000	75	6258	机械机电	29
从事国际业务员工（人）	15000	8	148	医药卫生	25
从事国际业务时间（年）	24	2	13.6	服装纺织	18
国际业务横跨国家数	56	1	12.7	交通运输	15
企业国际市场进入方式	5	1	2.7	其他	12
使用外语种数	9	1	4.3		

三　变量及其测量

本章中所涉及的全部构念的测量均是在广泛查阅现有相关文献的基础上，借鉴前人成熟的研究结果和测量量表。量表设计过程主要分为两步：首先，将外文测量量表翻译成中文，然后回译成外文以确保其准确性；其次，通过6位经理对先前初译的量表进行试填，依据他们的反馈进行适当修改。除了国际化速度的测量，本研究的所有量表都采用里克特五级计分法予以测量，要求被试根据题项所描述的内容从"完全不同意"到"完全同意"分别给予"1分"到"5分"。具体的测量题项如表15 – 2所示。

（1）供应链网络关系。供应链网络关系的测量主要涉及关系建立和关系质量两个维度。关系建立的测量主要参考 Cheung 等（2010）和 Jayaram 等（2008）的研究，量表主要包括信息交换、合作伙伴关系发展等题项。关系质量的测量主要参考 Su 等（2008）的研究，采用信任、承诺以及适应性等题项对其进行测量。关系建立和关系质量的测量均包括3个题项。

（2）供应链整合。供应链整合的量表主要参考 Danese 和 Romano（2011）的研究以及徐可等（2015）的研究，考察企业的客户整合、供应商整合两个方面，测量内容包括与客户以及供应商之间的信任、承诺和适应性等，具体量表包括4个题项。

表 15-2　　　　　　　　　信效度检验结果

构念	题项	标准化载荷	Cronbach's α	CR	AVE
关系建立	我们努力发展新的合作伙伴关系	0.840	0.823	0.872	0.695
	我们经常与其他企业交换市场结构变化的相关信息	0.902			
	我们时常调整对最终用户需求、偏好和行为的理解	0.752			
关系质量	我们与合作伙伴相互非常信任	0.780	0.822	0.866	0.683
	我们与合作伙伴长期合作,感到非常愉快和满意	0.873			
	我们与合作伙伴的矛盾冲突得到有效解决	0.823			
供应链整合	我们有程序和方法获得供应商的运营信息	0.761	0.903	0.910	0.716
	我们与供应商关于质量保持密切的沟通和设计变化	0.869			
	我们有正式的惯例和标准作业程序与客户联络	0.874			
	我们与客户积极互动以改进产品或服务的质量	0.876			
产品创新能力	我们时常引进或开发出新的制造技术	0.752	0.837	0.876	0.638
	我们不定期改进生产流程标准化	0.802			
	我们努力获取对创新至关重要的管理和组织技能	0.858			
	我们的创新成果受到最终客户的好评	0.779			

（3）产品创新能力。产品创新能力体现的是企业通过已有资源进行开发或引进新的制造技术、生产流程,也包括获取对产品创新至关重要的组织技能以及能够切实满足客户需求的新成果等方面的能力。产品创新能力的测量量表主要参考 Adebanjo 等（2018）以及 Chang 等（2012）的研究,具体量表包括 4 个题项。

（4）国际化速度。测量方法参考 Chetty 等（2014）有关国际化速度中学习速度和承诺速度两个维度的测量。学习速度是公司在国际化经营中获得经验知识的速度，根据企业国际化方式与国际化目标市场的不同，学习速度又细分为重复性学习速度与多样性学习速度。重复性学习速度包括"获得第一个出口订单的速度""实现正常出口的速度"两个指标，具体测量方法是采用企业第一次开展国际化业务年限与企业经营年限比值、企业国际化业务常规化年限与企业经营年限比值这两个指标的平均值。多样性学习速度则包括"公司国际业务的市场范围拓展速度""企业国际化进入模式速度"两个指标，具体测量方法采用企业进入不同国家市场数量与企业经营年限比值、企业进入国际市场方式与企业经营年限比值的平均值。承诺速度则是企业在国际活动中投入的人力、物力等资源的速度，包括"参与国际业务员工承诺速度""使用外语技能速度""合作经营承诺速度"三个指标，具体测量方法是采用企业参与国际化业务的员工数与企业经营年限比值、员工工作语言种类与企业经营年限比值、参与合作投资的外国投资机构（企业）数量与企业经营年限比值的平均值。

第四节 数据分析与假设检验

一 信度与效度校验

基于本研究所使用的数据来源于企业问卷调查主观数据与企业国际化经营客观数据两个部分，在数据获取方面有效避免了同源性误差。此外，本研究还运用了因子分析法来更深一步地核查问卷题项的同源性误差，结果显示4个因子的解释总变异为74.53%，且第一个因子的解释总变异为21.76%，说明不存在单一因子覆盖大多数的变异。鉴于此，本研究数据没有同源方差问题。

本研究对于自变量和中介变量的信效度检验结果如表15 – 2所示。其中，各个构念的Cronbach's α系数和CR值均在0.8以上，表明各变量信度较高。从效度方面来讲，研究模型中各个变量相关题项的因子载荷均大于0.7，符合因子载荷大于0.5的界限要求。表15 – 2中的AVE都在0.6以上，说明所有构念的测量模型具有较好的聚合效度。表15 – 3

表示本研究各个变量之间的相关系数,我们发现各个变量的 AVE 的平方根均大于各潜变量之间的相关系数,表明本研究所设计的题项具备较好的区分效度。

表 15 - 3　　　　　　　　各变量之间的相关系数

变量	MEAN	SD	RB	RQ	SCI	PIA	IS
关系建立	3.640	0.787	1				
关系质量	3.308	0.812	0.302**	1			
供应链整合	3.478	0.788	0.349**	0.379**	1		
产品创新能力	3.244	0.856	0.289**	0.331**	0.306**	1	
国际化速度	0.233	0.063	0.347**	0.264**	0.383**	0.434**	1

注:*表示 $p<0.05$,**表示 $p<0.01$。下同。

二 假设检验

为了检验供应链网络关系中的关系建立和关系质量对企业国际化速度的影响,以及产品创新能力的中介作用,本研究设定了基本模型、全模型以及中介模型,通过 PLS - SEM 估计,获得理论假设中各关系的路径系数与模型的判定系数 R^2 值,并结合 T 值进行显著性检验。本研究采用了反应型模型,即各个变量的项目反映了相应的正在测量的潜变量。

我们首先对基本模型进行检验,包括供应链网络关系中关系建立与关系质量对企业国际化速度的直接作用。结果显示,供应链网络关系中的关系建立对企业国际化速度表现出显著的正向影响($\beta=0.295$,$p<0.001$),假设 H1a 得到验证;同时,供应链网络关系中的关系质量对企业国际化速度也表现出显著的正向影响($\beta=0.186$,$p<0.05$),假设 H1b 得到验证。综上,假设 H1 得到验证。但就影响程度而言,相比于关系质量,关系建立对于企业国际化速度的影响更大。

在基本模型检验的基础上,全模型包括供应链整合和产品创新能力两个中介变量,各变量之间的路径系数如图 15 - 2 所示。结果表明,供应链网络关系中关系建立和关系质量分别对供应链整合产生正向影响(β建立 $=0.260$,$p<0.001$;β质量 $=0.313$,$p<0.01$),供应链整合

对企业国际化速度具有显著的正向影响（β = 0.255，p < 0.05）。另外，关系建立和关系质量分别对产品创新能力产生正向影响（β 建立 = 0.217，p < 0.01；β 质量 = 0.263，p < 0.01），产品创新能力对企业国际化速度具有显著的正向影响（β = 0.309，p < 0.001）。此外，相比于基本模型，全模型中关系建立和关系质量对企业国际化速度没有显著的间接影响。且全模型对企业国际化速度的解释程度 R^2 值为 0.293，大于 0.19，表明模型解释程度可以接受。此外，全模型的 SRMR 指标值为 0.077，表明模型拟合度较好。因此，我们初步判断供应链整合与产品创新能力在关系建立、关系质量与企业国际化速度之间存在完全中介效应。假设 H2 和 H3 得到初步验证。

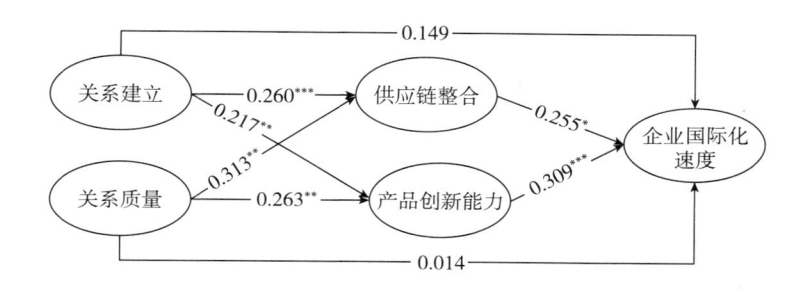

图 15 - 2　全模型检验结果

当供应链整合和产品创新能力分别单独作为中介存在时，是否还存在显著的中介效应，这有待进一步验证。因此，本章进一步对供应链整合和产品创新能力的中介效应分别进行独立检验。

在中介模型中，供应链整合在关系建立、关系质量与企业国际化速度之间产生的中介作用的实证检验结果如图 15 - 3 所示。首先，关系建立对供应链整合产生显著的正向影响（β = 0.261，p < 0.001），供应链整合对企业国际化速度具有显著的正向影响（β = 0.312，p < 0.05），而关系建立对企业国际化速度没有显著间接影响。因此，供应链整合在关系建立和产品创新能力之间起到完全中介作用，假设 H2a 得到验证。其次，关系质量对供应链整合具有显著的正向影响（β = 0.312，p < 0.01），供应链整合对企业国际化速度具有显著的正向影响（β =

0.312，$p<0.05$），而关系质量对企业国际化速度没有显著的间接影响，因此供应链整合在关系质量和产品创新能力之间起到完全中介作用，假设 H2b 得到验证。综上，假设 H2 得到验证。此外，中介模型对企业国际化速度的解释程度 R^2 值为 0.215，表明模型解释程度可接受。且模型的 SRMR 指标值为 0.086，表明模型拟合度较好。

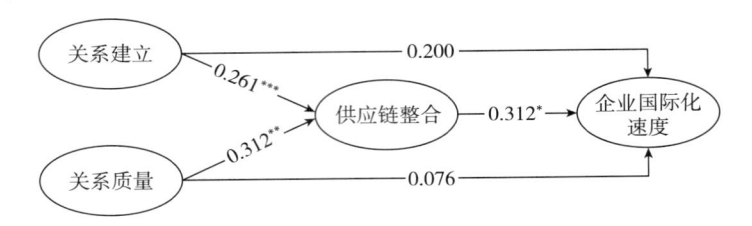

图 15 - 3　供应链整合中介模型检验结果

在中介模型中，产品创新能力在关系建立、关系质量与企业国际化速度之间产生的中介作用的实证检验结果如图 15 - 4 所示。首先，关系建立对产品创新能力具有显著的正向影响（$\beta = 0.216$，$p<0.01$），产品创新能力对企业国际化速度具有显著的正向影响（$\beta = 0.345$，$p<0.001$），关系建立对企业国际化速度具有显著的正向影响（$\beta = 0.216$，$p<0.05$）。因此产品创新能力在关系建立与企业国际化速度之间存在部分中介作用，假设 H3a 得到验证。其次，关系质量对产品创新能力具有显著的正向影响（$\beta = 0.264$，$p<0.01$），产品创新能力对企业国际化速度具有显著的正向影响（$\beta = 0.345$，$p<0.001$），而关系质量对企业国际化速度没有显著的间接影响。因此产品创新能力在关系质量与企业国际化速度之间存在完全中介作用，假设 H3b 得到验证。综上，假设 H3 得到验证。此外，中介模型对企业国际化速度的解释程度 R^2 值为 0.250，表明模型解释程度可接受。且模型的 SRMR 指标值为 0.078，表明模型拟合度较好。

三　定性比较分析

把用于 SEM 的相同数据用于模糊集定性比较分析（fsQCA）进行重新分析。在应对对称统计检验的局限性时，使用 fsQCA 对各个前因变量和企业国际化速度之间的关系进行验证性分析，以便提供更稳健的结果，从而提高研究结果的可信度（Yueh，Lu & Lin，2016；宋华、卢强，2017）。

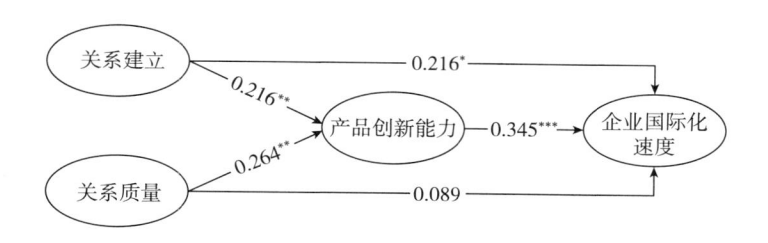

图 15-4　产品创新能力中介模型检验结果

本章所使用的是李克特五级量表，"5"分表示程度最高，"1"分表示程度最低。在 fsQCA 分析中，所处理的数据必须是 0—1 的连续集。因此，我们先计算出每个前因条件所有题项的平均值；再将由平均值组成新的变量分配至校验临界值，分别对应 0.95、0.5 以及 0.05 这三个模糊集标度；然后，我们将调查的 130 个样本进行了 fsQCA 分析，前期做的数据校验结果如表 15-4 所示。

表 15-4　　　　　　　　　各变量的校验值

校对标准	关系建立（RB）	关系质量（RQ）	供应链整合（SCI）	产品创新能力（PIA）	国际化速度（IS）
0.95	5.00	4.67	4.79	4.75	0.32
0.5	3.67	3.00	3.58	3.25	0.23
0.05	2.00	1.67	2.07	1.75	0.13

关于样本数据进行校验所得到的模糊数据集，我们使用 fsQCA 2.0 软件对所有前因变量与企业国际化速度之间的关系进行分析，解析出促进企业国际化速度的前因条件构型。并且，我们将先前运用偏最小二乘结构方程所检验的假设结果与 fsQCA 的构型结果进行对比。

在前因构型分析中，fsQCA 首先会给出全部构型的真值表；其次根据设置的一致性临界值以及样本频数临界值对需要解释的结果具备充分性的前因条件构型进行筛选；最后软件的 fsQCA 功能模块会给出解释因变量的简单解、中间解以及复杂解。基于一致性门槛值不低于0.75以及数据在一致性上的自然断裂等因素，本研究将对企业国际化速度分析的一致性门槛值设置为0.9。并且，研究小组为确保样本频数大于或等于频数临界值的前因条件构型覆盖至少80%的样本企业，将样本频数门槛值设置为3（Ragin，2008）。综上，本研究将依据简单解以及复杂解的结果，得出如表15-5所示的前因条件构型分析的结果。

表15-5　　　　　　企业国际化速度的前因条件构型

前因条件	构型1	构型2	构型3	构型4	构型5	构型6	构型7
RB	●	⊗	⊗	●	•	⊗	•
RQ	•	⊗	•	⊗	⊗	⊗	⊗
SCI		⊗	•	•	●	⊗	•
PIA	⊗	●	●	•	•	●	●
一致性	0.901	0.927	0.913	0.928	0.928	0.927	0.928
覆盖率	0.652	0.525	0.695	0.551	0.551	0.525	0.551
净覆盖率	0.062	0.014	0.068	0.013	0.013	0.014	0.013
方案总体一致性	0.826							
方案总体覆盖率	0.855							

注：●与•表示条件存在，⊗与⊗表示条件不存在，空白表示在构型中该条件可存在也可不存在，●与⊗为核心条件，•与⊗表示辅助条件。核心条件同时出现在复杂解与简单解中，辅助条件只出现在其中一种解中。

鉴于此，我们从多个因素的组合出发，进一步分析因素构型对企业新产品绩效的关系。如表15-5所示，通过fsQCA分析，我们得到了关于国际化速度具有较好解释力的7个前因条件构型。总体方案的一致性为0.826，高于0.75的临界值，表明整体方案的一致性较好，且覆盖率较高，达到0.855。

在7种前因条件构型中，构型1、构型3、构型4、构型5与构型7说明了关系建立、关系质量、供应链整合和产品创新能力能够对企业新产品绩效起到积极影响作用，且5种构型的一致性分别为0.901、

0.913、0.928、0.928 和 0.928。本研究对实现高水平新产品绩效的前因变量配置进行分析，然后将 fsQCA 的分析结果与偏最小二乘结构方程模型的实证结果进行了对比分析，也从非对称关系角度对假设进行验证，从而提高研究成果的可靠性。

具体来说，首先，构型 1、构型 4、构型 5 和构型 7 表明供应链网络关系中的关系建立是提高国际化速度的充分条件，构型 1 和构型 3 表明关系质量是提高国际化速度的充分条件。这分别表明关系建立和关系质量对中国企业国际化速度具有重要积极作用，从而分别为本研究假设 H1a 和 H1b 的验证结果提供了佐证。

其次，构型 4、构型 5 和构型 7 表明关系建立和供应链整合的组合对国际化速度具有积极的预测作用，从而验证了假设 H2a。构型 3 表明关系质量和供应链整合的组合对国际化速度具有预测作用，从而验证了假设 H2b。

另外，构型 4、构型 5 和构型 7 表明关系建立和产品创新能力的组合对国际化速度具有积极的预测作用，从而验证了假设 H3a。构型 3 表明关系质量和产品创新能力的组合对国际化速度具有预测作用，从而验证了假设 H3b。此外，结合 fsQCA 分析结果中的简洁解，关系建立、关系质量、供应链整合和产品创新能力均可视为影响企业国际化速度的核心条件，这也间接验证了企业在制定国际化战略中，供应链网络关系、供应链整合和产品创新能力对于提高国际化速度具有重要作用。

第五节　结论与讨论

本章沿着"网络关系—供应链整合/产品创新能力—国际化速度"的理论逻辑，针对企业的供应链网络关系如何影响其国际化发展进行了深入的理论剖析，一定程度上拓展了企业国际化相关研究理论。具体而言，本研究所获得的主要研究结论如下。

第一，在企业国际化发展中，供应链网络关系中的关系建立与关系质量对于加快其国际化速度发挥着重要作用。对于企业所处的供应链网络，关系管理对其在海外市场的行动和发展有着十分重要的影响。由于企业在跨入新市场时，"外来者劣势"使企业在海外市场面临发展困境

（魏江、王诗翔、杨洋，2016），关系建立能够将网络中的节点企业联系起来，构建资源传送"管道"。关系质量则可以通过深度合作的业务伙伴获取信息、资源，在一定程度上规避海外市场的高风险性，加速企业国际化。

第二，供应链网络关系中的关系建立与关系质量能够通过供应链整合来加快其国际化战略的实施。关系建立可以帮助企业寻找更多新型合作伙伴，而关系质量能够帮助企业与其合作伙伴开展更加紧密的业务活动与深层次的信息交换，两者帮助企业提高其供应链整合水平。在海外市场谋求发展时，企业所遭遇的高度信息不对称难题是阻碍其国际化发展步伐的重要原因，已然得到学者们的广泛认同（Autio, George & Alexy, 2011）。而供应链整合能够高效利用所获取的信息与资源，提高企业国际化速度。

第三，供应链网络关系中的关系建立与关系质量能够通过企业自身的产品创新能力来提高国际化速度。一方面，关系建立帮助企业准确地获得海外市场的相关行业信息以及竞争对手的基本情况，提供和供应链网络中的其他企业进行广泛的信息和资源交换的机会；另一方面，以信任、承诺为基础的关系质量可以促进双方深层次知识、技术交流，从而一定程度上帮助企业进行相关创新活动（Chang, Cheng & Wu, 2012）。因此，关系建立和关系质量能促进企业的产品创新能力，而高水平的产品创新能力可以又好又快地为企业带来新的生产工艺与产品，从而帮助企业提升市场占有率、增强竞争能力（Deshpandé, Farley & Webster, 1993）。因此，企业在面临"外来者劣势"的海外市场，产品创新能力可以有效解决企业所遭遇的困境，提高国际化速度。

第十六章

管理者时间观念与企业国际化速度关系理论研究

第一节 研究背景

自中国政府提出"一带一路"产能合作战略号召以来,加快拓展海外市场业已成为中国领先企业国际化经营的显著特征。然而,由于受到国际市场文化分歧、制度障碍等的影响,大部分中国企业的国际化之路"历尽坎坷",国际化表现"不尽如人意",错失了很多获得国外先进技术、领先品牌等战略性资产的时间窗口。这不仅极大伤害了中国企业的海外利益,挫伤了中国企业的国际化信心,也不利于"一带一路"产能合作战略的深度推进。以往的学者们对于中国企业国际化进行了大量的研究(Lu & Xu,2006;Liou et al.,2016;张建红、周朝鸿,2010;魏江等,2016;程聪等,2017),并提出了许多具有启发性的理论建议。综观这些研究,主要从"为什么"(why)、"哪里"(where)、"如何"(how)等视角展开讨论,鲜有从市场时机角度考察中国企业国际化战略的实施,即很少关注"何时"(when)的问题。当前国际商务领域的学者们越来越意识到,企业国际化中的时间决策(when)是影响企业国际化动机(why)、目标市场选择(where)、进入模式(how)等国际化进程的重要因素(Eden,2009),而如何掌控企业国际化态势、提升企业国际化速度更是成为当前实务界和理论界关注的焦点之一。

国际市场上日益凸显的竞争加速度、技术颠覆和顾客偏好转变极大地刺激了企业的时间紧迫感，将企业的时间决策问题推到了战略管理研究的前沿（Bridoux et al.，2013；D'Aveni et al.，2010；易明等，2018）。早期的先发优势理论指出，特定产品市场上的先驱者往往比其他竞争者更有优势（Kerin et al.，1992；Autio et al.，2000），表达了时间领先对于企业获取竞争优势的积极意义。Langley（2007）则指出，企业国际化是伴随时间推移而进行的一项企业系列决策活动，时间因素将在企业国际化研究中扮演核心角色。Eden（2009）则一直呼吁理论界重视企业经营活动中所面临的时机决策问题，尝试为企业国际化研究提供更为扎实的理论基础。当前有关企业战略层面推进时间意涵研究的核心文献主要聚焦在企业高管时间观念方面，将时间管理作为企业决策过程的"过滤"机制，期望通过时间机制重塑企业高层管理者对决策情境的认知和评价，以此形成机会窗口下的战略行为理论基础（Ancona et al.，2001；Crossan et al.，2005）。然而，目前有关企业国际化中的管理者文献主要集中在管理者经验、管理者风险认知、管理者决策风格等方面（Das，2004；Rialp et al.，2005；吴建祖、毕玉胜，2013；董临萍、宋渊洋，2017），很少针对管理者时间观念展开分析，因此，探讨管理者时间观念对企业国际化速度的影响机制具有丰富的理论价值。在国家大力推动企业深度参与国际市场竞争的背景下，探讨中国企业高层管理者时间观念对于加快中国企业国际化速度的影响将具有十分重要的战略意义。

从战略权变视角来看，企业国际化是一个战略变革的过程，即国际化进程中的企业需要重新定位企业市场地位、重新设计组织架构，等等。企业为了应对来自外部市场快速变化的竞争压力，不得不灵活掌握企业国际化节奏（Chang & Rhee，2011；García-García et al.，2017）、精确控制企业国际化态势（Freeman et al.，2006；Prashantham & Young，2011；程聪等，2017），在此过程中需要高层管理者具备足够的时间掌控能力来领导企业国际化的时间框架（Avolio，2007；Derue et al.，2011；Zaccaro，2012），即管理者时间领导力问题。具体来说，管理者时间领导力包含时间计划、时间同步和时间资源分配三方面的内涵，通过这些核心时间活动可以促使企业依据外部环境变化调整工作进

第十六章 管理者时间观念与企业国际化速度关系理论研究

程,提高企业反应速度(McGrath & Kelly,1986)。此外,作为一种变革的企业国际化新战略,企业加快国际化速度难免会对原有的组织结构和成员观念造成更加剧烈的冲击:一方面,管理者在处理企业内部关系时应充分考虑企业国际化进程中各部门顺利完成各自目标实现的时间节点,以及在此基础上的合作协调、组织应变和时效性。另一方面,企业内部不同部门之间关于国际化节奏、态势等时间安排方面的"共同理解"也至关重要。以往的研究表明,有共享时间认知的团队会在任务早期阶段就开始协调彼此的工作进程,因而能更好地满足组织目标的整体时间框架(Gevers et al.,2006)。总之,管理者通过对时间的掌控来引导团队成员的时间认知,团队成员之间通过共享时间认知来厘清国际化活动的整体时间框架,减少时间上的偏差,进而加快企业国际化速度。由此可知,管理者时间领导力和团队共享时间认知在管理者时间观念与企业国际化速度之间扮演着重要的角色。遗憾的是,现有研究并未针对企业国际化中的管理者时间领导力与团队共享时间认知展开详细的理论探讨,中国企业国际化情境下的管理者时间研究更是十分缺乏。基于此,本章从管理者时间观念这一视角来探讨中国企业国际化速度问题,以尝试丰富企业国际化理论中的时间要素,同时为中国企业国际化提供实践建议。

第二节 管理者时间观念

管理者时间观念包含两部分:管理者时间紧迫性与管理者稳步行动。时间紧迫性是指管理者对待事件截止日期的观念以及与执行任务速度相关的时间意识(Landy et al.,1991;Rastegary & Landy,1993)。时间紧迫性具体包括五个方面(Conte et al.,1995):(a)意识到当前的时间;(b)制定和遵守时间表;(c)维持事项清单;(d)在事先规定时间内饮食;(e)遵守外部期限。具有时间紧迫感的管理者更加关心并意识到时间的流逝,十分关注任务的截止日期(Strube et al.,1989)并经常受到时间的"骚扰"(White et al.,2011),为了克服时间焦虑,他们往往会在活动时间框架期限内另外设定自己的时间节点,并策略性地使用这些时间节点来评判任务执行的时间效率,直到目标完成(Rastegary &

Landy，1993；Waller et al.，2001）。而管理者稳步行动指的是管理者在事件预期目标完成时间框架内，均衡、高效分配时间资源的一种工作风格。习惯稳步行动风格的管理者对活动的推进节奏、发展态势具备很强的控制能力，能够通过时间节点来控制子目标的推进情况，同时监督其他人的工作进度（Mohammed & Nadkarni，2011）。管理者稳步行动既能够克服早期行动者立即开始任务活动可能导致的目标偏差，又能够避免行动者在事件截止日期附近以相对较短的时间来完成大部分工作所潜藏的风险（Claessens，2004）。总之，管理者时间紧迫性体现在管理者为任务完成预备的时间充裕程度，而管理者稳步行动则反映了管理者在任务期限内的时间资源高效分配情况（Mohammed & Nadkarni，2011）。

企业国际化速度作为特定时间窗口下的复杂战略决策过程，比如，特定市场中国际化模式确定（出口、设立子公司等）、国外市场企业创建期的人力资源配置（外派、当地招聘等）、技术有效期内的技术转移机制（独家授权、付费使用等），这种在既定时间框架下的企业国际市场"输出"行为迫使企业需要充足的时间资源来进行决策，以期获得最优的国际化效益。企业国际化过程并不能一蹴而就，当企业进入特定国际市场时都需要不断学习当地市场的新信息，对所获得的经验进行测试、修改、补充和调整，以不断加强对目标市场的认知，最终适应当地市场的需要（Coeurderoy & Murray，2008；Johanson & Vahlne，2009；宋铁波等，2017）。因此，在国际化目标实施过程中，具有时间紧迫感的管理者会将时间视为最稀缺的资源，努力规划好国际化业务推进的时间框架，在设定的时间期限内领导团队执行任务，保证国际化活动按照既定时间路线推进。对于大部分仍处于后发劣势的中国企业来说，国际市场机会稍纵即逝（程聪等，2017），把握进入国际市场的时机尤为重要。从资源投入来看，企业国际化过程本质上是一个持续的资源承诺过程（Sharma et al.，2006；Tan et al.，2007；Rocha et al.，2012），具体包括资金、技能、知识乃至情感的投入（Freeman & Cavusgil，2007；Nadkarni & Perez，2007；Javalgi & Todd，2011）。由于这种资源投入专一性的特点，增加了企业国际化过程中的资源承诺成本，也意味着管理者需要预留充足的时间来评估这种企业的资源承诺效益。管理者稳步行动作为一种将时间资源合理分配在不同活动环节上的工作风格,可以很好地维护企业加速国际化过程中的资源承诺价值,避免时间紧张、准备不充分导致的资源浪费与精神疲乏。例如,Pla – Barber 和 Escriba – Esteve (2006) 就认为,具有丰富国际化经验和稳健工作风格的管理团队在推进企业国际化速度方面更加得心应手。Gevers (2015) 则指出,稳定行动反映的是一种深思熟虑的、有计划的工作方式,采取稳步行动风格的管理者可以同时关注多项任务,并有计划、有层次地分配注意力,保证对所有任务都有充分的把握。另外,稳步行动风格的管理者会努力评估企业国际化进程中"轻、重、缓、急"事件所面临的不同挑战,判断现有企业组织结构与新市场的匹配程度,合理制定国际化的各项阶段性任务,尽可能减少由于时间压力带来的资源短缺和精力不济。总之,稳步行动能够保证管理者有足够的时间来了解企业国际化进入模式、业务进度与未来前进方向,进而加快企业国际化速度。由此,本书提出以下假设:

H1:企业管理者时间观念对企业国际化速度具有积极的影响。

H1a:企业管理者时间紧迫性对企业国际化速度具有积极的影响。

H1b:企业管理者稳步行动对企业国际化速度具有积极的影响。

第三节 时间框架下的企业国际化速度

一 管理者时间领导力

组织研究中时间领导力的概念最早由 Ancona 等 (2001) 提出。时间观念薄弱、时间节点重叠以及时间资源的可拓展性是组织活动中常见的时间问题,这些问题是影响组织效率、组织活动顺利开展的核心问题。Halbesleben 等 (2003) 指出,组织内部管理者需要重视时间领导力问题,并对组织活动的时间安排负有主要责任。管理者时间领导力是管理者领导团队活动过程中有关时间节点设定、时间资源分配和时间框架控制的能力,它强调组织内部涉及时间维度的核心活动,即时间计划、时间同步和时间资源分配(McGrath & Kelly, 1986; Mohammed & Nadkarni, 2011)。时间计划指的是任务目标期限及其在时间连续性上的定位(Ancona et al., 2001),包括要执行哪些任务,如何将这些任务划分优先级，以及如何处理可能出现的外部干扰。特别是当单个团队或个体必须同时执行多项任务的时候，子任务的执行顺序问题（Claessens，2004）。时间同步是协调组织内部不同团队工作节奏的活动。由于组织在实施特定任务时包含多个"时间小世界"，每个"时间小世界"都包含独特的时间节奏，管理者的主要任务之一就是对这种"时间小世界"进行协调。管理者通过时间同步可以促进团队成员在适当的时间执行既定的行动计划（Schriber & Gutek，1987），改进和协调不同团队的工作周期（Clemens & Dalrymple，2005），以减少组织中出现的时间偏差（Maruping et al.，2014；Standifer et al.，2015）。总之，在组织推进具体任务目标期间，管理者将时间同步视为一个协调不同任务活动时间节点的控制机制，以保证组织时间框架的连续性与稳定性。时间资源分配是指管理者设置团队完成任务的时间节点，尤其是在时间压力较大的情况下，既要让团队成员认识到时间资源的宝贵性，又不能对其造成潜在的巨大时间压力（Mohammed & Nadkarni，2011）。在时间资源分配上，管理者会根据任务的轻重缓急对其进行排序，对重要且紧急的任务分配较多的时间资源，这种高效的时间资源分配在企业国际化情境下尤其重要。考虑到当前企业对于加快国际化的战略诉求，时间正日益成为稀缺的资源（Mankins，2004），通过时间计划、时间同步和时间资源分配，高层管理者在加快企业国际化进程中实现时间框架的稳定，并最终引导企业国际化活动形成一个由事件、团队和目标不断协调、互动的一体化系统。

企业国际化战略中，发现和管理各项活动实施和任务执行的最佳时间进程是管理者面临的又一挑战（Barkema et al.，2002）。从时间计划来看，具有时间紧迫感的管理者总觉得时间不够用，这迫使他们更加珍惜时间资源，尝试精确地绘制出每个任务活动预期完成的时间，并对任务团队及成员设定最后期限，以确保任务目标的及时完成（Mohammed & Harrison，2013）。由于企业国际化经营涉及多个复杂的子任务，企业在快速推进国际化过程中各项子任务之间难免存在时间上的冲突，因此，采取稳步行动的管理者往往能够通过制订明确的时间计划表，设立阶段性时间任务，为团队成员提供清晰的工作路线图，确保各项子任务的顺利执行，进而促进企业国际化目标顺利实现。而从时间同步来看，团队内部成员由于承担的角色不同，再加上时间观念差异，导致各项子任务存在提前完成、逾期完成和无法完成等多种情况。这种任务在时间序列上的断裂，迫切需要管理者通过设立时间同步这一控制机制来维持任务执行的时间框架稳定，保证不同职能部门间的有效协作（Dess et al.，2003；Zahra et al.，2009）。管理者稳步行动的工作风格则可以在规定的时间期限内合理安排各项行动计划，采用时间同步来控制组织的时间框架，给予时间领导力发挥创造足够的时间空间。时间同步机制的存在，能够减少不同任务之间的时间冲突，避免企业整体活动的时间滞后性，同时也能够为管理者提前应对外部环境变化争取更多的时间（Crossan et al.，2005；Zucchella et al.，2005）。最后，从时间资源分配来看，时间紧迫感强烈的管理者往往会优先考虑群体任务上的时间资源配置（Mohammed & Harrison，2013），他们会花费大量的精力来预判不断涌现的新事物和新现象，并在整体时间框架内设定领先的时间期限来应对，这种时间分配在充满不确定性的企业国际化活动中十分关键。企业国际化过程中新业务的投资、新知识的储备以及新组织结构的出现等都需要管理团队花费大量的时间和精力来应对，厘清国际化过程中可能出现的突发情况的应对机制。此外，稳步行动风格的管理者倾向于在时间框架内制订详细的计划活动，以确保时间在每一项工作任务上的效用最大化，这种清晰的子活动时间安排在企业国际化战略决策中非常重要。因此，本章提出以下假设：

H2：企业国际化进程中的管理者时间领导力越强，管理者时间观念越能提升企业国际化速度。

H2a：企业国际化进程中的管理者时间领导力越强，管理者时间紧迫性越能够提升企业国际化速度。

H2b：企业国际化进程中的管理者时间领导力越强，管理者稳步行动越能够提升企业国际化速度。

二 团队共享时间认知

企业内部由于不同团队及个体在任务执行方面的倾向性，使彼此之间存在显著的时间认知差异（McGrath & Rotchford，1983；McGrath & O'Connor，1996），由此引发了学者们对团队内部整体任务进程时间安排协调性方面的重视（Mohammed & Nadkarni，2011；Mohammed & Harrison，2013）。共享时间认知正是基于团队成员时间认知多样性这一现象提出的，共享时间认知是指团队成员有关具体任务在时间层面上的共同理解，例如事件截止日期的重要性、子目标的完成时间、活动开展过程中的重要时间点等（Cohen et al.，1999；Waller et al.，2002；Gevers et al.，2006）。由于团队成员关于工作进程的速度存在偏好（Bluedorn et al.，1992；Blount & Janicik，2002），有些人喜欢稳定的工作节奏，并且倾向于随着时间的推移逐步分散任务，将任务难度降低到最小。另一些人则喜欢在截止日期临近的压力下工作（Teuchmann et al.，1999；Waller et al.，2002），比如，"临时抱佛脚""临阵磨枪，不亮也光"，等等，寄希望于通过最低的时间成本获得最大的时间效益，但这种临近时间节点下的工作成效一般都不太理想。Gevers 等（2006）提出了团队共同时间认知的两个前提条件，即团队成员步调相似性和时间提示机制。一方面，只有当团队成员对任务实施过程具备相似的时间认知偏好时，成员间的互动才更有效果，也更愿意在推动任务进程方面达成一致。另一方面，当团队内部存在时间安排监督机制时，团队成员将无法忽视时间这一要素在工作中的重要性。在惩罚监督机制的压力下，迫使成员提高时间注意力，改变工作习惯以满足团队整体任务推进的时间要求，进而对团队活动进程建立一个更全面的共享认知体系，最终将团队任务时间框架可能混乱的概率降到最低，提高企业绩效（Cohen et al.，1999；Rentsch & Klimoski，2001）。

Ancona（2001）和 Crossan（2005）均指出，在外部压力增大的情况下，管理者时间观念对于企业决策制定的影响日益深刻。企业国际化活动中，感受到外部市场不确定性压力的增加，具有时间紧迫感的管理者会更加频繁地检查下属团队的工作进度，并不断提醒团队成员对事件剩余时间的掌控，激励团队在规定的时间期限内尽快完成目标任务，加快企业的国际化速度（Acedo & Jones，2007；Lin，2012）。管理者稳步行动不仅为团队成员如何在规定的时间框架内推进工作设置了具体的时间节点，同时也将引领团队成员在任务完成时间节点上达成一致，形成在规定时间内完成任务的信念，增强团队成员的共享时间认知意识（Rentsch & Klimoski，2001；Gevers et al.，2006）。在集体行动当中，共享时间认知能够显著增强团队成员对任务执行的准确预期，并同时对自身任务和其他团队成员的需求做出及时的调整和适应（Chang et al.，2003）。企业国际化进程中的团队共享时间认知能够最大化降低团队内部可能存在的时间认知误解和关系冲突，特别是在时间紧迫的情况下，弥合任务团队的时间分歧。当企业内部团队成员关于行动计划达成时间认知一致时，意味着成员对任务执行截止日期、资源安排和活动目标完成形成了一个清晰的共同时间框架。另外，由于不同成员在企业国际化进程中承担职责的差别，团队共享时间认知会增加多样化信息在团队内部的交换和共享程度（Alipour et al.，2017），共同解决团队可能遇到的问题。因此，通过团队共享时间认知可以将管理者的时间观念更加顺利地贯彻到企业国际化活动当中，通过协调团队成员工作节奏，提高时间资源使用效率，最终加快企业国际化速度。因此，本章提出以下假设：

H3：企业国际化进程中团队共享时间认知越高，管理者时间观念对提高企业国际化速度的效果越显著。

H3a：企业国际化进程中团队共享时间认知越高，管理者时间紧迫性对提高企业国际化速度的效果越显著。

H3b：企业国际化进程中团队共享时间认知越高，管理者稳步行动对提高企业国际化速度的效果越显著。

第四节 理论总结与展望

本章首次从管理者时间观念的视角对企业提升国际化速度战略进行了分析，总结出了如下理论模型，具体如图 16 – 1 所示。

本章试图从管理者角度对企业国际化速度的相关研究做出贡献。第一，以往有关企业国际化的研究主要关注国际化动机、进入方式、制度文化障碍等方面（Kiss & Danis，2008；Liou et al.，2016；魏江等，2016），本研究则从国际市场机会窗口这一全新视角切入，聚焦于管理者时间观念对于中国企业国际化速度的影响机制问题。在当前的国际化市场环境下，企业国际化行为已经不再遵循原有的渐进式发展范式，而是突出表现为国际化进程更加灵活、活动更加弹性、行动更加迅速（Casillas & Acedo，2013；Johanson & Vahlne，2009），相对于以往的研

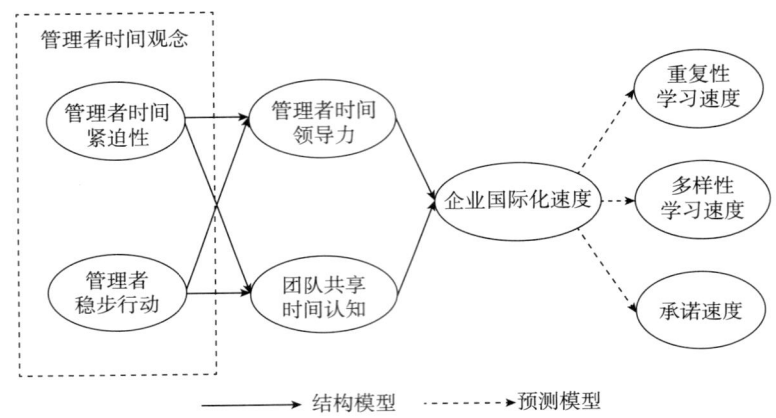

图 16-1 管理者时间观念与企业国际化速度关系理论模型

究,本研究无疑在辨识企业国际化节奏,刻画企业国际化范式方面更加精确,更符合当前企业国际化理论发展要求。第二,虽然以往国际商务领域的相关研究中,已经意识到速度对于企业国际化研究的重要性,将企业国际化速度视为国际化经营程度在时间维度上的投射 (Prashantham & Young, 2011; Cavusgil & Knight, 2015),却鲜有研究从时间角度来解构这种企业国际化速度变化的本质问题。本研究将时间因素纳入到影响企业国际化速度的前因条件中,构建了一个企业国际化速度影响机制的时间框架模型,并实证检验了企业重复性学习速度、多样性学习速度和承诺速度之间的关系及其影响机制问题,是对当前企业国际商务领域呼吁关注企业国际化动态研究的回应 (Chetty et al., 2014; García - García et al., 2017)。第三,本研究是对国际商务领域中有关高层管理者研究的重要补充和拓展,本研究不同于以往研究强调企业国际化过程中管理者经验、社会关系、风险认知等因素可能对企业国际化经营产生的影响 (Freeman et al., 2006; Pla - Barber & Escribá - Esteve, 2006; 许晖、余娟, 2007; 程聪等, 2017),而是聚焦于管理者如何来看待企业关于国际市场机会把握、国际化节奏掌控、国际化进度调整等时间节点控制机制问题,关注管理者时间观念对于企业国际化进程的影响机制,更加精准地描绘了企业国际化进程中管理者心理变化的动态变化,为后续关于企业国际化经营中企业管理者时间管理研究提供了一个非常有价值的研究方向。

第十七章

管理者时间观念与企业国际化速度关系实证研究

第一节 研究设计

一 样本获取

本章所使用的数据来自浙江省具有跨国经营业务的企业，理由如下：第一，浙江省作为我国民营企业发展大省，其上市公司数量在全国排名第二，且在国际化经营方面也领先于全国其他大部分省市，便于我们搜集相关数据资料。第二，本研究团队成员与浙江省商务厅、浙江省经信委建立了长期合作关系，方便研究团队在上述政府机关部门的配合下搜集企业数据资料。数据资料搜集的具体步骤如下：首先，我们从在A股上市的397家浙江企业中找出具有3年以上国际化业务经营经验的企业，对隶属于同一企业集团下的多家子公司，我们选择国际业务时间最长的子公司作为研究样本，最后搜集到278家企业样本。其次，我们按照Chetty等（2014）对于企业国际化速度的测量要求，对上述企业展开了第二轮资料收集，包括上市公司年报分析和企业实地调研，在浙江省商务厅外经处和浙江省经信委经济信息中心的配合下，我们一共访谈、搜集了148家企业的数据资料，其中非上市公司31家。时间跨度为2017年3—8月。最后，我们对这148家企业进行了问卷调查，问卷调研对象是企业一把手或者负责国际化业务的最高负责人和一位参与国际化业务的基层员工，时间为2017年10月，回收有效问卷134份，有效回收率为90.5%。样本的基本情况如表17-1所示。

表17-1　　　　　　　　　　　　　样本结构分布

	最大值	最小值	均值	行业分布	企业数量
企业总产值（亿元）	324	0.6	18.4	化学医药	39
企业员工（人）	40000	68	5668	机械制造	32
从事国际业务员工（人）	16000	7	137	计算机软件	31
从事国际业务时间（年）	23	3	14.7	商业贸易	17
国际业务横跨国家数	58	1	13.3	文化传媒	6
企业国际市场进入方式	4	1	2.1	其他	9
使用外语种数	8	1	3.1		

二　研究方法

由于本章的数据资料包括企业国际化业务涉入程度（市场进入数量和进入方式、人员派出、外语运用等）和问卷调查数据两个渠道，为了提高研究结论的可靠性，我们参考Mikalef和Pateli（2017）、宋华和卢强（2017）以及易明等（2018）等的研究思路，采用混合研究方法展开研究。具体的研究思路是首先采用结构方程模型（SEM）来检验理论模型中的经验假设，其次采用定性比较分析来进一步验证上述结论的可靠性。如此设计的优势在于：一方面，SEM的优点在于允许模拟一个或多个独立变量与一个或多个因变量之间的多重因果关系（Hair et al.，2011），这是当前多元数据分析普遍采用的重要工具之一。但SEM的不足之处也十分明显，不仅对样本数量要求较高，还需要设定模型中的因果变量之间是一种对称的关系，并且十分依赖对显著性水平（P值）的考察结果。但是，这种通过P值判定经验假设成立与否的研究设计正面临不断增多的质疑和挑战（林泽民，2016）。另一方面，定性比较分析法不同于传统的定量分析方法，这种方法聚焦于变量之间的非对称关系，关注产生某种结果的不同因素组合的多条路径，而不是单个独立变量对因变量的影响。使用模糊集合代替变量的具体测量，从而与实际更加吻合。另外，这种方法也能弥补传统定性研究基于对个案归纳所得结论缺乏普适性的不足。其中，模糊集定性比较分析法（fsQCA）作为一种定性比较分析技术，强调的是前因与结果之间关系的复杂性，即导致同一结果可以是多个因素的组合（Ragin，2008）。fsQCA是利用布尔代数算法探究产生某一种结果的充分条件、必要条件以及多种条件组合中的最佳组合（Ragin，2008；Fiss，2007）。我们认为，SEM 与 fsQCA 的综合运用对于本研究的讨论具有方法上的互补性，在对 SEM 与 fsQCA 结果进行对比性分析的基础上，可以保证研究中数据与研究模型的匹配性（Huang，2016），从而提高研究结果的可信度。

三 变量测量

本章对于构念的测量分为两个部分，对于因变量国际化速度的测量采用的是客观数据，测量方法参考 Chetty 等（2014）有关国际化速度中学习速度和承诺速度两个维度的测量。其中，根据企业国际化方式与国际化目标市场的不同，学习速度又细分为重复性学习速度与多样性学习速度。重复性学习速度包括"获得第一个出口订单的速度""实现正常出口的速度"两个指标，具体测量方法是采用企业第一次开展国际化业务年限与企业经营年限比值、企业国际化业务常规化年限与企业经营年限比值这两个指标的平均值。多样性学习速度则包括"公司国际业务的市场范围拓展速度""企业国际化进入模式速度"两个指标，具体测量方法采用企业进入不同国家市场数量与企业经营年限比值、企业进入国际市场方式与企业经营年限比值的平均值。承诺速度则包括"参与国际业务员工承诺速度""使用外语技能速度""合作经营承诺速度"三个指标，具体测量方法是采用企业参与国际化业务的员工数与企业经营年限比值、员工工作语言种类与企业经营年限比值、参与合作投资的外国投资机构（企业）数量与企业经营年限比值的平均值。

对于自变量和中介变量我们主要采用了李克特五点量表进行测量。本章中所有的量表均来自以往顶级英文文献中普遍采用的成熟量表，我们首先将量表翻译成中文，然后再邀请本领域具有丰富研究经验的学者将其回译成英文，与原有的量表进行对比分析，直到翻译的量表达到研究理论要求为止。相关变量测量情况如下。

1. 管理者时间观念

管理者时间观念包括管理者时间紧迫性和管理者稳步行动两个维度。其中，本研究对管理者时间紧迫性的测量主要参考 Landy 等（1991）的量表，我们选择"我在工作中感觉精力充沛"等 3 个测量题项进行测量。有关管理者稳步行动的测量主要参考 Gevers 等（2015）设计的量表，我们选取"我在工作上能够合理地分配工作时间"等 4 个测量题项进行测量。上述量表由企业高层管理人员负责作答。

2. 管理者时间领导力

本研究对管理者时间领导力的测量主要参考 Mohammed 和 Nadkarni（2011）设计的量表，该量表融合了 McGrath（1991）和 Ancona 等（2001）对时间领导力的研究成果，我们选取"我会经常提醒下属任务的截止日期"等 5 个测量题项进行测量，同样该量表也由企业高层管理人员负责作答。

3. 团队共享时间认知

本研究主要参照 Gevers 等（2006）对企业内部不同团队有关时间认知共享的研究成果，我们选取"团队成员对如何分配时间能够达成一致"等 3 个测量题项进行测量，该量表由企业基层员工负责作答。

第二节　结构方程模型检验

一　信度与效度检验

由于本章所采用的数据来自企业国际化经营客观数据和企业问卷调查主观数据，在数据获取方面最大限度地避免了同源性误差。另外，本研究还采用因子分析法来进一步检验问卷题项的同源性误差问题，结果表明四个因子的解释总变异达到了 74.955%，并且每一个因子都无法覆盖总变异的大部分，由此我们推断，本研究的数据不存在同源性误差问题。

本研究关于自变量与中介变量的信效度检验结果如表 17-2 所示，所有变量的 Cronbach's α 系数和 CR 值均大于 0.8，表示变量的信度很高（Fornell & Larcker, 1981）。另外，所有变量的 AVE 值均大于 0.6，变量中相关题项的因子载荷均大于0.7，这表明所有变量都具有良好的聚合效度。

表17-2　　　　　　　　　信效度检验结果

构念	题项	标准化载荷	Cronbach's α	CR	AVE
管理者时间紧迫性	对自己负责的工作，我总想着快点去完成	0.830	0.822	0.867	0.685
	我在工作中经常觉得时间紧迫	0.894			
	我在工作中感觉精力充沛	0.753			
管理者稳步行动	我处理任务时能做到有条不紊	0.740	0.868	0.889	0.668
	我在工作上能够合理地分配工作时间	0.852			
	我会每天都做一些工作，而不是在某段时间内长时间突击性工作	0.852			
	我会根据不同任务紧要程度分配时间	0.821			
管理者时间领导力	我会经常提醒下属任务的截止日期	0.767	0.916	0.917	0.688
	我会将任务按重要性进行排序，并给每项任务规定完成时间	0.793			
	我会预留时间来应对任务实施过程中可能出现的突发事件	0.857			
	我会详细计划任务完成进度的时间期限	0.868			
	我能够很好地处理不同团队有关时间期限上的分歧	0.858			
团队共享时间认知	团队成员对任务完成最后期限的看法能够达成一致	0.819	0.829	0.875	0.700
	团队成员对如何分配时间能够达成一致	0.826			
	团队成员对突发事件的处理时间能够达成一致	0.864			

本章中各变量之间的相关系数如表17-3所示，各变量之间均存在显著的相关关系，由此我们可以初步判断前文的理论假设是成立的。为

了检验管理者时间观念中的管理者时间紧迫性与管理者稳步行动对企业国际化速度的具体影响机制，以及管理者时间领导力与团队共享时间认知的中介作用，我们首先采用AMOS21.0软件进行分析。

表17-3 各变量间的相关系数

变量	均值	标准差	TU	SA	TL	OC	IS
管理者时间紧迫性（TU）	3.640	0.787	1				
管理者稳步行动（SA）	3.308	0.812	0.442**	1			
管理者时间领导力（TL）	3.478	0.788	0.405**	0.388**	1		
团队共享时间认知（OC）	3.244	0.856	0.299**	0.357**	0.319**	1	
企业国际化速度（IS）	0.233	0.063	0.279**	0.198*	0.400**	0.410**	1

二 企业整体国际化速度检验

我们首先检验了管理者时间紧迫性与管理者稳步行动对企业国际化速度的直接影响。结果表明，管理者时间紧迫性对企业国际化速度具有显著的正向影响（$\beta=0.03$，$p<0.05$），假设H1a得到验证；同时，管理者稳步行动对企业国际化速度也具有显著的正向影响（$\beta=0.03$，$p<0.05$），假设H1b得到验证，由此可知，假设H1得到实证支持。然后，我们在直接模型中加入管理者时间领导力与团队共享时间认知两个中介变量，各变量之间的路径系数如图17-1所示：一方面，管理者时间紧迫性和管理者稳步行动分别对管理者时间领导力有积极的影响（$\beta=0.27$，$p<0.01$；$\beta=0.30$，$p<0.01$），管理者时间领导力对企业国际化速度具有显著的正向影响（$\beta=0.04$，$p<0.01$）。另一方面，管理者时间紧迫性和管理者稳步行动分别对团队共享时间认知有积极的影响（$\beta=0.32$，$p<0.01$；$\beta=0.25$，$p<0.01$），团队共享时间认知对企业国际化速度具有显著的正向影响（$\beta=0.04$，$p<0.01$），管理者时间紧迫性与管理者稳步行动对企业国际化速度的影响变得不显著（$\beta=0.01$，$p>0.05$；$\beta=0.01$，$p>0.05$）。而且模型的拟合效果也较好（$IFI=0.928$，$TLI=0.911$，$CFI=0.926$，$RMSEA=0.073$）。综上分析，我们认为管理者时间领导力与团队成员共享时间认知在管理者时间紧迫性、管理者稳步行动与企业国际化速度之间存在完全中介效应，H2 与 H3 得到实证结果支持。

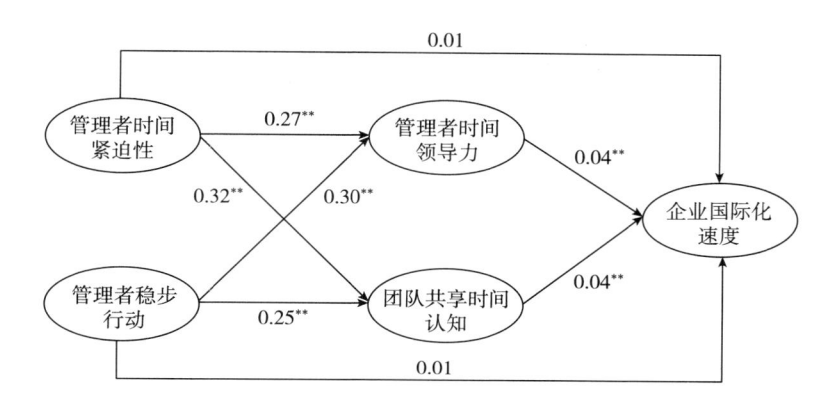

图 17-1　全模型检验结果

在全模型中，由于管理者时间紧迫性和管理者稳步行动对企业国际化速度的影响通过管理者时间领导力与团队共享时间认知两个中介变量来实现，那么，这两种中介机制是否存在互补效应呢？即当两个中介变量单独作为中介加入模型中时，是否还会在管理者时间紧迫性、管理者稳步行动与企业国际化速度之间产生显著的中介作用，这需要进行进一步检验，由此，本章对两者的中介效应进行单独检验。

第一，管理者时间领导力中介模型。在管理者时间领导力中介模型中，管理者时间紧迫性和管理者稳步行动对管理者时间领导力具有显著的正向影响（$\beta=0.26$，$p<0.01$；$\beta=0.30$，$p<0.01$），管理者时间领导力对企业国际化速度具有显著的正向影响（$\beta=0.05$，$p<0.01$），同时，管理者时间紧迫性和管理者稳步行动对企业国际化速度的影响不再显著（$\beta=0.03$，$p>0.05$；$\beta=0.01$，$p>0.05$），该模型的拟合度也满足理论要求（IFI = 0.929，TLI = 0.910，CFI = 0.927，RMSEA = 0.08），说明管理者时间领导力在管理者时间紧迫性、管理者稳步行动与企业国际化速度之间具有完全中介作用，假设 H2a 和 H2b 得到实证支持，即假设 H2 得到实证检验支持，具体如图 17-2 所示。

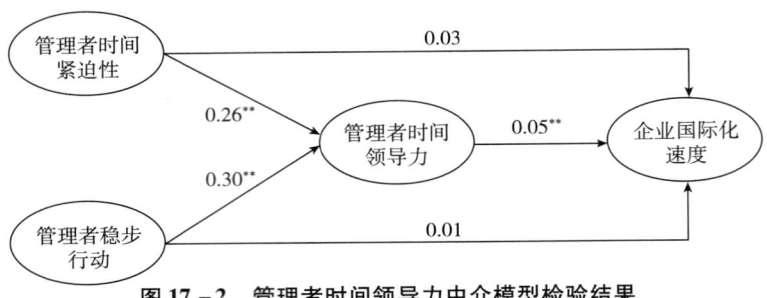

图 17－2　管理者时间领导力中介模型检验结果

第二，团队共享时间认知中介模型。在团队共享时间认知中介模型中，管理者时间紧迫性和管理者稳步行动对团队成员共享时间认知具有显著的正向影响（$\beta = 0.35$，$p < 0.01$；$\beta = 0.27$，$p < 0.01$），团队共享时间认知对企业国际化速度也存在显著的正向影响（$\beta = 0.04$，$p < 0.01$），同时，管理者时间紧迫性和管理者稳步行动对企业国际化速度的影响不再显著（$\beta = 0.02$，$p > 0.05$；$\beta = 0.02$，$p > 0.05$），该模型的拟合度达到理论要求（$IFI = 0.957$，$TLI = 0.943$，$CFI = 0.956$，$RMSEA = 0.061$），说明团队共享时间认知在管理者时间紧迫性、管理者稳步行动与企业国际化速度之间具有完全中介作用，假设 H3a 和 H3b 得到实证支持，即假设 H3 得到实证检验支持，具体如图 17－3 所示。

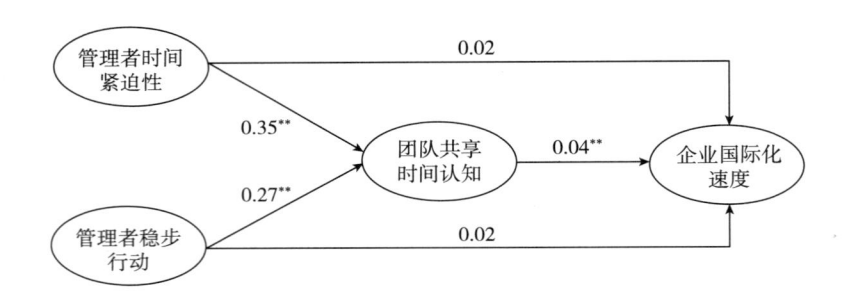

图 17－3　团队共享时间认知中介模型检验结果

本章前面的结构方程检验虽然证实了关于管理者时间领导力与团队共享时间认知在管理者时间观念与企业国际化速度之间具有完全中介效应，但无论是全模型检验还是单个变量中介模型检验都表明，管理者时间领导力与团队共享时间认知对于企业国际化速度的影响效果并不大（r 值最大只有 0.05）。实际上，企业国际化速度中企业学习速度与企业承诺速度之间存在本质上的差异（Eriksson et al.，1997；Rocha et al.，2012），企业学习速度作为一种组织学习行为（Johanson & Vahlne，1977），同时具备自主能动性和高增值性的特点，随着企业学习经验的积累，学习速度将呈现出不断加快的趋势（Johanson & Vahlne，1990）。相反，企业承诺速度作为一种资源投入的市场开拓速度，其速度只与资源投入的快慢有关（Nadkarni & Perez，2007；Javalgi & Todd，2011）。由于学习速度和承诺速度在企业国际化过程中的价值创造趋势上的本质性差异，有时候会对企业整体的国际化速度产生消极影响。例如，企业国际市场资源投入大（承诺速度快）但国际化经验不足（学习速度慢），企业资源投入不够（承诺速度慢）但却同时进入多个异质性市场（多样化学习速度快）等现象的普遍存在，这种不同速度之间的不协同，显然会影响企业的整体国际化速度。因此，本章接下来对企业国际化速度展开分维度探讨。

三 企业国际化速度分维度检验

1. 重复性学习速度（LR）检验

在直接模型中，管理者时间紧迫性对企业重复性学习速度具有显著正向影响（$\beta = 0.03$，$p < 0.05$），然而，管理者稳步行动对企业重复性学习速度没有显著影响（$\beta = 0.02$，$p > 0.05$）。当管理者时间领导力与团队共享时间认知两个中介变量分别加入模型中时，结构方程检验结果如图 17-4 和图 17-5 所示，一方面，管理者时间领导力在管理者时间紧迫性、管理者稳步行动与企业重复性学习速度之间都具有完全中介作用，模型拟合度基本达到理论要求（IFI = 0.931，TLI = 0.894，CFI = 0.929，RMSEA = 0.087）。团队共享时间认知在管理者时间紧迫性、管理者稳步行动与企业重复性学习速度之间也都具有完全中介作用，模型拟合度达到理论要求（IFI = 0.957，TLI = 0.941，CFI = 0.956，RMSEA = 0.067）。

2. 多样性学习速度（LD）检验

在直接模型中，管理者时间紧迫性和管理者稳步行动均对企业多样性学习速度产生显著影响（$\beta = 0.05$，$p < 0.05$；$\beta = 0.06$，$p < 0.05$）。当

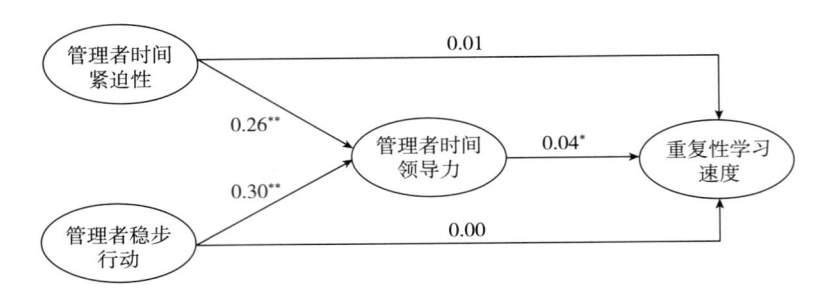

图 17-4　重复性学习速度检验结果 1

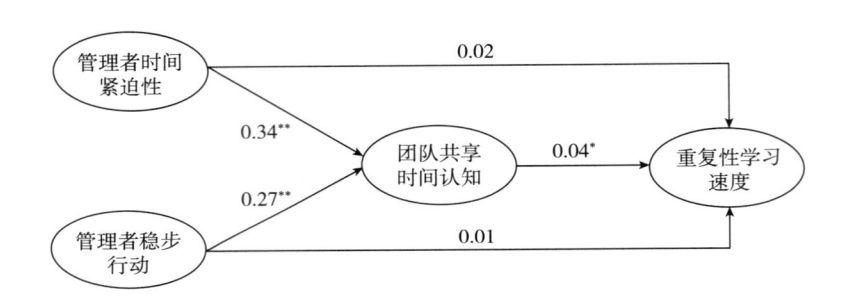

图 17-5　重复性学习速度检验结果 2

管理者时间领导力与团队共享时间认知两个中介变量分别加入模型中时，我们发现，管理者时间领导力在管理者时间紧迫性、管理者稳步行动与企业多样性学习速度之间没有中介作用。相反，团队共享时间认知在管理者时间紧迫性与企业多样性学习速度之间具有完全中介作用，但在管理者稳步行动与企业多样性学习速度之间则起到部分中介作用，模型的拟合度满足理论要求（IFI＝0.916，TLI＝0.915，CFI＝0.904，RMSEA＝0.078），结构方程模型检验结果如图 17-6 所示。由此我们推断，企业多样性学习速度检验结果与企业整体国际化速度实证结果之间存在差异，企业多样性学习速度更加需要团队成员在任务执行的时间上达成一致来实现，这种作用在时间紧迫感强烈的管理者的领导下表现得更为突出。

3. 承诺速度（CO）检验

同样在直接模型中，管理者时间紧迫性和管理者稳步行动对企业承

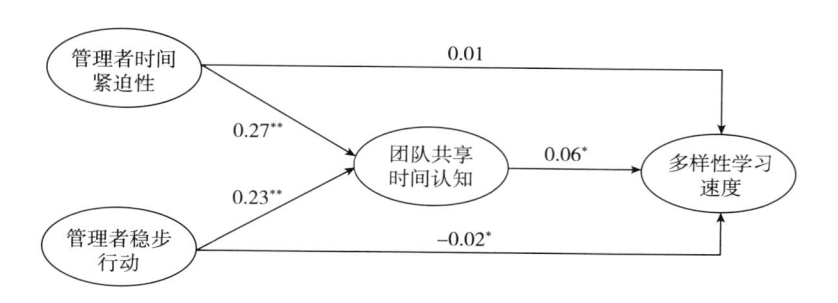

图 17-6 多样性学习速度检验结果

诺速度均没有显著影响（β = 0.006，p > 0.05；β = 0.002，p > 0.05）。当管理者时间领导力与团队共享时间认知两个中介变量分别加入模型中时，我们发现，管理者时间领导力在管理者时间紧迫性与企业承诺速度之间具有完全中介作用，但在管理者稳步行动与企业承诺速度之间则起到部分中介作用，模型的拟合度基本满足理论要求（IFI = 0.929，TLI = 0.893，CFI = 0.918，RMSEA = 0.082），结构方程检验结果如图 17-7 所示。同时，我们还发现团队共享时间认知在管理者时间紧迫性、管理者稳步行动与企业承诺速度均没有显著中介作用。我们进一步推断，企业承诺速度检验结果与企业整体国际化速度实证结果之间也存在差异，管理者时间观念主要通过管理者时间领导力来影响企业承诺速度，并且，管理者时间领导力在管理者时间紧迫性与企业承诺速度之间的中介机制更强。

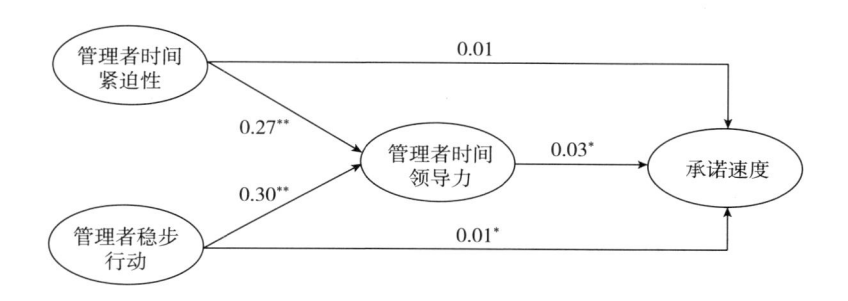

图 17-7 企业承诺速度检验结果

对结构方程模型所获得结果进行总结可以发现，只有企业重复性学习速度与企业整体国际化速度实证结果表现出较高的一致性，管理者时间观念只通过团队共享时间认知来影响企业多样性学习速度，而对于企业承诺速度的影响则需要通过管理者时间领导力来实现，并且这种中介作用机制在时间紧迫性与稳步行动的管理者时间观念下表现出显著的差异性。另外，从中介作用强度来看，所有中介作用机制效果都不是非常强劲（中介后半部分的路径系数均小于 0.1，最大值为 0.06），为了验证本研究的结构方程结果是否存在 P 值检验陷阱（林泽民，2016），我们需要进一步稳健性检验。考虑到结构方程模型仅能处理对称的相关关系（若 A→B，则 ~A→~B），而在现代社会科学研究领域，很多情况下变量之间的因果关系都是不对称的（若 A→B，则 ~A→~B 未必成立）。我们推测，在本章理论模型中的各变量之间并非线性相关那么简单，可能存在另一种非线性的内在影响机制，即管理者时间紧迫性、管理者稳步行动、管理者时间领导力与团队共享时间认知之间存在某种内在的互动关系构型，这种相互影响的构型对企业国际化速度具有不同的作用效果。因此，我们尝试进一步通过 fsQCA 的方法来识别本章理论模型中前因变量之间可能存在的构型，以便进一步来检验上文获得的研究结论的可靠性。

第三节 模糊集定性比较分析

与以往的线性分析不同，模糊集定性比较分析方法将因果关系视为一种组合模式的影响关系，即单个自变量不仅能够独自对因变量产生影响，还可以通过非线性（组合）的方式对因变量施加影响，这种组合即前因条件构型。在当前社会科学研究现象日趋复杂化的背景下，专注于特定社会现象的多个前因条件构型的研究越来越受到理论界的关注（杜运周、贾良定，2017）。另外，作为一种采用布尔运算法则来分析的研究方法，定性比较分析方法在处理变量之间因果不对称关系时也具有天然优势（Fiss，2007）。在 fsQCA 分析中，所处理的数据要求是 0—1 的连续集。因此，在处理数据之前需要将本研究前因变量数值进行校验，使不同的临界值分别对应 0.95、0.5 以及 0.05 这三个模糊集标度。

根据 Marx 和 Dusa（2011）的数据模拟，当前因条件个数为 4 时，样本数达到 10 个即可进行 QCA 运算，如果纳入分析的样本量过大，则会造成前因构型的过度聚焦，不利于多个潜在构型的解释。本章按照 Marx 和 Dusa（2011）随机抽样的方法，最终选取了 67 个样本纳入到 fsQCA 分析中，数据校验结果具体如表 17-4 所示。

表 17-4　　　　　　　　　QCA 数据校验值

	管理者时间紧迫性	管理者稳步行动	管理者时间领导力	团队共享时间认知	国际化速度	重复性学习速度	多样性学习速度	承诺速度
均值	3.64	3.31	3.48	3.24	0.23	0.40	0.18	0.12
中位数	3.67	3.25	3.54	3.33	0.24	0.41	0.18	0.11
标准差	0.79	0.81	0.79	0.85	0.06	0.11	0.10	0.05
最大值	5.00	5.00	5.00	5.00	0.41	0.65	0.40	0.34
最小值	1.00	1.25	1.20	1.00	0.08	0.12	0.02	0.02
数据校验								
95%	5.00	4.75	4.84	5.00	0.33	0.56	0.35	0.22
50%	3.67	3.25	3.54	3.33	0.24	0.41	0.18	0.11
5%	2.00	1.94	2.21	1.67	0.13	0.20	0.04	0.04

一　必要性检验

基于对样本数据进行校验所得到的模糊数据集，本研究首先分析了四个前因条件单独对企业国际化速度（包括重复性学习速度、多样性学习速度和承诺速度三个子维度）可能产生影响的一致性与覆盖率水平。为了保证样本频数大于或等于频数门槛值的前因条件构型覆盖至少 80% 的样本（Ragin，2008），本研究将样本频数临界值设为 1，具体分析结果如表 17-5 所示。从表 17-5 可以看出，部分前因条件在解释企业国际化速度时的一致性水平虽超过 0.9 的一致性门槛值，但是各前因条件的覆盖率偏低，而覆盖率是用来描述单个构型作为导致结果变量路径的唯一性程度指标。

表 17-5　　单个因素前因条件影响国际化速度的必要性分析

前因条件＼解释力度	前因条件一致性			前因条件覆盖率			
	IS	LR	LD	CO	IS	LR	LD	CO
管理者时间紧迫性	0.94	0.92	0.82	0.81	0.37	0.34	0.31	0.28
管理者稳步行动	0.87	0.83	0.86	0.81	0.25	0.20	0.29	0.26
管理者时间领导力	0.83	0.80	0.89	0.76	0.23	0.21	0.26	0.23
团队共享时间认知	0.71	0.76	0.78	0.75	0.36	0.32	0.29	0.26

为了验证上述判断的准确性，我们将管理者时间紧迫性和管理者稳步行动两个自变量、管理者时间领导力和团队共享时间认知两个中介变量分别同时加入模型中进行分析，结果如表 17-6 所示。通过对比表 17-5 和表 17-6 的分析结果，管理者时间紧迫性和管理者稳步行动、管理者时间领导力和团队共享时间认知组合的前因条件覆盖率明显要比单个因素的前因条件覆盖率高，由此我们推断，对影响企业国际化速度的所有前因要素的可能构型进行分析是十分必要的。

表 17-6　　自变量和中介变量影响国际化速度的必要性分析

前因条件＼解释力度	前因条件一致性			前因条件覆盖率			
	IS	LR	LD	CO	IS	LR	LD	CO
自变量（管理者时间紧迫性、管理者稳步行动）	0.84	0.89	0.83	0.60	0.75	0.57	0.59	0.82
中介变量（管理者时间领导力、团队共享时间认知）	0.80	0.86	0.70	0.57	0.63	0.57	0.63	0.70

二　前因构型分析

不同结果变量下的前因构型分析结果见表 17-7 和表 17-8。从表 17-7 中可以看出，在影响企业整体国际化速度与重复性学习速度的前因条件中，管理者时间紧迫性、管理者稳步行动、管理者时间领导力与团队共享时间认知分别作为唯一核心条件形成前因构型,并且所有构型的整体一致性和覆盖率水平都基本达到了理论要求。而从前因构型解释覆盖率角度的分析来看,具有强烈时间紧迫感或者采取稳步行动风格的管理者加快企业国际化速度和重复性学习速度的概率更大(构型 3:NCV=0.016,构型 4:NCV=0.012,构型 7:NCV=0.021,构型 8:NCV=0.024)。而时间领导力相对较弱的管理者或共享时间认知水平较低的团队(构型 1:NCV=0.003,构型 2:NCV=0.004,构型 5:NCV=0.005,构型 6:NCV=0.008)在推动企业国际化速度和重复性学习速度方面概率很小。上述研究结果验证了本研究前面有关影响企业国际化速度与重复性学习速度前因条件方面具有相似作用机制的理论假设。

表 17-7　　企业国际化速度与企业重复性学习速度的前因条件构型分析

前因条件	企业国际化速度(IS)				重复性学习速度(LR)			
	构型 1	构型 2	构型 3	构型 4	构型 5	构型 6	构型 7	构型 8
TU		•	●		•	•		●
SA	•			●		•	●	
TL		⊗	•	•	⊗		•	•
OC	⊗		•		⊗			•
CS	0.755	0.759	0.851	0.837	0.816	0.831	0.874	0.886
CV	0.720	0.731	0.875	0.842	0.742	0.750	0.880	0.898
NCV	0.003	0.004	0.016	0.012	0.005	0.008	0.021	0.024
OCS	0.622				0.691			
OCV	0.798				0.809			

注:●与•表示条件存在,⊗与⊗表示条件不存在,空白表示在构型中该条件可存在也可不存在,●与⊗表示核心条件,•与⊗表示辅助条件。核心条件同时出现在复杂解与简单解中,辅助条件只出现在其中一种解中。CS 表示一致率(consistency),CV 表示覆盖率(coverage),NCV 表示净覆盖率(net coverage),OCS 表示总体一致性(overall consistency),OCV 表示总体覆盖率(overall coverage),下同。

表 17-8 则表明,企业多样性学习速度与企业承诺速度不仅与企业整体的国际化速度前因构型差异较大,彼此之间的前因构型差异也很大。总体上来看,影响企业多样化学习速度和承诺速度的前因构型至少

包括两个核心条件。而从解释覆盖率角度进一步分析则发现，对于企业多样性学习速度而言，团队共享时间认知在前因构型中扮演着非常重要的作用，当团队共享时间认知作为核心条件存在时，前因构型的覆盖率水平都比较高（构型1：NCV＝0.022，构型4：NCV＝0.035），一致性水平也达到了理论值要求（构型1：CS＝0.818，构型4：CS＝0.827）。这从另一个角度阐释了结构方程模型中关于团队共享时间认知在企业管理者时间观念与企业多样性学习模型中存在中介效应的研究结果。而对于企业承诺速度来说，管理者时间领导力在前因构型中扮演着重要作用，尤其是当管理者时间领导力在模型中作为前因条件出现，并且管理者时间稳步行动也作为核心条件在前因构型中出现时，对企业承诺速度产生最显著的影响效应（构型9：NCV＝0.039），一致性水平也达到了理论值要求（构型9：CS＝0.866）。这一研究结论也支持了结构方程模型中关于管理者时间领导力在管理者时间观念与企业承诺速度模型中存在中介效应的研究结果。

表17－8 企业多样性学习速度与企业承诺速度的前因条件构型分析

前因条件	多样性学习速度（LD）					承诺速度（CO）			
	构型1	构型2	构型3	构型4	构型5	构型6	构型7	构型8	构型9
TU	●	⊗		·	⊗	⊗		●	·
SA	·	●	●	⊗		●	⊗	●	●
TL			⊗		●	●	●	●	●
OC	●	·	●	⊗			⊗	⊗	
CS	0.818	0.716	0.778	0.827	0.745	0.787	0.808	0.825	0.866
CV	0.610	0.537	0.541	0.641	0.506	0.675	0.678	0.713	0.752
NCV	0.022	0.008	0.013	0.035	0.004	0.011	0.012	0.021	0.039
OCS	0.718					0.713			
OCV	0.821					0.863			

第四节 结论与讨论

本章聚焦于管理者时间观念，对企业高层管理者"心理时间"如何影响企业国际化速度的内在机制进行了深入的理论探析，拓展了企业国际化理论的相关研究。具体而言，本章所得到的主要结论如下。

第一，在管理者时间观念中，管理者时间紧迫性与管理者稳步行动对于提升企业国际化速度发挥积极作用。作为主要决策者，企业管理者对于企业国际化速度的态度和行动十分重要。由于企业国际化是一个需要在相对较短时间内完成目标的高阶战略决策过程，强烈的时间紧迫感迫使管理者十分关注时间的流逝，"生怕时间不够用"，因而总是积极地谋划建立企业国际化目标的内部时间框架，安排好国际化进程中全部任务执行的时间节点（Jansen et al.，2009；Kurland et al.，2010；Edwards et al.，2013）。这种通过任务前期尽最大努力换得接近截止日期相对轻松的提前行动理念（Chen & Nadkarni，2017）为企业国际化最终目标的实现奠定了充裕的时间基础，最大限度地避免"夜长梦多"。在企业国际化战略推进过程中，管理者稳步行动的做事风格往往对时间表现出极大的"耐心"（Alipour et al.，2017），通过分析企业国际化经营中过去、现在和未来事件发展来制定时间决策，以保证时间资源在推进企业国际化道路上的合理分配。企业管理者在强调发挥自身高效率分配时间的同时，也将通过弹性工作等方式以最大化缓解员工在推进国际业务方面的截止日期压力，在企业资源积累与阶段性目标实现上给予充分的时间保障，进而推动企业国际化速度的加快。

第二，企业高层管理者的时间观念需要通过时间领导力这一途径来加快企业国际化战略的实施。从企业内部时间管理角度来看，企业内部普遍存在着时间观念薄弱、拖沓行为、多任务处理冲突等问题（Halbesleben et al.，2003；Mohammed & Nadkarni，2011），管理者时间领导力对于缓解由于多元时间观念引发的上述组织时间压力具有积极作用。具有强力时间领导力的管理者，不仅能够科学规划时间，还能通过时间高压机制实现对不同任务实施时间层面上的同步控制（Zahra et al.，2009），积极推进时间资源分配计划实施，有效克服企业国际化经营中不同任务"时间小世界"之间对于时间节奏和工作偏好的分歧，保证企业加速国际化进程中既定时间框架在企业内部的有效实施。此外，管理者时间领导力一方面能够引导团队内部形成稳健的工作作风，打造一个专注、高效并能持之以恒完成特定任务的稳定团队。另一方面企业高水平时间领导力管理者的存在，能够即时协调不同任务团队的行动计划和工作周期，维持企业快速国际化过程中的时间效率，减缓企业国际业务快速推进所面临的时间压力。

第三，企业内部团队共享时间认知也能够在企业高层管理者时间观念推进企业国际化速度上起到积极的作用。团队成员对于任务推进时间上的认知差异受到岗位角色和工作性质差异的影响（Mohammed & Harrison，2013），作为负责企业国际化具体工作实施的团队成员，工作投入、岗位胜任力将在高复杂度的国际业务中体现得十分明显，因此，时间监督机制的存在就显得尤为必要，这是因为在积极的时间压力约束下，团队成员倾向于通过彼此合作来化解工作中的难题，通过集体行动来克服高难度的工作任务和截止日期压力。高效率的任务团队建立在团队成员高水平的共享时间认知基础上，尤其是在企业国际化经营中，团队成员培养协调的工作节奏并建立时间提示机制能够起到"稳定剂"的作用（Zerubavel，1987；Rentsch & Klimoski，2001），心往一处想、智往一处谋、劲往一处使，形成团队内部巨大的合力。总之，团队共享时间认知能够将领导者的时间观念更加顺利地灌输到企业国际化经营活动当中，最终加快企业国际化速度。

第四，进一步分析发现，管理者时间观念对于企业国际化速度中的学习速度和承诺速度影响机制也存在差异，其中，尤以企业多样性学习速度和企业承诺速度最为明显。具体来说，企业管理者的时间观念需要通过团队共享时间认知对企业多样性学习速度形成有效影响。企业多样性学习速度本质上是企业在不同制度、文化和市场背景下所面临的异质性知识和独特经验的累积问题（Hennart，2009）。从时间成本上来看，这种异质性知识和特殊经验的积累显然需要企业付出很高的代价，唯有通过管理者和团队成员不懈努力才能应对这种时间成本所带来的巨大压力。负责特定业务的团队成员能够在时间安排上达成一致，调整工作状态来克服陌生制度文化情境下的工作压力，显然能够对企业的学习速度起到巨大的推动作用。再者，企业管理者的时间观念需要通过管理者时间领导力来促进企业承诺速度。企业国际化经营中承诺速度的核心是资源投入速度，当企业每进入一个制度、文化都陌生的市场时，都是一个跨文化（更远的心理距离）和伴随高风险（更多专一性资源投入）的过程（Jones & Coviello，2005；Chandra，2017），这迫使企业不得不重新学习新的知识（规则）来评估市场机会，并制定一整套新的国际化经营方案。作为企业国际化经营的一项大规模资源投入行为，管理者需要极大的勇气和魄力来推进企业国际化经营的资源决策（Kalinic et al.，2014）。从任务执行的时间角度不难判断，管理者需要执行详细的资源投入计划方案，并敦促下属团队成员按计划实施，同时定期提醒任务时间节点和评估资源投入效果，即管理者的时间领导力对于企业资源承诺速度的重要推动意义。

第十八章

企业国际化速度与新产品绩效关系研究

第一节 研究背景

近年来，我国企业实施"走出去"发展战略，全面参与国际市场竞争已成为企业突破发展"天花板"的必经之路。在国际市场瞬息万变的背景下，"加快走出去"已经成为这些企业突破发展瓶颈的重要出路，很多中国企业纷纷试图通过快速国际化来建立先发优势。从新产品开发角度来看，当前企业新产品的生命周期明显缩短，日益激烈的竞争环境迫使企业加快新产品的开发。新产品开发作为企业国际化经营中的重要内容，已成为企业获取竞争优势的重要手段（周健明等，2019）。同时，企业国际化战略为企业的产品创新提供了所需的海外市场资源，有利于企业新产品的开发（Awate et al., 2015）。在当前企业国际化进程日益加快的趋势下，这些企业面临的挑战之一是如何利用国际市场资源来为企业新产品开发创造机会。

大量的研究已经表明，企业的内部组织禀赋（Baker et al., 2014）和外部社会资源（王雷、王圣君，2015）能够显著促进新产品绩效的提升。然而，在当前以互联网为载体的信息技术的广泛应用之下，企业仅仅利用内部知识开发新产品已经不足以维持企业的竞争地位，客户参与新产品开发已经成为了企业新产品决策的重要组成部分（Chang & Taylor, 2016）。在企业国际化战略全面深入的背景下，客户参与企业新产品开发变得日益重要，能够改善企业在目标市场知识获取的不利地位，最终推进了企业新产品的创新能力（Luzzini et al.，2015）。然而，现有的研究在探讨企业国际化战略下，如何通过与东道国消费者的持续互动来推动新产品研发的研究仍然十分缺乏。

基于此，本章基于企业国际化战略视角，探讨企业国际化速度通过客户协同产品创新对企业新产品绩效的影响机制问题。本章的理论贡献在于：作为企业维持和获取竞争优势的重要手段，目前针对企业新产品绩效的研究主要从技术（陈培祯等，2018）、知识（弋亚群等，2018）、市场（段艳玲、张婧，2014）等要素展开讨论，很少考虑国际化战略下的企业新产品问题，在我国企业国际化市场涉入程度不断加深的背景下，加大对国际化情境下的企业新产品竞争力研究，是未来需要重视的研究方向之一。另外，本章在研究方法上也进行了创新，即采用 NCA 分析和 fsQCA 分析相结合的混合研究方法，来探讨企业国际化速度、客户协同产品创新对企业新产品绩效的影响机制问题，这一研究方法也能够为后续的研究工作提供相关启发。

第二节　理论假设

一　国际化速度和新产品绩效

虽然国际化速度的概念早在 21 世纪初期就被提出（Vermeulen & Barkema，2002），但直到 2008 年国际金融危机之后，关于企业国际化速度的研究才引起学者们的重视。总结起来看，现有的研究主要聚焦在"企业为什么国际化"（Giravegna et al.，2018）、"什么会影响国际化"（钟熙等，2018）、"以什么方式国际化"（程聪等，2017）等研究细分领域，并且主要以单一维度研究国际化速度为主。Chetty 等（2014）最早正式提出了时间和空间两个维度下的国际化速度概念，强调国际市场知识和企业对于国际市场的承诺是最为核心的两个维度。特定时间段内从国际活动中获得的知识、经验就是衡量企业国际化学习速度的重要指标。根据企业国际化方式与国际化目标市场的不同，学习速度又细分为重复性学习速度与多样性学习速度。企业在国际市场获得的经验知识有助于企业了解国际市场，帮助企业在国际市场运营中获得竞争优势。市场承诺速度是衡量国际化速度的另一个重要维度，其关注特定时间内企业投入到国际市场的资本、劳动力以及设备等经营性资产的数量。通过这种国际市场的拓展可以实现资源的有效利用，避免企业的资源投入风险。

在国际化竞争越来越普遍的背景下，企业新产品开发需要更加关注目标市场的产品偏好，企业的深度国际化有助于改进企业知识积累过程，增加组织学习能力，从而提高企业的新产品开发效率。企业在国际市场中学习速度越快，获得海外市场的先进技术和知识的可能性将大大提升（Awate et al.，2015）。具体来看，国际化过程中企业获得高效率学习的途径之一是进行重复性学习，企业在同一市场中积累经验、运用经验知识的同时，可以对经验知识进行测试、修改和调整，以适应目标市场新产品研发的需要（Chetty et al.，2014）。因此，我们推断，企业国际化过程中的重复性学习速度有助于提高企业的新产品绩效。基于此，本章提出以下假设：

H1：企业重复性学习速度对企业新产品绩效具有积极的影响。

在企业国际化进程中，针对不同东道国市场，需要制定不同的学习策略以推进企业的国际化战略（Chetty et al.，2014）。多样性学习作为企业国际化速度中重要战略内容之一，也将在提高企业新产品绩效上发挥重要作用。一方面，企业海外目标市场越多样化，获得异质性知识的可能性越高，这些异质性知识不仅拓宽了企业原有的知识结构，同时也为企业多种新产品创新选择提供了知识基础（Cui & Wu，2016）。在以往的研究中，也有学者指出，企业国际化速度越快，意味着其拥有出色的组织学习和创新能力。这种企业组织学习和创新能力大大促进了企业新产品研发的可能性（Bertrand & Capron，2015）。另一方面，企业基于多样性学习策略的国际化行为为企业提供了从多个角度获得不同目标市场知识、经验的机会，有利于企业在新产品研发上做出最优决策（Hitt，1997）。具体来说，多样性学习能够帮助企业充分吸收国外新产品的推广、经营经验，寻找新的解决方案，改善产品设计和提高产品质量，以满足不同的客户、技术、文化和竞争实践的要求，最终提高企业国际化战略下的新产品绩效（Matarazzo & Resciniti，2013）。因此，企业多样性学习速度对于提高新产品绩效具有重要作用。因此，我们提出以下假设：

H2：企业多样性学习速度对企业新产品绩效具有积极的影响。

市场承诺是指企业国际化过程中投入到东道国市场的各种资源的承诺水平（Chetty et al., 2014）。一般来说，在国际化战略情境下，企业市场承诺可以通过广泛的国际市场网络来推动企业从新产品研发中获得更高的回报。一方面，国际化进程中企业的高市场承诺速度往往意味着企业在东道国市场的资源投入上非常迅速，因此，对于国外的经营机构来说，无论是在地理上相对分散的研发部门，还是在目标市场设立的营销机构，都能够快速地获取母公司的资源投入，而这为新产品在目标市场的经营创造了更加便利的条件（Chen & Yeh, 2012）。此外，企业在目标市场的市场承诺越高，意味着企业可以从多种文化角度来增加捕捉产品创新的机会，而这些机会往往能够促进企业在目标市场形成爆款产品（Hsu et al., 2015）。另一方面，市场承诺能够推动企业迅速扩大海外市场，从而推动企业产品开发边界的拓展，有效降低企业新产品开发风险。总之，广泛的国际市场网络有助于提高企业利用技术资源和使生产过程合理化的能力，从而有助于企业从新产品创新中获得更高的回报（Wang, 2011）。因此，企业高市场承诺速度对提高新产品绩效也具有重要的作用。基于此，本章提出以下假设：

H3：企业市场承诺速度对企业新产品绩效具有积极的影响。

二 客户协同产品创新和企业新产品绩效

客户协同产品创新是指客户和企业各部门人员共同参与产品的创新行为，是企业协同创新的重要形式之一（张雪、张庆普，2012）。在企业国际化竞争日益明显的背景下，当前的国际市场普遍以顾客为导向，企业想要在创造新的市场和客户价值方面拥有显著优势，必须充分考虑消费者的需求偏好，通过与目标客户协同工作，发挥客户在新产品创新中的潜力来提升新产品创新效率（李斐等，2014）。

客户协同企业产品创新对提升新产品的市场满意度、缩短产品创新周期等方面具有积极的促进作用（Mahr et al., 2014；张雪峰等，2016）。一方面，客户协同企业产品创新可以帮助企业通过对客户进行特定的关系投资，帮助客户获取战略资源，构建双边锁定与互相依赖等措施来加速新产品的开发（姚山季、王永贵，2012）。通过顾客参与新产品的开发，将顾客掌握的知识与企业掌握的知识经过共享、整合、利用，形成新知识，这些新知识将有效利用于新产品的开发（范钧、聂津君，2016）。除了知识共享，顾客参与创新能够使企业及时了解顾客的需求偏好，围绕这些客户需求开发新产品，获取新产品开发所需关键信息，有效避免中间环节遗漏的关键信息（Morgan et al.，2018），并在一定程度上获取竞争对手信息，进而提高了新产品的竞争力。因此，通过客户协同产品创新，让客户参与到新产品开发的设计、实施和调整等环节，可以最大限度地提升新产品的绩效（郭净等，2017）。基于此，本章提出如下假设：

H4：客户协同产品创新对于企业新产品绩效具有显著的正向影响。

第三节　研究设计

一　研究方法

本章的数据包括客观数据和主观数据，其中，客观数据主要是企业国际化业务涉入程度（市场进入数量和进入方式、人员派出、外语运用等）的数据，主观数据则主要是客户协同产品创新和新产品绩效两方面的数据。由于本章中关于企业国际化速度的测度相对复杂，为了提高研究结论的可靠性，本章综合采用 NCA 分析和 fsQCA 两种方法来检验本章提出的假设。具体的研究思路是，首先，采用 NCA 分析方法来评估企业国际化速度和客户协同产品创新对于企业新产品绩效的影响水平。其次，采用 fsQCA 研究方法来探讨这些因素对于企业新产品绩效的组合影响效应。

二　数据获取

本章所使用的数据来自浙江省具有跨国经营业务的企业，理由如下：第一，浙江省作为我国民营企业发展大省，其上市公司数量在全国排名第二，且在国际化经营方面也领先于全国其他大部分省市，便于搜集相关数据资料。第二，本研究团队成员与浙江省商务厅、浙江省经信委建立了长期合作关系，方便研究团队在上述政府机关部门的配合下搜集企业数据资料。本章的样本选取在 A 股上市的 30 家具有 3 年以上国际化业务经营经验的浙江企业，对隶属于同一企业集团下的多家子公司，我们选择国际业务时间最长的子公司作为研究样本。其次，我们按照 Chetty 等（2014）对于企业国际化速度的测量要求，对上述企业展开了第二轮资料收集，包括上市公司年报分析和企业实地调研，在浙江省商务厅外经处和浙江省经信委经济信息中心的支持下，我们对这 30 家企业进行访谈、搜集数据资料，时间跨度为 2018 年 6 月—2018 年 8 月。最后，我们对这 30 家企业进行了问卷调查，调研对象是企业负责国际化业务的负责人和一位参与国际化业务的基层员工，时间为 2018 年 10 月—2018 年 12 月。

三　变量测量及信效度检验

1. 企业国际化速度

测量方法参考 Chetty 等（2014）有关国际化速度中学习速度和承诺速度两个维度的测量。学习速度是公司在国际化经营中获得经验知识的速度，根据企业国际化方式与国际化目标市场的不同，学习速度又分为重复性学习速度与多样性学习速度。重复性学习速度包括"获得第一个出口订单的速度""实现正常出口的速度"两个指标，具体测量方法是采用企业第一次开展国际化业务年限与企业经营年限比值、企业国际化业务常规化年限与企业经营年限比值这两个指标的平均值。多样性学习速度则包括"企业国际业务的市场范围拓展速度""企业国际化进入模式速度"两个指标，具体测量方法采用企业进入不同国家市场数量与企业经营年限比值、企业进入国际市场方式与企业经营年限比值的平均值。承诺速度则是企业在国际活动中投入的人力、物力等资源的速度，包括"参与国际业务员工承诺速度""使用外语技能速度""合作经营承诺速度"三个指标，具体测量方法是采用企业参与国际化业务的员工数与企业经营年限比值、员工工作语言种类与企业经营年限比值、参与合作投资的外国投资机构（企业）数量与企业经营年限比值的平均值。

2. 客户协同产品创新

客户协同产品创新量表主要参考 Cui 和 Wu（2016），以及姚山季等（2017）的研究，采用心智模式协同、网络结构协同、客户贡献三个方面考察，包括四个题项，具体如表18-1所示。

3. 新产品绩效

新产品绩效是指反映企业开发的新产品的盈利能力，本章中所运用的新产品绩效测量量表主要参考 Im 和 Workman（2004），以及 Najafi-Tavani 等（2018）的研究，从新产品盈利能力、新产品投资回报和客户满意度等四个方面考察，包括四个题项，具体如表18-1所示。

表18-1　　　　量表来源及测量模型的信效度检验结果

构念	题项	标准化载荷	Cronbach's α	CR	AVE
客户协同产品创新	在协同产品创新过程中，我们与客户彼此关怀、相互信任、坦诚沟通	0.910	0.918	0.945	0.810
	客户和我们各部门之间保持信息渠道畅通以进行协同产品创新	0.884			
	客户融入了我们产品创新的职能分工与业务流程之中	0.938			
	客户提供有关其需求和产品解决方案的信息	0.866			
新产品绩效	企业的新产品达到了销售增长目标	0.906	0.947	0.963	0.865
	企业的新产品达到了市场份额目标	0.950			
	企业的新产品获得了投资回报	0.921			
	企业的新产品获得了客户的接受和满意	0.943			

除了企业国际化速度的测量采用客观数据，本章中所采用的其他量表都采用李克特五级计分法予以测量，要求被试者根据题项所描述的内容从"完全不同意"到"完全同意"分别给予"1分"到"5分"。由表18-1可知，客户协同产品创新和企业新产品绩效的 Cronbach's α 系数均大于0.9，CR 均大于0.9，表明这两个构念的信度较高。就效度而

言，KMO 和巴特利特球形检验数值为 0.772，且测量模型中各个变量中的因子载荷均在 0.8 以上，完全符合因子载荷不小于 0.5 的要求。同时，从表 18-1 可以看到，客户协同产品创新和企业新产品绩效的 AVE 都大于 0.7，表明本章主要变量的测量模型都具有良好的聚合效度。

第四节 数据分析

一 NCA 分析

1. 单因素必要性分析

单因素必要性分析作为一种探索性前因条件分析方法，是指对某一因素对于特定事件/现象的影响可能性或者影响程度的评估。单因素必要性分析适合于研究前期理论模型前因条件的预设性分析，有助于研究者构建更加合理的前因条件模型。本章采用 R 语言来进行 NCA 分析，具体分析结果如图 18-1 所示。

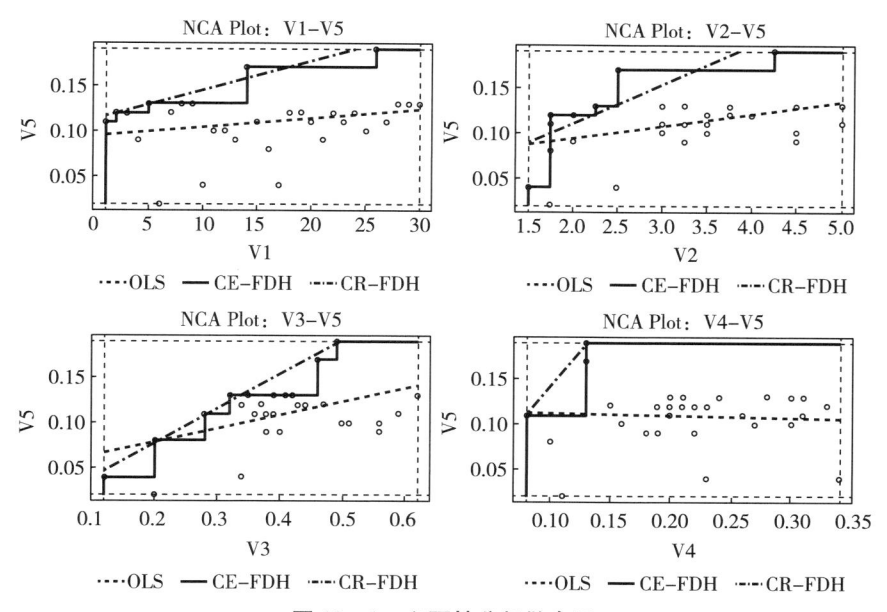

图 18-1 必要性分析散点图

注：V1 表示客户协同产品创新；V2、V3 和 V4 分别表示重复性学习速度、多样性学习速度和市场承诺速度；V5 表示新产品绩效。

在 NCA 分析中，散点图包含了潜在的前因条件对结果变量的影响效果，如果一个变量对结果变量的散点图左上角存在空白区域，则该变量可能是 Y 的必要条件。如图 18-1 所示，客户协同产品创新、重复性学习速度、多样性学习速度、市场承诺速度与企业新产品绩效之间关系的散点图中的左上方均存在显著的空白区域，这表明这些变量都可能是影响新产品绩效的必要条件。

为进一步探究企业国际化速度与客户产品协同创新对企业新产品绩效的影响程度，本章进一步利用 NCA 分析中的 CE-FDH 和 CR-FDH 方法计算出上限包络线，同时得到相关的精确度、上限区域、范围、效应值、条件无效和结果无效等关键上限参数值（Dul et al., 2010），结果如表 18-2 所示。其中，CE-FDH 方法涵盖了所有的观测值且上限区域中不包含任何观测值，其精确度为 100%。而 CR-FDH 方法所得的上限区域中包含特定观测值。虽然 CR-FDH 方法所得的精确度未达到 100%，但两种方法所得的结果差异不大（李辉，2017），因此本章只将 CR-FDH 方法所得结果进行分析。

表 18-2　　　　　　　　　　必要性分析结果

变量	方法	精确度	上限区域	范围	效应值（d）	条件无效	结果无效
客户协同产品创新	CE-FDH	100%	1.070	4.93	0.217	13.793	52.941
	CR-FDH	90%	0.845	4.93	0.171	20.641	56.797
重复性学习速度	CE-FDH	100%	0.122	0.60	0.206	21.429	11.765
	CR-FDH	83.3%	0.118	0.60	0.198	33.280	40.500
多样性学习速度	CE-FDH	100%	0.033	0.08	0.388	26.000	11.765
	CR-FDH	86.7%	0.027	0.08	0.316	25.328	15.386
市场承诺速度	CE-FDH	100%	0.004	0.04	0.090	80.769	52.941
	CR-FDH	100%	0.002	0.04	0.045	80.769	52.941

注：$0 < d < 0.1$ 为微弱效果，$0.1 \leqslant d < 0.3$ 为中等效果，$0.3 \leqslant d < 0.5$ 为显著效果。

在 NCA 分析中，效应值表示潜在变量对结果变量的约束性，效应值越大，必要条件的影响越强。如表 18-2 所示，在重复性学习速度和客户协同产品创新分析中，其效应值分别为 0.198 和 0.171，是一种影响效果中等的前因条件，表明重复性学习速度和客户协同产品创新均是提高企业新产品绩效的必要条件，假设 H1a 和 H2 得到验证。在多样性学习速度的分析中，其效应值为 0.316，是一种影响效果非常显著的前因条件，表明多样性学习速度是提高企业新产品绩效的必要条件，假设 H1b 得到验证。而在市场承诺速度的分析中，效应值为 0.045，是一种影响效果较小的前因条件，但仍然支持企业的市场承诺速度是提高企业新产品绩效的必要条件的假设，即假设 H1c 得到验证。

2. 要素整合效果分析

单要素必要性分析是对影响企业新产品绩效的单个前因变量的必要性进行判断，发现客户协同产品创新、重复性学习速度、多样性学习速度和市场承诺速度均对提高企业新产品绩效具有重要影响作用。然而，在实施快速国际化战略过程中，企业也在同时进行客户协同产品创新，因此，本章进一步分析了多个要素组合对于企业新产品绩效的影响效应，具体的做法是采用瓶颈表来分析不同前因条件组合对于企业新产品绩效的影响程度。瓶颈表是 NCA 分析中用来探究前因变量对于结果变量的组合效应门槛的方法（Dul，2015）。本章对选择 CR - FDH 方法所得的结果进行分析。

如表 18-3 所示，当企业新产品绩效较低时（0—20%），只有多样性学习速度对于新产品绩效具有显著的影响作用。随着新产品绩效显著提升（50%），重复性学习速度、多样性学习速度均对提高企业新产品绩效具有重要作用。而当企业新产品绩效再提高一些时（60%），客户协同产品创新和市场承诺速度也开始对企业新产品绩效产生影响。因此，我们可以推断，企业国际化速度和客户协同产品创新对于企业新产品绩效的影响是存在差异的，多样性学习速度对于企业新产品绩效的影响最显著，并且随着企业对于新产品绩效的要求日益提高，重复性学习速度、客户协同产品创新和市场承诺速度也将发挥重要的影响作用。

表 18-3　　　　　　　　必要条件组合瓶颈表

新产品绩效（%）	客户协同产品创新	重复性学习速度	多样性学习速度	市场承诺速度
0	NN	NN	NN	NN
10	NN	NN	NN	NN

续表

新产品绩效（%）	客户协同产品创新	重复性学习速度	多样性学习速度	市场承诺速度
20	NN	NN	4.1	NN
30	NN	NN	12.9	NN
40	NN	NN	21.7	NN
50	NN	10.7	30.5	NN
60	5.9	21.9	39.4	2.9
70	24.3	33.1	48.2	7.0
80	42.6	44.3	57.0	11.1
90	61.0	55.5	65.8	15.1
100	79.4	66.7	74.7	19.1

注：本表采用 CR – FDH 分析法，NN 表示不必要。

二 定性比较分析

1. 数据校验

在模糊集定性比较分析（fsQCA）中，对其所处理的数据要求是 0—1 的连续集。因此，我们将本研究的问卷数据进行校正：首先计算出每个变量题项的平均值；其次为由平均值构成的新的变量分配校验临界值，不同的临界值分别对应 0.95、0.5、0.05。各变量的校验赋值标准如表 18 – 4 所示。为了更好地验证影响新产品绩效的前因构型，我们把学习速度分为重复性学习速度（LR）和多样性学习速度（LD）。

表 18 – 4　　　　　　　　各变量的校验值

校对标准	重复性学习速度	多样性学习速度	市场承诺速度	客户协同产品创新	新产品绩效
0.95	0.62	0.34	0.19	5	4.81
0.5	0.37	0.21	0.11	3.25	3.38
0.05	0.12	0.08	0.02	1.5	1.63

2. fsQCA 分析

在前因条件构型分析中，首先 fsQCA 会给出包括所有构型的真值表。然后基于一定的一致性临界值筛选出对所要解释的结果具有充分性的前因条件构型,最后根据研究者给出的假设,该模块会给出所要解释结果的简洁解和中间解。为了保证样本频数大于或等于频数门槛值的前因条件构型覆盖至少80%的样本企业,本章在分析中将样本频数临界值设为1 (Ragin, 2008)。基于样本数据进行校验所得到的模糊集数据,本章利用fsQCA 2.5软件对企业国际化速度与客户协同产品创新之间可能影响企业新产品绩效的组合影响效应进行分析,识别出企业新产品绩效的前因条件构型,具体如表18-5所示。

表18-5　　　　　　企业新产品绩效的前因条件构型

前因条件	构型1	构型2	构型3	构型4
LR	●			⊗
LD		⊗	●	●
CS		●	⊗	●
CCPI	●	⊗	⊗	
一致性	0.867	0.782	0.876	0.903
覆盖率	0.716	0.456	0.513	0.492
净覆盖率	0.211	0.031	0.056	0.017
方案总体一致性	0.809			
方案总体覆盖率	0.866			

注:●与•表示条件存在,⊗与⊗表示条件不存在,空白表示在构型中该条件可存在可不存在,●与⊗为核心条件,•与⊗为辅助条件。核心条件是指同时出现在简洁解与中间解条件构型中的要素,而辅助条件是指只出现在一个解的条件构型中的要素。LR为重复性学习速度,LD为多样性学习速度,CS为市场承诺速度,CCPI为客户协同产品创新。

在表18-5中,我们总结出了影响企业新产品绩效的四个前因条件构型。模型整体一致性水平为0.809,高于0.75的临界值,表明模型整体一致性水平较好,且覆盖率较高,达到0.866。在四种前因条件构型中,我们发现,企业国际化速度中的重复性学习速度、多样性学习速度和市场承诺速度,以及客户协同产品创新都在促进企业新产品绩效中起到显著的影响作用,且四个构型的一致性分别为0.867、0.782、

0.876 和 0.903，满足模型检验的理论要求。

进一步地，我们对所有促进企业新产品绩效的前因构型进行分析。具体而言，构型 1 的模型一致性水平为 0.867，覆盖率水平为 0.716，核心条件为高重复性学习速度和客户产品协同创新，表明在这两个因素的协同作用下，企业能够显著提升新产品绩效，并且在所有构型中贡献最大，我们将其命名为 LR * CCPI 型。构型 2 的模型一致性水平为 0.782，覆盖率水平为 0.456，核心条件为高市场承诺速度，表明企业在对目标市场的高市场承诺情境下，实现新产品绩效提升的可能性也很高，因此，我们将其命名为 CS 型。构型 3 的模型一致性水平为 0.876，覆盖率水平为 0.513，核心条件为多样性学习速度，表明高多样性学习速度对企业新产品绩效具有重要的积极影响，因此，我们将其命名为 LD 型。构型 4 的模型一致性水平为 0.903，覆盖率水平为 0.492，核心条件为多样性学习速度和市场承诺速度，表明在这两个要素的协同作用下，更能推动企业新产品绩效提升，因此，我们将其命名为 LD * CS 型。

第五节　结论与讨论

在中国企业参与国际化竞争日益深入的情况下，加快企业国际化速度、灵活采用国际化策略已经成为了中国企业提升新产品效益的重要战略之一，本章综合采用 NCA 和 fsQCA 分析方法对企业国际化速度中的重复性学习速度、多样性学习速度和市场承诺速度以及客户协同产品创新对企业新产品绩效的组合营销效应进行了分析，主要获得了以下两个方面的研究结论。

第一，企业国际化速度中的重复性学习速度、多样性学习速度和市场承诺速度，以及客户协同产品创新对于提升企业新产品绩效的影响效益存在显著差异。其中，企业学习速度变化对于提升新产品绩效最敏感，这说明，企业在国际化过程中，对于目标市场的经验学习，尤其是多个目标市场的比较经验学习，有利于企业提高对新产品绩效期望变化的敏锐性。企业在国际市场中的学习能力越强，通常意味着企业能够取得的经验知识越多，这些学习机会大大提高了企业新产品研发的可能性，从而促进新产品绩效的提升（陶晓波和沈晓岭，2018）。相反，企业的市场承诺速度则对新产品绩效的影响没有那么显著，表明市场承诺作为企业已经在东道国投入的经营成本，虽然会给企业带来一定的经营优势，但在迅速改变新产品绩效方面却不会起到立竿见影的效果。最后，客户参与新产品的创新虽然有助于企业获取客户有关新产品的思想、技术及服务等方面的信息，提升企业与客户的互动，有助于促进新产品的创新程度、市场份额及利润表现，但最终决定新产品研发、设计乃至生产的还是企业，因此，客户协同产品创新对于企业新产品绩效的影响也不十分显著。

  第二，研究还发现，企业国际化速度中的重复性学习速度、多样性学习速度和市场承诺速度，以及客户协同产品创新对于企业新产品绩效是一种组合影响效应。构型 LR * CCPI 表明，企业高重复性学习速度和客户产品协同创新能够显著提升企业新产品绩效，即企业国际化过程中，重复性学习所获得的经营技术、经验与客户参与产品的创新行为能够实现很好的互补，对提升企业新产品创新绩效的贡献最大。构型 CS、LD 和 LD * CS 则表明，在企业国际化战略过程中，市场承诺速度和多样性学习速度既能够分别促进企业新产品绩效的提升，也能够通过相互作用对企业新产品绩效产生影响。这说明，在企业国际化过程中，多样化学习能够为企业积累更多异质性国际化知识，从而应对进入不同目标市场的风险，进而为企业的市场承诺奠定基础，最终提升企业在东道国市场的新产品绩效。

第十九章

期望差距与中小企业国际化速度关系研究

第一节 研究背景

近年来,与西方企业成长过程中优先实行国内竞争,然后进入海外市场的模式不同,中国企业在发展过程中经常出现初创企业直接打入海外市场等加速、赶超、跳跃乃至天生国际化现象。这与西方传统的企业国际化模式迥异,并不符合现有企业国际化理论所阐述的成长范式,如创立于2006年的深圳市大疆创新科技有限公司,其从成立开始就面向国际市场,主要产品大疆无人机远销海外,广受好评。这些初创跨国企业与传统跨国企业之间成长路径的差异引起了国内外学术界的极大关注,越来越多的学者开始关注并尝试解释此类有悖于传统理论的企业国际化现象。

毫无疑问,国际化可以为中小企业提供很多优势,比如快速的国际化通常可以提高企业的利润回报和降低企业经营风险,因此被作为企业有效提升绩效的战略(Chen & Yeh, 2012)。然而,企业国际化并不容易,这是一种高风险高回报的战略,伴随着若干障碍和威胁。虽然中小企业受到自身资源和能力的限制,而且缺乏有效的市场研究,但是很多传统的中小企业已经加速它们国际化的步伐(Dominguez & Mayrhofer, 2017)。因此,我们需要研究这一悖论背后的原因:中国作为新兴经济体的典型国家,为什么一部分中小企业国际化速度极快,而另一部分中小企业国际化速度反而很缓慢呢？即使困难重重，是什么因素影响了管理者对国际化的决策行为？

第二节　理论假设

一　期望差距与中小企业国际化速度

前景理论提供了一个管理者决策的替代模型来解释管理者对风险与回报关系的态度（Khaneman & Tversky，1979）。研究表明，基于收益的决策框架将使风险厌恶成为主导偏好，而基于损失框架的决策环境将使风险成为主导偏好。在公司层面，管理者通过设定目标公司回报率来决定风险水平（Brick et al.，2015），这意味着管理者的风险决定受到目标回报率和决策者期望回报率之间差异的影响。而战略选择理论以嵌入的惯例和文化的形式，设想通过管理者的先前认知框架来通知行动。行动和组织决心的要素就是这样产生的。管理者的先前价值、经验和培训会在一定程度上影响他的评价（Child，1997）。期望差距其实是一种信息生成机制，在该机制中，根据期望水平（决策者认为满意的绩效值）对实现的绩效进行评估（Lucas et al.，2015）。行为结果来源于对成功与失败边界的识别，即基于期望水平的最满意结果。

本章预测了期望差距和中小企业国际化速度呈"U"形关系。当企业绩效低于期望值时，可能会增强企业加速国际化的趋势，这虽然是一个风险很大，但是却有希望提高绩效的选择。根据前景理论，低业绩将使管理者提高对风险的容忍度（戴维奇等，2012），以达到目标水平。此外，当组织未能获得令人满意的结果时，会触发搜索过程。低于期望水平的表现被认为是一种失败的情况，刺激了问题搜索（Blettner et al.，2015），并提高了管理者对风险的容忍度（贺小刚等，2016）。对企业战略决策的重新评估也将发生，因为糟糕的业绩也表明现有战略适应性差。因此，企业管理者更倾向于采取更激进、风险更大的方法来快速提高绩效（杨小娜等，2019），例如加速国际化（Xie et al.，2016）。尽管企业国际化被认为是一项需要大量资源（Yiu et al.，2007）和高风险（Knight & Cavusgil，2004）的战略，但中小企业的决策者可能愿意承担由快速国际化带来的相关的风险和由此产生的不确定性。这是因为中小企业可以通过以下两个方面快速国际化来提高绩效。

首先，快速的国际化往往表示快速的国际化学习，使企业能够利用机会获得先发优势，从而获得更高的绩效（Chetty et al.，2014）。高学习速度使中小企业能够获得更多有价值的知识，这有助于中小企业在动荡的国际环境中生存和提高绩效（Saarenketo et al.，2004）。知识的获取减少了不确定性，并为中小企业提供了创新的可能性，从而建立了中小企业的竞争优势和随后的国际业绩（Pellegrino & McNaughton，2017）。其次，高国际化速度也意味着高市场承诺速度，这有助于中小企业创造竞争优势并提高其绩效。高市场投入速度可以降低企业成本，因为管理费用可以分散到更多的市场，规模经济可以降低生产成本（Chetty，2003）。同时，由于国际化的企业主要以市场为导向，它们可以接触到更大的客户群（Hong & Roh，2009），并与代理商和客户建立关系（Freeman et al.，2006），以此提高中小企业的运营效率和绩效。

当企业的绩效逐渐提高，实际绩效与期望绩效之间的差距变小时，中小企业国际化的速度就会慢慢下降。由于实际绩效与目标绩效之间的微小差距降低了管理者对国际扩张风险的承受能力，中小企业管理者往往选择规避风险，保持较低的国际化速度（Lim & McCann，2013）。此外，中小企业的实际绩效接近期望绩效，这表明企业的资源得到充分利用，闲置资源较少，无法满足加速国际化的各种资源需求（Ref & Shapira，2017）。因此，当中小企业的实际绩效和期望绩效差距不大时，中小企业的国际化速度相对较低。

然而，当中小企业表现良好，实际绩效超过期望绩效较多时，中小企业加快国际化的倾向可能会增加。过去成功的经验改变了管理者的认知框架，管理者可能会相信自己的决策是正确的，并对未来的业绩充满信心，而不是担心失败（李健等，2018）。这让他们对自己的能力变得非常自信（Li & Tang，2010），这对关键性战略（包括进入新市场和承担风险）具有可预见的影响（Hayward et al.，2010）。其次，良好的绩效表明企业将拥有更多的闲置资源，以应对不断增长的扩张带来的风险（Ref & Shapira，2017），这可以减少资源的限制，使资金在国际化方面更易于管理（Arrfelt et al.，2012）。另外，研究表明绩效表现好的企业具有向上发展的倾向，其决策参照点，即期望绩效会随着绩效的提高而提高（贺小刚等，2015）。因此，中小企业会保持快速国际化以提高绩效。

综上，当中小企业的实际绩效远高于期望的绩效时，中小企业的国际化速度加快。基于此，本章提出以下假设：

H1：期望差距和中小企业国际化速度之间呈"U"形关系。

二 组织敏捷性的调节作用

期望差距通过影响管理者对风险的态度，对国际化速度产生"U"形影响。组织敏捷性是指企业发现和应对环境威胁和机遇的能力（Tallon & Pinsonneault，2011）。研究表明，组织敏捷性对企业的竞争力、运营和绩效具有积极的影响（Shin et al.，2015）。然而，不同企业的组织敏捷性是不同的，本研究预测组织敏捷性可能会加强期望差距和中小企业国际化速度之间的"U"形关系。

首先，高敏捷性的企业能通过高效利用知识来适应环境变化，这有利于增加管理者承担风险的趋势，进而增强期望差距和国际化速度之间的关系。组织的目的就是使用各种生产要素来实现组织、员工和股东的目标，而要实现这一目标，就要求公司在应对不断变化的环境中，尤其是国际市场环境时快速管理自己的知识（Alegre & Sard.，2015）。使用现有知识的公司可能有更大的机会利用其内部业务流程，这反过来可以帮助适当地应对市场波动和动荡。因此，知识应用的过程对于应对不可预测和不确定的市场或需求变化至关重要（van Oosterhout et al.，2006）。组织敏捷性能够加强企业学习和提升创新能力，以开发和提供高质量的服务和产品来满足变化的客户需要（Alegre & Sard，2015），这有助于促进更高的市场增长，保持竞争优势，进而在国际竞争中更具优势，以实现企业的目标，从而增强管理者愿意承担国际化风险的倾向。

其次，高组织敏捷性使中小企业能够对市场变化作出快速反应，并帮助它们控制国际市场风险和不确定性（Benaroch et al.，2006）。高敏捷性的企业能够快速地调整其战略、结构和运营，以主动地适应快速变化的环境（吴红玲等，2008；于锦华和霍春辉，2009），这有助于它们在动荡的全球市场中生存并找到市场机会（Felipe et al.，2016）。

相比之下，与高敏捷性的企业相比，敏捷性较弱的企业更可能有更低的利润、更高的成本和更低的市场份额（Sambamurthy et al.，2003）。缺乏敏捷性的中小企业将无法适应现有流程和惯例，以反映环境的变化（Cegarra – Navarro et al.，2016）。此外，企业绩效很大程度上取决于其应对市场变化，感知和抓住市场机会的能力，低敏捷性的企业很难感知到市场机会（周华和周水银，2014），从而降低管理者承担国际化风险的趋势。因此，组织敏捷性增强了期望差距和中小企业国际化速度之间的"U"形关系。综上，本章提出以下假设：

H2：组织敏捷性加强了期望差距和中小企业国际化速度之间的"U形"关系。

三　制度距离的调节作用

制度距离是母国和东道国制度环境在规则、规范和认知三个方面的差异程度（Kostova，1997；Scott，1995）。随着中小企业不断进入国外市场，它将会面临更大的制度距离问题。由于管理者会受到各种制度环境所带来的风险和不确定性的影响（Dai & Si，2018），本章进一步认为，对于中小企业来说，对于给定的期望差距水平，制度距离越大，国际化速度越低。

制度距离越大，中小企业越有可能回避在这些国家进行投资（Xu & Shenkar，2002）。东道国的环境和合法性要求被认为是组织生存和成功的关键（Husted et al.，2016）。企业的对外直接投资活动受到东道国制度的影响，因为不同国家的制度条件各不相同。如果本国和东道国之间存在巨大的制度差异，跨国公司将不得不在内部或外部合法性导向战略选择之间做出选择。而高制度距离使管理者很难理解东道国的环境和合法性要求（李玉刚、纪宇彤，2018）。高制度距离使企业难以在东道国建立外部合法性（Ilhan – Nas et al.，2018），母国和东道国之间存在巨大的制度距离，这使跨国公司更广泛地评估、学习和适应当地的制度规范（李雪灵、万妮娜，2016）。此外，高制度距离降低了各国的制度兼容性、双边信任和交易相关安全性（De Groot et al.，2004）。此时，管理者可能会表现出更多的风险规避行为，回避在制度距离大的国家进行投资，因为他们需要遵守和本国差距很大的制度环境（张瑞良，2018）。

同时，随着制度距离的增加，企业国际化的成本也会增加，可能会超过企业国际化带来的收益。企业在东道国经营投资会比当地公司产生额外的成本（张宇婷、蒋云龙，2018），这些成本不仅来自协同子公司运营的挑战，还包括来自子公司缺乏合法性或不熟悉东道国的制度规则（李强，2015）。随着跨国母公司和东道国的制度环境的差异上升，经营的成本越高（张倩等，2019）。此外，跨国公司相比国内企业其竞争优势之一是它们可以在不同的东道国内化知识，然后把知识转移到国内或其他地方（吴亮和吕鸿江，2016）。制度距离越大，使中小企业难以向子公司转移战略资源（Kostova，1999），此时，企业控制、协调和全面治理的成本增加（Chao & Kumar，2010）。恶化的制度环境降低了中小企业管理者的信心和承担风险的决心（Ge et al.，2017），因为管理者会认为公司的业绩受到高制度距离的负面影响，因此他们不太可能做出加速国际化的决定。因此，制度距离削弱了期望差距和中小企业国际化速度之间的"U"形关系。综上，本章提出以下假设：

H3：制度距离削弱了期望差距和中小企业国际化速度之间的"U"形关系。

四 概念模型

从前景理论和战略选择理论出发，本章从管理者对待风险的态度视角探讨期望差距对中小企业国际化速度的影响。同时，以组织敏捷性和制度距离为调节变量，探究组织敏捷性和制度距离分别对期望差距和中小企业国际化速度之间关系的影响。因此，本章的概念模型如图19-1所示。

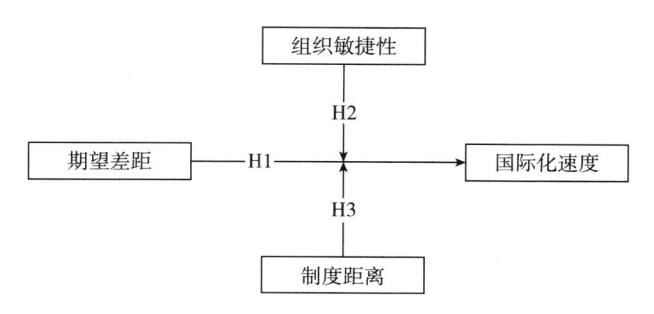

图 19-1 期望差距与国际化速度关系概念模型

第三节 研究设计

一 研究方法

本章的目的是探讨期望差距对中小企业国际化速度的影响,样本主要选取 2013 年至 2017 年 5 年期间中国制造业中小企业。由于本章的回归分析使用的是面板数据,可能会存在异方差或时间序列和截面相关等问题。为了避免由于缺失变量引起的内生性偏差问题,本研究使用 Stata 15.0 软件,利用双向固定效应模型进行模型验证,同时利用 Driscoll – Kraay 标准误进行估计,来避免使用传统面板数据可能会低估标准误差的问题。本章在构造交互项之前,中心化了解释变量和调节变量。本章中的所有方差膨胀因子(VIF)都远低于 10 的基准,这说明本研究中不存在多重共线性问题。

由于期望差距对中小企业国际化速度的影响通常不会在当年体现,为保证本章结果的严谨性和可靠性,本研究参考学者贺小刚等(2015)以及宋铁波等(2017)的研究方法,对自变量、控制变量和调节变量选取时间为 t 期,因变量选取时间为 t + 1 期,利用回归分析进行模型验证。

二 数据获取

本章使用 2013 年至 2017 年 5 年期间中国制造业中小企业的数据来检验本研究的假设。数据来源于 WIND 数据库和 ZEPHYR 数据库,以及问卷收集。为保证客观数据的准确性,本研究还通过企业年报、财新网等方法进行了数据核对。为使本研究样本数据的合理性,本研究通过以下几个步骤进行筛选,最终获得了 593 家制造业中小企业共计 2372 个面板数据。

首先,由于本章采用的样本为中国制造业中小企业,本章收集在上海证券交易所和深圳证券交易所上市的中小板、创业板和新三板上市的面板数据,在这三个板块的交易市场可以获取本研究需要的中小企业的数据。

其次，为保证本研究能够获取大样本数据，以保证样本数据的准确性和客观性，本研究从国内权威数据库获取所需数据以及从 Wind 数据库和 ZEPHYR 数据库中收集数据。Wind 数据库和 ZEPHYR 数据库已被广泛用于国际商业研究（Xia et al.，2014），从 Wind 数据库、ZEPHYR 数据库和年度报告中收集了客观数据，客观数据主要用于计算与期望差距和国际化速度相关的绩效值。

由于上述两个数据库中只能获取中小企业的基本信息，无法获取有关中小企业国际化速度、组织敏捷性和制度距离的数据，在上述过程的基础上，本研究通过这些中小企业的年度报告、网络搜索和问卷获得这些数据。中小企业国际化速度、组织敏捷性和制度距离的具体测量将在下一小节中阐述。

最后，为保证本研究数据的完整性，本研究对通过上述方法收集到的数据进行整理，剔除符合以下三个条件的一个或多个条件的上市中小企业的数据：①在 2014 年至 2017 年 4 年期间任何一年年度海外销售额为 0 或海外子公司的数量为 0；②在 2013 年至 2017 年期间内严重缺失关键数据；③对研究问卷没有回应或者问卷数据无效。

由于期望差距对中小企业国际化速度的影响通常不会在当年体现，为保证本研究结果的严谨性和可靠性，本研究参考学者 Xie 等（2016）和宋铁波等（2017）的研究，对自变量、控制变量和调节变量选取时间为 2013—2016 年，因变量选取时间为 2014—2017 年。本章最终获取了 593 家制造业中小企业共计 2372 个面板数据。

三 变量测量

本章所有变量的测量均是建立在广泛阅读国内外文献的基础上，数据包括客观数据和主观数据。客观数据如控制变量中公司年龄、公司规模等，自变量期望差距等来源于 WIND 数据库以及 ZEPHYR 数据库。主观数据如组织敏捷性等来源于问卷。问卷的设计均是借鉴国内外成熟的量表，即问卷的引用率较高。问卷的设计主要有以下两个步骤：①将外文引用率高的问卷翻译成中文，并将中文问卷翻译成外文，再和原问卷进行对比以保证问卷的准确性；②将中文问卷给 10 位有国际化业务的公司的经理进行填写试验，根据试验问卷的结果和经理的反馈进行一定的修改以完善问卷。本章的变量概念及测量如表 19-1 所示。其中，自变量为中小企业的期望差距，因变量为中小企业的国际化速度，调节变量分别是中小企业的组织敏捷性和制度距离。

表 19-1　　　　　　　　　本章变量的定义及测量

变量类型	变量名称	英文名称	变量定义	变量测量
自变量	期望差距	Performance relative to aspirations	企业实际绩效和期望绩效的差距	$A_{t,k} = mSA_{t,k} + (1-m)HA_{t,k}$ $HA_{t,k} = nHA_{t-1,k} + (1-n)P_{t-1,k}$
因变量	国际化速度	Speed of internationalization	企业在市场和业务范围全球化的程度	包括国际学习速度和国际市场承诺速度
调节变量	组织敏捷性	Organizational agility	适应国际化多变环境而具有对国际市场的适应能力和灵活性	问卷
调节变量	制度距离	Institutional distance	母国和东道国在制度环境之间的规则、规范和认知三个方面的差异	$D_{mn} = \sqrt{(\vec{m}-\vec{n})^T S^{-1} (\vec{m}-\vec{n})}$
控制变量	企业年龄	Firm age	—	企业年龄用企业成立年数加1后取自然对数
控制变量	企业规模	Firm size	—	企业总资产加1后取自然对数
控制变量	财务杠杆系数	Financial leverage	—	普通股每股收益变动率和息税前利润变动率的比值
控制变量	研发投入比	R&D ratio	—	企业的 R&D 投入占企业销售额的比值
控制变量	管理者规模	Manager size	—	企业中高层管理者的总人数加1后取自然对数

第四节　数据分析

一　描述性统计和相关分析

经过步骤筛选和处理，本章最终得到 2013 年至 2017 年 5 年期间中国制造业中小企业593家共计2372个面板数据。首先，本研究主要变量的描述性统计以及相关系数如表19-2所示。结果表明，国际化速度的均值为-0.25，标准差为4.95，表明中小企业的国际化速度存在较大差异；期望差距的均值为-0.45，标准差为7.67，表明中小企业的期望差距存在较大差异；组织敏捷性的均值为2.38，标准差为2.12，表明中小企业的组织敏捷性存在较大差异；制度距离的均值为0.09，标准差为0.83，表明中小企业的制度距离差异不大。

相关分析是研究中采用回归分析的前提，通常使用皮尔逊相关分析来检验。《管理学问卷调查研究方法》写道：对因变量进行解释，并不需要所有变量都和因变量相关，有时即使不相关的变量也可以预测因变量（罗胜强，2014）。本研究设计的变量包括期望差距、国际化速度、组织敏捷性、制度距离、企业年龄、企业规模、财务杠杆系数、研发投入比和管理者规模。各变量的相关系数如表19-2所示。结果显示，企业年龄与国际化速度呈显著正相关（$\beta=0.04$，$p<0.1$），期望差距和国际化速度呈显著负相关（$\beta=-0.05$，$p<0.05$），制度距离和国际化速度也呈显著负相关（$\beta=-0.05$，$p<0.05$）。

二 期望差距与中小企业国际化速度实证分析

由于本研究的回归分析使用的是面板数据，可能存在由于缺失变量引起的内生性偏差问题、多重共线性问题、异方差或时间序列和截面相关等问题，为此，本章做了一些处理以避免这些问题：①利用双向固定效应模型进行模型验证，同时利用Driscoll-Kraay标准误进行估计。②在构造交互项之前，中心化了解释变量和调节变量。③对所有变量进行VIF诊断，发现所有方差膨胀因子（VIF）都远低于10的基准。本章的回归模型包括两部分：一是期望差距对中小企业国际化速度的影响，二是组织敏捷性和制度距离对期望差距和国际化速度之间关系影响的调节作用。表19-3展示了国际化速度的六个回归模型结果。

本章通过逐步增加自变量和调节变量来建立模型，共包括了六个模型。模型1是包括控制变量的基本模型。模型2和模型3在模型1的基础上，增加了期望差距和期望差距的平方，以检验期望差距对中小企业国际化速度的影响。然后，模型4增加了组织敏捷性和制度距离。模

表19-2 主要变量的描述性统计及相关分析

变量	M	S.D.	1	2	3	4	5	6	7	8	9
1. 企业年龄	1.84	0.72	1								
2. 企业规模	21.46	0.67	0.43***	1							
3. 财务杠杆系数	1.45	1.57	0.17***	0.13***	1						
4. 研发投入比	0.33	0.07	−0.12***	−0.12***	−0.04*	1					
5. 管理者规模	2.24	0.16	0.10***	0.23***	0.08***	−0.32***	1				
6. 期望差距	−0.45	7.67	−0.14***	−0.03	−0.06***	0.05***	0.00	1			
7. 组织敏捷性	2.38	2.12	−0.08***	0.01	−0.01	−0.09***	0.14***	−0.01	1		
8. 制度距离	0.09	0.83	−0.33***	−0.34***	−0.24***	0.06***	−0.07***	0.21***	0.00	1	
9. 国际化速度	−0.25	4.95	0.04*	0.01	0.01	0.01	−0.03	−0.05**	0.01	−0.05**	1

型 5 增加了组织敏捷性和期望差距的交互项、组织敏捷性和期望差距的平方的交互项,用于检验组织敏捷性对期望差距和国际化速度影响的调节作用。最后,模型 6 增加了制度距离和期望差距的交互项、制度距离和期望差距的平方的交互项,用于检验制度距离对期望差距和国际化速度影响的调节作用。如表 19-3 所示的 F 值,从而每个模型都是显著的。此外,根据 R^2 值显示,R^2 值逐渐增大,从而每个变量的增加对模型都是有意义的。

模型 1 包含了控制变量对国际化速度的影响,包括企业年龄、企业规模、财务杠杆系数、研发投入比和管理者规模。如表 19-3 所示,企业年龄对国际化速度有显著的正向影响($\beta = 2.1185$,$p < 0.1$),而管理者规模对国际化速度有显著的负向影响($\beta = -2.9987$,$p < 0.05$),即企业年龄越高,国际化速度越快;而管理者规模越大,国际化速度反而越慢。

表 19-3　　　　　　　　　　国际化速度的回归结果

国际化速度	模型 1	模型 2	模型 3	模型 4	模型 5	模型 6
企业年龄	2.1185* (0.5442)	2.0899* (0.5793)	2.1496* (0.5634)	1.3752* (0.5527)	1.3670* (0.5524)	1.3352* (0.5259)
企业规模	-0.4259 (0.2604)	-0.4056 (0.2716)	-0.4108 (0.2784)	-0.7796* (0.2592)	-0.7860* (0.2823)	-0.7219* (0.2396)
财务杠杆系数	-0.0294 (0.0328)	-0.0189 (0.0239)	-0.0173 (0.0199)	-0.0233 (0.0178)	-0.0234 (0.0192)	-0.0043 (0.0062)
研发投入比	1.6952 (0.8243)	1.7492 (0.7876)	1.7456 (0.7791)	1.7619 (0.8928)	1.7658 (0.8538)	1.5736 (0.8664)
管理者规模	-2.9987** (0.6497)	-3.0312** (0.6291)	-3.0075** (0.6298)	-2.8033** (0.5357)	-2.7788** (0.4938)	-2.7140** (0.4974)
期望差距		-0.0166 (0.0195)	0.0346 (0.0318)	0.0316 (0.0327)	0.0312 (0.0323)	0.0408 (0.0360)
期望差距² (假设 1)			0.0017** (0.0011)	0.0020** (0.0012)	0.0019 (0.0012)	0.0025** (0.0016)
组织敏捷性				0.0304 (0.0608)	0.0177 (0.0528)	0.0314 (0.0574)

续表

国际化速度	模型1	模型2	模型3	模型4	模型5	模型6
制度距离				-1.2575 (0.0979)	-1.2596 (0.1011)	-0.9585 (0.0291)
组织敏捷性×期望差距					0.0024 (0.0109)	
制度距离×期望差距						-0.0430 (0.0126)
组织敏捷性×期望差距^2 （假设2）					0.0002** (0.0000)	
制度距离×期望差距^2 （假设3）						-0.0020* (0.0010)
R^2	0.0457	0.0459	0.0463	0.0537	0.0538	0.0566
F	10.4252***	10.1351***	9.4329***	9.7819***	11.2786***	10.9621***
N	2372	2372	2372	2372	2372	2372

本章的H1预测期望差距和中小企业国际化速度之间存在"U"形关系。在模型2中，在模型1的基础上增加了期望差距，如表19-3所示，期望差距和中小企业国际化速度的系数是负的但不显著，说明期望差距和中小企业国际化速度之间不是简单的线性关系。在模型3中，在模型2的基础上增加了期望差距的平方，如表19-3所示，期望差距的平方和中小企业国际化速度之间呈显著的正相关（$\beta=0.0017$，$p<0.05$），说明期望差距和中小企业国际化速度之间是显著的正向"U"形关系，从而支持假设H1。而模型3的R^2值相比于模型1增大，也说明了期望差距的平方的引入对国际化速度有一定程度的解释度。

三 组织敏捷性的调节作用分析

本章在假设2预测了组织敏捷性会增强期望差距和中小企业国际化速度之间的"U"形关系。如表19-3中模型5所示，从回归结果可以看出，期望差距的平方和组织敏捷性的交互项对中小企业的国际化速度产生了显著的正向影响（$\beta=0.0002$，$p<0.05$）。这一结果表明，组织敏捷性加强了期望差距和中小企业国际化速度之间的"U"形关系，从

而支持假设 H2。

为了进一步探究组织敏捷性的调节作用，本章参考 Toothaker（1994）的研究，来比较低水平和高水平的调节变量对期望差距和国际化速度交互项的影响，以更清楚地了解相互作用的本质。具体来说，本章分别在图 19 - 2 和图 19 - 3 绘制了低水平和高水平的组织敏捷性和制度距离的影响。

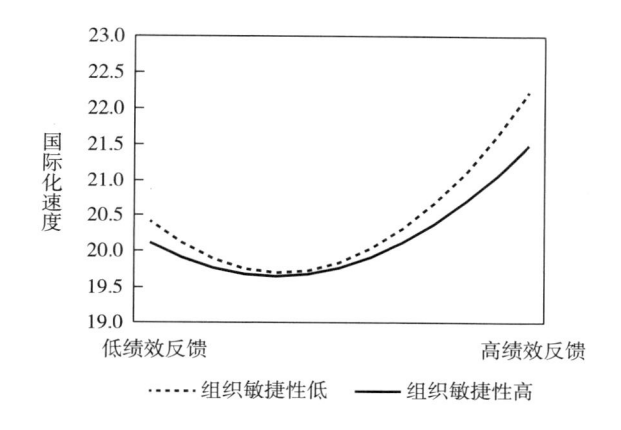

图 19 - 2　组织敏捷性对期望差距与国际化速度关系的调节作用

如图 19 - 2 所示，当企业具有较低的组织敏捷性时，期望差距和国际化速度具有较弱的"U"形关系；而当企业具有较高的组织敏捷性时，期望差距和国际化速度具有较强的"U"形关系。因此，图 19 - 2 也验证了组织敏捷性加强了期望差距和中小企业国际化速度之间的"U"形关系，从而支持假设 H2。

四　制度距离的调节作用分析

本章在假设 3 预测了制度距离会削弱期望差距和中小企业国际化速度之间的"U"形关系。如表 19 - 3 中模型 6 所示，从回归结果可以看出，期望差距的平方和制度距离的交互项对中小企业的国际化速度产生了显著的负向影响（β = - 0.0020，p < 0.1）。这一结果表明，制度距离削弱了期望差距和中小企业国际化速度之间的"U"形关系，从而支

持假设 H3。

本章也研究了低水平和高水平的制度距离对期望差距和国际化速度交互项的影响，图 19-3 绘制了低水平和高水平的制度距离的影响。如图 19-3 所示，当企业具有较低的制度距离时，期望差距和国际化速度具有较强的"U"形关系；而当企业具有较高的制度距离时，期望差距和国际化速度具有较弱的"U"形关系。因此，图 19-3 也验证了制度距离削弱了期望差距和中小企业国际化速度之间的"U"形关系，从而支持假设 H3。

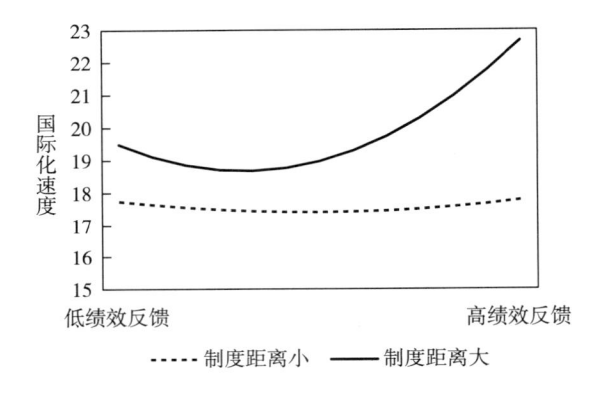

图 19-3 制度距离对期望差距与国际化速度关系的调节作用

第五节 结论与讨论

本章以 2013 年至 2017 年 5 年期间中国制造业中小企业为样本，数据来源于 Wind 数据库和 ZEPHYR 数据库以及问卷收集，通过步骤筛选最终得到 593 家制造业中小企业共计 2372 个面板数据。研究利用双向固定效应模型使用回归分析来验证本研究的所有假设。本研究检验了期望差距如何影响管理层对国际化风险的态度，并最终影响对国际化速度的决策的内部机制，以及组织敏捷性和制度距离如何影响期望差距和国际化速度之间的关系。本研究主要得到以下结论：

第一，期望差距和中小企业国际化速度之间呈"U"形关系。企业绩效低于期望值时会提高对风险的容忍度，管理者更倾向于采取更激进、风险更大的方法来快速提高绩效，即中小企业国际化速度会变快。实际绩效与期望绩效之间的差距变小时，降低了管理者对国际扩张风险的承受能力，中小企业管理者往往选择规避风险。此外，企业的资源得到充分利用，闲置资源较少，无法满足加速国际化的各种资源需求，企业会保持较低的国际化速度。而当实际绩效超过期望绩效较多时，中小企业加快国际化的倾向可能会增加。过去成功的经验改变了管理者的认知框架，管理者可能会相信自己的决策是正确的，并对未来的业绩充满信心，而不是担心失败。此时，企业拥有更多的闲置资源，以应对不断增长的扩张带来的风险。

第二，组织敏捷性加强了期望差距和中小企业国际化速度之间的"U"形关系。高敏捷性的企业能通过高效利用知识来适应环境变化，这有利于增加管理者承担风险的趋势，进而增强了期望差距和国际化速度之间的关系。高组织敏捷性使中小企业能够对市场变化作出快速反应，并帮助它们控制国际市场风险和不确定性。而敏捷性较弱的企业更可能有更低的利润、更高的成本和更低的市场份额。此外，低敏捷性的企业很难感知到市场机会，从而降低管理者承担国际化风险的趋势。

第三，制度距离削弱了期望差距和中小企业国际化速度之间的"U"形关系。高制度距离使企业难以在东道国建立外部合法性，管理者可能会表现出更多的风险规避行为，回避在制度距离大的国家进行投资。此外，随着制度距离的增加，企业国际化的成本也会增加，可能会超过企业的国际化所带来的收益。当制度距离较大时，期望差距和国际化速度之间的效应会减弱。

第二十章

企业并购绩效变化的影响机制研究

第一节 研究背景

企业并购仍然是公司实现可持续竞争优势的一种普遍且流行的方式（Cheng & Zhong，2020）。并购使企业能够克服壁垒快速进入一个新市场，实现规模经济，提高产品质量并采用可靠的技术优势来提高市场支配力（Graebner et al.，2017），这种发展模式快于内部发展或与其他企业结盟的模式（Weigelt & Sarkar，2012）。先前的研究已经检验了许多在并购后整合阶段影响价值创造或绩效变化的因素，比如人力资源（Nadolska & Barkema，2014；Sarala et al.，2016；Bauer et al.，2016）、先前的并购经验（Hayward，2002；Laamanen & Keil，2008；Bauer et al.，2016；Campbell et al.，2016；Casillas & Moreno，2014）、文化差异（Bauer et al.，2016）、并购比例（Laamanen & Keil，2008）和相关程度（Campbell et al.，2016；Meglio et al.，2017；Laamanen & Keil，2008），但令人失望的是研究结果，即就如何提高并购的成功率或改善并购后的绩效没有得出一致的结论。鉴于并购仍然是一项复杂且受多因素影响的活动，因此收购的成功率仍然很低（Bauer et al.，2018；Homburg & Bucerius，2006），并且其中大多数并购没有创造价值甚至损害了收购方的价值（Trichterborn et al.，2016；King et al.，2004）。我们认为公司确实能从并购业务中获益，但是需要进行更详细和差异化的分析。迄今为止获得的不同的实证结果促使研究人员和学者们寻找更好的理论或方法来填补这一空白。

尽管先前的研究表明诸如收购经验、收购团队、利益相关者、文化、价格,甚至地理距离等单个的影响或多或少地促进或抑制了绩效的提高。总体而言,所有这些经验研究都可以分为三类:①区域因素;②行业因素;③有关公司自身的因素。但由此也带来了局限性,因为它们专注于探索单个因素的"净效应",而忽略了多个因素的"综合效应"。跨境并购,作为一项复杂的决策,是不同实体和不同层面上多种因素共同作用的结果(Chari & Chang,2009)。传统的逻辑回归分析仅探讨了单因素与结果之间的"净效应"或最多三个变量的调节效应,而无法解释多变量之间复杂的因果关系。例如,对于一家拥有异质化(或同质化)的并购团队且文化背景与目标公司相似(或不同)的企业,以及它们选择并购的时机对并购后绩效变化的影响,是未知的。我们需要从整体和系统的角度来考虑并购活动,换句话说,这些因素及其它们之间的相互关系共同主导着并购业务的成败。因此,我们认为跨境并购的绩效表现代表了上述因素的不同配置的结果。

为了在此背景下研究上述问题,我们使用模糊集定性比较分析(fsQCA),一种基于集合理论的方法。fsQCA被认为是探索多个因素之间"组合效应"和"相互作用关系"的有效方法(Ragin,2009),这与中国古代哲学家的理论相符合,即成功是时机、环境和人三个因素的结合。fsQCA使将成功的并购看作有关这三个因素之间不同的配置组合成为可能。顺着这一理论延伸,在经济和市场全球化的时代,中国企业想要通过并购来增强国际竞争力和市场支配力,必须仔细考虑正确的并购时机,选择有利的并购环境和采用合适的人员。

本章有助于揭示为什么有的公司能够通过跨国并购获得快速的业绩增长,而另一些公司却未能从中获益甚至遭受亏损。本章主要通过以下方式为现有文献做出了贡献:①我们引入了一种新的方法来进行更细致的探索,克服了先前研究的不足。具体是以"天时""地利"和"人和"这一理论作为框架,运用fsQCA作为工具,为研究成功和失败的并购提供新的视角,帮助管理人员和从业人员识别出哪些因素及其组合有助于提高并购成功的可能性。②本研究采用整体性和系统性的视角来理解影响并购绩效的关键驱动因素,为并购文献做出了贡献,该领域的先前研究集中在诸如并购双方的公司特征等个别因素上(Trichterborn et al. , 2016；Hayward, 2002；Cannella et al. , 2008），或与并购相关的外部环境（Campbell et al. , 2016；McNamara et al. , 2008），但我们将其整合在一起并将收购的时机纳入考虑。最后，我们的研究结果表明，并购后绩效的提升或下降取决于单个因素与其他因素的不同配置组合的共同作用。

第二节　理论假设

一　企业并购中的"天时""地利"和"人和"

有关"天时""地利""人和"的思想最早起源于孟子，他认为天时不如地利，地利不如人和（Legge，2011）。确切地说，在一场战争中，天气与季节（天时）起到的作用不如地理因素（地利）起到的作用大，而地理因素（地利）起到的作用不如人心一致（人和）起到的作用大。比如，一座拥有七层外城城墙和三层内城城墙的城池即便敌人选择一个对他们有利的时间点来攻打也未必能攻破。但是，这样一座堡垒坚固、粮食充足的城池却有可能因为城内守军和居民缺乏一致的信心与斗志而被攻破。如果忽视了这三个条件中任何一个，即便能侥幸获得暂时的成功，将来也一定会遭受失败（Sun & Tzu, 2003）。与孟子一样，孙子（Griffith & Sun Tzu, 1963）认为研究战争胜败的基本条件，要着眼于以下五个方面：一是道，二是天，三是地，四是将，五是法。道，指君主和民众目标相同，意志统一，可以同生共死，而不会惧怕危险。天，指昼夜、阴晴、寒暑、四季更替。地，指地势的高低，路程的远近，地势的险要、平坦与否，战场的广阔、狭窄，是生地还是死地等地理条件。将，指将领足智多谋，赏罚有信，对部下真心关爱，勇敢果断，军纪严明。法，指组织结构，责权划分，人员编制，管理制度，资源保障，物资调配。这五个方面也可以被归纳为正确的时机、有利的环境和合适的人员。荀子（Hutton，2014）则从农业生产的角度也论述过"天时""地利""人和"这一理论："天时"是指农业生产时节，"地利"是指肥沃的土地，"人和"是指劳动分工。荀子认为这三个要素同等重要，都不可或缺。不管是在战争中或农业生产中，有关"天时"

"地利""人和"的概念构建都反映出了外部客观环境与自身内部条件之间的相互作用和共同演化。基于现有有关并购的文献，并借鉴中国古代哲学家的思想，我们不难相信并购的成败同样也受到"天时""地利"和"人和"这三个主要因素的影响。更具体地说，"天时"是指正确的并购时机，它反映了当公司出于何种状态下时开始并购，在本研究中，并购时机的选择与公司并购前的多元化水平有关。"地利"，指的是影响并购的外部条件，包括并购方和目标公司之间的业务相关程度和文化距离。最后，"人和"，是指并购方的内部条件，代表了涉及并购的有关人的因素，包括高管团队（Top Management Team，TMT）的多样性和并购方的员工人数。

二 企业并购中的"时机"

多元化水平。大型企业也许会面临这样一个问题，是通过采取多元化战略还是直接通过跨境并购来获得更快的增长和更高的利润。尤其是20世纪80年代的中国，经济体制由计划经济转为市场经济，企业必须考虑如何在竞争日益激烈的市场上存活下来。所以企业采用的多元化战略可以看作是一种投资组合，将资产分配到几个不同的行业以降低潜在风险。并购前的多元化水平一方面也是公司运营能力的体现，Matasusaka（2001）认为公司的运营能力不仅适用于一种产品或服务，还可以扩展到其他的领域，这是一个"试错"的过程。Amburgey 和 Miner（1992）以及 Welch 等（2019）发现公司通常在并购中采用与之前相似的战略，这意味着公司如果在并购前采取多元化的经营战略，在并购时更有可能采取与之相同的战略，即多元化并购战略。所以企业通过并购来将它们目前的业务扩展到国际市场上，一些学者认为采用多元化战略的企业相比采用单一经营战略的企业在并购后的绩效表现要更好，因为在此过程中它们收获并分享了更多的知识和技能（Kim et al., 2019; Hitt et al., 1997），并将其运用到了并购活动中去。另一方面，一些研究表明，跨国并购需要收集大量的信息和数据以减少交易过程中的信息不对称，而采取多元化经营战略的公司的信息处理能力有限，由于它们将大部分精力都花费在了不同的业务领域上，在处理跨境并购时力不从心，最终导致并购无法带来预期的收益。因此，我们认为在何种多元化水平下开始并购对企业来说是一个重要的时机。

三 企业并购中的"地利"

（1）文化距离。在跨国并购背景下，文化距离是指并购方所在国与目标方所在国之间有关原则、标准、惯例和其他方面管理差异的程度（Kogut & Singh，1988；Cheng & Zhong，2020；Morosini，1998）。文化距离假说主要用于研究合并组织之间的相似或不相似程度。大量有关文化距离的实证研究得出了相互矛盾的结果，一些研究发现文化距离对并购产生了负面影响，另一些研究认为文化距离对收购有益或没有影响（Stahl & Voigt，2005；Cheng & Yang，2017；Deng & Yang，2015）。我们借鉴社会认同理论，即组织是一群拥有相同价值、信念、假设和认知的人的集合（Homburg & Bucerius，2006；Nahavandi & Malekzadeh，1988）。跨国并购中的两家公司分别代表一组不同的社会身份，当文化距离变化时，则更有可能发生冲突。具体而言，当收购方和被收购方之间的文化距离扩大时，群体与成员之间的协调和沟通往往会变得更加不稳定（Kogut & Singh，1988）。例如，Datta（1991）证明了高层管理人员风格的差异对收购后公司的业绩有害。Bauer 等（2016）主张，文化契合度越高，收购后的人员和任务整合速度越快。尽管大多数研究认为文化距离过大会导致并购绩效不佳（Datta，1991；Stahl & Voigt，2005），但 Morosini（1998）发现文化距离对并购绩效有积极影响，一种可能的解释是文化差异可以被视为创新的源泉，具有不同文化背景的公司具有不同的惯例和资料库，可以用作知识短缺的补充。

（2）业务相关度。由于并购导致两个不同的企业合并，因此两家公司之间的业务关联也是并购领域研究的重点。Capron 等（2001）以及 Lim 和 Lee（2016）的研究发现，公司之间的高业务相关度更有可能实现高的协同效应。相关度包括业务相似性和业务互补性（Larsson & Finkelstein，1999；Zaheer et al.，2013），相似性被定义为购并方与目标方之间高度的资源重叠，而互补性则意味着"业务不同但有相互促进的可能性"（Zaheer et al.，2013）。相似的收购相较于互补性的收购信息不对称度较低，因此有助于目标的识别和评估（Chakrabarti & Mitchell，2016；Carow et al.，2004），并且不太可能会招致董事会的反对（Paul，2007）。总体上大多数学者认为公司业务的高关联度是有益于收购的。但是也有一些研究发现，即便高业务关联度创造了更多的价值，但这些价值却大多被目标公司所捕获，对收购公司的贡献反而却很小（Agrawal，Jaffe & Mandelker，1992）。

四 企业并购中的"人和"

（1）团队多样性。高管团队最能代表并购中有关人的因素。最早的时候 CEO 被学者们认为是唯一对并购决策负责的人（Haunschild，1994；Hayward & Hambrick，1997）。但由于单个决策者的有限理性和个人精力及时间上的局限性（Hambrick et al.，1996），企业并购应该是由一个收购团队（包括 CEO 在内）一起来完成有关收购的决策（Nadolska & Barkema，2014；Hayward & Hambrick，1997）。这个收购团队的工作范围从目标确定、收购前的尽职调查到收购目标价值的判断以及收购后的整合，涉及企业内部隐性知识和经验的整合和转移（Crossan et al.，1999）。基于团队多样性文献（Phillips et al.，2004；Hambrick et al.，1996），多元化的并购团队带来了更广阔的视野，增强了小组整体解决问题的能力（Hambrick et al.，1996），并且他们拥有更加广泛的人际关系，更容易搜集到有价值并且详细的信息。另一方面，TMT 多样性也具有负面影响，多样化的团队内部更容易引发冲突，一旦组织内部形成鸿沟或分裂，需要花大量的时间来解决，这造成信息传递的困难，因此组织可能错过行动的关键时刻（Cannella et al.，2008），对收购带来严重损失（Carpenter，2002）。

（2）员工数。员工人数在一定程度上反映了公司规模的大小（Sullivan & Marvel，2011）。由于收购决策由组织的高级管理人员作出，中层和基层员工对此知之甚少，面对重大的收购业务，企业内部很容易弥漫恐慌的情绪，尤其是在员工人数较多的大型企业，组织内部噪声更大，下属难以了解决策者的真实意图，他们害怕自己熟悉的工作环境被破坏，对自己的前途也产生了不确定性，因此无法配合好公司的行动，导致并购后业绩下降。而小公司由于组织结构简单，员工数量少，信息流通方便，员工能了解关于并购更为详细的信息，他们与公司整体一起发挥高度的协同作用，提高了行动效率。此外，高绩效增长与小型公司和年轻的组织灵活开放的结构有关（Bouncken，2016），大型公司拥有更多的闲杂人员和不必要的岗位，但是在处理复杂事物时，人力资源充足的大型公司表现优于小公司。

五　关于成功并购的配置模型

如上所述，我们认为，尽管"天时""地利""人和"中的任何单一因素在并购中很重要，但鉴于并购活动的复杂性和多维性，应该考虑三个因素的联合作用。所以并购的成败很大程度上取决于并购开始的时机、并购发生的环境以及参与其中的人员。它们之间的相互影响和作用导致了在不同的情况下产生了不同的条件组合。例如，收购时机的选择，即公司在收购前展示的多元化程度，反映了其发展模式。首先，在母国进行多元化经营，然后通过跨境收购进一步提高业绩，这有助于他们具备转移和吸收跨地区知识的能力（Hitt et al.，1997）。因此，由于它们已经积累了足够的知识和经验，它们将在跨境收购中表现得更好。相比之下，没有足够资源和人力来维持多元化经营的小公司可以通过跨国并购直接扩大业务范围，它们被称为"早期行动者"（McNamara et al.，2008），它们更加关注决策的速度而非质量。在这种模式下，它们需要同质化的并购团队来加快决策的速度，尽早地占领市场，运用关键资源来与目标客户建立联系，并从中受益（Lieberman & Montgomery，1998；Frynas et al.，2006）。此外，绩效的增长还是降低还取决于其他因素，例如收购的关联性和两家公司之间的文化距离。更具体地说，小公司也许可以通过选择业务相似和文化相似的目标公司来进一步降低成本并降低风险。这种配置逻辑与"天时""地利""人和"的观点相一致。接下来，我们将分析哪些特定的因素组合将导致绩效增长或下降。

第三节　研究方法

一　分析方法

本章使用 fsQCA 方法来检验并购中的"天时""地利""人和"等因素的多重交互作用和复杂配置。fsQCA 是一种基于集合理论的定性比较分析方法，集合理论被广泛地应用于社会科学领域（Campbell et al.，2016）。它将变量间的因果关系视为给定结果的充分条件。这意味着导致结果出现的前因条件是不唯一的，有不同的路径可以达到相同的结果。此外，结果和前因之间还存在着非对称关系，某些条件导致结果出现，没有这些条件也不意味着结果不会出现。fsQCA 跟本研究的理论相契合，它没有将成功的并购视为"天时""地利""人和"三个独立的因素，而是将其认为是它们的不同配置组合。

二 数据来源和校准

本章的研究对象是中国的上市公司，我们使用 ZEPHYR 和 CSMAR 数据库作为并购数据的来源，根据中国证券监督管理委员会的规定，所有在中国上市的公司必须披露其年度财务和投资信息。我们搜集了 2015 年至 2018 年交易金额最大的 80 笔交易的数据，这些数据来自公开披露的确认已完成的跨境并购交易，包括了不同行业，但出于法律和制度的因素，很难获得有关金融和保险行业的并购的准确数据，因此剔除了这两个行业的并购交易。同样，缺乏足够的信息或不适合本研究的交易也被剔除。

在进行 QCA 分析之前，必须先对所有变量进行校准，校准是使原始变量具有可解释的集合概念的过程，校准之前，所有前因和结果变量的值都将转换为 0—1 的模糊集隶属分位数，通常需要预设三个锚点：完全隶属点（阈值上限）、交叉点（此点具有最大的模糊性）和完全不隶属点（阈值下限）（Ragin，2008）。我们使用直接校准法，这意味着研究人员使用指定值来确定上述三个锚点。

1. 绩效变化

我们使用综合的财务指标来准确评估收购方在收购后的绩效变化，它们包括：①主营业务收入/总资产；②净利润/总资产；③每股收益（EPS）；④净资产收益率。该公式的数学表达式如下：

$$F_i = \alpha_{i1} Y_{i1} + \alpha_{i2} Y_{i2} + \alpha_{i3} Y_{i3} + \alpha_{i4} Y_{i4}$$

其中 F_i 是第 i 个公司业绩的综合得分，α_{ij} 是第 i 个公司第 j 个因子的方差贡献率，Y_{ij} 是第 i 个公司第 j 个因子的得分。比如 Y_{11} 代表了第一家公司主营业务收入/总资产的值。根据冯根福（2009）的研究，并购前一年的绩效计算公式为：

$F^{-1} = 0.53672Y_{i1} + 0.25719Y_{i2} + 0.15814Y_{i3} + 0.04795Y_{i4}$

并购完成后一年的绩效计算公式为：

$F^{1} = 0.65529Y_{i1} + 0.24348Y_{i2} + 0.06366Y_{i3} + 0.03757Y_{i4}$

所有数据来自公司的年报，通过 $F^{1} - F^{-1}$ 计算得出并购发生前后收购方的绩效变化。80家公司中有36家表现出增长的绩效，40家表现出绩效的下降，4家公司的绩效在并购前后没有发生显著变化。在36家绩效增长的公司中，我们将完全隶属点、交叉点和完全不隶属点设置为95%分位数、平均值和5%分位数。在40家绩效下降的公司中，我们将完全隶属点、交叉点和完全不隶属点设置为5%分位数、平均值和95%分位数。

2. 多元化

我们使用收购前一年的主营业务收入和主营业务利润的占比来衡量收购方的多元化程度，如果主营业务收入和主营业务利润的比例超过90%，我们认为公司采用单一化的经营策略，我们将其赋值为1；如果该比例小于90%，并且在年度财务报告中报告了其他利润或收入大于10%的行业，则将这些行业的个数作为多元化的赋值完全隶属的锚点设置为3，2为交叉点，1为完全不隶属的锚点，即属于这个集合的公司多元化水平最低。

3. 文化距离

我们采用Hofstede（1980）的四维度（权力距离、不确定性规避、个人主义/集体主义、男性化与女性化）来衡量文化距离，用Kogut和Singh（1988）的计算方法来衡量两家企业在文化上的距离。文化距离的完全隶属点、交叉点和完全不隶属锚点分别为75%分位数、50%分位数和25%分位数。

4. 相关度

与先前的研究一致，我们用SIC代码来衡量两家企业之间的业务相关度（Campbell，2016；Laamanen & Keil，2008），如果它们的前四位SIC代码一致则赋值为4，如果前三位一致则赋值为3，前两位一致则赋值为2，只有第一位一致则赋值为1，都不一样则赋值为0。我们将完全隶属点设置为4，交叉点设置为2，0作为完全不隶属的锚点

(Campbell, 2016; Zhang, 2019)。

5. TMT 团队多样性

我们主要考虑 TMT 团队中职能背景的多样性，不同的职能背景反映了他/她的专业知识，也反映了人的个性、认知风格、价值观等因素 (Nadolska & Barkema, 2014; Hambrick et al., 1996)。TMT 团队应当包括副总裁及以上的职位 (Hambrick et al., 1996)。公司的高管背景信息同样来自公司年报。我们通过 Blau 指数来计算 TMT 团队的多样性：$1 - \sum p_i^2$ (Miller & Triana, 2009)，p_i 代表某个职能背景在团队中所占的比例。Blau 指数越大，TMT 团队的多样性越高。Blau 指数的三个锚点分别为 75% 分位数、平均值和 25% 分位数。

6. 员工人数

公司的员工人数也来自年报，三个锚点分别设置为 75% 分位数、50% 分位数和 25% 分位数。具体的值见表 20-1。

表 20-1　　　　　　　　　　模糊集校准

变量		锚点		
		完全隶属点	交叉点	完全不隶属点
并购中的"天时"	多元化	3	2	1
并购中的"地利"	文化距离	3.61	3.31	2.8
	相关度	4	2	0
并购中的"人和"	TMT 团队多样化	0.694	0.65	0.62
	员工数	5915.5	1752	1154.5
绩效增长		0.64	0.24	0.01
并购中的"天时"	多元化	3	2	1
并购中的"地利"	文化距离	3.58	3.18	2.38
	相关度	4	2	0
并购中的"人和"	TMT 团队多样化	0.72	0.65	0.62
	员工数	6919	3071	975
绩效降低		-0.43	-0.14	-0.02

表 20-2 和表 20-3 分别提供了有关绩效增长和下降中的各变量的均值、标准差和相关性分析。

表 20-2　　　　　　绩效增长下的描述性和相关分析

变量	均值	标准差	1	2	3	4	5
1. 多元化	1.83	1.16					
2. 文化距离	2.83	1.23	-0.318*				
3. 相关度	1.64	1.73	-0.017	0.017			
4. TMT团队多样性	0.65	0.08	0.221	0.141	0.15		
5. 员工数	6390.83	11298.38	0.286*	0.077	0.168	0.214	
6. 绩效增长	0.24	0.3	0.256	0.063	-0.32*	0.214	-0.177

注：n=36；SD = standard deviation；***p<0.01．**p<0.05．*P<0.1。

表 20-3　　　　　　绩效降低下的描述性和相关分析

变量	均值	标准差	1	2	3	4	5
1. 多元化	1.725	0.96					
2. 文化距离	2.73	1.3	0.178				
3. 相关度	1.275	1.71	0.047	0.143			
4. TMT团队多样性	0.65	0.11	0.079	-0.068	0.249		
5. 员工数	10460	39747.12	-0.127	0.029	-0.081	-0.014	
6. 绩效降低	-0.14	0.12	0.308*	0.189	-0.07	-0.192	0.185

注：n=40；SD = standard deviation；***p<0.01，**p<0.05，*p<0.1。

第四节　研究结果

一　必要性分析

第一步首先进行单个因素的必要性分析，从集合论的角度来看，必要性分析是检验单个因素作为结果的子集的程度（Ragin，2009）。一般当某个前因条件的一致性水平大于0.9时，则认为该条件可以作为结果的必要条件（Ragin，2008；Schneider & Wagemann，2012），必要性分析的结果见表20-4。由表20-4可知，不论是在绩效增长的分析还是绩效下降的分析中，所有条件的一致性水平都没有超过0.9，所以它们均不是并购后绩效增长或降低的必要条件。

表 20-4　　　　　　　　　　必要条件分析

前因条件	绩效增长		绩效下降	
	一致性	覆盖度	一致性	覆盖度
多元化	0.49	0.55	0.38	0.42
~多元化	0.61	0.38	0.86	0.49
文化距离	0.61	0.48	0.58	0.41
~文化距离	0.45	0.37	0.65	0.52
相关度	0.35	0.34	0.45	0.51
~相关度	0.79	0.54	0.73	0.41
TMT 多样性	0.57	0.45	0.70	0.48
~TMT 多样性	0.51	0.43	0.52	0.44
员工数	0.42	0.35	0.54	0.40
~员工数	0.70	0.56	0.68	0.51

二　企业并购绩效变化因果条件配置组合

接下来我们使用充分性分析来探索导致绩效增长/下降的配置组合。我们将频数阈值设置为 1，一致性阈值设置为 0.8（Ragin，2009）。表 20-5 中呈现了研究的结果，fsQCA 主要汇报三种解，即复杂解、中间解、简约解。由于复杂解构型太多不利于后续分析，本章主要汇报中间解，辅之以简约解（Fiss，2011；Fainshmidt et al.，2019）。与以往的研究一致，我们使用"●"代表辅助条件存在，"⊗"代表辅助条件缺失，"●"代表核心条件存在，"⊗"代表核心条件缺失，核心条件是同时存在于简约解和中间解的条件。特别地，空格表示该条件可存在可不存在，对结果的出现与否没有影响（Ragin，2009；Fiss，2011；Campbell et al.，2016；Juntunen et al.，2019）。

表 20-5　　　　　　　　　　绩效增长/降低的构型

	绩效增长			绩效降低		
前因变量	PG1	PG2	PG3	PD1	PD2	PD3
并购中的"天时"						
多元化	●	●	●	⊗	●	●
并购中的"地利"						
文化距离	⊗	●	·		⊗	⊗
相关度	⊗	⊗	⊗	●	●	⊗
并购中的"人和"						
TMT团队多样性	⊗	·	●	⊗	·	●
员工数	●	⊗	●	·	·	·
一致性	0.85	0.86	0.71	0.67	0.77	0.81
原始覆盖度	0.16	0.27	0.19	0.24	0.19	0.18
净覆盖度	0.04	0.04	0.01	0.14	0.01	0.01
总体一致性	0.75			0.65		
总体覆盖度	0.33			0.35		

注："●"表示辅助条件存在;"⊗"表示辅助条件缺失;"·"代表核心条件存在,"⊗"代表核心条件缺失,空白表示条件可存在也可缺失。

五个前因变量一共产生了六个不同的构型。三个属于绩效增长,三个属于绩效降低。在三个绩效增长的构型中,一致性水平最高为 0.86,最低为 0.71,净覆盖度是衡量每个构型对结果的解释程度(Juntunen et al., 2019),构型 PG1 和 PG2 的净覆盖度最高为 0.04。导致绩效增长的条件配置组合的总体一致性水平为 0.75,它衡量了总体条件配置组合作为结果的子集的程度(Ragin, 2008; Fiss, 2011; Chester Goduscheit & Faullant, 2018)。导致绩效增长的条件配置组合的总体覆盖度为 0.33,它衡量了条件配置组合对结果的解释程度。即在本研究中,并购后绩效增长的 33% 可以由构型 PG1、PG2、PG3 解释。PD1 到 PD3 是三个导致绩效降低的构型,其中 PD1 的净覆盖度最高为 0.14,总体一致性水平和总体覆盖度分别为 0.65 和 0.35。

在导致并购方绩效增长的第一个构型(PG1)中,多元化和员工数作为核心条件存在,TMT 团队多样性和相关度作为核心条件缺失。第二种构型（PG2）包括以多元化、文化距离和相关度的缺失作为核心条件存在，以及以 TMT 团队多样性和没有多员工作为辅助条件存在。最后一种构型（PG3），多元化和 TMT 团队多样性，没有相关度和没有多员工作为核心条件，高文化距离作为辅助条件存在。

另外导致绩效降低的三个构型中，构型 PD1 代表了以高业务相关度和缺乏 TMT 团队多样性作为核心条件，以及多元化的缺失和多员工作为辅助条件的配置组合导致并购后绩效下降。构型 PD2 和 PD3 代表了并购中的"天时"的存在且"地利"的缺失作为核心条件，再辅之"人和"中的一个因素作为核心条件存在时，会导致并购后绩效的下降。

第五节　结论与讨论

一　结果分析

本章的目的是增进对导致收购方绩效变化的不同因素的整体理解。根据 QCA 的等效性原则（Fiss，2011；Ragin，2009；Campbell et al.，2016），我们识别出了几种分别导致绩效增长和降低的途径，这些途径是"天时""地利"和"人和"相关因素的不同组合。我们同样也发现了因果的不对称性，导致并购绩效降低的因素组合并不能用导致并购绩效提升的反面因素组合来解释，一个给定的因素与某些因素组合可能对结果产生正向的影响，而与另一些因素组合却可能产生负向的影响。接下来我们将详细地讨论每种构型的因素配置组合，并讨论"天时""地利"和"人和"在并购中的作用。

构型 PG1 可以被标记为效率导向型，在这种因素组合下，企业在并购前表现出了较高的多元化水平，并且并购的双方没有业务关联性，并购方的 TMT 团队不具有多样性。企业主要依靠在并购前通过多元化经营所累积的关于管理不同业务部门的知识和经验，来提高在跨境市场上并购的效率和质量。同质化的 TMT 团队有助于提高决策的时效性，大量的员工是人力资源充足的保证，一方面确保了前期多元化经营的效率，另一方面可以充分应对跨境并购中出现的各种突发情况，并且在加速并购后的整合阶段，进一步提高效率来创造更多的价值。

构型 PG2 可以被标记为探索型，其特点是并购双方在文化上存在相当大的差异并且并购的业务具有低关联性，这种模式风险性最高，因为企业面对的是陌生的市场和目标客户，但 Gomez – Mejia 和 Palich（1997）的研究表明，一定程度的文化距离可以帮助企业吸收先进的管理知识，从而提高其国际化的绩效。此外，不相关的业务收购有助于公司将多余的资源投入新兴的、有前景的行业，确保利润的稳定增长。

最后一个构型 PG3 标记为保守型，采用这种配置的企业倾向于选择尽量与本国文化相似（尽管是辅助条件）的市场，由于公司的规模较小（低员工），所以企业注重 TMT 团队的多样性，以确保通过决策的准确性来降低并购过程中的风险。

关于导致并购后绩效降低的因素配置组合。构型 PD1 构型是唯一一个在低多元化水平下（尽管是辅助条件）开始并购的公司，并购双方的业务高度关联。一个可能的解释是由于企业的多元化水平低，因此没有累积足够的有关跨地区或跨业务的管理能力及经验，因此选择并购相关的业务来降低风险，但由此带来了资源的重叠和冗余，且 TMT 团队的同质性过于追求一致而缺乏全面的建议，并且相似业务和快速的决策促进了并购后整合的加快，一定程度上也破坏了交易的协同潜力。构型 PD2 和 PD3 在并购"天时"和"地利"上享有共同的因素，区别在于"人和"因素的差异。企业虽然占据了并购的"天时"，但缺乏了"地利"，尽管有限的"人和"因素起到了一定的作用，但仍然会导致并购后绩效降低。

二 "天时""地利""人和"在并购中的作用

1. "天时"

在三个导致并购绩效增长的因素配置组合中，并购前的高多元化水平均是核心条件，因此，高多元化水平可以认为是并购后绩效增长的必要条件，但不是充分条件，因为在导致并购后绩效下降的三个因素配置组合中，有两个（PD2、PD3）也包括高多元化水平。正如 Matsusaka（2001）所言，多元化是企业组织能力的动态匹配过程。企业不知道如何将新业务与其能力相匹配，因此一般通过多元化经营来解决寻找合适业务的过程。实际上，并购也是企业开展多元化经营的一种途径，因此，高水平的多元化经营意味着跨国企业具有丰富的并购经验。此外，多元化水平作为一个前提条件，它的作用很大程度上依赖与其他因素的相互配合。

2．"地利"

首先，文化距离的作用在并购后绩效增长配置组合中更加微妙。在 PG1 中，低文化距离作为辅助条件；高文化距离在 PG2 中作为核心条件，在 PG3 中作为辅助条件。但在导致并购后绩效下降的配置组合中，低文化距离在两个构型中作为核心条件，而在另一个构型中则是无关紧要的条件，这一结果与最近有关企业国际化中文化距离的研究结果一致（Laszlo et al., 2005；Reus & Rottig, 2009）。其次，尽管 King 等（2004）的研究通过 Meta 分析发现并购业务的相关性对企业的异常回报没有显著影响，但所有导致绩效增长的构型中均出现了低业务相关性，三个导致绩效降低的构型中两个出现了低业务相关性。此外，联系构型中的高多元化水平，我们发现企业在并购中会采取与先前一致的策略，即企业先前采用多元化经营策略（高多元化水平），则它将倾向采取多元化的并购战略（低关联度），这与 Amburgey 和 Miners（1992）的研究一致。

3．"人和"

总的来说，区别导致并购后绩效增长和绩效降低的因素配置组合，关键在于"人"的因素的差异。虽然文化距离在两种配置中也有所不同，但文化距离反映的是所在国与母国之间民族文化的规则、程序、惯例和其他方面的管理差异程度（Kogut & Singh, 1988；Cheng & Zhong, 2020；Morosini, 1998）。最终也体现的是两个群体之间的差异。因此，企业应根据本公司的规模"量力而行"，选择正确的并购目标，建立合适的 TMT 团队，根据不同的情景充分发挥并购中"人"的作用。

三 理论启示

在本章中，通过采用 fsQCA 方法从整体的角度探讨了为什么已有关于并购绩效的研究结论不一致（King et al., 2004）。我们的研究结果表明，收购方收购后绩效的变化确实取决于几个因素的综合效应，而不是单个因素的净效应或累加效应，根据"天时""地利""人和"的框架，不同的因素组合，既可能导致并购后绩效的增长，也可能导致并购后绩效的降低。我们的研究具有以下两个方面的研究贡献：

首先，对于并购文献，这项研究为如何通过并购改善绩效提供了新思路。King（2004）建议使用现有并购研究的变量作为基础来构建新的并购绩效模型，以避免由于研究模型不严谨而导致结论的偏见，fsQ-CA方法的引入为企业并购绩效的未来研究提供了新的理论视角。

其次，本研究将中国古代哲学家关于"天时""地利""人和"的理论引入并购领域，中国在其悠久的历史中诞生了许多著名的思想家，他们的思想理论在本质上具有高度的哲学性和普适性，在当代社会仍然适用。因此我们有必要重新审视他们的理论，从不同的理论视角对并购领域的研究不断补充和深化。

四 管理启示

我们的研究也为管理人员提供了实践的启示。首先，企业确实可以通过收购来提高绩效。但是决策者应考虑并购中的时机、环境和人的因素。提高绩效的途径不止一种，企业要根据外部客观环境和内部自身条件采取灵活的措施。具体来说，根据我们的研究，企业可以采取三种不同的途径来通过并购实现绩效增长，即效率导向、探索导向、保守导向。在这三种途径中，并购前的多元化水平尤其重要。它反映了企业在先前经营中累积的知识和经验。在效率为导向的企业中，企业依靠大量的人力资源来采取快速的活动，因此不需要TMT团队的多样性，比竞争对手更快地占领市场，并快速与客户建立关系。以探索为导向的企业的目标是遥远的市场和陌生的业务，通过在新兴市场和行业中投入冗余资源，企业可以进一步创造价值。最后一种是以保守为导向的小型企业。由于资源的有限性，企业必须采取谨慎的策略，通过多元化经营提升业务能力，组建多样化的TMT团队为并购提供广泛的建议，确保并购的准确进行。除此之外，管理者也应该警惕上述因素的不恰当匹配会导致并购后绩效的降低。

其次，在对比成功和失败的收购中，相比环境和时机，有关人的因素显得尤为重要。TMT团队的构成是一把"双刃剑"。异质性团队为决策者提供了更广泛的观点,增强了该小组的整体解决问题的能力（Hambrick et al.，1996），但是却以牺牲决策速度为代价。一支同质化的团队可以轻松达成协议并更快地采取行动,但是就决策的准确性而言,它不如异质性团队,并且在处理复杂情况时的表现上也欠佳。对于员工,公司需要根据公司规模选择正确的目标,大公司更易于处理复杂的并购,但由于双方的重叠过多,在整合后阶段将遇到困难。因此,企业管理者应根据外部条件和自身条件做出灵活的决策。

最后,本章研究有几个局限性。首先,第一个局限是研究样本,该研究的对象是中国的上市公司,由于中国经济体制的特殊性,研究结果是否仍适用于其他发达国家或新兴市场需要在未来进行进一步分析。其次,我们运用中国古代哲学家关于"时机""环境"和"人"的思想来解释公司并购活动,但我们的发现未能解释所有绩效变化。第一,由于我们选择的因素有限,因此整体结果的覆盖率不是很高。第二,并购是一项复杂而动态的活动,仅通过80个案例很难探究清楚并购机制的。因此,我们希望进一步的研究可完善我们的框架,并在大样本的基础上探索出更多导致并购后绩效变化的组态。第三,本章仅考察并购绩效的短期变化,由于数据收集的限制,我们无法比较不同组态之间的长期绩效来分析哪一种路径对长期绩效的影响最大。我们鼓励未来的研究在更长的时间范围内探索并购绩效的变化,并进一步探索哪种配置组合可以带来最高的绩效提升。

第四篇

企业国际化创新专题

  企业国际化创新战略是数字化时代企业国际化过程中获得预期效益的重要战略举措之一。在产业数字化转型不断加快，同时"逆全球化"思潮持续抬头的大背景下，中国企业迫切需要结合我国产业发展的实际，采取创新战略来应对当前国际化的新挑战具有重要战略意义。本篇围绕我国企业国际化战略过程中的创新战略实施展开，首先，从企业集群、集群网络结构的角度总结了企业国际化过程中知识搜索、跨界合作以及技术创新等对于国际化绩效影响的理论基础。其次，深入探讨了研发投入与企业国际化之间的影响关系机制。最后，基于创新支持策略的角度，讨论了企业领导者对于创新的鼓励、员工创新参与程度以及新产品的创新速度等对于企业国际化速度的影响机制问题。

第二十一章

企业集群及其创新行为对企业国际化影响机制研究

第一节 研究背景

集群对企业国际化有重要的影响,但也有大量的经验资料或者案例表明,没有位于集群的企业仍然表现出了强烈的国际化动机。例如美国生物制药产业大约53%的企业总部位于生物制药集群之外,它们不仅没有表现出明显的劣势,而且位于集群之外的企业比集群内的企业采取更多的国际化战略,这与有关集群影响创新的相关研究似乎是"冲突"的,在处于经济转型的中国,位于集群内部和位于集群外部的企业其国际化绩效是否存在显著差异?同时集群影响企业国际化的机制、路径、载体以及方式是什么?集群内的企业是否同等地受益于集群?转型经济与发达国家是否以及存在何种差异?这些问题都需要进一步从理论上进行回答。

企业集群实际上是若干企业在地理上的集聚行为,是区域产业组织的一种形式,即与本企业有业务往来的上下游企业、科研机构、非科研机构、金融机构以及同类企业在某个区域的聚集程度。这类企业集群集中了大量的同类企业或相关企业,它们之间可以分享基础设施、公共服务和其他组织机构的产品,因此能够很好地发挥其他组织和基础设施的规模效应,从而形成专业化、规模化的新生产形态,有力地促进区域经济的发展。在产业集群里,企业间通过内部合作,知识和技术能够被有效地共享，而且也提供了更多的学习机遇。从区域经济范畴来看，这能够带来规模经济和范围经济，进而分担研究开发费用和风险，增强企业灵活性，减少新产品和新工艺开发时间。尽管如此，集群内的企业竞争仍然十分激烈，每个企业只能各自寻找与确立自己的核心能力与竞争优势，并迅速吸收其他企业的成功经验，以及充分利用其他企业可能提供的资源。由于集群内的企业所使用的策略大都是透明的和可以模仿的，同时信息的快速传播也方便了企业之间的相互了解，激烈的市场竞争也带来了更多的横向与纵向合作，从而促进了企业具备更多的资源开展跨国并购活动。

第二节 理论基础

一 企业集聚与技术创新

企业不能孤立地进行技术创新活动，而需要与其他组织机构形成良好的互动并进行大量的信息交换，才能提高创新绩效，由此可见，企业的周边环境对其技术创新活动有着十分重要的影响，而企业集聚便是其中非常重要的环境形式之一。20世纪80年代中后期，企业集聚现状越来越普遍，而这种集聚给集群企业带来了实质性的技术进步，这引起了国际学术界对企业集聚的广泛关注，学者们得出结论普遍认为企业集聚能为集群企业之间的交流和合作提供良好的环境条件，说明企业通过知识信息共享来促进技术创新能力。Freeman（1991）认为，集群内知识溢出效应促进了集群创新网络发展和集群经济的持续增长，是集群创新产出和生产率提高的重要源泉之一；知识溢出会提高集群内企业的创新能力，这已经得到大多数文献的证实（Shewat & Fallah, 2004）。Baptista 和 Swann（1998）通过实证调查，发现处于集群内部的企业比外部孤立的企业更具有创新能力。Capello（1999）也通过对特定地区的实证分析验证了产业集群可以加强小企业创新能力的假设。

相比外国学者的研究，中国学者的研究结果也同样表明了企业集聚对企业创新存在积极的作用。符韶英（2003）认为，大的区域空间包含更多的知识，但如果没有足够的知识相邻以便相互沟通，创新就很难发生，也就是说地理相邻促进了创新。韩伯棠等（2005）结合区域知识溢出理论和硅谷科技人才流动模型进行分析，认为区域科技人才流动会导致知识溢出，从而促进区域科技创新水平提高。刘斯敖等（2011）采用各产业所授予的专利数作为因变量，用以衡量产业的知识创新；R&D 投入与产业集聚性作为自变量，作为衡量知识创新的影响因素。他们所得的结论为：集聚程度的提高产生正向的溢出效应，促进了知识的扩散与交流，并进而促进新的知识与更多专利创新。陆立军和于斌斌（2010）研究提出，产业集聚、创新网络对集群企业的技术能力有明显的促进作用。邓晓锋（2009）将企业技术能力作为中介变量，以广东省纺织服装业的 173 家企业作为调研样本展开实证分析，结果表明，产业集群机制对企业技术创新绩效存在影响，且企业技术能力在产业集群机制影响企业技术创新绩效的过程中起着传导作用，即技术能力在两者间较好地发挥了中介作用。基于以上的分析，本章提出以下假设，拟加以验证：

假设 H1：企业的集聚程度对企业的技术创新绩效有显著的正向影响。

二　企业集聚与产业网络

企业集聚绝不仅仅是简单的地理接近，集群企业间必定存在着千丝万缕的关系，这些复杂的关系形成了集群内的关系网络，而每个企业便是其中的一个网络节点。Gordon 和 McCann（2005）总结了企业集群中集聚经济模型、产业组织模型和社会网络模型三种研究范式，前两个模型主要是从集聚的地理性质展开的，考察了企业集群形成原因、发展条件及其在区域发展中的作用等（李振东，2007），但除了地理性质外，企业集群还包括关系接近性的特征，即所谓的关系网络。Romano（2000）认为，将产业集群作为网络组织进行研究，强调其"组织接近""组织关联"比以往单纯强调其空间地理接近或专业化分工更为重要。Yamawaki（2002）和 Britton（2003）通过实证研究，分别证明日本和加拿大产业集群内的成员关系确实是以网络形式存在的。国内学者吴思华（2002）也认为企业在同一个地方设厂开店，彼此间基于某些共同利益，自然会形成网络关系。蔡宁（2006）认为集群中企业是相互依赖的，而不是独立的，集群就具有了结构。曹丽莉（2008）则指出产业集群是一个复杂的企业网络，各节点不是孤立的，它们之间基于市场交换或社会联结而产生各种各样的网络关系。

可此可见，企业集聚与产业网络之间确实存在十分密切的关系。McEvily 和 Zaheer（1999）的研究表明，在一个网络中，地理相近有助于网络成员间的互动，他们还主张在产业集群内的企业要善于建立良好的网络关系，努力维护与地区公共团体间良好的关系，以获取新信息、新想法和新机会。而集群网络成员掌握着不同的创新资源，对丰富集群资源具有十分重要的作用，当然这也需要集群网络成员之间经常性地开展资源共享、共同研发等合作，克服资源不足问题，共同推进资源的整体优化，创造新的价值（胡振华和李振东，2007）。在较为成熟的产业集群中，企业在达到一定数目的时候，会触发自我增强机制的启动，集群企业间保持着一种充满活力和灵活性的正式与非正式关系，同时在政府、科教、金融以及中介机构的辅助服务功能的支撑下，构成了具有柔性生产特征的网络式综合体（姚玉舟，2008）。朱海燕（2010）研究了永康市休闲运动车产业集群的网络结构，提出知识密集服务业嵌入程度与网络密度、网络凝聚度成正相关的假设，但未进行统计实证。王卫东（2010）研究了宁波塑料产业集群的 85 家企业，得出结论：产业集群企业间的紧密连接有助于降低企业网络的风险；货物的支持网络在降低集群风险中扮演着重要的角色。从现有文献研究可以看出，企业成员集聚与企业网络结构密切相关。于是，本研究提出以下假设，拟加以验证：

假设 H2：企业的集聚程度对企业网络结构存在显著的影响关系。

假设 H2－1：企业的集聚程度对企业网络密度有显著的正向影响。

假设 H2－2：企业的集聚程度对企业网络强度有显著的正向影响。

假设 H2－3：企业的集聚程度对企业网络成员互惠程度有显著的正向影响。

假设 H2－4：企业的集聚程度对企业网络成员非重复程度有显著的正向影响。

假设 H2－5：企业的集聚程度对企业在网络中的中心性有显著的正向影响。

三 集群企业国际化绩效

虽然国际化的研究由来已久，但对于集群企业的国际化的研究仍显得相对匮乏。一方面，产业组织文献对集群企业所有权变更的结果已经有了较为充分的探讨，但在涉及集群问题时缺乏足够的讨论。另一方面，对跨国公司的研究更多地集中于外资引入对东道国的影响方面，并且很多学者在研究中没有区分集群企业与非集群企业。根据传统的观点，跨国公司青睐于将高等级的知识资产和竞争所有权优势转移到东道国市场（Hymer，1976；Dunning，2013）。因此，跨国公司的附属子公司通常被认为比国内企业能够拥有更高效的生产率和更高额的利润。竞争所有权优势也得到了实证研究的证明，以英国并购市场为背景，Davies 和 Lyons（1991）、Griffith 和 Simpson（2003）以及 Girma 和 Greenaway 等（2000）在各自的研究中都证明外资所有的企业比本土企业拥有更高的生产率。

企业国际化在整体上所表现出的绩效差异因为忽略了集群网络的影响。当前，集群网络优势在跨国并购中的研究仍局限于金融服务业和制药行业等几个产业。Arnold 和 Javorcik（2005）发现在印度尼西亚发生的跨国并购活动提高了印度尼西亚企业的国际化效率，Girma 和 Görg（2002）提出，在不同的行业内并购效应存在不同的结果，电力行业在并购后生产率出现了下降，而食品行业则呈现出良好的并购绩效。此外，部分学者对国内并购与跨国并购的不同影响做了进一步研究。Conyon 和 Girma 等（2002）的研究则表明，英国主并企业在跨国交易完成后劳动生产率有所上升，国内并购后企业的劳动生产率有所下降，但下降的程度不明显。在丹麦市场，Gioia 和 Thomsen（2004）认为，无论是集群内企业国际化还是非集群内企业国际化，都会对目标企业产生非常消极的作用，这种消极作用在跨国并购中尤为明显。与上述观点相反，Gugler 和 Mueller 等（2003）认为，集群内部和外部企业在跨国并购后在利润获取上并没有显著的差异。

第三节 理论模型

集群企业间的竞争合作是多方面的，除了产业链上下游关系、供货商客户关系以及相关联的产业和辅助机构关系外，还包括基于产品创新、技术开发所形成的技术合作以及知识联盟，即集群组织间的相互学习，它在企业集群竞争力和创新能力形成过程中发挥了举足轻重的作用。谭劲松和何铮（2007）认为，企业集聚的过程便是各种关系形成的过程，就是知识不断增长、学习能力不断提升的过程。为了获取新的互补技术，从互补资产和知识联盟中获得收益，加快学习过程，降低交易成本，克服或构筑市场壁垒，取得协作经济效益及分散创新风险，相互间依赖性很强的企业、知识生产机构、中介机构以及客户通过价值链相互联系形成网络，这种网络就是集群。芮明杰（2010）也认为，企业集群就是指通过信息共享和人员互动所形成的企业间结合体，是一种新生的企业和产业组织制度。由此可见，企业集群的一大优势在于促进集群内组织间的学习交流。企业在地域上的集中，使有关市场的、技术的以及其他与竞争有关的各种知识与信息在该区域大量汇集，便于集群内企业间共享资源，彼此学习，建立联系，而这种密切的网络关系保证了相互信任、规范、权威和制裁等制度的建立和维持（Coleman，1990）。刘清华和吴晓波（2002）分析了中小企业集群的知识转移机制，指出中小企业的灵活性有助于知识转移和信息互动的高效性，从而为中小企业赢得了竞争优势。而处于集群网络中的企业成员，相互模仿与学习，更容易拥有共同的行为预期，有利于行为规范的形成和实施，这种协调一致的行为规范能够促进网络中分工协作的开展，加速网络资源的快速传播和相互共享，提高决策和行动的效率（Oliver，1996）。

当地根植性是企业集群的一个本质特征，魏江和叶波（2001）从文化根植性角度研究了集群内的技术学习，他们认为文化根植性能促进集群内企业对联合技术学习的承诺，提高了集群成员的技术吸收能力，并且引导技术人才在集群内流动。企业集群内，人才的流入带来了大量的专业知识、信息、经验和技能，同时这些人才往往处于错综复杂的经济和社会网络中，这些网络疏通了知识与信息流入的管道，使集群知识流动更加频繁。此外，同一产业的企业集聚在一起，在该特定区域内营造起良好的产业氛围，使集群内的组织对产业相关知识与信息保持高度敏感性，增强了组织收集知识与信息的能力。而且随着企业集聚规模扩大、集聚程度加深，集聚区域的一些基础设施也日趋完善，这也使相关信息的快速汇集成为可能，使相互学习更加方便、快捷。通过上述分析可以看出，集群内企业集聚程度的提高对促进企业间知识交流，提升企业创新能力，最终推动企业国际化有着重要的作用。基于此，本章提出了以下研究框架，如图 21-1 所示。

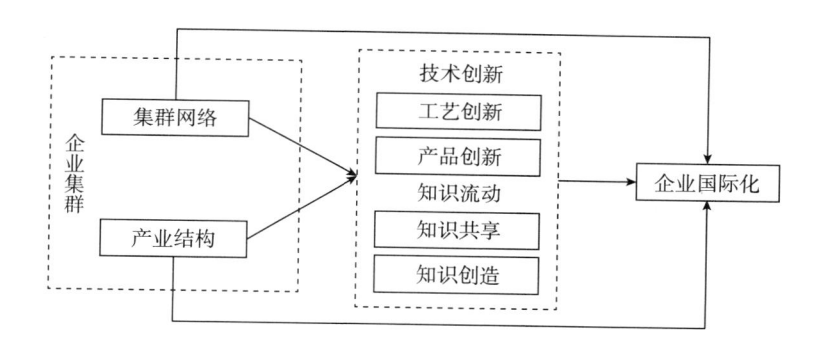

图 21-1　企业集群与企业国际化理论模型

第四节　理论总结

随着集群创新网络和社会网络的持续发展，集群内部企业的国际化战略越来越依赖技术创新活动，即依赖于组织间的相互学习与合作（孙春晓、周彦，2008），因为集群网络内的企业可以充分利用集群内的知识溢出，通过相互学习来获得新知识，提高自身的技术创新水平，并由此培育新产品，提高企业国际化竞争力。许多学者通过研究都验证了集群企业对企业技术创新绩效的促进作用非常明显（Argiris & Schon，1978；Stata，1989；Yalcinkaya et al.，2007；Mabey 和 Salaman，1995；McKee，1992）。Mabey 和 Salaman（1995）认为，集群内企业组织学习是组织维持创新的主要因素，进而成为获利的企业。Capello（1999）

认为，创新是一种参与要素之间不断交互的学习过程，而这种学习过程一般发生在特定的区域之中，而"集群学习"是创新环境的标志性特征则是指区域内的创新主体（企业、研究机构和大学）之间存在稳定的创新协同作用。技术创新更依赖于企业之间的交流与合作，依赖于区域内各行为主体间的集体学习过程。池仁勇等（2005）认为，技术创新活动本质上是学习活动，学习能力嵌入在企业的产品创新过程中。谢洪明（2007）研究表明企业可以通过组织学习来增强研发能力，并通过对知识的持续整合和创新，维持企业竞争优势处在较高水平。Calantone等（2002）认为，企业竞争的优势来自知识的整合，知识整合能够促进产品创新和提供产品创新所需要的技术，而良好的吸收能力能促进企业吸收和消化知识，较好地实现技术转移，进而提高企业的技术创新绩效（Lane et al.，2002；Chen，2004）。陈力和鲁若愚（2003）也发现，企业从外部网络获取的知识必须经过消化吸收才能转化成企业竞争力，即企业竞争优势的真正来源是企业对知识的学习与整合能力，这种能力使管理者能够基于对未来的正确判断整合企业内外部的知识，因此企业必须要有一定的吸收能力作为基础，并通过学习不断更新自身的吸收能力。而在动态的环境中，组织对内外部知识的获取、积累和应用及整合能够产生更多的创新观念（Chung et al.，2000）。总之，集群企业的技术创新行为不仅影响到企业国际化战略决策，也影响到创新活动轨迹，在知识流动的作用下，集群企业的国际化绩效将极大地受到集群网络结构与技术创新范式的影响。

  本章基于企业集群、技术创新和企业国际化的相关理论基础，将集群企业的网络结构、技术创新以及国际化绩效整合在一个统一的理论框架内进行研究。同时，基于这一新的理论框架和概念模型，通过理论推导提出了有关研究假设。

第二十二章

集群网络与知识搜索对企业国际化绩效的影响机制研究

第一节 研究背景

随着全球经济和互联网技术的快速蔓延，先进制造业企业国际化逐渐成为了我国企业高质量发展的重要抓手。不同于传统制造业，先进制造业不仅应用了创新的技术、工艺、材料等要素，还充分体现了先进生产力发展方向。但因国内工业基础存在短板加之全球化的生产网络和组织模式落后，中国先进制造业的发展也面临诸多问题。随着区域性和全球性创新网络的出现和快速发展，不仅为企业提供了丰富的外部资源，加强了企业间的联系程度，同时也丰富了先进制造业内外部合作的渠道，并使企业间的联系愈加密切，有效促进了企业国际化竞争能力的提升。作为世界上最大的发展中国家，只有在先进制造业的发展问题上抢占制高点才能在激烈的国际竞争中立于不败之地。随着中国先进制造业的发展进入新的里程碑，只依靠传统的营销渠道和业务模式显然是不够的。因此，如何利用创新网络快速、合理地使企业在更多原本不相关的渠道里相互渗透、相互融合并资源共享，提高先进制造业企业的创新能力和创新水平，进而提高相关产业的整体竞争力，是当前中国制造业，尤其是先进制造业发展面临的重要问题。

在嵌入性创新网络背景下，跨界合作成为影响企业创新的重要商业模式。近年来，手机产业上演了各种跨界合作，从用户需求探究、应用开发、终端载体、产品营销、渠道布局六方面寻求突破。Armani 与三星合作推出限量款手机，被誉为跨界合作的经典之作，创下"上市即脱销"的神话，从而挖掘出先进制造业跨界合作的无限潜力。通过跨界合作，企业能够突破组织边界限制，整合外部资源，增加技术专利，加速新产品开发，完善其种类齐全度，减少新产品开发成本与时间，实现创新能力的不断突破（Littler，Leverick & Bruce，2010）。目前，对企业通过嵌入于创新网络的途径来提升竞争力的研究，已经得到学术界的认可。学者们提出一些影响嵌入性网络与企业创新能力之间关系的中间因素，比如吸收能力、动态能力、学习能力等（韦影，2007），进一步分析了跨界合作在企业网络中传递的效果，认为企业在网络中的关系和结构影响其获取创新的能力（Tsai，2001）。但是研究结论尚存在一些不足和分歧：一是很多学者过度重视研究结构嵌入中网络位置、结构洞等因素对企业创新网络的影响，而忽视了另一角度，中国文化特殊的关系文化的研究，对关系文化中的知识搜索等变量的研究不足；二是基于当前我国国情的企业网络结构对于企业国际化的影响机制研究尚不完善。

第二节 理论基础

一 集群网络嵌入性与跨界合作

网络嵌入性是企业网络理论中的核心，企业在网络中的嵌入效果，决定其在创新网络中能够接触和配置的资源种类、规模及数量。Gronovetter 从结构和关系的角度将嵌入性进行划分，认为结构嵌入性主要包括网络密度、网络规模、中心度等；关系嵌入性主要关注企业在创新网络中与其他企业的关系特征，例如联结强度、信任等。国内许多专家学者对网络嵌入性和创新能力之间的关系进行研究并有了相应成果。其中，李奉书等（2018）研究得出联盟网络嵌入性正向影响企业的创新能力；刘雪峰等（2015）认为，网络嵌入性中的结构和关系嵌入直接作用于企业的创新能力，分别对其产生正向影响。国外专家学者对于网络结构的研究大多从关系和结构两个维度展开，本章根据先进制造业企业对企业网络的重视程度和企业在网络中进行水平跨界合作和垂直跨界合作的常态，通过位置中心度和信任水平两个因素研究嵌入性创新网络对创新绩效的影响。

跨界合作是组织为了突破自身资源和能力限制，跨越组织边界，寻找异质性知识和资源的过程（Enkel & Heil，2014），也是一种快速且能够使资源配置得到优化的创新方式。在跨界合作与创新能力的关系研究中，由于缺乏对跨界合作和创新能力作用机理的综合考察和跨界合作方式的科学分类研究而产生的两种相矛盾的研究结论：有学者认为跨界合作与创新能力没有直接相关，但有间接关系，即通过产品创新性的中介作用，对企业的创新能力产生正向影响（Brusoni，Marsili & Salter，2005）；也有学者认为跨界合作会直接影响企业的创新能力（Bader，2013）。现有的理论研究表明：跨界合作对于网状的知识结构要求越来越多样化，即跨度越大，跨界合作的成果也会越大，由此所催生出的新事物的品牌性和竞争力也越强。同时，垂直跨界合作通过资源互补、共享心智模式以及紧密网络来获取更好的创新能力。而水平跨界合作能够拓展组织知识基的宽度、增加组织知识源的类型，防止组织核心僵化，从而取得更好的创新能力。因此，对于当前转型升级背景下的制造业企业普遍存在的跨界创新路径的问题，深入探讨跨界合作驱动组织创新能力的作用机理具有一定的参考价值。

二 集群网络稳定性与知识搜索

网络稳定性是网络中各个企业节点之间长期、稳定合作的基础，是网络内成员关系随时间而发生的变化，表现为一种动态的稳定性（Bader，2013）。企业通过集群网络获得所需的知识和资源，实现网络成员企业间的互动；反之，企业间的交流与合作，会进一步促进产业集群网络的发展，实现企业与网络之间的良性循环（Tojeiro – Rivero & Moreno，2019），而不稳定的网络会限制企业间的沟通与交流，阻碍社会资本创造的机会，降低企业建立新网络联系与获取新知识的可能性。网络稳定性为知识转移及产生的竞争优势创造环境，Katila（2016）等指出处于劣势的小企业可以通过形成相对稳定的网络，与资源丰富的大企业建立关系，从而使小企业获得大企业的关键资源。范群林等

(2011)认为,网络企业的联系稳定、合作关系的互惠,可以减少企业独立发展的风险,推动企业在知识和资源方面的共享,并通过知识资源的整合影响企业竞争优势。

企业间的合作机制越稳定,彼此的信任程度也越高,网络成员间知识共享的障碍也越少,从而有利于各企业探索知识整合和创新的最优路径,总之,集群网络的稳定和有序发展,对强化企业知识搜索与创新能力起着越来越大的作用。集群网络的稳定性是企业做好有效交流的保障,如果没有良好的互动和交流,使差异化知识在网络中出现与转移,就不利于企业从中搜索自身创新所需的知识资源,最终会阻碍企业创新能力的提升。

三 集群网络与企业国际化

相较于伴随全球殖民而历经多个世纪全球化发展的西方企业,我国企业的国际化发展自改革开放起历经不足 50 年,在集群网络方面缺乏高端产业链体系。例如,我国普遍存在技术标准话语权小、政治障碍、文化偏见等先天劣势,这些劣势使国际社会对我国企业的认可度不高,缺乏受国际市场认可的品牌(杜运周、任兵、陈忠卫、张玉利,2008;蔡莉、单标安,2013)。此外,美国等西方国家的市场倡导高质量产品、高准入门槛,注重创新,在这种市场情境下,我国企业打入国际市场更加困难(刘洋等,2013;魏江等,2016)。可以说,作为全球市场的后发者,我国企业在全球化过程中面临天生的后发劣势(Late Comer Disadvantage)。在网络经济时代之前,先动优势(First Mover Advantage)曾经被认为是企业达成市场目标,维持竞争优势的核心要素,而相对应的后发企业(Latecomer Firms,LCFs)则面临几乎不可抗力的后发劣势。所谓的后发企业是指"在不需要复制完整的先进技术轨迹的条件下,能够有效利用先进技术,经由各种不同形式的合作秩序与国家机构的协助,超越既有领导企业的组织惰性,加速后发企业的学习努力,以进入全球主流市场的企业"(Mathews,2002)。在企业国际化这一过程中,后发企业通过合法化战略能够显著降低先发者面对的市场风险,提高市场占有率,进一步提升后发优势(Bansal & Clelland,2004)。

另外，从网络关系的角度来看，考虑到中国文化的独特差异性，网络关系在集群企业的商业活动中扮演着重要角色（Tan & Mathews，2015）。而从国际化网络关系来看，文化间的距离拉大了两者之间的关系，而且文化距离的影响可能比地理距离的影响更大（Johanson & Vahlne，2006，2009），这种文化上引起的心理距离阻碍了中国企业在海外市场获取客户认可的可能。

第三节　理论模型

在产业集群网络情境下，本章认为，网络关系建立是指企业利用手头上一切可利用的关系，来寻找、选择并建造与其他企业之间关系联结的过程（Jayaram et al.，2008；Guo & Miller，2010；Murray & Fu，2016）。企业在寻求国际化发展的过程中，由于海外市场的高不确定性，包括客户需求、同业者竞争等（Forsgren，2002；Pacheco，2016），使其面临发展困境，而关系建立能够将网络中不同背景、经验、知识和技能的节点企业联系起来（Reagans et al.，2004），形成更多的信息传输"管道"，以此来应对国际市场的高风险性。因此，在产业集群网络中，企业进行关系建立能够助力于其国际化演进。

有研究表明，企业通过关系建立，进行信息传递、技能学习，继而构造更低运营成本的全球供应链（Cheung et al.，2010；Caniato et al.，2013），能够有效促进企业国际化演进。这其中，知识搜索是企业通过集群网络获得成功的重要条件，是企业竞争优势的重要来源。产业集群中企业通过利用式知识搜索和探索式知识搜索，实现企业内部资源和外部环境的匹配和适应，进一步提升企业国际化竞争优势。此外，基于产业集群网络，企业在进行关系建立时，往往能寻找到新的市场渠道、合作伙伴等，对其国际化发展具有促进作用。因此，当集群网络中的节点企业具有高频次的关系建立时，能够帮助其快速、有效地融入东道国环境，降低进入风险和成本，进而提升国际化绩效。因此，本章我们首先对集群网络从嵌入性和稳定性两个方面进行区分，再将企业知识搜索划分为利用式搜索和探索式搜索，并结合企业水平跨界合作与垂直跨界合作对企业国际化产生的影响提出了以下理论模型，如图22-1所示。

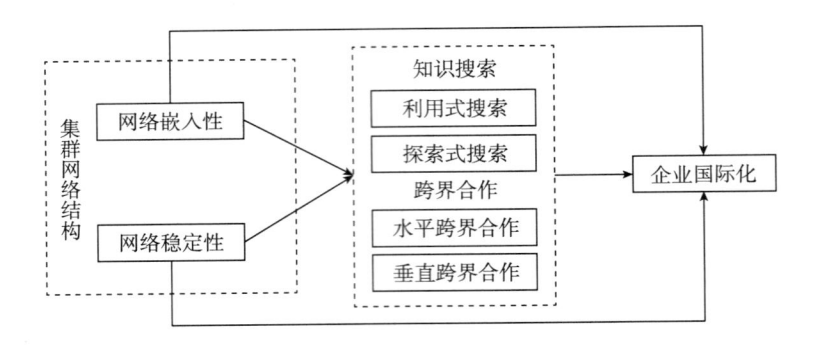

图 22-1 理论模型

第四节 理论总结

一 研究假设

在产业集群内，企业由于地理上的接近与互动，存在互补性的知识交流，这会产生交叉收益递增效应，即一种经济活动效率的提高会提升另一种经济活动的边际产出，使彼此间的交易更为容易，从而获取更多的知识资源。如 Pounder 和 John（1996）认为，集群内的企业可以通过人力资源的流动、企业间的交流、合作联盟构建、直接观察与媒体传达等方式来获取更多的知识和信息。又如 Porter（1998）在阐述产业集群竞争优势的来源时指出，相对于外部企业产业集群内部成员更容易获取市场、技术与竞争等信息，同时，特殊的人际关系与社群发展也使产业集群内的知识流通更为顺畅。Capello（1999）通过对产业集群的实证分析发现，集群内学习与中小企业突破性产品创新之间存在相关关系，即产业集群学习有助于提升中小企业的创新绩效。而从经济学的观点来看，集群具有知识溢出效应，使产业内的知识流动更为容易、便捷，即使是缄默性的隐知识也能够在产业内高效转移，进而提高创新能力。Baptista 和 Swann（1998）以知识溢出的观点探讨了集群内企业是否创新活动更加频繁，结果发现生产与研发知识的外溢效果对创新活动有显著的正向影响。可见，产业集群的创新行为之一就是通过知识溢出来提高学习效率，使企业能够适应外部环境的不断变化和促进新技术的发展。企业长期生存和发展的关键是要能够识别、获得、积累和吸收新的信息与知识，但是，由于企业学习往往存在历史经验性和路径依赖性，产业集群在深化集群内部企业的关系的同时，也可能会阻碍集群企业与外部的联系，导致自满、短视和僵化（翁智刚，2008；魏江、叶波，2001），这时候企业的跨界合作就显得非常重要了。通过跨界合作，企业能够快速获得集群外的异质性知识，同时能够提高企业应对外部行业、市场快速变革的能力。

本章从集群网络视角讨论网络结构对于企业国际化绩效的影响机制问题。我们将集群网络划分为网络嵌入性和网络稳定性两个维度，并讨论知识搜索和跨界合作在集群网络结构和企业国际化之间的中介作用，其中，知识搜索包括利用式搜索和探索式搜索两个维度，跨界合作包括水平跨界合作和垂直跨界合作两个维度。基于此，我们提出了四个研究假设：

H1：集群网络嵌入性对企业国际化具有正向影响作用。

H2：集群网络稳定性对企业国际化具有正向影响作用。

H3：知识搜索在集群网络稳定性与企业国际化中具有中介作用。

H4：跨界合作在集群网络稳定性与企业国际化中具有中介作用。

二 研究展望

本章从集群网络的视角探讨企业国际化战略的理论基础，并提出了知识搜索和跨界合作是数字化时代我国企业国际化过程中提升企业国际化绩效的重要抓手。一方面，在企业国际化过程中，获取和传播知识是十分重要的国际化目标，但对于中国企业来说，从国外领先国家企业获取知识是最重要的内容，而如何获取先进知识是中国企业国际化面临的重要战略问题。另一方面，数字化促进了企业的大量数字化应用在商业活动中成为可能，随之而来的就是企业的跨界合作行为。在企业国际化过程中，跨界合作能够帮助中国企业快速进入东道国市场，并避免同业企业的激烈竞争。因此，本章认为，对我国集群企业网络结构进行深入探讨，并讨论其对于企业国际化可能产生的影响，在此基础上，探讨企业知识搜索和跨界合作在集群网络与企业国际化之间的中介作用，具有非常重要的理论价值。

第二十三章

企业跨国并购与研发投入关系研究

第一节 研究背景

以美国为代表的五次并购浪潮极大地导致了世界各国企业重新配置其组织结构和核心竞争力，促进了公司的资产调整，从而影响了全球产业的重组。并购作为一种有效的价值创造方式（Hitt, Hoskisson et al., 1991），也是现阶段和未来中国企业扩张的主要途径之一（龙静和汪丽，2011）。研究与开发（R&D）活动能较大程度地影响产业结构调整（WIR，2000；OECD，2001），而并购是企业对 R&D 活动进行重组的一个重要的渠道。企业通过并购寻求外部的新技术，为 R&D 活动的开展快速扩大知识基础，如企业通过并购可以直接获得竞争公司所持有的专利（Lerner et al., 2003）。正是目标企业所具备的 R&D 资产价值增加了其被并购的可能性（Hall，1999；Lehto & Lehtoranta，2002）。

20 世纪 90 年代以强大的全球性为特征的并购活动，其最显著的特点是跨国并购在迅猛增长。跨国并购在产业全球化中的作用越来越被普遍认可，尤其是在制造业，从高新技术到传统的低技术行业都经历了强烈的跨国并购活动。企业可以通过跨国并购重新部署它们的产业活动边界，从而对全球产业结构调整产生影响。有研究指出跨国公司在技术扩散上发挥着日益突出的作用，大量的实证分析也表明，这些跨国公司承担着越来越多的海外研发（Serapio & Dalton，1999；Reger，2001）。但现有的跨国并购对 R&D 活动的影响的研究却比较少，大多数研究只分析了并购活动作为一个整体对 R&D 的影响。在为数不多的区分了国内并购和跨国并购的研究中，Bertrand 和 Zuniga（2006）以 1990—1999 年 OECD 国家的 17 个制造业行业为例评估了并购对 R&D 投资的影响，发现国内并购和跨国并购对 R&D 投资的影响是不同的，国内并购能刺激低技术产业的 R&D 活动，但并不意味着国内并购能导致更多的 R&D 投资，因为国内并购减少了中等技术产业的 R&D 投资，而跨国并购则会对中等科技产业的 R&D 强度产生积极的影响。因此，伴随着跨国并购的发展，企业的 R&D 活动会有着怎样的变化？相比国内并购，跨国并购是否更能刺激或阻止 R&D 投资？外资并购和海外并购又有着怎样的区别？这些问题需要得到进一步明确。

关于并购和 R&D 关系的现有的实证文献主要集中在以美国为主的发达国家的并购活动中，因此，非常有必须要针对新兴国家的并购市场展开研究。本章就是在此背景下，探究近 10 年来中国制造业的并购行为对并购后自身的 R&D 活动的影响。

第二节　理论基础

一　跨国并购对 R&D 的影响

并购对企业 R&D 活动的影响主要通过两种渠道实现：R&D 效率的提升和 R&D 竞争的消除：一方面，并购通过规模经济和范围经济对 R&D 投入产生影响。产业组织理论认为，并购对企业技术活动的影响，涉及了并购双方市场的相关性（Caves，1989；Röller et al.，2001）。熊彼特（1942）就曾强调 R&D 的效率提升是由于市场集中度和公司规模。在同一个生产技术市场中并购双方能够实现潜在生产过程的协同效应，表现最为经典的就是生产的范围和规模经济效应（李沐纯，2010）。且固定成本的不断上升，刺激了企业 R&D 投资动机，导致了 R&D 投资规模的上升（Bertrand & Zuniga，2006）。考虑到并购所带来的范围经济和规模经济效应，并购可以提高企业 R&D 效率，推动企业发展其创新能力（Cohen & Levin，1989；Röller et al.，2001）。此外，并购可以作为通过生产活动传播知识的一种手段，并购双方技术资产的互补性提高了 R&D 效率，也更使它们增加 R&D 支出。互补知识的交换导致了思想的交流和新知识的组合，从而促进了创新（Capron，1999；Cassiman et al.，2005）。并购也可将并购双方的研发外部性内部化（Arrow，1962），使并购方企业能在它们不同的研究中心重新分配和重组 R&D 工作，这使它们有机会重新定义它们的研发项目，且在一些技术领域能更专业。

另一方面，并购通过竞争效应对 R&D 投入产生影响。并购会使企业 R&D 竞争减少。虽然有学者认为，竞争的降低可能会减少企业对创新的激励，使企业倾向于并购后不再对 R&D 活动进行投资（Arrow，1962；Reinganum，1983）。但本章认为，正是由于竞争的存在，反而更能激励并购企业加大 R&D 投入，因为企业要通过更强烈的研发活动来提高行业技术壁垒，保持企业既有的竞争优势。这是由于，企业通过并购行为在一定程度上获得了垄断地位，按照 Schumpeter 假说，依靠垄断地位获得的垄断利润可以为企业 R&D 活动提供内部资金来源，同时又可以阻碍竞争对手快速模仿创新从而使企业获取创新租金（刘旭宁，2012），因此，并购的竞争效应会激励企业率先进行研发活动，增加 R&D 投入。

相比国内并购，跨国并购可能会带来更大幅度的 R&D 效率的提升。跨国并购能产生更强的技术互补性，在企业内部能创建一个更大的单向或双向的专有技术扩散：并购双方更有可能在工艺特点上不同而不是最初的由地理位置决定（Bertrand & Zuniga，2006）。当然，跨国并购可能给并购方企业带来更高的组织成本，文化、制度等的差异使跨国并购比国内并购更难以实施。如果技术资产的可替换性较小，那么跨国并购可能会降低 R&D 重复率，带来 R&D 投入的增加。基于此，本章提出以下假设：

H1：与国内并购相比，跨国并购对 R&D 投入有着更为积极的显著影响。

我们进一步将跨国并购区分为对内跨国并购（外资并购）和对外跨国并购（海外并购）。跨国公司并购东道国企业后，向被并购企业提供技术与资金，加大研发投入。行业内的其他企业感受到竞争的威胁，也会加大研发投资，因此对整体行业来说，R&D 投入会增加。而企业实施海外并购，由于并购后的整合等问题，相比国内并购未必会增加研发投资。基于此，本章提出如下假设：

H2：与海外并购相比，外资并购对 R&D 投入有着更为积极的显著影响。

二 外部环境的影响作用

（1）行业技术水平差异对 R&D 投入的影响。并购对 R&D 投资的影响在不同行业可能会相差很大。20 世纪 80 年代并购主要影响的是美国低技术产业，直到 90 年代初中高科技领域才在并购活动中显示了更为重要的角色（Hall，1999）。Bertrand 和 Zuniga（2006）以 OECD 国家的制造业为例的研究中发现，国内并购能刺激低技术产业的 R&D 活动，但减少了中等技术产业的 R&D 投资，而跨国并购则会对中等科技产业的 R&D 强度产生积极的影响。相比中低技术行业来说，高技术行业是更典型的 R&D 推动型产业，因此，本章提出如下假设：

H3：并购在高技术行业对 R&D 投入有着更为积极的显著影响。

（2）行业竞争差异对 R&D 投入的影响。Futia（1980）通过理论模型证明了当存在足够迅速和完全的模仿时，企业数目对产业研发总投入有着负向的影响。基于此，本章提出如下假设：

H4：并购在竞争程度越高的行业中对 R&D 投入有着更为积极的显著影响。

（3）新产品市场需求对 R&D 投入的影响。新产品市场需求影响着企业为追求利润所作的研发努力。新产品需求的增加提高了创新成功可能带来的收益，同时也反映了市场对企业以往研发活动的认可，降低了研发成功与否的不确定性，所以企业会有更大的动机提高研发投入。基于此，本章提出如下假设：

H5：并购在新产品市场需求越高的行业中对 R&D 投入有着更为积极的显著影响。

（4）企业规模差异对 R&D 投入的影响。虽然 Kamien（1982）等认为 R&D 强度与企业规模并不总是成比例增长，增长到一定程度后就会下降。但大多数研究还是证实了企业规模对 R&D 投资的积极影响。Cohen 和 Klepper（1996）构造了一个企业规模对 R&D 行为影响的模型，发现大企业比小企业更期望在研发活动上投入大量资金。Arora 和 Gambardella（1990）研究也发现，规模越大的企业，内部 R&D 程度越强，越倾向于通过并购获取外部技术。基于此，本章提出如下假设：

H6：并购在规模越大的企业中对 R&D 投入有着更为积极的显著影响。

第三节　数据分析

本章参考了 Arellano 和 Bond（1991）以及 Blundell 和 Bond（1998）的研究成果，采用系统 GMM 估计法对动态面板模型进行估计。系统 GMM 估计方法能有效克服估计中解释变量的内生性问题及残差的异方差性。采用 Stata 12.0 计量软件，估计结果如表 23 - 1 所示。

表 23 - 1　　　　　　企业并购对 R&D 投入的影响结果

变量	模型1	模型2	模型3	模型4
RD	0.879**	0.883**	0.861**	0.813**
IC	0.107*	0.113*	0.109*	0.121*
PD	0.632**	0.692**	0.673**	0.649**
S	0.259*	0.204*	0.106*	0.148*
MA	0.080			
DMA			0.0006	-0.002
CBMA			0.006	
INMA				0.021**
OUTMA				-0.011
HTMA		0.0005		
LTMA		-0.0012		
AR（1）	-3.36**	-3.08**	-2.356**	-3.209**
AR（2）	-1.80	-2.00	-1.22	-1.74
P 值	0.3216	0.3601	0.2975	0.3049
Obs	180	180	180	180

使用系统 GMM 来估计表 23 - 1 中的四个模型时，我们用 Sargan 检验来检测过度识别限制条件，验证所使用的工具变量是否是有效的；用

Arellano 和 Bond（1991）检验来检测扰动项的自相关性。由表 23-1 可知，各模型一阶序列自相关的 Arellano 和 Bond 检验是负的，且都是显著的，而二阶自相关的检验被拒绝了，也就是没有二阶相关性，这也证实了 GMM 估计量的一致性；而 Sargan 检验均接受了"所有工具变量都有效"的原假设。因此，以上各模型均可以进行 GMM 估计。

模型 1 考察的是并购整体上对 R&D 投入的影响。由表 23-1 可知，并购对 R&D 投入有着积极但不显著的影响。也就是说，过去 10 年，并购活动对我国制造业的研发投入并没有任何的影响，我们不能指望通过并购活动对研发投资产生影响。并购活动没有在研发上发挥它们的效率提升效应，但这并不是并购"失败论"或"无用论"的佐证，因为并购影响研发投资的方式很复杂，既有通过产业重组又有市场竞争。一方面，即便并购通过规模经济和范围经济的实现对 R&D 投入有一些积极的影响，但也可能会被并购后的整合成本所掩盖，这也体现在相比其他解释变量来说，并购对 R&D 投入影响的系数很小且不显著。另一方面，从整个行业层面来说，研发活动的挤出效应一定程度上也会削弱并购对 R&D 投入的积极影响。例如，个别企业通过并购获得了市场主导地位，它会通过更强势的研发活动来阻止竞争对手或新进入企业的创新活动，不断提高技术壁垒来保证自己的竞争优势，但从整个行业来说，却会使整个行业的研发投入水平下降。此外，并购不全是以技术获取为动机的，也可能是市场倾向的。抑或是政治环境、金融环境的变化都可能推动着企业实施并购。这些因素都在一定程度上解释了并购与 R&D 投入的不相关性。

模型 2 考察的是不同技术水平下并购对 R&D 投入的影响。Cohen 和 Levin（1989）认为，在不同的行业，并购改变企业研发策略的程度可能不同，尤其是由于进入壁垒、技术机会等特定行业条件对研发决策的影响。但由表 23-1 可知，当把并购对 R&D 的影响从不同技术水平行业分离出来时，并没有发现有着显著的差异，H3 被拒绝。这与 Bertrand 和 Zuniga（2006）的研究结论不一致，他们认为并购往往对低技术密集型行业的研发投资有促进作用，因为在这些行业中研发效率的提升获得的收益比减少竞争或者更高的研发组织成本这些影响更占主导地位。而我们此处的结论却是对之前的"并购与 R&D 投入不相关"结论的再次证明。事实上，并购对 R&D 的影响似乎非常边缘化，与只强调并购的技术推动效应的一些案例有关（Hagedoorn & Duysters，2000；Arora et al.，2000）。

模型 3 和模型 4 考察的是不同的并购形式对 R&D 投入的影响。由表 23-1 可知，无论是国内并购还是跨国并购对研发活动都没有任何显著的影响，H1 被拒绝。但将跨国并购进一步分解成外资并购和海外并购，却发现外资并购对 R&D 投入有着积极的显著影响，H2 通过验证。这说明外国企业收购国内公司不会损害国内研发活动，反而增加了研发强度，原因可能是国外买家对国内企业注入了技术或资金。从这个层面来说，被并购企业可以通过学习外国技术以及知识转移，并购反而提高了东道国的技术绩效。此外，海外并购却并不影响研发水平，这意味着并购外国公司并不一定会提高并购方企业所在国家的创新投入。并购带来的技术收益不一定会有反哺效应，并购方企业可能直接在并购当地实施研发。因此，主要是东道国目标公司而不是母国买家公司更能从海外并购业务中受益。

对于影响 R&D 投入的其他因素来说，行业竞争程度、产品的差异性和企业规模对研发都有着积极的显著影响，H4、H5、H6 都通过验证。行业竞争程度和产品差异程度越高，进入的壁垒越高，企业势必会加大研发投入来保持这种进入壁垒。企业规模越大，即平均销售收入越高，越有资本从事研发活动。此外，变量 RDt-1 对研发活动也是具有积极的显著影响，过去的研发投资很大程度上影响着当前的研发水平，证明了研发投资过程的动态特性。

第四节　结论与讨论

本章探讨了并购活动对我国制造业 R&D 投入的影响，并区分了国内并购和跨国并购对研发投资的不同影响，并进一步将跨国并购分解为外资并购和海外并购。通过使用系统 GMM 法对研发投资的动态面板模型进行估计，发现过去 10 年并购活动对我国制造业的研发投入并没有任何显著的影响；但将跨国并购进一步分解成外资并购和海外并购，却发现外资并购对 R&D 投入有着积极的显著影响，而海外并购却并不影响研发水平，这说明主要是东道国目标公司而不是母国买家公司更能从海外并购业务中受益。并购活动和研发活动自身会受到很多因素的影响，因此并购影响研发投资的方式也非常复杂。虽然跟过去从企业层面分析并购的影响不同，本章是从行业层面分析并购活动对研发投资的影响，但本章也只是选择了近10年的我国制造业各行业的数据作为样本，控制变量也只选择了产品的差异性和企业规模两个变量，因此后续的研究可进一步扩大研究的时间范围和行业领域。

第二十四章

创新过程参与和新产品开发速度对新产品绩效的影响机制研究

第一节 研究背景

为了维持企业竞争力，企业需要在控制成本的同时，确保持续的新产品的生产以快速响应市场需求（Allocca & Kessler, 2006; Carbonell & Rodruez, 2006; Farid, Hakimian, Ismail & Nair, 2017; Goktan & Miles, 2011）。新产品研发（NPD）的研究关注新产品研发的过程，即从产生新想法到新产品商业化的过程，并宣称新产品创新和研发速度对新产品绩效非常重要（Chen, Reilly & Lynn, 2005; Kessler & Bierly, 2002; Knockaert & Spithoven, 2014）。然而，新产品创新与新产品研发速度之间的关系尚不明确（Kessler & Bierly, 2002; Wu, Liu & Zhang, 2016）。例如，参与创新过程中的不同任务对新产品创新至关重要，那么它是否同样与新产品研发速度相关？如果不是，企业如何通过平衡创造力和速度来提高新产品绩效来管理新产品研发过程？此外，虽然新兴市场的企业已经成为全球竞争中的强劲对手（Deng & Yang, 2015; Tsai & Hsu, 2014），现有对新产品研发速度影响因素的研究主要集中于发达市场（Chen, Reilly & Lynn, 2012; Heirman & Clarysse, 2007; Kessler & Chakrabarti, 1999）。为更好地理解新兴市场企业在新产品绩效方面的竞争优势（Tsai, Baugh, Fang & Lin, 2014），我们认为研究新产品研发速度和新兴市场企业新产品绩效的前因和过程至关重要。

创新所基于的理念来自组织中的创造力（Goldsby，Kreiser，Kuratko，Bishop，& Hornsby，2018；Shalley，Zhou & Oldham，2004）。尽管员工创造力被认为是组织创新的一个重要来源，但很少有学者系统地研究员工创造力、新产品研发速度和新产品绩效之间的潜在关系（Leenders，Engelen & Kratzer，2007；Morgan，Anokhin，Song & Chistyakova，2018；Sun，Xu & Shang，2012）。创造过程参与（CPE），即员工参与或从事创造性的认知过程（Amabile，1983），主要包括三个组件：①问题识别（PI）；②信息搜索和编码（ISE）；③创意生成（IG）（Zhang & Bartol，2010）。这三个组件是连续的步骤；然而，在实际应用中，为了加快新产品开发过程，它们可能同时发生或相互重叠。因为创造过程参与强调可能产生创造性结果的过程（Gilson & Shalley，2004），三个独立的创造过程参与组件允许我们更好地研究新产品研发创新性和速度之间的关系（例如，创造过程参与的各个组件是否影响及如何影响新产品研发速度），以及创造过程参与对新产品研发速度和新产品绩效的特殊影响。此外，先前的研究认为，领导者在新产品研发创新活动中扮演着重要的角色（Dunne，Aaron，Mcdowell，Urban & Geho，2016；Felekoglu & Moultrie，2014；Rosing，Frese & Bausch，2011），通过促进追随者对工作环境的共同感知，响应追随者需求，并激励追随者更好地追求组织目标（Dunne et al.，2016），这反过来又影响创造力（Nisula & Kianto，2018）。分离创造过程参与的各个组件，我们可以观察领导鼓励创新（LEC）经创造过程参与的各个组件的调节对新产品绩效的影响是否保持不变。

本章试图为了解创造过程参与的三个组件是否影响以及如何影响新产品研发速度和新产品绩效提供新的见解。根据新产品研发和组织创造力的研究文献，我们提出了一个概念模型（如图24-1所示），假设新兴市场的企业大量参与创造过程的每个部分可以提高新产品研发速度，从而提高新产品绩效。此外，新兴市场企业的领导鼓励创新是一个关键的调节因素，创造过程参与的各组件可以通过领导鼓励创新间接提高新产品研发速度。我们收集了中国东部高科技产业245家公司的数据。高科技产业承受着快速适应市场需求的持续压力（Park，2005），这与本章的研究目的相符。同时，积极参与全球竞争，中国是新兴经济体中公认的榜样（Deng & Yang，2015；Luo & Tung，2007）。

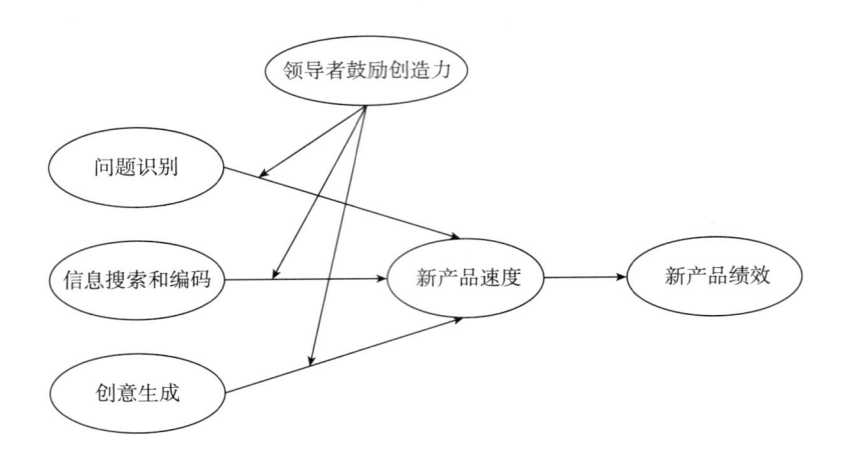

图 24-1　创造过程与新产品绩效理论模型

本章的理论贡献主要体现在以下四个方面。第一，本研究构建了一个结合创造力和新产品研发研究的综合模型，说明了创造过程参与的三个组件作为新产品绩效的前因的重要性。通过将创造过程参与分为问题识别、信息搜索和编码、创意生成三个部分，本研究对创造过程参与的各个组件对新产品绩效的影响进行了更深入的研究。第二，本研究分析了创造过程参与对新产品绩效的影响过程，并指出新产品研发速度在创造过程参与与新产品绩效之间的关系中起着关键的中介作用。创造过程参与的三个组件分别提高新产品研发速度，从而提高新产品绩效。第三，本研究确定了创造过程参与和新产品研发速度之间的关系变化。进一步审查领导鼓励创新的调节作用以促进对创造过程参与的每个组成部分的三个独立环节使新产品研发的速度提高的边界条件的理解。第四，本研究通过识别新产品研发速度和绩效的关键决定因素并进行实证检验，为新产品研发在新兴市场企业中的研究做出了贡献。

第二节　理论假设

本章采用微观视角研究新产品研发速度，研究企业的结构、进程和员工如何影响新产品研发进程和绩效（Markman, Gianiodis, Phan & Balkin, 2005; Morgan et al., 2018）。继 Kessler 和 Chakrabarti（1996）以及 Carbonell 和 Rodríguez（2010）的研究之后，我们考察了两种类型的新产品绩效，即目标达成和市场优势。具体来说，目标达成是内部驱动的衡量标准，包括成本降低、产品质量提高和盈利能力。市场优势则包括销售和市场份额的扩大。

新产品研发速度代表一个想法在市场上从构思到产品的转变速度（Chen et al., 2010）。它涉及一系列跨职能活动，从识别新产品创意或市场机会到产品的生产、销售和交付（Menon, Chowdhury & Lukas, 2002）。先前的研究表明，新产品研发速度是一个重要的新产品优势，它对新产品的绩效产生了积极影响（Allocca & Kessler, 2006; Chen et al., 2010; Kessler, Bierly & Gopalakrishnan, 2000）。例如，Carbonell 和 Rodriguez（2006）认为，将创新产品提前推向目标市场的企业将获得积极的财务业绩。类似地，Goktan 和 Miles（2011）指出在更短的周期内生产创新产品的企业销售额更佳，利润也更大。尽管新产品研发速度被认为很重要，但当追求基于时间的策略时，有些麻烦依然会出现。例如，快速创新可能会错过更好的创意（Farid et al., 2017），而关键的信息收集步骤可能被跳过（Zirger & Hartley, 1996）。关于新产品研发速度的好处，实证研究产生了不一致甚至矛盾的结果。一些研究表明，新产品研发速度与新产品绩效正相关（Kessler & Bierly, 2002），而其他研究表明两者缺乏相关性（Meyer & Utterback, 1995）。对于这些相互矛盾的发现，可能的解释有两个：首先，先前的研究经常忽略创造力在新产品研发过程早期的作用，以及创造力如何与新产品研发速度相互作用以影响新产品绩效；其次，先前的研究经常将创造力视为一个单一的构念（Nisula & Kianto, 2018），假设创造力过程中的不同任务同样与新产品研发速度和新产品绩效相关联。这种单一或组合的创造力观点可能在速度与新产品绩效之间关系中得出误导性结论（Wu et al., 2016）。总的来说，创造力、新产品研发速度和新产品绩效之间的关系需要进一步研究。

创造过程参与是创造力的重要先导，指的是员工对创造力相关认知过程的参与或投入（Amabile, 1983），这些认知过程主要是导致创新成果的活动（Gilson & Shalley，2004；Henker，Sonnetag & Unger，2015）。Zhang 和 Bartol（2010）认为，创造过程参与包括不同的任务，如问题识别（PI）、信息搜索和编码（ISE）以及创意生成（IG）。尽管创造过程参与对新产品绩效有重要影响，因为它为新产品研发活动中的创造性提供了最初的要素（Mumford，2000；Shalley et al.，2004；Unsworth & Clegg，2010），但对创造过程参与和创造力的讨论基本上停留在个人层面或团队层面。新产品研发研究文献中忽略了企业层面对创造过程参与及其与新产品研发速度关系的讨论。当一个企业积极参与发现创造性问题，尽可能多地收集创新信息，并有意识地产生新的想法和替代方案时，新产品研发过程的后期阶段，包括制造和营销部门之间需要进行跨职能沟通和协调，以使产品能够更早地进入市场，从而使新产品研发过程可能会平稳顺利地推进（Reiter-Palmon & Illies，2004）。这样做，新产品研发整个过程的速度越来越快，从而提高企业的产品竞争优势。因此，新产品研发速度是创造过程参与和新产品绩效之间的关键中介（Swink & Song，2007）。然而，大多数研究通常将创造过程参与视为一个单一的结构（Zhang & Bartol，2010；Zhou & Pan，2015）。创造过程参与、新产品研发速度和新产品绩效之间的关系尚未得到系统的研究（Leenders et al.，2007；Sun et al.，2012）。因此，本研究在企业层面采用了创造过程参与组件层面研究方法，进一步讨论创造过程参与对新产品研发速度和新产品绩效的影响。当新兴市场的企业成为全球竞争中的强有力竞争对手时，创造过程参与、新产品研发速度和新产品绩效之间的关系将有助于理解这些企业在新产品研发创新中竞争优势的本质。

　　许多研究已经考察了领导力在支持培养员工创造力方面的作用（Shalley & Gilson，2004；Tierney，Farmer & Graen，1999），因为领导者在激发员工行为方面起着关键作用。尽管已有研究表明，领导者通过传达预期或规范行为来影响员工行为（Felekoglu & Moultrie，2014；Sattayaraksa & Boon-itt，2016），但很少有人知道领导力的影响是否在创造过程参与的三个组件和新产品研发成果中是恒定的。下面，我们将理论命题进行进一步的实证检验。

一 创造过程参与和新产品绩效

Zhang 和 Bartol（2010）认为，创造过程参与包括几项活动，从问题识别开始，问题识别指的是定义新产品研发项目中创新问题的工作。为了解决创新问题，员工需要分解这些问题，确定相关程序，并识别限制（Mirtalaie, Hussain, Chang & Hussain, 2017; Reiter – Palmon & Illies, 2004）。当企业进行创新时，鼓励研发部门或相关部门的员工修改创新目标、程序和限制，以解决新产品生产中的创新问题（Chuang, Morgan & Robson, 2015）。因此，Reiter – Palmo 等（1997）认为，投入到问题识别上的努力能够积极影响创新解决方案的质量和原创性。因此，在发现创新问题上越努力，新产品的绩效就越高。

与发达市场企业相比，新兴市场企业的研发相对较弱（Aulakh, 2007）；因此，他们在识别新的创新方面上的参与可能是有限的或无效的。因此，在新兴市场背景下，问题识别和新产品绩效之间的积极联系可能无法成立。然而，周（2006）发现，中国企业在实施以产品创新为核心的创新战略时，新产品绩效更好。因此，与来自发达市场企业类似，来自新兴市场企业如果积极参与产品创新以保持在新产品竞争中的地位，就有可能在新产品绩效方面获得积极的结果。基于上述论点，我们提出以下假设：

假设 1a：新兴市场企业的问题识别与新产品绩效正相关。

创造过程参与的第二个组件是信息搜索和编码，它包括收集信息（即最新的市场知识或先进技术）和处理相关信息（Mumford, 2000; Zhang & Bartol, 2010）。Reiter – Palmon 和 Illies（2004）认为信息搜索和编码既包括对已有概念的考虑，也包括通过使用来自记忆和外部来源的信息来发展新概念。通过对来自外部来源和记忆的不同信息进行编码来发展一个新概念，将会增加创造性问题解决方案的数量和质量，从而促进新产品绩效（Illies & Reiter – Palmon, 2004）。简言之，信息搜索和编码的高度参与可能有助于新产品绩效的提高。尽管来自新兴市场的企业在研发方面相对较弱，但程和杨（2017）发现，在搜索和整合信息或资源方面具有强大技术创新能力的中国企业可能具有更高的绩效。因此，像发达市场的企业一样，积极参与信息搜索和编码的新兴市场企业将在新产品竞争中获得积极的结果。基于上述论点，我们提出以下假设：

假设 1b：新兴市场企业的信息搜索和编码与新产品绩效正相关。

创造过程参与的第三个组成部分是创意生成，它包括组合或重组收集的信息，探索新的理解的应用和含义，并开发一套新的想法推向市场（Mumford, 2000）。因此，在问题识别和信息搜索和编码的帮助下，组织为新产品的创新规划开发了一种创造性结构或者说是一种有希望的途径（Chuang et al., 2015；Unsworth & Clegg, 2010）。当创意生成提出新的创新概念时，组织将更好地理解应用和含义，从而获得成功的新产品绩效（Tan, Lau & Lee, 2017）。因此，我们认为创意生成积极影响新产品绩效。尽管新兴市场企业的研发相对较弱，但它们仍然可以获得新产品研发速度和基于外部新概念的新产品绩效。例如，Yao 等（2013）发现，中国企业可以从他们的合作伙伴那里获得知识和学习能力，从而产生新的想法来提高新产品的绩效。因此，我们可以推测，与发达市场企业类似，积极参与创意生成的新兴市场企业将会获得新产品创新的积极成果。基于上述论点，我们提出以下假设：

假设 1c：新兴市场企业的创意生成与新产品绩效正相关。

二　新产品研发速度的中介作用

除提供具有高度创造力的新产品之外，企业还面临着将创造性产品快速推向市场的需求（Allocca & Kessler, 2006；Carbonell & Rodruez, 2006；Goktan & Miles, 2011）。新产品研发速度代表了一个企业在新产品开发过程中从创新新产品到商业化的加速活动和任务的能力（Chen et al., 2005；Chen et al., 2012；Kessler et al., 2000），如创意产生、跨职能的沟通和多个部门之间的协调（Ulrich & Epnger, 2012）。当企业能够加快进程时，它们就能迅速更换过时的产品（Chen et al., 2005；Chen et al., 2012），从而更好地满足市场需求（Goktan & Miles, 2011；McNally, Akdeniz, & Calantone, 2011），并得到积极的新产品绩效。虽然创造过程参与和新产品研发速度都影响新产品绩效，但创造过程参与在提高新产品研发速度方面也扮演着重要的角色（Swink & Song, 2007），因为它是整个过程的初始部分。鉴于此，我们认为创造过程参与对新产品绩效的影响是间接的，它通过对新产品研发速度的影响，进而影响新产品绩效。

问题识别是创造过程参与的一个关键因素，它直接影响新产品研发速度，因为它为迭代学习建立了一个论坛（Kessler & Chakrabarti，1996）。在解构问题并确定创新活动产生的相关程序和障碍后，企业将明确新产品的目标，并在新产品研发进程的后期阶段几乎没有分歧，从而加快创新进程（Mirtalaie et al.，2017；Morgan et al.，2018）。尽管参与绩效改进的企业需要时间来确定新的目标，但在新产品研发进程的后期阶段，高水平的绩效改进将消除跨多个职能部门的进一步协调活动中出现的潜在障碍或冲突。因此，在产品创新中的高水平参与将从整体上提高对创新新产品的理解，这反过来会加快新产品研发速度（Chen et al.，2010；Heirman & Clarysse，2007），并提高新产品绩效。尽管与发达市场的企业相比，新兴市场的企业在研发方面被认为是弱势的（Aulakh，2007），但为了在创新的全球竞争中保持竞争力，那些积极参与问题识别的企业将提高新产品研发的速度和创新新产品的绩效。因此，我们认为，对于来自新兴市场的企业来说，问题识别和新产品绩效之间的关系是由新产品研发速度积极调节的，基于以上论点，我们提出以下假设：

假设2a：对于来自新兴市场的企业，新产品研发速度积极调节问题识别和新产品绩效之间的关系。

与上述逻辑相似，投入资源搜索和整合新产品创新的内部和外部知识的企业将加速（陈等，2010；Rycroft，2007）和改进新产品绩效（Cankurtaran，Langerak & Griffin，2013）。尽管在新产品研发过程的早期阶段，对信息搜索和编码的高度参与将是耗时的，但有效和高效的数据或信息管理将使新产品研发过程后期发生的沟通和协调变得顺畅（Sleeswijk，van der Lugt & Stappers，2007），这表明整个过程的新产品研发速度可能会缩短，新产品绩效会提高。积极参与信息搜索和编码的新兴市场企业很可能会提高新产品研发的速度和创新新产品的绩效。因此，我们假设如下：

假设2b：对于来自新兴市场的企业，新产品研发速度积极调节信息搜索和编码与新产品绩效之间的关系。

与问题识别和信息搜索和编码相比,创意生成面临着为产品或解决方案产生创意的直接压力。如前所述,创意生成包括组合或重组收集到的信息,探索新的理解的应用和含义,并开发一套新的想法推向市场(Mumford,2000)。在产生创造性想法的过程中,企业需要花费大量的时间整合多种信息源,评估和筛选出不利的信息,并最终产生新的产品或解决方案。然而,有效的创意生成将使新产品研发的部门或团队知道如何有效地与生产或营销等其他部门合作(Harris,Li,Boswell,Zhang & Xie,2014),这促进了新产品开发速度和绩效的提高。因此,积极参与创意生成的企业很可能通过提高新产品研发速度来提高新产品绩效。与发达市场的企业不同,新兴市场的企业在产品的研发方面相对较弱(Aulakh,2007)。因此,当来自新兴市场的企业无法轻易找到新产品或解决方案时,它们参与创意生成可能不会带来高新产品绩效,因为加速新产品研发速度的成本不断增加。在这种情况下,新产品研发速度在创意生成和新产品绩效之间的中介作用可能是负面的或不显著的。然而,考虑到新兴市场企业以快速响应新需求而闻名(Yao et al.,2013),我们仍然认为,积极参与创意生成的新兴市场企业可能会加快研发速度并提高其在创新产品方面的绩效。

假设2c:对于来自新兴市场的企业,新产品研发速度积极地调节创意生成和新产品绩效之间的关系。

三 领导鼓励创造力的调节作用

虽然创造过程参与主要涉及问题识别、信息搜索和编码、创意生成等认知过程(Zhang & Bartol,2010),但这些过程并不是在真空中进行的(Zhou & Pan,2015)。为了充分了解创造过程参与和新产品研发速度和绩效之间的关系,我们考虑到社会环境可能提高或阻碍它们。具体来说,我们认为在理解创造过程参与、新产品研发速度和新产品绩效之间的联系时需要考虑到领导鼓励创新。

领导鼓励创新指的是领导者对员工创造性和积极参与可能导致创新结果的过程的重视程度,例如领导阐明了对创新成果的需求,阐明了企业的价值观,并呼吁关注参与创新的有效性(Tierney et al.,1999;Zhang & Bartol,2010)。领导鼓励创新在新产品研发环境中的角色可能会引起员工的注意，激发他们的信心，并促进他们创造力的产生（Mumford, Scott, Gaddis & Strange, 2002; Tan, Lau & Lee, 2017; Wang, Fang, Qureshi & Janssen, 2015）。具体来说，当一个领导让他的下属理解创造性在他们工作中的重要性时（Gu, Tang & Jiang, 2015），这些员工有足够的归属感，更倾向于积极参与新产品创新。龚等（2009）得出结论，一个有效分配创新目标的好领导将会提高下属的创新热情和创新活动。相反，低水平的领导鼓励创新很可能会让员工感到沮丧，这限制了他们的创造力。同样，Kessler 和 Chakrabarti（1996）认为，领导者有必要指导他的团队解决问题，以加快创新项目。与发达市场的企业相似，新兴市场的企业表现出高水平的领导鼓励创新能提高员工识别创新问题的能力（Shalley & Zhou, 2008），并提高新产品研发速度。因此，我们建议新兴市场企业的领导鼓励创新充当问题识别和新产品研发速度之间的调节因素。基于以上论点，我们提出以下假设：

假设 3a：对于新兴市场的企业，领导对创造力的鼓励正向调节了问题识别和新产品研发速度之间的关系，当领导对创造力的鼓励更高时，这种关系更强。

显然，信息搜索和编码的工作很大程度上依赖于领导者的大力支持。通常，高科技企业中与研发相关部门的领导比他们的下属在搜索和整合有价值的信息方面更有经验。当一个领导者对创造性领导的展示激发了对信息的更大搜索和共享时，开发新产品的搜索和编码信息可能会更加有效和有力；同时，领导者将允许每个人在更好地了解其他人的需求和限制的情况下完成他们的活动，从而减少返工的可能性（Carbonell & Rodriguez, 2006; Sethi, Smith & Park, 2001）和提高新产品研发速度。因此，我们假设来自新兴市场的企业的领导鼓励创新在加强信息搜索和编码与新产品研发速度之间的关系中起调节作用。基于以上论点，我们提出以下假设：

假设 3b：对于新兴市场的企业，领导对创造力的鼓励正向调节信息搜索和编码与新产品研发速度之间的关系，当领导对创造力的鼓励更高时，这种关系更强。

类似于假设 3a 和假设 3b，我们期望创意生成和领导鼓励创新相互作用来积极影响新产品研发速度。Pinto 和 Prescott（1988）认为，一个支持创造力的领导者明确阐述的使命能够使人们更加关注新思想的发展和随后的成功创新。与发达市场的企业类似，新兴市场的企业如果积极参与创意生成，当他们的领导鼓励创新指数更高时，他们的新产品研发速度会更快。因此，我们正式提出以下假设：

假设 3c：对于新兴市场的企业，领导对创造力的鼓励正向调节创意生成和新产品研发速度之间的关系，当领导对创造力的鼓励更高时，这种关系更强。

第三节　研究方法

一　数据收集和样本描述

我们收集了 2015 年年末至 2016 年位于浙江、江苏和上海的高科技企业的调查数据，这些地区是中国高科技产业的主要省级地区，分析单位是整个企业。参与者包括主管和部门级经理，他们监督执行有关开发新产品的想法、方法和途径，以吸引竞争产品市场任务的员工。这些经理来自以下部门之一：研发、新产品设计流程和管理或业务系统运营部门。具体步骤如下，首先，两位独立的双语教授被要求将问卷的英文版翻译成中文，然后再翻译成英文，以确保意思的对等。接下来，我们对浙江省 20 家高科技企业的 20 名研发高管和经理进行了问卷调查。为了确保所采用的测量项目的可靠性，在我们的初步研究中，我们还对高级管理人员进行了一些半结构化的访谈，以确定在我们的问卷中词语的适当使用。

在当地政府机构的帮助下，我们与 300 家企业建立了一个面对面的会议，这些企业负责新产品研发的主管都被邀请了。在这次会议上，我们简要介绍了这项研究的目的，解释了我们调查的程序，并强调了信息的保密。为了确保所有受访者都是知识渊博的人，我们还确定了一名部门经理，负责每个企业的新产品开发。我们最终获得了 84.3% 的总体回复率。在第一阶段（T1），部门经理被要求报告他们部门内创造过程参与的程度，以及他们从高层管理人员那里得到鼓励创造力的感受

(领导鼓励创新的感受)。我们收到了 279 条有用的回复，回复率为 93%。在第二阶段（T2），大约两个月后，我们邀请这些响应企业的新产品研发高管报告他们对其组织的新产品研发速度的看法。总共得到 253 个可用回复，回复率为 90.7%。在最后阶段（T3），又过了两个月，我们邀请同一组高管评估他们组织的新产品绩效。企业规模和企业年龄是从企业的档案数据中获得的。因此，我们研究设计的一个独特特征是从不同来源收集变量，通过减少与单个响应数据相关的随机误差和常用方法方差，显著提高了数据的准确性（Van Bruggen，Lilien & Kacker，2002）。我们收到了 245 条有用的回复，回复率为 96.8%。在所有受访者中，受访者的平均组织任期为 5.11 年。

除了程序性补救措施，我们还采取了统计补救措施来控制常见的方法偏差。具体来说，我们对所有基于问卷的变量进行了哈曼的单因素试验（Podsakoff，Mackenzie，Lee & Podsakoff，2003），没有一个变量占协方差的绝大部分。因此，我们确定在我们的研究中，常见的方法偏差不太可能是一个严重的问题。

二　变量测量

除非另有说明，否则本章所有变量都是通过参与者对五点李克特量表问题的回答来衡量的，该量表分为"1 = 强烈不同意"到"5 = 强烈同意"或"1 = 从不"到"5 = 非常频繁"。下面描述了本研究的具体实施方法，以及各种方法 Cronbach's α 系数的计算结果。在此之后，本研究中的所有构念都是通过以下统计分析中相关项目的平均总分来测量的。

1. 因变量

新产品绩效。我们采用了 Langerak、Hultink 和 Robben（2004）的新产品绩效五项量表，该量表反映了金融和市场相关的新产品绩效。受访者被要求指出新产品在每个绩效指标上的表现，如"达到销售增长目标""达到市场份额目标"或"达到盈利目标"。该测量的信度为 0.89。

2. 独立变量

（1）问题识别（PI）。为了了解从事创意项目的员工参与项目创新的频率，我们采用了先前研究中使用的相同量表（Zhang & Bartol，2010）。示例项目包括："在您的部门，您的员工在多大程度上花时间试图理解问题的本质"和"在您的部门，您的员工在多大程度上将一个难题或任务分解成多个部分以获得更好的理解"。该方法的信度为 0.81。

（2）信息搜索和编码（ISE）。张和 Bartol（2010）开发的三项量表被用来测量从事创造性项目的员工参与信息搜索和编码的频率。示例项目包括："在您的部门，您的员工在多大程度上从多个来源（例如，个人记忆、他人经历、文档、互联网等）搜索信息"和"在您的部门中，您的员工在多大程度上保留了其专业领域中的大量详细信息以备将来使用"。这项措施的信度为 0.74。

（3）创意生成（IG）。Zhang 和 Bartol（2010）开发的五项量表被用来测量从事创造性项目的员工产生想法的频率。示例项目包括："在您的部门，您的员工在产生新想法时在多大程度上考虑了不同的信息来源"和"在您的部门，您的员工在多大程度上寻求与不同领域使用的解决方案的联系"。该方法的信度为 0.84。

（4）新产品研发速度（NPD 速度）。我们采用了 Lukas 和 Menoh（2004）的四项新产品研发速度量表，该量表在以前的研究中显示了很强的可靠性。样本项目包括："我们的员工用不了多长时间就想出了新产品的想法"和"新产品的最终版本很早就可以发布了"。该测量的信度为 0.78。

（5）领导鼓励创造力（LEC）。为了捕捉领导鼓励创新的范围，我们使用了 Scott 和 Bruce（1994）开发的六项量表。样本项目包括："高管鼓励、重视或增强员工的创造力"，以及"高管允许员工尝试用不同的方式解决相同的问题"。该量表的信度为 0.86。

3. 控制变量

人口统计学变量、组织任期衡量的是一个受访者在公司的年数，被认为与企业绩效显著相关（Carbonell & Rodriguez，2006；Goktan & Miles，2011；Shalley et al.，2004）。此外，我们还控制了三个被认为对企业绩效有重要贡献的企业特征（Liu，Keller & Shih，2011；Mu，Gang & Maclachlan，2009；Zhou，Gao & Zhao，2016）。企业年龄是以企业成立以来的年数来衡量的。企业规模是通过构建员工数量的对数来衡量的。企业所有权是一个二分变量，国有企业用"0"表示，非国有企业用"1"表示。

三 测量和模型属性

为了确定三个创造过程参与组成部分之间的区别是否有效，我们遵循 Henker 等（2015）的方法，并使用 AMOS19.0 进行了验证性因素分析（CFA）。惯例表明，相对拟合指数（CFI）、拟合指数增量（IFI）和 Tucker – Lewis 指数（TLI）的值超过 0.90，近似值的均方根误差（RMSEA）低于 0.08，表明所提出的模型和观测数据之间的拟合良好（Bagozzi & Yi, 1988）。如表 24 – 1 所示，模型拟合指数显示三因素模型拟合数据最好：$\chi^2 = 67.026$；DF = 41；p < 0.01；RMSEA = 0.050；CFI = 0.974；IFI = 0.975；TLI = 0.959。已经证实，问题识别、信息搜索和编码以及创意生成之间存在显著差异。在本研究中，创造过程投入是一个一级三因子结构。我们还进行了一个包括所有构念的整体验证性测量模型，模型拟合指数良好（$\chi^2 = 67.026$；DF = 41；p < 0.01；RMSEA = 0.050；CFI = 0.974；IFI = 0.975；TLI = 0.959）。

表 24 – 1　　　　　创造过程投入的验证性因素分析结果

模型	χ^2	DF	RMSEA	CFI	IFI	TLI
三因素模型	67.026	41	0.050	0.974	0.975	0.959
双因素模型[a]	155.992	43	0.103	0.889	0.891	0.829
双因素模型[b]	243.660	43	0.137	0.802	0.807	0.696
双因素模型[c]	290.595	43	0.152	0.756	0.761	0.625
单因素模型	365.004	44	0.148	0.684	0.690	0.525

在测试区分效度方面，我们对每对潜在构念的两个嵌套模型进行了比较，在这些模型中，我们要么允许两个构念之间的相关性为自由，要么将相关性限制为 1。对于所有构念，无约束模型的卡方统计显著低于约束模型（p < 0.05）。每个潜在构念提取的平均方差大于其共享方差。因此，我们认为我们的措施是有效和可靠的。

第四节 研究结果

在本章中,我们进行了两种类型的统计分析。首先,为了检验新产品研发速度的中介作用,我们采用 Anderson 和 Gerbing（1988）的分析策略,通过结构方程模型（SEM）来检验假设模型。其次,我们采用分层多元回归来检验领导鼓励创新作为三种创造过程参与成分和新产品研发速度之间关系的调节因子的作用。按照 Muller 等（2005）提出的方法,我们输入了所有以均值为中心的交互变量,以减少多重共线性（Aiken & West, 1991）。

表 24-2 提供了本研究变量的均值、标准差、相关性和量表信度。如表 24-2 所示,所有变量均具有良好的信度（均大于 0.7）。对于所有变量之间的相关性,除了信息搜索和编码与创意生成之间的相关性为 0.522 外,自变量之间在二元关系中并不是高度相关的。为了评估多重共线性是否是一个主要问题,我们检查了方差膨胀因子（VIF）的值（Elsley, Kuh & Welsch, 1980）,并没有发现不符。

我们进行了 SEM 分析,以测试主要和中介作用。首先,采用线性回归分析检验问题识别、信息搜索和编码、创意生成对新产品性能的直接影响。如图 24-2 所示,问题识别对新产品绩效的影响不显著（$r = 0.041$, $p > 0.05$）,假设 1a 不成立。信息搜索和编码与新产品绩效呈正相关（$r = 0.134$, $p < 0.05$）,假设 1b 成立。同样,创意生成与新产品绩效呈正相关（$r = 0.258$, $p < 0.01$）,假设 1c 成立。因此,在新兴市场企业的背景下,并非所有的创造过程参与组件都与新产品绩效呈正相关。当新兴市场的企业积极地搜索和编码信息和产生创意时,它们将会积极影响新产品绩效。然而,我们没有发现支持证据表明,当新兴市场的企业积极参与新创新的问题识别时,它们能积极影响新产品绩效。

我们使用假设模型来探究新产品研发速度的中介效应。图 24-3 展示了带有路径系数的假设模型。问题识别、信息搜索和编码与创意生成均与新产品研发速度呈正相关（$r = 0.230$, $p < 0.05$; $r = 0.220$, $p < 0.05$; $r = 0.287$, $p < 0.01$）,新产品研发速度与新产品绩效呈正相关

表 24-2 所有变量的均值、标准差和相关性

变量	M	SD	1	2	3	4	5	6	7	8	9
1. 组织任期	5.11	2.87									
2. 企业年限	15.87	6.58	-0063								
3. 企业规模	21.04	4.58	0.059	-0.184**							
4. 所有权	0.67	0.47	-0.018	0.037	0.035						
5. 问题识别	3.15	0.84	0.096	0.002	0.048	-0.014					
6. 信息搜索和编码	3.40	0.76	0.016	0.002	-0.006	0.005	0.314**				
7. 创意生成	3.13	0.69	0.173**	-0.048	-0.030	0.051	0.249**	0.522**			
8. 新产品研发速度	3.38	0.69	0.169**	-0.086	-0.057	-0.046	0.290**	0.284**	0.273**		
9. 领导鼓励创造力	3.45	0.68	0.107	0.007	-0.045	-0.064	-0.007	0.138*	0.336**	0118	
10. 新产品绩效	3.61	0.68	0.080	-0.026	0.127*	0.076	0.146*	0.140*	0.201**	0.250**	0.111

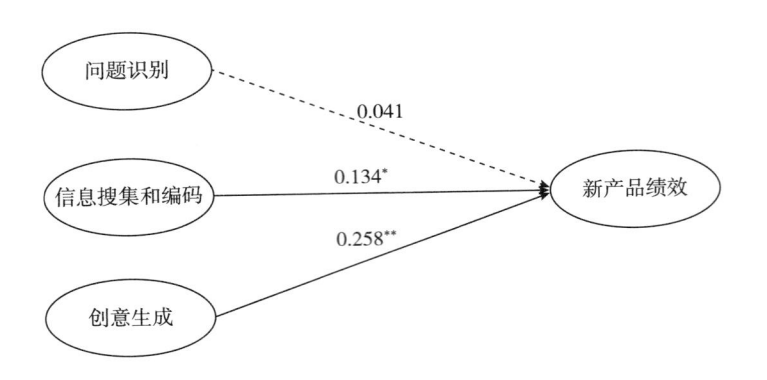

图 24-2 直接效应

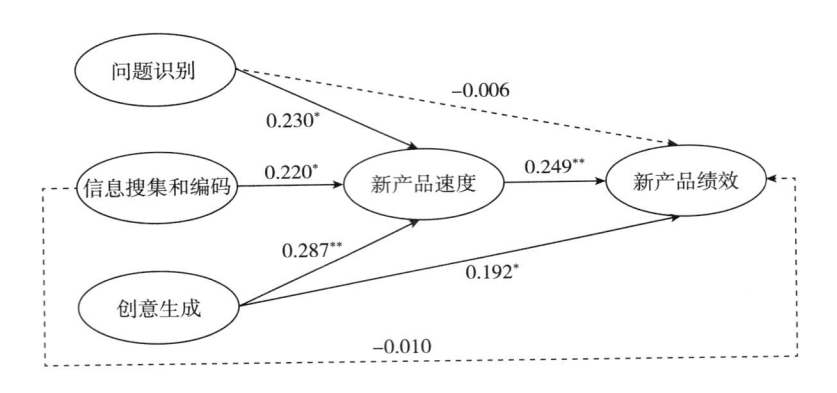

图 24-3 间接效应

（r=0.249，p<0.01）。因此，我们证实了假设 2a、假设 2b 和假设 2c，它们分别预测新产品研发速度积极地调节问题识别、信息搜索和编码、创意生成和新产品绩效之间的关系。

因为创意生成和新产品绩效之间的主要关系仍然得到积极的支持（r=0.192，p<0.05），新产品研发速度在创意生成和新产品绩效之间存在部分中介作用。对于那些积极参与创意生成的新兴市场企业而言，它们将通过新产品研发速度直接或间接提高新产品绩效。同时，问题识别与新产品绩效之间的正相关不再显著（r=-0.006，p>0.05），信息搜索和编码与新产品绩效之间的正相关也不再显著（r=-0.010，p>0.05），表明新产品研发速度在问题识别与新产品绩效之间、信息搜索和编码与新产品绩效之间具有完全的中介作用。因此，对于那些积极参与问题识别以及信息搜索和编码的新兴市场企业来说，它们只会通过新产品研发速度间接地提高新产品绩效。

我们采取了以下步骤来测试调节效应的有效性：首先将控制变量输入回归方程，然后添加自变量，接着是调节变量和自变量与调节变量之间的交互项（Muller et al.，2005）。如表 24-3 所示，领导鼓励创新和问题识别之间的交互项与新产品研发速度呈正相关（$r = 0.140$，$p < 0.05$），领导鼓励创新与信息搜索和编码之间的交互项也是如此（$r = 0.125$，$p < 0.05$），但领导鼓励创新和创意生成之间的交互项不相关（$r = 0.087$，$p > 0.05$）。因此，假设 4a 和假设 4b 都得到证实。领导鼓励创新与问题识别以及信息搜索和编码的交互作用显著提高新产品研发的速度。假设 4c 认为领导鼓励创新与创意生成之间存在显著的相互作用，从而影响新产品研发速度，这一假设没有得到支持。因此，我们得出结论，领导对创造力的鼓励对新产品绩效的影响在创造过程参与的三个组成部分中不是恒定的。来自新兴市场的企业，如果它们积极参与问题识别以及信息搜索和编码，当它们的领导鼓励创新较高时，它们的新产品研发速度会更快。然而，我们没有发现显著的证据支持新兴市场中积极参与创意生成的企业在领导鼓励创新较高时比较低时新产品研发速度更快。

表 24-3　　　　领导鼓励创造力的调节效应的回归结果

控制变量	Model 1	Model 2	Model 3	Model 4	Model 5	Model 6	Model 7
组织任期	0.066	0.059	0.046	0.051	0.047	0.050	0.051
企业年龄	-0.004	0.012	0.005	0.005	0.002	0.004	0.005
企业规模	0.130*	0.126	0.108	0.110	0.097	0.109	0.102
所有权	0.066	0.068	0.068	0.059	0.064	0.064	0.064
自变量							
问题识别（PI）		0.290**	0.298**				
信息搜索和编码（ISE）				0.286**	0.280**		

续表

控制变量	Model 1	Model 2	Model 3	Model 4	Model 5	Model 6	Model 7
创意生成（IG）						0.296**	0.288**
调节变量							
领导鼓励创造力（LEC）			0.110		0.099		0.046
相互作用							
PI × LEC			0.140*				
ISE × LEC					0.125*		
IG × LEC							0.087
R^2	0.033	0.092	0.127	0.089	0.112	0.094	0.102
F	1607	4.039*	4.287**	3.882*	3.729**	4.105*	3.349*
ΔR^2	0.033	0.082	0.034	0.079	0.023	0.084	0.008
ΔF	1.607	21.557**	4.657*	20.623**	3.066*	21.945**	1.074

为了绘制显著的交互效应，我们采用了 Aiken 和 West（1991）的程序，该程序通过在调节因子的平均值上下取一个标准差来计算斜率。图 24-4 和图 24-5 显示，自变量（问题识别、信息搜索和编码）和新产品研发速度与领导鼓励创新水平低的企业均为正相关关系，但与领导鼓励创新水平高的企业正相关关系更强。因此，这些发现表明，领导鼓励创新更强的企业在积极参与识别问题以及搜索和编码信息时，很可能表现出更高水平的新产品研发速度。

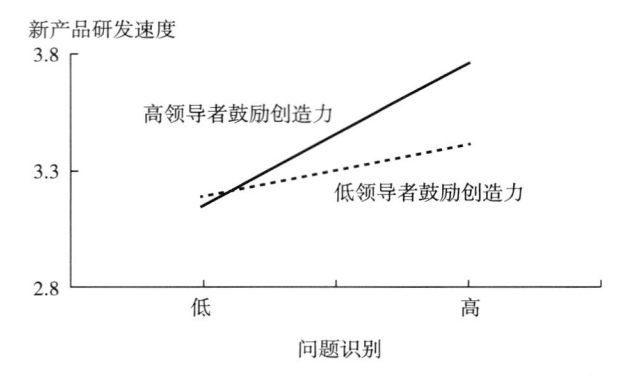

图 24-4 领导者鼓励创造力在问题识别与新产品研发速度之间的调节

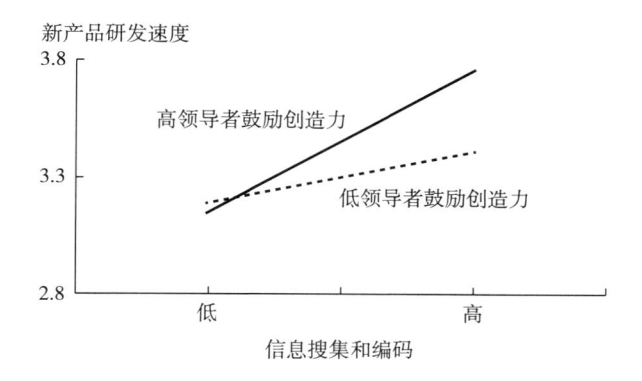

图 24-5 领导者鼓励创造力在信息搜集和编码与新产品研发速度之间的调节

第五节 结论与讨论

本章的实证结果为大多数假设提供了支持。首先，来自新兴市场的积极参与信息搜索和编码以及创意生成的企业将获得更好的新产品绩效，但是我们没有积极参与问题识别的企业将享有更高的新产品绩效支持性证据。因此，三个创造过程参与组件对新产品绩效的影响并不相同，这强调了不把创造过程参与作为新产品绩效的单一前因的重要性。采用组件级方法来研究创造过程参与对新产品绩效的影响，可以让我们了解创造过程参与的哪个组件在影响新产品绩效方面相对更强（或不显著）。

其次，新产品研发速度在各创造过程参与组件的三个独立环节和新产品绩效之间的中介作用显著。具体来说，新产品研发速度充分协调了问题识别和新产品绩效之间的联系，以及信息搜索和编码和新产品绩效之间的联系。因此，积极参与问题识别以及信息搜索和编码的新兴市场的企业将首先体验到更好的新产品研发速度，然后获得积极的新产品绩效。因为新产品研发速度在一定程度上调节了创意生成和新产品绩效之间的联系，所以积极参与创意生成的新兴市场企业将通过新产品研发速度直接或间接地获得积极的新产品绩效。总体而言，新产品研发速度在创造过程参与和新产品绩效之间的中介作用在新兴市场企业的背景下得到支持。

此外，我们发现领导鼓励创新并没有在三个创造过程参与组件和新产品研发速度之间的联系中始终充当重要的调节者。与我们的预测相反，领导鼓励创新和问题识别，以及领导鼓励创新与信息搜索和编码的相互作用都显著提高了新产品研发速度。然而，我们没有发现领导鼓励创新对创意生成和新产品研发速度之间关系的调节作用。因此，新兴市场的企业在积极参与创造性过程（如识别问题或搜索和编码信息）的同时获得积极的领导鼓励创新，则可能获得高新产品研发速度。对于那些积极参与创意过程的人来说，他们需要比积极的领导鼓励更多的创造力来加速新产品研发。

一　理论贡献

尽管创造过程参与在新产品研发过程中发挥着重要作用，但创造过程参与对新产品研发速度和新产品绩效的影响尚未得到彻底检验，尤其是在新兴市场企业的背景下。我们的研究为创造力（尤其是创造过程参与）、新产品研发速度、新产品绩效和新兴市场企业创新的研究文献提供了一些理论贡献。对于创造性的研究文献，我们的结果首先表明，创造过程参与应该在单独的组件中检查。这项研究的结果显示，创造过程参与的三个组件（问题识别、搜索和编码信息、创意生成）对新产品绩效有不同程度的影响。在三个创造过程参与组件中，创意生成对新产品研发速度和新产品绩效的影响最大。具体来说，创意生成对新产品绩效的影响比信息搜索和编码大，而问题识别对新产品绩效的影响不显著。

其次，我们的研究结果强调了新产品研发速度在创造过程参与和新产品绩效之间起中介作用。这一发现为新产品研发过程中的创造性提供了一个有趣的理论发现，并推进了现有的研究发现（Carbonell & Rodru-ez，2006；Luzzini，Amann，Caniato，Ess & Ronchi，2015）。特别是，三个创造过程参与组件并不同样依赖于新产品研发速度来实现积极的对新产品绩效的提升。新产品研发速度在问题识别与新产品绩效、信息搜索和编码与新产品绩效之间的完全中介作用表明，积极参与问题识别以及信息搜索和编码的企业只能通过新产品研发速度间接提高新产品绩效。相反，新产品研发速度对创意生成与新产品绩效的部分中介效应表明，积极参与创新的企业可以通过新产品研发速度直接或间接影响新产品绩效。

再次，对于创造力的研究文献，本研究提供了一个关于领导鼓励创新在创造过程参与和新产品研发速度之间的作用的理论启示。我们的研究结果推进了这一理论观点，显示在提高新产品研发速度的创造性过程中，领导激励员工对三个创造过程参与要素的影响机制是不同的。具体来说，领导鼓励创新积极地调节了问题识别以及信息搜索和编码与新产品研发速度之间的关系，但对创意生成和新产品研发速度之间的关系没有显著的调节作用。与以前的研究文献一致，我们的研究结果证实，如果企业的员工积极发现创新问题并广泛搜索信息，并得到强调有利于创新的共同价值观的领导者的积极支持，企业就可以加快创新进程（Swink，2003）。然而，我们的结果并没有证实拥有强大领导鼓励创新的企业在积极参与创造时能表现出高水平的新产品研发速度。企业需要的不仅仅是积极的领导者鼓励创新来加快新产品研发的创新。

对于新产品绩效的研究文献，本研究为新产品研发速度和创造性结果之间的关系提供了理论支持（Goktan & Miles，2011；Langerak & Hultink，2006；Swink & Song，2007）。将创造过程参与的三个组件分开，我们发现，当企业积极参与识别创新问题、搜索和编码信息以获得创造力时，它们将提高新产品研发速度，从而提高新产品绩效。此外，无论有没有达到积极的新产品研发速度，当新兴市场企业积极参与创造时，它们的新产品研发绩效都能得到增强。

最后，这项研究为新兴市场企业的研究提供了新的见解。具体来说，这项研究促进了对新产品研发创新中新兴市场企业竞争优势的理解。尽管与发达市场企业相比，新兴市场企业在研发方面相对较弱（Aulakh，2007；Chen & Lin，2011），我们的结果表明，它们的行为正如现有的理论预测，积极参与的信息搜索和编码以及创意生成的创造过程参与提高了它们的新产品绩效。此外，新产品研发速度被认为是新兴市场企业在创造过程参与和新产品绩效之间的关键中介。与现有研究文献相反，来自新兴市场企业的积极创造过程参与并不一定会提高它们的新产品绩效。此外，来自领导鼓励创新水平高的新兴市场的企业只有在

355

积极参与问题识别以及信息搜索和编码时，才能实现新产品研发速度的加速，但不一定会产生创造性的想法。

二 管理启示

本研究这些研究结果产生了一些重要的管理影响。首先，如何使用三个创造过程参与组件是提高新产品绩效的关键。我们的研究结果指出，在三个创造过程参与组件中，创意生成对新产品研发速度和新产品绩效的影响最大。因此，在资源有限的企业进行新产品研发创新可以优先考虑创造过程参与的创意生成组件。

其次，我们的研究结果表明，领导新产品研发团队或项目的管理者应该采取行动来提高创造过程参与水平，这能够提高新产品研发的速度，从而提高新产品绩效。此外，当创造过程参与主要通过新产品研发速度提高新产品绩效时，我们建议企业建立一个集成创新系统，该系统涉及识别创造性产品问题、信息搜索和编码、产生创新产品的想法以及创造过程参与三个组件之间的沟通机制。例如，在一个精力充沛、富有成效的新产品研发团队中，员工需要定期就创新观点进行沟通，这有助于提高新产品研发创新计划的效率。

最后，为了在新产品研发过程中平衡创新性和速度，管理者应该培养开放和创新的文化，并在要求其下属专注于识别创新问题、搜索和编码信息以解决此类创新问题时鼓励协作。同时，不同部门（如研发、制造和营销部门）之间的充分沟通和协调将加快新产品研发进程，帮助企业实现高新产品绩效。

我们注意到本研究的几个局限性。首先，我们对收集来的数据进行分析方面存在局限性，建议未来引入客观测量的研究（例如，新产品绩效的辅助数据）。第二，本研究使用的数据主要来自中国东部，这可能导致样本对结果的偏差。由于中国东部地区的经济发展好于中国其他地区，未来的研究可能会选择中国其他地区的数据来检验理论模型。为了确保我们的研究结果在中国之外具有普遍性，需要在不同制度环境的国家进行更多的研究。

除测量过程中必要的改进之外，还提出了其他的进一步研究的方向。首先，研究其他变量的中介效应可能会很有趣，比如产品质量或客户满意度（Rodrígueznto, Carbonell & Rodríguez – Escudero, 2011；Stock, 2011）。其次，经验数据表明，其他企业特有的因素，如组织结构和组织能力（Heirati & O'Cass, 2016；Yu, Hao, Ahlstrom, Si & Liang, 2014；Zhou & Li, 2008）可以作为影响组织对创造过程参与利用的新调节因素。

第二十五章

领导鼓励创新和创新速度关系研究

第一节 研究背景

创新被视为组织可持续发展的核心动力（DuBois & Dubois, 2012; Geels, 2010），作为同样关注于解释组织创新机制的研究，可持续的人力资源管理为创新管理指出了新的研究方向（Kramar, 2014）。已有研究指出，通过建立赋能的工作环境，员工可以达到更高的可持续创新绩效（Zhang et al., 2019）。在这项研究中，研究者发现支持性的环境可以激发个人创造，进而利用个体创造支持组织可持续创新。

创新速度是指从最初的想法产生到商业化所花费的时间（Brem et al., 2016）。本章以创新速度作为创新绩效的指标，从组织层面测量其创新过程在时间维度上的绩效水平（Kessler & Chakrabarti, 1996）。在创新过程中，领导对员工创造的鼓励作为支持性因素，增强领导赋能的行为能够创造支持环境以鼓励员工创造，进而对组织可持续创新绩效产生积极影响（Zhang & Bartol, 2010）。本研究进一步引入了员工的创造过程参与作为中介。创造过程参与指个体参与创造性的程度，包括问题识别、信息搜索和编码以及想法产生三个阶段（Zhang & Bartol, 2010），是创造支持环境的直接结果和组织创新提高的前提。此外，除上述过程外，组织二元性和控制力的背景二元性可以正向调节领导者鼓励对员工参与的影响程度（O'Reilly & Tushman, 2013）。尽管大多数研究者认为单一的组织二元性可以提高员工创造和组织创新，但它们之间关系的机制仍需要更多讨论。

基于赋能理论，本研究试图揭示领导鼓励创造、员工的创造过程参与以及组织创新速度的关系，并探讨在不同组织二元性水平下这一过程的差异。在那之后，研究者还努力阐明并探索这四个变量与组织创新绩效的构型机理。这两种方法提供了这项工作的主要理论和经验贡献。

在本章中，研究将回答以下问题：领导者鼓励创造在赋能理论中的作用是什么，它如何通过改善员工的创造过程参与度来影响组织创新速度？组织二元性可以被视为分析赋能领导行为与创造性参与和创新速度之间关系的边界条件吗？领导者对创造的鼓励会影响创新速度，个人的创造过程参与和组织二元性如何发挥作用？

本章第二部分回顾了以前的研究，简要介绍理论背景并建立概念模型框架。第三部分简要介绍了研究设计、数据收集以及本研究中使用的两个工具，即结构方程模型（SEM）和模糊集比较定性分析（fsQCA）。第四部分显示了从数据分析得出的结果。第五部分总结了本书的主要结论启示，并讨论了本章研究的不足，并为进一步研究指出了方向。

第二节 理论假设

一 领导鼓励创造和组织创新速度

领导鼓励创造是指"领导者重视创造并积极参与可能导致创造成果的过程的程度"（Zhang & Bartol, 2010）。它源于赋能理论，被认为是与创新管理相关的重要领导能力之一（Donate & de Pablo, 2015；Rosing et al., 2011）。领导者的行为，如鼓励（Dunegan et al., 1992），被认为是理想的创新环境，因为这可能会促进员工进行积极的知识交换和经验交流。这也是领导—员工交换理论的观点，领导—员工交换程度与员工的被赋能感呈正相关。积极的领导鼓励反之又提高了创造绩效（Atwater & Carmeli, 2009；Cramm et al., 2013）。当领导者更加重视创新时，作为结果，员工更有潜力解决创新活动过程中的问题。根据这种观点，创新者更可能利用高效的创新活动形式（例如，并行的创新活动、多功能团队、强大的项目负责人）来满足组织对创新速度的需求。Carbonell 和 Rodríguez – Escudero（2009）持有类似的观点，即高层管理人员的支持对创新速度具有积极影响,特别是在由先进信息技术带来的创新能力差距进一步扩大的情况下。基于上述论点,我们提出以下假设:

假设1:领导鼓励创造与组织创新速度正相关。

二 创造过程参与的调节作用

创造过程参与被视为创造绩效管理的关键因素(Zhang & Bartol, 2010),它反映了个人和团体在创造过程中的参与程度,因此被称为"员工参与或参与创造相关的认知过程,包括:①问题识别;②信息搜索和编码;③想法和替代生成"(Zhang & Bartol, 2010)。尽管一些研究者在研究中混淆了创造和创新,但创造代表了创新过程中新观念的发展,而创新则强调观念在实践中的应用(West, 1997, 2002)。创造仅代表创新序列的初始阶段,作为先验基础的创造过程应与创新具有明显的相关,但同样应作为独立概念与创新区分。因此,当讨论领导鼓励创造对创新速度的先前影响时,该过程可以分解为领导者鼓励员工创造与创造过程互动和创造过程参与对创新速度的因果关系。

现有研究文献证明,领导者的赋能行为会对员工创造产生积极影响。鼓励创造的领导者可以帮助团队成员扩展和吸收外部信息,从而最终促进创新活动(Sun et al., 2014)。当员工深入参与组织的创新过程时,他们将更加努力地彻底解决问题,例如,从多个来源搜索有价值的信息,并通过组合信息来生成大量的替代解(Gibson & Birkinshaw, 2004; Zhang & Bartol, 2010)。也就是说,公司通常期望随着员工在创造过程中更深入地参与而获得更快的创新。Zhang 和 Bartol(2010)认为,领导者的鼓励将极大地促进员工在创造性过程中的参与度。领导者可以通过概述创造性行动的需求,传播组织所重视的内容以及唤起对参与流程有效性的关注来积极鼓励参与。在领导者的鼓励下,个人可以清晰地认识到自己的创造在工作中的重要性,然后更具创造力(Gumusluoglu & Ilsev, 2009; Oldham & Cummings, 1996; Shalley et al., 2004)。并且,当个人清楚地确定自己在创造过程中的角色时,他们被认为能够实现更具创造力的绩效结果(Farmer et al., 2003; Wang & Cheng, 2010),并最终提高创新速度。因此,研究者认为领导鼓励创造对创造过程的参与存在积极影响,而深度参与创造则可以提高员工有效实现创造性问题解决的速度,从而达到更快的创新速度和更高的创新绩效(Bhatnagar,2012;Cordero,1991)。

尽管现有研究构建了一种中介因果模型,即以领导鼓励创造作为外生变量,创新速度作为内生变量,而创造过程参与作为中介变量,但现有的其他一些研究为这种中介关系提供了更直接的证据。例如,在Henker等(2015)的调查中,创造过程参与在变革型领导和创造的关系中起着中介作用。Saeed等(2018)指出领导—员工交流与员工创新行为具有积极关系,而创造过程参与则可以显著调节这种关系。因此研究者提出以下假设:

假设2:创造过程参与对领导鼓励创新与创新速度之间的关系起中介作用。

该假设有两个前提假设:

假设2a:创造过程参与正相关于创新速度。

假设2b:领导鼓励创造正相关于创造过程参与。

三 组织二元性的调节作用

组织二元性已被越来越多地视为积极影响组织创造力的组织内环境因素(Balboni et al.,2019;Havermans et al.,2015)。组织二元性一词最早由Duncan(1976)概念化为组织结构随时间变化以符合公司战略。在后来的管理研究和实践中,他的观点不断受到挑战。例如,Tushman和O'Reilly(1996)认为,企业不必将整个组织转变为特定的形式结构,而是可以分为不同的子单元以实现不同组合,继而整合组织目标。Gibson和Birkinshaw(2004)认为组织可以通过设计组织结构来实现二元性,该组织结构允许创新活动主体主动平衡探索性活动和剥削性活动。按照这种方式,二元性最终演变为三个独立的方面,即顺序二元性、结构二元性和背景二元性,而这些子维度都需要一套支持性的组织形式和设计方式来鼓励员工做出独立判断(O'Reilly & Tushman,2013)。与严格地将二元性定义与组织结构和设计的特征联系起来的顺序二元性或者结构二元性相比,背景二元性同时连接组织过程和员工个人感知。

已有文献指出，领导者的特征使组织能够调和内在紧张关系，因而二元性组织能够引致更强的协同效应和更出色的创新绩效（Raisch & Birkinshaw，2008；Raisch et al.，2009；Wang & Rafiq，2014；Wu & Wu，2016）。Gibson 和 Birkinshaw（2004）认为组织二元性指组织能够与最近的业务保持一致并能够适应不可预测的环境变化。因此，存在二元结构的组织擅长于利用现有产品来实现渐进式创新和探索式创新（Andriopoulos & Lewis，2009）。Khazanchi 等（2007）也认为，背景二元性是组织文化的一种功能，可以促进业务部门内部的二元性和控制力。当组织发展其二元文化时，该文化的领导者更有可能表现出鼓励其团队成员发挥创造力的行为（Boies & Howell，2006；Rosing et al.，2011）。这也意味着二元组织通过设定明确的目标和合理的奖励，使领导者可以更有效地鼓励创造；同时提供宽容和理想的文化，使员工更有信心尝试新方法和提出创意，加快创意的实施速度（Mabert et al.，1992；Kessler & Chakrabarti，1996；O'Reilly & Tushman，2013）。总之，组织二元性作为组织的环境对创新管理的每个过程都有影响。因此，研究者认为：

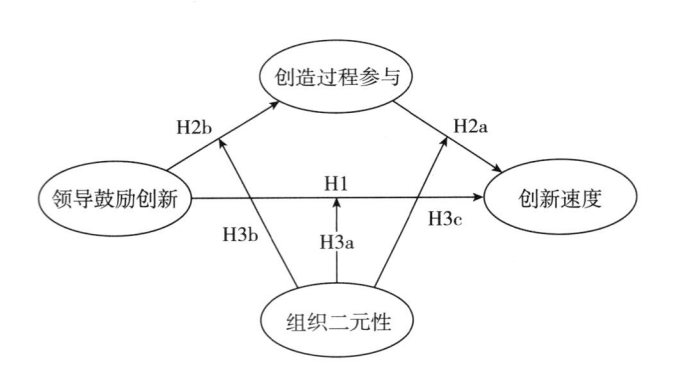

图 25-1　领导鼓励创新与创新速度关系理论模型

假设 3：组织二元性调节领导通过创造过程参与鼓励创新对创新速度的影响。

该假设可以分解为三个子假设：

假设 3a：组织二元性调节领导鼓励创造对创新速度的影响。

假设 3b：组织二元性调节领导鼓励创造对创造过程参与的影响。

假设 3c：组织二元性调节创造过程参与对创新速度的影响。

第三节　研究方法

一　研究设计

研究者利用调查问卷来探讨上述机制。初始问卷来自英语，后翻译成中文并由两位双语教授将其再次分别翻译回英语，以比较问卷，确保含义相同。在正式调查之前，研究者对来自浙江省 20 家高科技公司的 20 名研发部门经理进行了预测试，要求被试回答所有调查项目并反馈问卷清晰度。在此之后，研究者对项目进行细化，以最终确定正式问卷。此外，为了确保所采用的测量项目的可靠性，研究者还在初步研究期间与高管进行了半结构化访谈，以确保问卷使用了适当的语言。

研究人员最终从位于浙江、江苏和上海的 245 家公司收集了数据。参与者来自研发相关部门，并且在创新工作方面具有丰富的经验，如硬件工程师、软件工程师。在第一阶段（T1），研究者要求参与者在报告组织二元性时提供人口统计信息，回收问卷 279 份（回收率为 93%）。在 T1 后两个月左右为 T2 阶段，研究者要求相同的参与者报告其主管对创新活动的支持程度及其创新过程参与的水平，共回收 253 份问卷（回收率 90.7%）。在 T2 阶段两个月后为 T3 阶段，研究者要求参与者评估其部门对创新速度的看法。研究者共收到 245 份回复（有效回收率为 96.8%）。数据收集过程为 2015 年 12 月至 2016 年 5 月。在有效调查中，女性占 20%，男性占 80%。232 名参与者工作了 3 年以上。就公司而言，成立少于 3 年的企业占 14.3%，成立 3—5 年的企业占 37.1%，成立 5—10 年的企业占 35.5%，成立 10—20 年的企业占 9%，成立超过 20 年的企业占 4.1%。就企业规模而言，目标企业员工数大部分少于 500 人，属于典型的中小企业。就所有权而言，国有企业占 31.4%，非国有企业占 68.6%。

二　变量测量

正式问卷用于本研究，涵盖创新速度、领导者鼓励创造、组织二元性、创造过程参与和五个控制变量（性别、任期、公司所有权、公司年龄、公司规模）。问卷题项均来自先前的研究并进行适当修改，以反映中国的特殊情况。所有量表均采用五点李克特量表进行测量。信度检验发现所有两边克隆巴赫 α 值均高于 0.70，符合信度要求。Harman 的单因素检验则表明，没有任何因素显著控制方差，因此共同方法偏差对结果的影响不存在显著影响（Lai et al., 2013; Podsakoff & Organ, 1986）。

1. 创新速度

创新速度通过三个维度测量：①时间有效性（"产品在预计时间内按计划完成"）；②时间效率（"我们企业推出产品的速度比之前推出同类产品的速度快"；③相对于行业竞争对手的时间（"产品推出的速度比同行业的竞争对手快"）（Kessler & Bierly, 2002）。我们调整并利用上述题项而且加入一条新题项以测量技术时间效率（"每次创新过程的耗时都缩短了"），这些测量使我们能够比较增量创新（Hamdi et al., 2015; Hult et al., 2002）。该量表的信度为 0.79。

2. 领导鼓励创新

Zhang 和 Bartol（2010）以及 Scott 和 Bruce（1994）开发的六题项量表用于衡量领导者对创造的鼓励。该量表的信度为 0.86。

3. 组织二元性

研究者采用了 Gibson 和 Birkinshaw（2004）开发的问卷来衡量组织二元性。根据他们的研究，一致性和适应性是组织二元性的两个维度。一致性（AL）采用三项量表来度量，信度为 0.87。适应性（AD）采用三项量表来衡量，信度为 0.91。

4. 创造过程参与

问题识别、信息搜索和编码以及创意生成是创造过程参与的三个因素。问题识别（PI）采用三题项量表测量，信度为 0.81；信息搜索和编码（ISE）同样使用三题项量表测量，信度为 0.74；创意生成（IG）则采用五题项量表测量，信度为 0.84。

5. 控制变量

性别和任职时长是本研究参与者的两个控制变量。性别是二分的变量，女性编码为"0"，男性编码为"1"，工龄代表参与者在该企业任职的年限。除个人层面的控制变量外，研究人员还控制了三个公司特征，这些特征被认为是影响公司绩效的重要因素。首先是企业所有权，它被定义为一个二分变量，国有企业编码为"0"，非国有企业编码为"1"。公司的年龄则以公司成立以来的年数来衡量。最后的公司规模通过计算员工人数的对数测量。

三 统计方法

1. 结构方程建模（SEM）

研究者采用 Amos 17.0 进行验证性因素分析以检验测量模型。该技术包括一组适用于通过可视化建模技术进行验证性因子分析（CFA）结构方程建模（SEM）的方法。与传统的线性回归相比，SEM 可以通过索引在各种理论模型之间进行比较。就样本量要求而言，245 份样本符合建议的至少 100 个或 200 个样本。因此，SEM 是这项研究中的合适工具。

但是，SEM 仍然有一些局限性。首先，SEM 强调了替代模型之间的比较，而不是模型中的效应大小。根据 Preacher 和 Hayes（2008）的观点，合格的模型是必要的，但不足以充分从数据中获取结论。并且 SEM 通过路径系数捕获效应大小时，无法检测模型中的间接效应值。因此，本研究采用 SPSS 23.0 和 PROCESS 3.0 插件来捕获间接效应的大小，即 LEC 通过 CPE 到 IS 的间接效应。其次，由于定量方法背后的因果关系往往先于验证过程，因此上述两个工具均未能捕捉到因果条件的多样性或差异（Ragin，2009；Tóth et al.，2015；Woodside & Zhang，2013）。为了避免定量工具的局限性，本研究引入了定性比较分析（QCA）以发现更多样的因果关系。

2. 模糊集定性比较分析（QCA）

正如 Ragin（2009）强调的那样，QCA 几乎向社会科学家展示了关于他们的论证的因果条件的所有逻辑上可能的组合。基于布尔代数，QCA 可以检查杂乱和非线性性质元素之间的整体相互作用（Fiss，2007；Fiss et al.，2014），并最小化初始构型并识别导致结果条件的充分组合。根据 QCA 逻辑，即使在定量分析中前因与其结果不显著相关，但仍可以证明某些特定的集合可以导致同一结果。根据真值表中的成员度评分标准，QCA 可被分为清晰集 QCA（csQCA）和模糊集 QCA (fsQCA)（Ragin，2014）。csQCA 中的成员度只是二进制数据，仅具有以 0 表示不具有成员资格和 1 表示完全成员资格两种状态。但是，fsQCA 通过允许将成员资格评分作为 0 到 1 之间的连续变量来扩展 csQCA。此改进允许保留更多基础数据。另外，由 Fiss 等的研究可知（Fiss et al.，2013），QCA 可以适用于中型样本的分析。因此，本研究同样采用 fsQCA 对数据进行分析。

值得注意的是，与 SEM 相比，QCA 存在一个明显的局限性，即其解中不存在因果结构。由于集合论的因果原理，QCA 的结果仅显示了结果的足够构型，而在一个组合内或组合之间没有内部关系（Ragin，2006）。在本研究中，通过结合 SEM 和 fsQCA 的结果，研究人员部分减少了这种局限性，以便更全面和完整地揭示数据结果。

第四节 研究结果

一 描述性统计

表 25-1 显示了路径模型中使用的所有变量之间的均值、标准差、相关性和克隆巴赫 α 系数。IS 和 CPE 之间存在显著的正相关（r = 0.37，p < 0.01）。LEC 与 CPE（r = 0.34，p < 0.01）和 IS（r = 0.30，p < 0.01）呈正相关。

表 25-1 描述性统计

	均值	标准差	1	2	3	4	5	6	7	8	9	Crobach α
性别	0.20	0.41	1									—
工作年限	5.11	2.87	-0.09	1								—
所有权	0.70	0.47	-0.07	-0.02	1							—
企业年龄	15.87	6.58	0.12*	-0.06	-0.18**	1						—
企业规模	21.04	4.58	0.12	0.06	0.04	0.04	1					—
LEC	4.42	0.67	-0.02	0.07	-0.03	-0.02	-0.11	1				0.852
OA	3.32	0.71	-0.03	0.06	-0.00	-0.02	0.02	0.26**	1			0.846

续表

	均值	标准差	1	2	3	4	5	6	7	8	9	Crobach α
CPE	3.23	0.58	-0.05	0.12	0.03	-0.10	0.01	0.34**	0.33**	1		0.837
IS	3.38	0.69	-0.04	0.17*	-0.05	-0.09	-0.06	0.30**	0.31**	0.37**	1	0.786

注：*p<0.05，**p<0.01，***p<0.001。

二 结构方程建模

表25-2显示了嵌套模型之间的比较。第一行首先表明测量模型具有良好的拟合度，并且可以很好地实现分辨效度。然后，表25-2显示了最复杂的模型，即假设模型，满足质量标准以及其他条件，表明该假设模型完全反映了数据中潜在变量的关系。因此，采用假设模型对SPSS和PROCESS进行进一步分析。

表25-2　　　　　　　　模型比较分析结果

	χ^2	χ^2/df	CFI	TLI	IFI	RMSEA
标准	>0	<5	>0.9	>0.9	>0.9	<0.08
测量模型	405.309	1.295	0.969	0.965	0.969	0.035
默认模型	412.150	1.313	0.967	0.963	0.967	0.036
模型1	521.692	2.208	0.945	0.934	0.945	0.070
模型2	246.468	1.347	0.968	0.963	0.968	0.038
模型3	476.583	1.406	0.962	0.958	0.962	0.041
模型4	567.738	1.675	0.939	0.932	0.940	0.053
模型5	488.635	1.441	0.959	0.954	0.959	0.043
模型6	496.441	1.393	0.963	0.959	0.964	0.040
模型7	631.123	1.739	0.941	0.934	0.941	0.055
模型8	794.478	2.183	0.905	0.894	0.906	0.070
假设模型	629.496	1.739	0.941	0.934	0.941	0.055

注：默认模型：LEC、CPE、OA均直接影响IS；模型1：LEC-IS被OA调节；模型2：LEC-IS被CPE中介；模型3：LEC-CPE被OA调节；模型4：CPE-IS被OA调节；模型5：LEC-IS被OA调节；模型6：LEC-CPE和LEC-IS均被OA调节；模型7：LEC-CPE和CPE-IS均被OA调节；模型8：LEC-IS和CPE-IS均被OA调节；模型9：所有关系均被OA调节。

1. 主要效果和简单中度效果

H1 旨在探讨 LEC 对 IS 的影响。表 25-3 显示了回归结果，并支持了 H1。具体而言，表 25-3 的模型 1 显示 LEC 与 IS 呈正相关（β = 0.293，p = 0.000）。表 25-3 的模型 2 显示 CPE 与 IS 呈正相关（β = 0.422，p = 0.000）。表 25-3 中的模型 3 表明，OA 与 IS 呈负相关（β = -0.199，p = 0.020），而 LEC×OA 和 CPE×OA 交互项与 IS 呈显著正相关（β = 0.056，p = 0.001；β = 0.044，p = 0.003）。因此，支撑了 H1、H2b、H3a 和 H3b。

为了确定 CPE 在 H1 关系中的中介作用，还研究了 LEC 对 CPE 和 CPE 对 IS 的两种直接作用。表 25-3 中的模型 4 显示 LEC 与 CPE 呈正相关（β = 0.284，p = 0.000）。模型 5 显示，OA 与 CPE 的相关性不显著（β = -0.015，p = 0.802），而 LEC×OA 的相互作用与 CPE 的相关性显著（β = 0.052，p = 0.000）。支持 H2a 和 H3c。

表 25-3　　　　　　　回归分析结果

变量	IS			CPE	
	Model 1	Model 2	Model 3	Model 4	Model 5
性别	-0.024	-0.002	-0.005	-0.052	-0.047
工作年限	0.035*	0.029*	0.025	0.021	0.017
所有权	-0.070	-0.096	-0.093	0.042	0.038
企业年龄	-0.008	-0.006	-0.007	-0.006	-0.007
企业规模	-0.004	-0.008	-0.006	0.003	0.001
LEC	0.293***			0.284***	
CPE		0.422***			
OA			-0.199*		-0.015
LEC×OA			0.056***		0.052***
CPE×OA			0.044**		
F	5.496***	7.661***	8.642***	6.212***	8.629***
R²	0.122	0.162	0.227	0.135	0.203

注：p>0.05；*p<0.05；**p<0.01；***p<0.001。

1. 调节效应

在存在 LEC 影响 CPE 和 CPE 影响 IS 的直接影响的先决条件之后，使用 PROCESS 检查间接影响。表 25-4 的结果表明，直接作用的 95% 置信区间为 [0.0784，0.3290]，包含 0；间接作用的 95% 置信区间为 [0.0540，0.1745]，不包括 0。因此，CPE 中介了 LEC 对 IS 的正向关系，支持了 H2。

表 25-4　　　　　　　　PROCESS 分析结果

关系			直接效应			间接效应		
路径	调节变量	调节情况	系数	条件效应	95%置信区间	系数	条件效应	95%置信区间
LEC→CPE→IS	—	—	0.2037**	—	[0.0784, 0.3290]	0.1051***	—	[0.0540, 0.1745]
LEC→CPE	OA	-1SD	0.0421 ns.	—	[-0.0423, 0.1265]	—	—	—
LEC→CPE→IS	OA	-1SD	0.1230*	0.0970	[-0.0498, 0.2438]	-0.0544ns.	0.0711	[0.0093, 0.1462]
		0		0.2175	[0.0872, 0.3478]		0.0725	[0.0248, 0.1302]
		+1SD		0.3380	[0.1422, 0.5339]		0.0696	[-0.0003, 0.1532]

有调节的中介模型。H3 假定 OA 可以缓解 LEC 对 IS 的直接和间接影响。尽管先前的检查分别证明存在简单的调节效应（H3a、H3b 和 H3c），但对 H3 的检查需要将模型视为一个整体。因此，为了更好地测试 H3，采用了 PROCESS 中的 Model 59 来同时检查这些影响。结果示于表 25-4 中作为第二路径和第三路径。根据表 25-4，OA 并没有明显减轻 LEC 对 CPE 的影响（$\beta = 0.0421$，$p = 0.3266$）。然而，OA 对 LEC 与 IS 的关系的调节作用是显著正向的。当取高和中水平（+1SD 和 0）上的 OA 值时，LEC 对 IS 的直接影响显著为正（$\beta = 0.3380$，95% Conf。= [0.1422，0.5339]；$\beta = 0.2175$，95% Conf。= [0.0872，0.3478]），而当 OA 值处于低水平（-1SD）时，LEC 对 IS 的影响不显

著（β=0.0970，95% Conf。=［-0.0498，0.2438］）。此外，OA 通过 CPE 对 LEC 与 IS 的关系的调节作用不显著（β=-0.0544，p=0.4776）。具体来说，当 OA 值处于中低水平（-1SD 和 0）时，LEC 通过 CPE 对 IS 的间接影响显著为正（β=0.0711，95% Conf。=［0.0093，0.1462］；β=0.0725，95% Conf。=［0.0248，0.1302］），而当 OA 值处于高水平（+1SD）时，间接作用不显著（β=0.0696，95% Conf。=［-0.0003，0.1532］）。因此，部分支持了 H3。

三　fsQCA 检验

1. 校准和必要性

本章采用的另一种方法是 fsQCA。fsQCA 的第一步是将 Likert 分数转换为集分数。有两种正常的校准策略。第一种方法是基于已有理论知识的校准，该方法是为应对有意义的数据而开发的（Ragin，2009）。第二种方法是基于数据的校准（Oyemomi et al.，2016；Woodside & Zhang，2013）。本研究遵循第一种方法。

在校准之前，要求研究人员确定与研究中的每个变量相对应的目标组。为了继承最大的信息，将 SEM 中的一阶潜在变量转换为目标集，命名为"组织适应性""组织一致性""领导鼓励创造""问题识别""信息搜索和编码""创意产生"和"高创新速度"。

为了进行校准，将基于知识的外部标准指定为每个集合的三个阈值，以便可以将原始间隔分数转换为模糊集合成员度。成员度是指一个案例属于一组的程度（Ragin，2009）。在这项研究中，阈值5%表示项目得分为0.25；阈值50%表示项目得分为3；阈值95%表示项目得分为4.75。根据上述标准，所有项目的得分均通过 fsQCA 3.0 进行了校准，并显示在表25-5中。

在进行 QCA 的充分条件分析之前，检查单个条件的必要性是必要的（Ragin，2009）。如果一个条件对于结果是必要的，那么它可能是解中所有因果关系的共同组成部分，因此应在进行真值表分析之前将其删除。如表25-5所示，在这项研究中，每种情况的必要性均低于0.9。因此，所有条件都被输入真值表分析。

表 25-5　　　　　　　　　　　校准和必要性分析

	IS	CPE			OA		
		PI	IG	ISE	AL	AD	LEC
校准值							
95%	4.75	4.75	4.75	4.75	4.75	4.75	4.75
50%	3	3	3	3	3	3	3
5%	0.25	0.25	0.25	0.25	0.25	0.25	0.25
必要性	—	0.78	0.81	0.87	0.83	0.81	0.56

Ragin 建议，当分析中的总数很大时，应该使用更高的阈值。因此，研究人员设置了较高的阈值，即案例数大于3且频率大于0.9的阈值频率，覆盖了本研究样本中超过90%的案例。

fsQCA 的结果由表 25-6 中所示的三种解组成：复杂解来自数据，中间解来自数据和理论的共同作用，简约解则来自对不合理情况的进一步简化（Ragin, 2009）。在此研究中，软件报告了错误"1 矩阵包含所有构型"。根据 fsQCA 中采用的 Quine-McCluskey 算法，此结果表明数据过于简化以产生简约解。换句话说，所有案例或样本在最简约的维度上都具有相同的因果关系，即同质性。复杂解是使用 QCA 算法进行数据驱动分析的直接结果。对于中间解，它位于复杂解与简约解之间的中间点，因此，它代表了经过合理或理论驱动简化的 fsQCA 结果。根据表 25-3 中的相关性，研究人员添加了一些反事实条件，即"产生想法、信息搜索和编码、发现问题以及领导鼓励创造、缺乏组织统一性和组织适应性将促进创新速度的提高"。但是，中间解与复杂解的结果仍然相同，这表明了数据与理论之间的一致性。

如表 25-6 所示，存在五种导致高创新速度的构型。根据 Ragin 的说法，就解释力而言，构型的一致性应大于0.9，覆盖率最好大于0.5。因此，排除了 C3 和 C5，而 C1、C2 和 C4 满足标准。

2. 稳健性检查

一种对 QCA 结果进行稳健性检验的方法是对 QCA 的解进行共线性分析。Fiss 等（2013）认为，"我们相信引入此类分析可能会使大样本 QCA 的解在警告比较之后变得更加可靠，并且可以更精确地评估关系的大小"。根据这种方法，研究人员首先在 SPSS 中构造了三个新变量，分别表示构型 C1、C2 和 C4。然后，研究人员将每种构型中每种条件的成员度计算为该构型所包含条件的最小值。例如，构型中第一种情况的值是 ISE、AL、AD 和 LEC 四个维度的最小值。这三个新变量代表已有构型。共线性回归分析的结果列在表 25-7 中。根据过去的文献，当 VIF 小于 10 时，共线性可以认为不存在（O'brien，2007）。因此，表 25-7 中的结果有力地证明了这三种构型之间存在显著差异，上述三种不同的构型均能导致高创新速度是具有区分度的。

表 25-6　　　　　　　　　QCA 分析结果

构型		C1	C2	C3	C4	C5
CPE	IG		●	⊗	●	⊗
	PI			⊗	●	⊗
	ISE	●	●		●	⊗
OA	AL	●	●	●	●	⊗
	AD	●		●	●	
LEC	LEC	●	●	●		⊗
原始覆盖率		0.654	0.678	0.402	0.582	0.236
唯一覆盖率		0.024	0.059	0.015	0.012	0.016
一致性		0.956	0.954	0.977	0.979	0.966
总覆盖率		0.765				
总一致性		0.933				

注：●代表存在；⊗代表不存在。

表 25-7　　　　　　　　　多重共线性分析

维度	特征值	条件指数	常数项	C1	C2	C4
常数项	3.800	1.000	0.01	0.00	0.00	0.01
C1	0.090	6.498	0.12	0.12	0.02	0.08
C2	0.070	7.391	0.00	0.07	0.28	0.82
C4	0.040	9.749	0.07	0.81	0.70	0.10
共线性统计	Tolerance		—	0.409	0.482	0.583
	VIF		—	2.443	2.075	1.716

第五节　结论与讨论

本章探讨了基于赋能理论的领导鼓励创造与创新速度影响机制，研究结果如下。

本章发现，领导赋能行为（如鼓励）对员工的绩效（包括创造和创新）产生积极影响。员工创造过程参与被认为可以部分地中介领导者鼓励创造性对创新的影响。随着领导鼓励创造程度的增加，员工将更深入地参与个体创造活动，并通过提高创造效率，最终帮助组织获得更高的创新速度。回归的结果表明，组织二元性中介模型中的三个关系分别具有正调节作用。具体来说，随着组织二元性的提高，领导鼓励对创新速度、领导鼓励对创新过程参与，以及创新过程参与对创新速度的积极影响都将上升。随着组织二元性的值提高，领导鼓励创造对创新速度的直接影响也随之增加，而领导鼓励创造对创新速度的间接影响则降低。值得注意的是，直接和间接作用的边界条件是多种多样的。

fsQCA 的研究结果表明：首先，简约解的结果支持此现象背后只有一种因果机制的解释，并佐证了本研究中利用 SEM 工具的合法性。其次，复杂解的结果呈现出三种导致高创新速度的构型。C1 强调领导鼓励创造，组织二元性以及员工信息搜索和编码的作用；C2 强调领导鼓励创造，组织协调，信息搜索和编码以及创意产生的结合；C4 专注于整体创造过程参与和组织二元性。显然，随着创造过程参与的加深，领导对员工创造的鼓励作用在减少，而组织的二元性则发挥了更大的作用。一种解释是，随着内在动力的增长，诸如二元性等组织形式取代了诸如赋能之类的领导者—成员关系的作用。最后，它表明了数据和理论之间的一致性，即从数据和理论得出的中间解与复杂解是相同的。这是由于理论条件已经包含在所收集的数据中。因此，中间解决方案证明了数据涵盖了所有涉及的假设。换句话说，数据是有效的。

总之，本章构建了一个创新速度的有调节的中介模型。实证研究表明，随着 OA 的减少，LEC 对 IS 的影响从负向间接路径向正向直接路径转移。此外，我们确定了三种因果配置，缩写为 ISE × AL × AD × LEC、IG × ISE × AL × LEC 和 PI × ISE × IG × AL × AD，这将加快创新速度。此外，fsQCA 的结果支持 SEM 方法的有效性。

一 研究意义

从理论上讲，本章利用赋能理论探讨了创新速度的内在机制和边界条件（Busse, Kach & Wagner, 2017）。首先，本研究探讨了创造过程参与作为赋能理论载体的作用。在个人层面上，领导者的创造支持行为通过增强个人参与创造活动的程度来显著提高创新速度。这一结果与先前的研究文献一致，即领导者的支持在推动新产品开发中起着关键作用（Carbonell & Rodríguez‑Escudero, 2009）。其次，本章确定了创新管理中采用的赋能理论的边界条件。当边界条件（即组织二元性）上升时，赋能对创新速度的影响倾向于直接路径。根据 Zhang 和 Bartol（2010），内在动机在赋予心理能力和创造性过程参与之间起着至关重要的作用。因此，随着组织二元性的提高，增强心理能力可能会变成外部动机，例如增强员工对创造支持制度的认知（Jung et al., 2003；Thomas & Velthouse, 1990）。最后，本研究还发现了三个因果结构，它们是高创新速度的充分但非必要条件，从而丰富了一般统计模型的定量分析的细节。

就方法论而言，本研究将线性回归分析与 fsQCA 相结合。首先，本章利用两种方法的优势来产生任何单一技术以外的更全面的结论，并验证了这种技术组合的可行性（Ragin, 2009；Woodside & Zhang, 2013）。其次，研究人员揭示了一种基于不同的因果观点来整合这两种工具的可行方法。过去的研究文献中缺乏两种方法的合理解释（Gonçalves et al., 2018；Ho et al., 2016；Pinto & Picoto, 2018）。最后，本章还通过多重共线性诊断评估了 fsQCA 解决方案的稳健性。尽管已有一些研究文献探讨设定理论发现的稳健性（Cooper & Glaesser, 2016），但本研究仍提供了一种新颖且有效的方法来评估 QCA 结果的质量（Ragin, 2006）。

二 实践启示

本章的结论也具有启发意义，为高层管理人员和企业家提供了许多有用的建议，帮助他们了解创新过程并实施创新策略以建立竞争优势。首先，领导者的鼓励行为对于提高创新速度非常重要，这种激励通过激发个人的创造力，显著提高了组织的创新速度。研究结果还表明，随着组织环境的二元性的增长，管理者应该对外部动机给予足够的重视。例如，营造更加开放和灵活的组织氛围，敦促员工设定自己的目标。创新管理很大程度上取决于组织结构。例如，在高度一致的组织中，领导者的大力参与将激发员工的信息搜索和创意产生能力，这为管理人员提供了一些实用指导，激励他们的员工发现和利用更多机会以设计自身创造活动。

  当前研究的一些局限性为将来的研究提供了潜在的方向。一方面，本章仅考察了三个对创新速度有影响的因素。可能还有其他因素有助于创新速度的有效性，例如外部动机（Thomas & Velthouse，1990）、激进性（Banu Goktan & Miles，2011）、市场定位（Carbonell & Rodríguez Escudero，2010）等。因此，这些因素值得进一步研究。此外，本章仅关注组织内环境因素作为边界条件，而其他环境因素（如制度）也可能影响创造力和创新（Lu et al.，2008）。因此，未来的研究可能会在创造力和创新研究中探索更多可能的边界条件。

第五篇

数字化时代企业国际化实践专题

本篇是在上述四篇企业国际化相关理论基础研究和实证分析的基础上，对数字经济时代我国企业国际化的一些实践调查、思考和经验总结。首先，考虑到企业管理者对于企业国际化战略决策的重要性，对企业国际化过程中企业管理者和创业者的特质进行了深入的探讨。其次，针对疫情期间我国中小微企业的国际化经营状况进行了调研，总结出了中小微企业进行数字化转型发展是应对外部环境突变和重大危机事件的重要应对措施。最后，本篇还从产业和政府层面提出了加快我国企业数字化转型的重要举措。从产业方面来看，加快挖掘大数据生产效益十分重要；而从政府治理来看，加快新型基础设施建设则能够为我国企业国际化提供新的制度层面的竞争优势。

第二十六章
企业国际化过程中创业者特质研究

第一节 研究背景

在企业国际创业过程中,对创业精神与创业绩效关系的研究普遍认为优秀的创业精神在创业活动中表现得更为出色。目前中国仍处于计划经济向市场经济转型阶段,存在许多不利于鼓励创业的阻碍制度。然而,最近研究发现,在中国的这种制度中,创业率很高。有两种方向的研究试图解释这个有趣的谜题。第一种是从个体特质的角度展开,强调创业者特质在促进创业活动中的作用。创业者特质一直是学者们关注的焦点之一(Baum & Locke, 2004; Zhao, Seibert & Lumpkin, 2015)。由于中国独特而复杂的环境(Su, Zhai & Landström, 2015; Luo et al., 2018),创业者在进行创业活动时需培养认知和态度(Domurath & Patzelt, 2016)。若创业者与政府官员具有良好的人际关系,就有可能获得关键资源和产权保护。第二种是基于制度变迁理论,中国创业环境的一个显著特质是变化快速。例如,在2000年之前,中国制度不存在有利于私营企业的制度框架。但近年来,中国政府出台了一系列鼓励创业的政策,支持大众创业、万众创新。总之,随着中国经济改革的深入,减少政府对经济活动的干预是必然趋势。机构放松管制和优惠政策为创业者提供新的进入机会。创业的本质是机遇和个人进取心的结合,其核心功能是发现并利用机会。为了全面理解中国转型经济中的创业,研究人员必须了解创业者在某种独特的背景下是如何发现机遇的。最近,一些研究者试图整合这两种方向的研究,并探索创业者特质和制度环境的相互作用如何影响创业。例如，Zhou（2017）认为，创业者积极与政府机构建立关系有助于规避潜在风险。然而，中国的大多数创业研究主要集中在社会（如关系）（Lu & Tao, 2010; Zhang, Zhang & Song, 2015）和制度（如弱产权）（Zhou, 2011）环境的影响，而对个体创业者特质的整合及其对创业绩效的制度动力感知的研究相对较少。此外，早期学者普遍认为探索创业愿景和创业行为之间的关系对于创业过程的研究至关重要（Tornikoski & Newbert, 2007）。这对我们在中国背景下探索创业者特质与创业绩效之间的联系尤为重要。创业者通过创业导向将创业愿景转化为创业行动，吸引了许多创业研究者的关注。创业者更有可能在机遇中发现机会，并通过创业活动中的创业导向来收集有价值的资源。

第二节　理论基础

一　创业者特质

在20世纪70年代，创业者特质首次被视为创业者需求的驱动因素，主要包括人格特质及其与管理者的个性差异。McClelland（1961）（McClelland, 1961）的成就需求理论和Rotter（1966）（Rotter, 1966）的控制理论认为创业者特质研究可以追溯到个体行为预测的人格理论研究（Mischel & Shoda, 1995）。人格特质是一种稳定的人格基础，代表一个人的偏好和倾向。后来，一些心理学领域的研究人员努力研究这种人格特质。例如，Cattell（1972）认为，一个人的人格特质包括表面特质、身体特质和环境塑造三个方面，人根据不同的特质组合表现出不同的行为习惯和思维模式（Cattelll, 1972）。Haug等（2013）还认为，个人的特质可分为兴趣、态度、形态、天资、性情、需求和心理七个方面（Mayer-Haug, Read, Brinckmann, Dew & Grichnik, 2013）。

创业活动受多种因素（如经济、社会）的影响，因此，优秀的创业者特质表现出更强的成就动机、冒险精神和创新冲动，这些都是个性中的独特要素。先前的研究探究了创业者特质的多样化，而创业者特质的多样化对创业成功有积极作用（Su, Zhai & Landström, 2015; Shi,

Da. Guanxi & Mianzi，2011）。有一种研究仍然将创业者特质视为心理因素，并强调创业活动是由个人的心理行为所引发。研究表明乐观、自主、积极和过度自信等人格特质会影响个人经济和社会抱负（Baum & Locke，2004；Gielnik，Kramer，Kappel & Frese，2014）。另一种侧重于对经济和社会变化的反应，强调创业活动是由创业者对目前工作、职业发展甚至社会地位的不满所引发的。在这种创业的社会动机中，创业者特质的表现通常包括对事业成功的强烈渴望（Patzelt & Shepherd，2011）、热爱风险性工作（Rutherford，Buller & Stebbins，2009）、倾向于采用个性化工作方式（Corner & Ho，2010）以及接受挑战的习惯（Lüthje & Franke，2003）。例如，Timmons（2015）的研究表明，在一些成功的创业活动中，创业者的决策行为表现出一些共同的人格特质，包括强烈的责任感、决策能力、沟通技巧和对环境不确定性的容忍度（Timmons，2015）。总之，在基于社会方法的研究中，创业者特质包含多维特质，包括成就需求、风险承担、不确定性容忍度、独立性和创新性等（Zhou，2011；Krueger，Norris，Brazeal & Deborah，1994）。回顾现有研究文献，我们挑选出使用频率最高的特质，将创业者特质的主要维度进行整理，并归纳为如表 26-1 所示。

表 26-1　　　　　　　　　　创业者特质的多维特质

主要参考文献	共同特质
Chen et al.（1998）；Rutherford et al.（2009）	创新；创造力
Corner & Ho（2010）；Huang（2012）	承担风险；风险承受能力；冒险精神
Knight（1997）；Kropp et al.（2006）	独立性；自律性
Bonnett & Furnham（1991）；Lumpkin & Dess（1996）	成就动机；自我实现
Edelman & Yli-Renko（2010）；Timmons（2015）	信息寻求；认知；合作

创业的核心是机遇，而识别和开发是创业的本质。在由社会和经济结构的巨大变革主导的时期之后（Su，Xie，Wang & Li，2011）出现了大量的创业机会。这种创业机会可能是由于制度变迁而产生的一种临时性的制度缺失（Zhou，2011；Zhou，2009）。这样的创业机会刺激了大

量中国创业者将精力投入到创业活动中去，以追求更高的财务成功（Zhang & Cao，2010）。因此，在中国文化背景下，积极的信息寻求和机会识别过程中的发散思维和高风险容忍度等创业特质是最重要的驱动因素，第一个抓住制度机会的创业者能够获得显著优势。在中国转型经济背景下，我们认为成就动机、积极的信息寻求、创新能力和高风险承受能力是创业者特质的核心因素。

二 创业环境感知

虽然中国经济已向市场化迈进了一大步，但创业者仍面临艰难的创业环境。创业环境的阻碍可能来自复杂的制度，包括不同的监管政策、政治问题以及无法进入的市场（Chen，Fu & Bai，2008）。例如，许多商业领域不允许私营部门的进入（Smallbone & Welter，2012）。然而，这种情况现在正在发生改变：制度从计划经济向市场化转变，给感知能力强的人努力工作给予积极的激励；更有甚者，一些创业者通过利用国内法律和监管体系的漏洞获得商业成功。在中国，创业者的一切目标都与创业环境密不可分（Zhou，2011；An，Zhao，Cao，Zhang & Liu，2018）。对于面临中国创业环境的创业者来说，这既是一种威胁，也是一种机遇。一方面，若创业者不能理解这种变化的本质，创业环境的变化则会打乱创业计划，阻碍创业进程（Chen，Fu & Bai，2008）。另一方面，若创业者与环境变化有良好的"互动"，环境变化也为寻求创业知识、掌握新的监管和进入有助于推动创业活动的新市场提供了机会。

我们认为，在中国的创业环境中，正是创业者特质导致了他们对创业绩效的不同反应。例如，强大的成就动机促使创业者不断关注潜在创业机会的出现。积极的信息寻求这样的创业者特质帮助创业者快速感知来自环境变化的机会，并准确地将创业者决策过程形式化为一个有利的计划（Maija，2012）。总之，提高创业者对创业环境的感知能力是非常重要的，有利于创业者识别影响创业活动的核心因素，以及评估这些核心因素影响创业活动的潜力。

第三节 理论模型

一 创业者特质和企业国际创业绩效

创业者特质与企业国际化创业绩效关系的研究主要有两个方向：一个是基于一般人格特质，另一个是从创业者特质的角度出发。在人格特质研究领域，早起的研究多从五大人格理论出发，探讨责任、外向、开放、情感、舒适等因素对创业绩效的影响（Zhang & Cao，2010；Hmieleski & Corbett，2010）。逐渐地，学者们对创业实践产生浓厚的兴趣，关注个体特质如性别、年龄和教育程度如何影响创业。例如，创业者将高教育水平视为寻求创业机会的积极因素。另一个是从创业者特质的角度出发，关注特定的创业者背景。研究者总是试图从各种人格特质中提取核心特质，从而尽可能提升创业绩效。人们普遍认为自信、自我效能感、果断、乐观和风险态度的人格特质可能是创业的关键（Koellinger，Minniti & Schade，2007；Frese & Gielnik，2014）。例如，Schmitt - Rodermund（2004）证实，外向性、开放性和责任性方面得分高的个人表现出更强的创业倾向（Schmitt - Rodermund，2004）。Ekelund 等（2005）表明规避风险的个人更倾向于成为个体经营者（Ekelund，Johannson，Jarvelin & Lichtermann，2005）。Chan 等（2015）认为，无边界的职业生涯推动创业活动的产生（Chan et al.，2015）。

近年来，中国政府提出"大众创业、万众创新"，鼓励人们参与创业活动。中国的经济转型为创业者提供了制度空间，这可能是潜在的创业机会，个人的热情和潜力得到了极大激发。然而由于中国政府的政策模棱两可，例如在一些业务上的高壁垒等导致这些机会未必完全适合创业者。为提高创业绩效，创业者需要在创业活动中形成两个阶段的策略。第一阶段是通过创业成就动机识别环境刺激因素，并评估创业机会与其创业目标之间的联系。第二阶段是评估创业机会点是否值得持续关注并利用，例如投入大量的时间和精力寻找相关信息，这体现了创业失败的风险容忍度。Huang 等（2012）认为，个人寻求从以前的商业经验中获得有价值的信息，对其创业经营决策至关重要（Zheng，Liu &

George, 2010)。Zheng 等（2010）认为，具有创新精神的人更能发现商机（Lumpkin & Dess, 1996）。因此，我们认为成就动机、积极的信息寻求和高风险承受能力等创业特质将在提升创业绩效中发挥重要作用。综上，我们假设：

H1：创业者特质对企业国际创业绩效有积极影响。

二 创业导向的中介作用

创业文献中通常将创业导向视为创业活动的一个主导因素。创业导向是一种抓住具体的过程、做法和活动战略性组织姿态，使企业能够通过参与创业活动来创造价值（Wales, Gupta & Mousa, 2013）。过去的几年里，个人层面的研究已探讨了个人性格和创业导向之间的关系，并为创业发展提供洞察力（Knight, 1997）。例如，Knight（1997）提出，个人对创业导向的认知模式可使创业者在构建战略和业务时规避潜在不利因素（Delmar 和 Shane, 2003）。Chen 等（1998）认为，个人的创业倾向与他们的态度和意图密切相关，这有助于直接制定创业战略（Basso, Fayolle & Bouchard, 2009）。Delmar 和 Shane（2003）认为，专注的创业者可以通过敏锐、果断和恒心特质制定出良好的创业导向战略（Patzelt & Shepherd, 2011）。在中国快速变化的环境下，这些优秀的特质对创业尤为重要，对制度变化保持警惕并能正确解读的创业者更有可能依靠优秀的特质来发现机会并制定有效的创业战略。阿里巴巴创始人马云是一个典型。在阿里巴巴的创建过程中，马云卓越的洞察力和沟通技巧帮助他说服他的合作伙伴抓住中国 21 世纪初的电子商务机遇，并在公司早期的困难环境中生存下来。综上所述，创业者特质对创业活动中实施的创业导向战略有显著影响。

创业导向作为创业的基石在理论研究中备受关注，并认为创业导向是创业绩效最重要的先行因素。人们普遍认为创业导向战略能减少创业活动在环境变化干扰下的偏差，提高创业活动的效率（Wales, Gupta & Mousa, 2013；Chen, Greene & Crick, 1998）。中国经济转型中的制度变迁会导致个体创业导向水平发生变化，在这种经济环境下，创业者需更高层次的创业导向来改变他们的战略方向，并学习当地的最佳做法，以更有效地应对快速变化的市场需求。因此，本章认为创业导向战略将在创业特质与创业绩效之间起重要作用。综上，我们假设：

H2：创业导向在创业者特质和企业国际创业绩效之间起中介作用。

三 创业环境感知的中介作用

现有的研究表明，创业环境的不同属性在个人行为和创业导向战略之间起重要的调节作用（Edelman & Yli-Renko，2010；Forbes，2005）。通常，创业环境可以分为积极和消极两类属性。从积极的角度来看，动态的环境为创业提供稍纵即逝的机会，寻求机会的创业者迅速制定战略决策是关键。具有高环境感知能力的创业者能够掌握有价值的信息，识别风险，并利用机会尽快开发合适项目。Montinola 等（1995）认为，具有较强非正式制度敏感性的创业者会和利益相关者合作，并考虑彼此的利益和关切，进而促进创业活动。从消极的角度来看，尽管创业者在考虑理解不确定性方面特别迅速，但由于对机会的看法不一可能会在战略决策时产生冲突，因此仍需较长时间才能达成共识。例如 Forbes（2005）认为，创业者的个性决定了新企业的决策速度，而这取决于创业环境的变化（Brislin，1980）。为了推进创业活动，个体迫切需要与动态环境进行互动，在创业特质和创业环境感知之间找到最佳平衡。

对于正在转型的大型经济体而言，不同阶段的正式制度发展存在显著差异（Chan，Makino & Isobe，2010；Nguyen et al.，2013；Shi et al.，2012；Sun et al.，2017）。作为世界上最大的转型经济体，中国在整个发展阶段有着更加不同和复杂的制度体系。中国经济体的差异给我们提供了一个独特的机会来考察创业者的环境感知如何改变创业者特质与创业导向战略之间的关系。例如，中国东部省份的市场化程度通常高于中国北部和西部省份，这表明中国北部和西部的创业者需花费更多的精力来建立与地方政府的联系，而东部省份的创业者可能对客户需求的变化更加敏感。因此，创业者特质会影响创业导向战略，这最终可归因于对创业环境的感知。综上，我们假设：

H3：创业环境感知在创业者特质和创业导向战略之间起中介作用。

四 创业环境感知和创业导向的交互效应

如前所述，在中国经济转型时期，创业导向战略可能在创业者特质和创业绩效之间起中介作用，因为个性强的创业者会积极实施创业导向战略，从而提高创业绩效。在高度动态的环境中，创业者很可能利用从对创业环境的感知中获得的信息来加强创业导向战略。我们假设，由于创业者特质和创业环境感知之间的相互作用而导致的创业者创业导向战略的增强，将反过来提高创业绩效。综上，我们假设：

H4：创业环境感知调节了创业导向对创业者特质与企业国际创业绩效之间关系的中介作用，当创业环境感知越高，中介作用越强。

第四节　理论总结

本章从理论上探讨了在中国转型市场背景下创业者特质如何提高企业国际化创业绩效。尽管创业者特质对创业绩效的重要性在发达国家已得到很好的研究，但在中国，创业者特质与企业国际化创业绩效之间的关系是否成立尚不清晰。本研究通过对现有创业者特质理论和企业国际创业相关文献的回顾，从理论上提出了创业导向战略和创业环境感知对创业者特质与企业国际创业绩效之间关系的影响机制问题。

本章的理论分析贡献主要体现在以下两个方面。一方面，本章将以往关于创业者特质与创业绩效之间关系的研究延伸到国内，呈现出不同于西方经济体的独特制度环境。研究结果证实在中国经济转型的背景下，中国创业者特质与企业创业绩效呈正相关，这与西方研究结果一致。然而，在追求高企业国际创业绩效的过程中，成就动机、积极的信息寻求和风险承受能力等特定的创业者特质是预测中国创业活动的最重要因素，而以往的研究强调在西方创业背景下的开放性、创新性和责任感（Schmitt－Rodermund，2004；Gorgievski & Stephan，2016）。

另一方面，本章还通过考察创业环境感知和创业导向战略的相互作用在企业国际创业绩效方面影响创业者，丰富了中国制度变迁与创业之间关系的研究。这种综合研究有助于我们更好地理解经济转型中的制度变迁对中国创业者的影响。随着中国经济从计划经济向市场经济的转型，制度缺失、政府放松管制等带来了大量的创业机会。本研究预测一些创业机会可能涉及隐藏的政治和制度风险，创业者需识别和评估这些机会是否合适。这表明创业者特质和创业环境之间的相互作用在中国的创业活动中至关重要。综上，本章为制度和创业的相关文献做出了理论贡献。

  本章的研究结果也具有实际意义。首先，研究结果表明，创业者特质有利于创业绩效。因此，在中国的制度变迁中，创业者需要培养识别机会、寻找有价值的信息和风险承受能力来抓住创业机会。理论研究结果还表明，创业者特质和企业国际创业绩效之间的关系通过创业导向得到增强。因此，想要在创业活动中不断取得更高成就的创业者应该通过实施全面的创业战略来提高识别、积累和应用对创业有用信息的能力。

  其次，鉴于中国日益复杂的形势，在这种转型经济中竞争的创业者不仅要关注机会的表面，还要关注机会的本质。为了实现这一目标，创业者应深入了解中国的具体创业环境。提高创业者对创业环境的认识有几种常见的方法，例如，关注新产业政策的公布，利用中国政府号召大众创业、万众创新的机会。

  最后，由于创业导向在创业者特质和创业绩效之间的中介作用被创业环境感知调节。这一结果意味着，转型经济体的创业者必须对创业导向战略和创业环境感知之间的相互作用保持敏感，以做出合适的创业决定，例如在制定合适的战略前把握机会，实施创业计划时控制潜在风险。

第二十七章

疫情期间中小微企业国际化经营状况调研报告

第一节 研究背景

本次调研主要采取网络在线问卷调研的方式对浙江、广东和河南三个疫情相对比较严重（除湖北之外）的省份进行调研，调研对象是以中小微企业法人代表为主体的企业经营者。具体的调研过程分为两个阶段进行，第一阶段于2020年1月30日开始，到2020年2月2日结束，采取线上问卷调查的方式共收集到返回问卷2246份，剔除不符合标准的问卷后，留下有效问卷478份。第二阶段于2020年2月15日开始，到2020年2月19日结束，同样采取线上问卷的方式进行调研，一共收到返回问卷3348份，剔除无效问卷后，留下有效问卷986份。为了减少工作量，我们首先剔除了两次问卷中调查对象不是企业主的问卷，然后再进行问卷可靠性筛选，两次调研一共获得有效问卷1464份，有效回收率为26.12%，无效问卷的主要原因包括以下几个方面：①调研对象非企业主，占比40.3%；②调研对象的企业主要业务不在上述三个省份，占比27.4%；③调研问卷可靠性水平偏低（例如，前后回答不一致，连续五个问题项数字填写一致等），占23.7%。调查对象的基本情况和企业情况分别如表27-1和表27-2所示。

表27-1　　　　　中小微企业主的基本情况分析　　　　　单位：%

性别	男	94	文化程度	高中及以下	22.3
	女	6		本科	41.1
年龄	35岁以下	16.9		研究生	36.6
	35—45岁	31.3	专业背景	经济管理类	37.3
	46—55岁	37.7		理工类	33.8
	56岁以上	14.1		其他	28.9

表27-2　　　　　中小微企业样本基本情况分析　　　　　单位：%

行业	制造业	39.5	企业规模	中型企业	18.1
	批发和零售业	14.3		小型企业	45.8
	餐饮和住宿业	13.1		微型企业	36.1
	建筑与房地产业	9.8	所在地区	浙江	46.8
	休闲娱乐业	8.7		广东	38.7
	其他行业	14.6		河南	14.5

第二节　新冠肺炎疫情下中小微企业国际化经营状况评估

一　中小微企业抗压能力普遍较弱

由于中小微企业经营状况的差异，在面对重大突发危机事件时，中小微企业的抗压水平是不一样的。因此，我们首先对企业2019年的经营情况进行初步调查，考虑到中小微企业规模相对较小、融资成本相对较高，我们从企业流动资金储备、应收账款和盈利水平三个方面来评估中小微企业的抗压能力。

1. 企业流动资金普遍紧张

企业的流动资金状况是反映企业抗压能力的最重要财务指标。本次调研发现，2019年中小微企业总体上流动资金比较紧张仍然是常态，其中，企业流动资金"紧张"的占57.7%，"正常"的占37.6%，而

"充足"的仅占4.7%。从企业规模来看,小型企业流动资金"紧张"比例最高为65.3%,中型企业流动资金"正常"的比例最高,占41.3%,而微型企业流动资金"充足"的比例最高,占5.7%。从企业所在地区来看,浙江地区的中小微企业流动资金"紧张"比例最高,占63.8%,河南地区的中小微企业流动资金"正常"和"充足"的比例在三个地区中最高,分别占41.4%和7.3%,广东地区的企业处于中间位置。总体上,无论是从企业规模还是企业所在地区来看,中小微企业流动资金"紧张"的趋势大体上是一样的(具体见表27-3)。

表27-3　　　　2019年中小微企业流动资金情况分析　　　单位:%

	企业规模			所在地区			总体
	中型企业	小型企业	微型企业	浙江	广东	河南	
充足	4.6	3.8	5.7	2.4	4.3	7.3	4.7
正常	41.3	30.9	40.6	33.8	37.5	41.4	37.6
紧张	54.1	65.3	53.7	63.8	58.2	51.3	57.7

2. 企业应收账款尚属正常

应收账款也是反映企业资金实力的重要指标之一。调研结果表明,2019年大部分中小微企业的应收账款情况属于正常水平,占46.5%,另外,应收账款"高于预期"的企业占28%,而应收账款"低于预期"的企业占25.5%。从企业规模来看,微型企业应收账款"正常水平"比例最高,占53.6%,中型企业应收账款"高于预期"的比例最高,占30.2%,而小型企业应收账款"低于预期"的比例最高,占29.3%。从企业所在地区来看,河南地区的中小微企业应收账款"正常水平"和"高于预期"的比例最高,分别占48.3%和31.6%,浙江地区中小微企业应收账款"低于预期"的比例最高,占31.9%,广东地区的企业处于中间水平。总体上,无论是从企业规模还是企业所在地区来看,中小微企业应收账款"正常水平"趋势差不多(具体见表27-4)。

表 27–4　　　　　2019 年中小微企业应收账款情况分析　　　单位：%

	企业规模			所在地区			总体
	中型企业	小型企业	微型企业	浙江	广东	河南	
高于预期	30.2	28.2	25.6	24.3	28.1	31.6	28.0
正常水平	43.4	42.5	53.6	43.8	47.4	48.3	46.5
低于预期	26.4	29.3	20.8	31.9	24.5	20.1	25.5

3. 企业盈利能力一般化

企业盈利情况是企业生产经营可持续性的重要指标，能够反映中小微企业应对外部重大突发事件的承受能力。本次调研发现，2019 年中小微企业实现盈利的企业占比一半左右，其中"略有盈利"的企业占据绝大多数，占总样本的 46.5%，而"较大盈利"的企业占总样本的比例仅为 3.6%。另外，达到"收支平衡"的企业占比为 25.5%，"亏损"的企业占 21.7%，"严重亏损"的企业占 2.7%。从企业规模来看，其中，达到"收支平衡"以上业绩情况的企业中，微型企业占比最高，占 82.3%；处于亏损状态的企业中，小型企业亏损最严重，占比达到 32%。而从企业分布地区看，浙江地区的企业达到"收支平衡"以上业绩情况比例最高，占 79.4%，而河南地区处于亏损状态的企业比例最高，占 27.7%（具体见表 27–5）。

表 27–5　　　　　2019 年中小微企业盈利情况分析　　　单位：%

	企业规模			所在地区			总体
	中型企业	小型企业	微型企业	浙江	广东	河南	
较大盈利	4.3	3.8	2.7	3.7	3.3	3.9	3.6
略有盈利	42.8	42.4	54.3	43.8	47.4	48.3	46.5
收支平衡	29.4	21.8	25.3	31.9	24.5	20.1	25.5
亏损	18.9	29.8	16.4	18.7	21.4	25.9	21.7
严重亏损	4.6	2.2	1.3	2.9	3.4	1.8	2.7

二　疫情对中小微企业国际化经营冲击严重

为了打赢疫情防控阻击战，浙江、广东和河南三个疫情比较严重的省份都推迟了企业的复工时间。三个省均规定，除涉及重要国计民生的企业之外，其他企业不得早于 2020 年 2 月 9 日开工，并对后续的企业分批复工工作进行了详细的安排。例如，浙江省政府就规定，2 月 9 日以后，各县（市、区）要按照"重要出口企业、上市公司、重点制造业企业和亩均效益高企业"优先的原则，优先给予复工。大部分中小微企业都不是关乎国计民生的重要企业，它们延迟复工的时间更长，受到的冲击也更大。

1. 延迟复工给企业带来巨大压力

在第一次调研中，我们主要从企业对延迟复工的承受时间来反映企业的压力承受能力。本次调研第一阶段的截止时间为 2 月 2 日，离省政府规定的 2 月 9 日开工时间正好为一周，因此，我们以周为复工延迟的时间单位。调研发现，中小微企业对于延迟复工十分敏感。能够承受延迟"三周以上"复工的企业不到 10%，占 7.2%，能够承受"两周到三周以内"延迟复工的企业占 20.9%，能够承受"一周到两周以内"延迟复工的企业占 31.5%，而仅能承受"一周之内"延迟复工的企业则占了 40.4%。从企业规模来看，中型企业、小型企业和微型企业对于延迟复工的压力承受能力依次减弱。而从企业所在地区来看，三个地区的企业对于延迟复工的压力承受能力并没有太大的差异，这说明，疫情对于中小微企业延迟复工压力受到地域因素的影响很小（具体见表 27-6）。

表 27-6　　　　　中小微企业延迟复工压力分析　　　　单位：%

	企业规模			所在地区			总体
	中型企业	小型企业	微型企业	浙江	广东	河南	
一周以内	32.4	42.6	46.2	37.8	41.3	42.2	40.4
一周到两周以内	29.7	29.1	35.7	31.8	31.1	31.5	31.5
两周到三周以内	26.8	22.1	13.8	22.8	20.5	19.4	20.9
三周以上	11.1	6.2	4.3	7.6	7.1	6.9	7.2

另外，我们还调查了中小微企业主对于延迟复工的压力感受情况，调查结果显示，中小微企业主们感受到的总体压力较大，压力值为

3.1,具体来看,延迟复工压力来源从大到小依次为"租金与人工成本""现金流情况""物流运输成本""融资贷款"和"订单需求交付",压力值分别为 3.4、3.2、2.9、2.5 和 1.8。由此可见,疫情下的延迟复工给中小微企业主带来的压力主要体现在现金流、场地房租和支付员工工资、贷款还债等资金周转方面(具体见表 27-7)。

表 27-7　　　　　中小微企业主延迟复工压力感受　　　　　单位:%

	压力很大	压力较大	压力较小	没有压力	压力值
租金与人工成本	52.1	37.5	6.8	3.6	3.4
现金流情况	41.6	38.3	19.2	0.9	3.2
物流运输成本	32.6	36.6	18.8	12.0	2.9
融资贷款	45.2	40.2	10.3	4.3	2.5
订单需求交付	27.8	33.1	21.8	17.3	1.8
企业主整体压力感知	40.4	37.3	16.4	5.9	3.1

注:压力值的计算参考中国企业家调查系统(2012—2017),具体计算方法:("压力很大"×4+"压力较大"×3+"压力较小"×2+"没有压力"×1)/100。下同。

2. 企业复工情况不理想

在第二次调研中,我们主要从中小微企业的实际复工情况进行分析。按照三个省政府及其所辖地级市、县(市、区)关于企业复工的时间安排,到 2 月 14 日为止,大部分企业都应该获得授权可以复工了。因此,调研从 2 月 15 日开始到 2 月 19 日结束。调研发现,已经"正常复工"的企业占 38.7%,"半复工"状态的企业占 28.5%,"没有复工"的企业占 32.8%,正常复工的企业仅比总样本数的三成多一点。由此可见,疫情对于中小微企业复工的影响非常显著,并且具有持续性(具体见表 27-8)。

进一步地,我们对处于"半复工"和"没有复工"状态的企业的分析发现,企业经营原因(企业主放弃、资金链断裂等)、市场消失(没有订单)、员工无法按时返岗和政府部门要求停工是四个最主要的原因,分别占 27.6%、21.8%、16.4% 和 9.8%。而"正常复工"的企业中,复工方式则具有灵活性、多样化的特征,例如,很多企业都采取了业务分包、错时开工、转移场地、线上办公等方式来尽力克服疫情防控带来的不利因素。这也说明，面对疫情这类突发性重大社会公共危机事件，中小微企业灵活经营的优势能够发挥出来。

表27-8　　　　　　　　中小微企业复工情况分析　　　　　　　单位：%

	企业规模			所在地区			总体
	中型企业	小型企业	微型企业	浙江	广东	河南	
正常复工	52.6	43.4	20.1	40.3	38.3	37.5	38.7
半复工	33.4	29.6	22.5	31.1	27.6	26.8	28.5
没有复工	41.0	27.0	57.4	28.6	34.1	35.7	32.8

考虑到行业独特性和政府部门对于不同行业企业复工要求的差异，我们还分析了行业对于中小微企业复工状况的影响。由表27-9可知，中小微企业复工状况从好到坏依次是建筑与房地产业、制造业、批发和零售业、餐饮和住宿业以及休闲娱乐业，复工评价值分别为1.6、1.5、1.3、0.8和0.7。我们判断，总体上，制造业大类企业的复工状况要好于服务业大类企业的复工状况。

表27-9　　　　　不同行业中小微企业复工状况分析　　　　　单位：%

	正常复工	半复工	没有复工	复工评价值
建筑与房地产业	43.2	32.3	24.5	1.6
制造业	41.4	30.2	22.4	1.5
批发和零售业	31.6	31.3	37.1	1.3
餐饮和住宿业	19.8	21.4	58.8	0.8
休闲娱乐业	16.8	19.7	63.5	0.7

注：复工评价值具体计算方法：（"正常复工"×3＋"半复工"×2＋"没有复工"×0）/100。由于本书中其他行业比较分散、复杂，且行业之间占比相对较低，本表分析中没有考虑其他行业。下同。

3. 企业经营面临一些新挑战

第一，企业应对经营困难的办法不多。调查发现，疫情期间中小微企业应对经营困难的办法十分有限。企业普遍处于被动性的自救状态，超过半数企业的首要目标是能够生存下去，占58.9%。这些企业主要采用减产、裁员、削减资金支出、压缩供应链等方式来渡过难关。另外，期待政府出台政策缓解困境的企业比重较高，占46.7%。受困于政策限制，很多企业都希望政府部门能够出台一系列关于融资优惠、税费减免、消费提振等方面的促进措施来缓解企业的经营困难。

第二，企业主生产经营信心受挫明显。调研结果显示，复工后的中小微企业主生产经营信心下降十分明显（具体见表27-10）。中小微企业主关于2020年第一季度的企业主生产经营信心评价值只有-1.3。从企业规模来看，企业主的信心水平随着企业规模变小有所降低。而从行业来看，从事餐饮和住宿业、休闲娱乐业经营活动的企业主信心评价值只有-1.6，明显比其他行业差。批发和零售行业的企业主信心相对好一些，信心评价值为-1.2。这说明，疫情对于餐饮、住宿、娱乐等外出消费类行业的负面影响是非常严峻的。

表27-10　　　　　　中小微企业主生产经营信心状况　　　　　　单位：%

	第一季度企业主信心状况			信心评价值
	正常	不足	十分不足	
总体	3.6	55.6	40.8	-1.3
中型企业	7.4	59.2	33.4	-1.2
小型企业	3.6	56.6	39.8	-1.3
微型企业	1.7	52.4	45.9	-1.4
批发和零售业	4.5	62.3	33.2	-1.2
制造业	3.8	59.8	36.4	-1.3
建筑与房地产业	4.3	60.1	34.6	-1.3
餐饮和住宿业	0.4	43.2	56.4	-1.6
休闲娱乐业	0.3	40.8	58.9	-1.6

注：信心评价值具体计算方法：("正常"×1+"不足"×-1+"十分不足"×-2)/100。

第三，企业复工后对政府政策需求十分迫切。调研发现，"提供纾困资金""减免企业税费""恢复物流通道""实施灵活用工""提振市场消费"以及"提高政务效率"是当前中小微企业复工后最关注的政策需求。其中,"提供纾困资金"和"减免企业税费"是中小微企业呼声最高的两项措施,所占比例均超过了60%,这与中小微企业资金实力有限是十分密切的(具体见图27-1)。

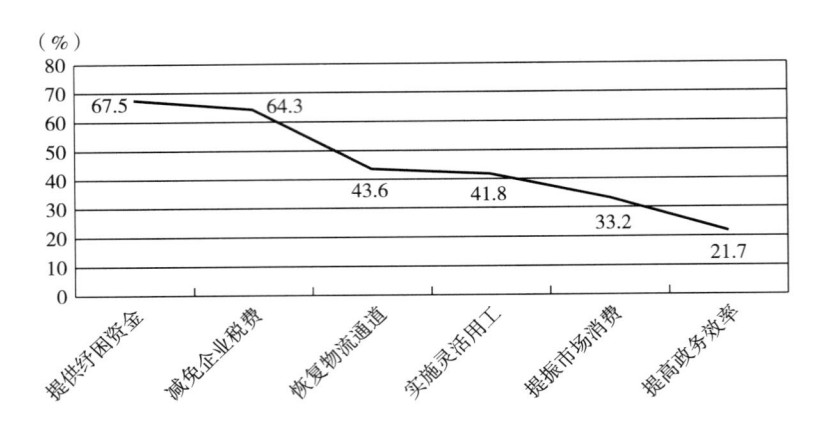

图27-1 疫情防控下中小微企业生产经营政策需求分析

本次调研进一步分析了不同行业企业对于上述政策需求的差异。分析结果显示,近3/4的制造业企业对于"提供纾困资金"和"减免企业税费"的期待最高,分别达到了73.2%和72.6%。批发零售业企业对于"恢复物流通道"的需求最强烈,占比64.3%。餐饮住宿和休闲娱乐业企业则对"实施灵活用工"和"提振市场消费"更加关心。建筑与房地产业则比较关注"提高政务效率"。我们采用设置哑变量的方法,对不同行业企业与政策需求之间的相关关系进行检验,结果如表27-11所示。相关关系表不仅验证了本章关于不同行业企业对于支持政策需求差异性的论断,同时也可以看出,"提供纾困资金""减免企业税费"和"实施灵活用工"是当前比较有效的支持政策。

第四,一批利用互联网、大数据、人工智能等从事生产服务业务的中小微企业发展迅猛。我们对第一次调研中企业主没有延迟复工压力感知的28家企业展开进一步分析,结果发现,这些企业绝大部分都是从事生鲜平台及配送服务、智能移动办公平台、在线教育培训、企业咨询管理以及政府在线政务等业务的企业，占比达到85.7%。这表明，在当前疫情管控完全改变人与人、人与机器、人与企业关系的情况下，借助于互联网、大数据、人工智能、云计算等前沿科技力量从事生产经营服务活动的中小微企业具有显著优势，通过线上/线下交互的方式打破了地理空间、时间上的限制，促进了企业的迅猛发展。

表27-11　　　　　不同行业企业与政策需求之间的相关关系

	制造业	批发和零售业	餐饮和住宿业	建筑与房地产业	休闲娱乐业
提供纾困资金	0.27**	0.11*	0.15*	0.09*	—
减免企业税费	0.24**	0.15**	—	0.12*	—
恢复物流通道	—	0.16**	0.09*	0.11*	—
实施灵活用工	0.06*	0.08*	0.11*	—	0.13*
提振市场消费	—	—	0.16*	—	0.17*
提高政务效率	—	—	—	0.21**	—

注：*表示<0.1；**表示<0.05。

第三节　对宏观经济形势的预判和企业发展预期

一　企业对宏观经济形势发展不乐观

针对2020年我国经济发展的整体走势，我们参考中国企业家调查系统设计的调查问卷进行了调研，结果如表27-12所示。占62.1%的调查企业认为，2020年未来三个季度的经济形势会比第一季度有所好转。这说明，大部分企业主都认可第一季度是疫情最严重的时期。但从全年来看，相比于2019年，超过80%的企业认为2020年的经济形势很严峻，其中，小型企业表示"严峻"的比例最高，占89.4%。这说明，疫情极大地打击了企业主关于2020年宏观经济形势的预期。

表 27-12　　企业对于 2020 年经济形势预判分析　　单位：%

	与一季度相比，第二、第三、第四季度经济形势预期			与 2019 年比较
	乐观	不变	严峻	严峻
总体	62.1	33.1	4.8	84.3
中型企业	59.4	34.1	6.5	81.2
小型企业	65.8	29.1	5.1	89.4
微型企业	58.8	37.6	3.6	79.4

本次调研还分析了不同行业企业对于 2020 年经济发展形势的预判情况。结果表明，制造业企业对 2020 年未来三个季度的经济形势表示"乐观"的比例最低，占 54.3%。相反，餐饮和住宿业以及休闲娱乐业企业对 2020 年未来三个季度的经济形势表示"乐观"的比例最高，分别占 81.6% 和 82.9%。从全年来看，相比于 2019 年，不同行业企业对于 2020 年经济形势的预判差异比较大，制造业企业认为"严峻"的占 91.4%，批发和零售业、建筑与房地产业两类产业企业也都超过了 80%，而休闲娱乐业企业则刚刚过半，占 54.3%（具体见表 27-13）。

表 27-13　　不同产业企业对于 2020 年经济形势预判分析　　单位：%

	与一季度相比，第二、第三、第四季度经济形势预期			与 2019 年比较
	乐观	不变	严峻	严峻
制造业	54.3	39.5	6.2	91.4
批发和零售业	68.2	29.2	2.6	81.6
餐饮和住宿业	81.6	14.6	3.8	75.4
建筑与房地产业	52.7	40.8	6.5	87.8
休闲娱乐业	82.9	15.0	2.1	54.3

进一步地，本次调研还分析了未来三个季度我国宏观经济因素中可能对企业经营造成影响的主要因素。结果显示，"融资成本上升""原材料成本上涨""市场需求不足""行业调整加速""企业利润率下降"和"用工荒现象突出"是主要因素，具体如图 27-2 所示。"融资成本上升"仍然是中小微企业经营发展中遇到的最主要宏观经营制约因素。

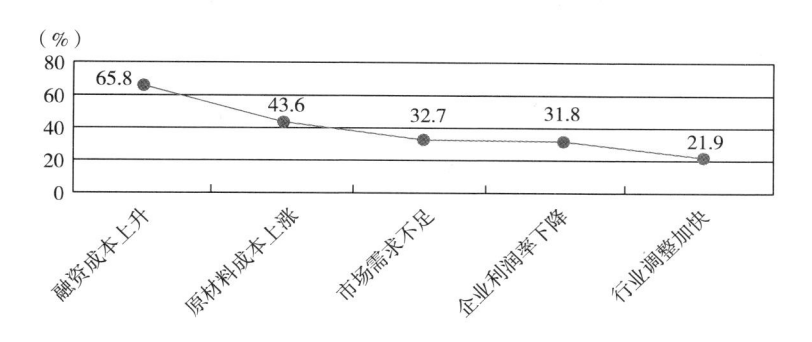

图 27-2 宏观经济形势中的主要影响因素

（数据：融资成本上升 65.8，原材料成本上涨 43.6，市场需求不足 32.7，企业利润率下降 31.8，行业调整加快 21.9）

二 企业普遍调低生产经营预期

1. 企业生产经营状况预期降低

针对企业2020年后面三个季度的生产经营状况评估，本次调研发现，认为2020年后三个季度的企业生产经营状况会得到改善的企业占58.4%，其中，中型企业比例最高，占68.9%，小型企业次之，占58.3%，微型企业最低，占53.3%。相比于2019年，有79.4%的企业认为2020年的企业生产经营状况会恶化。具体来看，中型企业占47.1%，小型企业占82.7%，微型企业占91.4%。由此预测，2020年对于大部分小型和微型企业来说，是十分艰难的一年。

表 27-14 企业对于2020年后三个季度的生产经营状况评估   单位：%

	与一季度相比，第二、第三、第四季度企业经营状况评估			与2019年比较
	好转	不变	恶化	恶化
总体	58.4	24.3	17.3	79.4
中型企业	68.9	24.2	6.9	47.1
小型企业	58.3	25.5	16.2	82.7
微型企业	53.3	21.4	25.3	91.4

面对如此不利的经营局面，中小微企业需要做好充分、及时的应对计划。进一步地，本次调研首先对未来三个季度企业出现"破产""停产""半停产"的可能情况进行了评估。其次针对企业不同生产经营情

况下的企业转型战略进行了详尽的调查研究。

针对企业可能出现的"破产""停产""半停产"状况，调研发现，出现上述状况的企业比例达到51.8%，其中，可能出现"破产""停产"和"半停产"状况的企业比例分别为9.6%、14.4%和27.8%。从企业规模来看，认为能够正常生产经营的企业，只有中型企业比例超过一半，占69.7%。小型企业占比46.4%，微型企业占比仅为29.7%。具体见表27-15。

表27-15　　关于企业"破产、停产、半停产"状况的评估　　单位：%

	破产	停产	半停产	正常
总体	9.6	14.4	27.8	48.2
中型企业	2.3	6.8	13.9	69.7
小型企业	9.1	12.9	31.6	46.4
微型企业	13.9	21.7	34.7	29.7

关于企业出现"停产"和"半停产"状况时，大部分企业还是希望通过一系列的转型战略来渡过难关。我们从传统策略和数字化转型两个角度展开调研，传统策略调研发现，除了选择"其他"战略的企业之外，"等待困难期过去重新开始"是企业考虑的首选项，占19.5%，其次是"业务转移到其他地方"，占16.3%。也有14.8%的企业直接选择"退出不干了"，接下来是"向上下游产业链转移"，占11.7%，最后是"进入新行业/新领域"，占7.8%。从企业规模来看，中型企业和小型企业最可能采用"等待困难期过去重新开始"，分别占33.6%和23.2%，微型企业更可能选择"业务转移到其他地方"和"退出不干了"，分别占17.8%和17.4%（具体见表27-16）。

关于企业是否采取数字化转型来应对"停产"和"半停产"状况。调研结果显示，58.6%的企业表示会在未来生产经营中更加重视数字化战略，其中，"入驻大型互联网平台""推出线上产品/服务""使用数字化工具/设备"是企业考虑最多的数字化转型策略，分别占34.9%、26.8%和19.4%。而关于"在线办公""线上平台建设""供应链数字化"这三方面的需求相对较少，分别只占10.9%，5.4%和2.6%（具体如图 27-3 所示）。这也符合中小微企业规模小、产品服务渠道单一，同时，也无法大力投入数字化改造，需要借助大型互联网平台等数字化基础设施来开展多样化经营特点。

表 27-16　关于企业出现"破产、停产、半停产"状况的打算　　　单位：%

	等待困难期过去重新开始	向上下游产业链转移	进入新行业/新领域	业务转移到其他地方	退出不干了	其他
总体	19.5	11.7	7.8	16.3	14.8	29.9
中型企业	33.6	8.3	4.4	14.3	9.5	29.9
小型企业	23.2	15.4	8.1	15.9	14.8	22.6
微型企业	7.7	8.7	8.6	17.4	17.4	39.8

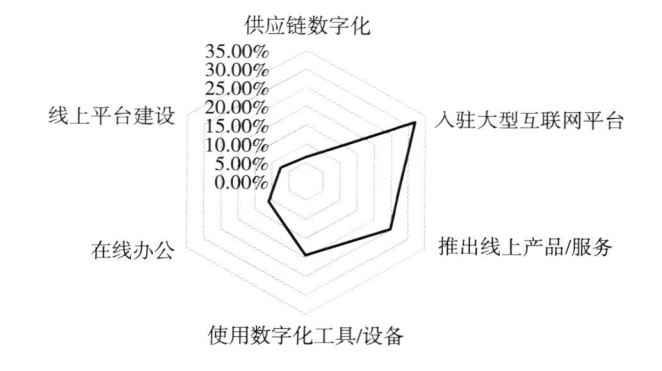

图 27-3　企业采用数字化策略的权重

2. 行业发展景气下降

为了更加准确地评估不同行业企业的生产经营预期，我们从行业发展前景、行业竞争程度以及行业受政策影响程度三个角度进行分析。

（1）关于行业发展前景。调研结果显示，总体上认为本行业发展前景"非常好"的占比 7.2%，"比较好"的占比 41.3%，"一般"的占比 40.1%，"比较差"的占比 8.3%，"非常差"的占比 3.1%，所有行业的景气评价值为 3.4。具体分行业来看，休闲娱乐业发展前景最被看好，景气评价值为 3.6，餐饮和住宿业次之，景气评价值为 3.5，建筑与房地产业相对较差，景气评价值为 3.4，制造业及批发和零售业相对最差，景气评价值均为 3.3（具体见表 27-17）。

表 27-17　　　　　　　　不同行业发展前景分析　　　　　　　　单位：%

	非常好	比较好	一般	比较差	非常差	景气评价值
建筑与房地产业	5.2	44.3	40.9	7.9	1.7	3.4
制造业	6.1	38.9	39.5	11.2	4.3	3.3
批发和零售业	5.8	39.2	41.3	10.4	3.3	3.3
餐饮和住宿业	9.4	44.6	37.2	6.3	2.5	3.5
休闲娱乐业	14.6	38.2	39.9	5.7	1.6	3.6
总体	7.2	41.3	40.1	8.3	3.1	3.4

注：评价值具体计算方法：（"非常好"×5+"比较好"×4+"一般"×3+"比较差"×2+"非常差"×1）/100。

（2）关于行业竞争程度。调研结果表明，总体上认为本行业竞争程度"非常激烈"的占比 37.1%，"比较激烈"的占比 42.5%，"一般"的占比 20.4%。具体分行业来看，休闲娱乐业、餐饮和住宿业以及批发和零售业三个行业的竞争程度最强，竞争评价值均为 2.3，制造业竞争强度次之，竞争评价值为 2.1，建筑与房地产业相对竞争程度最弱，竞争评价值为 2.0（具体见表 27-18）。

表 27-18　　　　　　　　不同行业竞争程度分析　　　　　　　　单位：%

	非常激烈	比较激烈	一般	竞争评价值
建筑与房地产业	28.4	38.2	33.4	2.0
制造业	33.6	41.4	25.0	2.1
批发和零售业	41.2	44.3	14.5	2.3
餐饮和住宿业	44.1	42.1	13.8	2.3
休闲娱乐业	48.7	37.2	14.1	2.3
总体	37.1	42.5	20.4	2.2

注：评价值具体计算方法：（"非常激烈"×3+"比较激烈"×2+"一般"×1）/100。

（3）关于行业政策影响。本次调研的结果表明，总体上认为本行业受政府政策影响"非常显著"的占比 15.2%，"比较显著"的占比

27.6%,"一般"的占比 57.2%。具体分行业来看,建筑与房地产业受政策影响最大,影响评价值为 2.0,休闲娱乐业次之,影响评价值为 1.9,餐饮和住宿业再次之,影响评价值为 1.7,制造业以及批发和零售业受政策影响相对较弱,影响评价值分别为 1.5 和 1.4(具体见表 27-19)。

表 27-19　　　　　不同行业政策影响程度分析　　　　　单位:%

	非常显著	比较显著	一般	影响评价值
建筑与房地产业	32.4	39.7	27.9	2.0
制造业	9.3	17.8	72.9	1.5
批发和零售业	11.8	20.3	67.9	1.4
餐饮和住宿业	21.8	26.8	51.4	1.7
休闲娱乐业	25.4	34.8	39.8	1.9
总体	15.2	27.6	57.2	1.6

注:影响评价值具体计算方法:("非常激烈"×3+"比较激烈"×2+"一般"×1)/100。

第四节　中小微企业国际化应对疫情挑战相关建议

应对疫情带来的挑战,首先要靠企业自己积极调整生产经营策略。基于上文的分析,我们认为,企业应该从提振企业主信心、提升资金周转能力、加快企业数字化转型等方面来应对疫情的挑战。

1. 提升企业主信心

企业主在中小微企业生产经营过程中具有绝对的话事权,提升中小微企业抗压能力的关键因素之一在于增强企业主的生产经营信心。一方面,企业主要做好与员工、股东、供应商以及政府机构等多方面的沟通工作,通过频繁的互动沟通来共同应对困难局面,有针对性地解决突发性问题。充分发挥中小微企业供应链灵活、企业主之间关系紧密的特点,促使中小微企业之间生产经营活动更加紧密、团结,实现"抱团取暖"。另一方面,企业主需要通过多种渠道寻求外部支持和帮助,充分运用互联网平台,多向行业机构、专家和外部智囊寻求企业应对疫情的专业帮助和建议，保持信心，增加企业的抗压能力。

2. 提升资金周转能力

资金链紧张是影响中小微企业生产经营的又一重要因素。为了维持企业资金运转，第一，企业要全力压缩各种资金支出，特别是削减非必要支出，只保留必要的运转资金。尤其是对外贸中小微企业来说，资金链断裂的风险更大，必须要多渠道提升资金筹措能力，削减运营成本，扩大资金来源渠道，降低企业资金压力。

3. 加快数字化转型

对于我国大多数外贸企业来说，打造开放的国际业务平台、高效国际市场需求感知平台，是企业数字化转型的核心问题。在企业国际化过程中，数字化将作为多方协同合作的重要渠道，对于消除信息不对称，提升国家产业合作效率、提高供应链敏捷性具有巨大的帮助作用。

第二十八章

加快挖掘大数据生产效益推动数字经济高质量发展的调研报告

第一节 提高大数据生产效益的意义

自2016年G20杭州峰会通过《20国集团数字经济发展与合作倡议》，到2020年7月浙江省政府召开的全省数字经济大会上提出实施数字经济"一号工程"，浙江省已经将数字经济作为推动经济高质量发展的重大战略部署来抓。在省委省政府的领导之下，浙江省数字经济建设取得了显著的成效，到2020年上半年，数字经济核心产业增加值已经达到了2348亿元，同比增长16.4%，占全省GDP的9.1%，"云上浙江，数据强省"的建设初显成效。然而，当前浙江省数字经济的高水平发展仍然存在一些明显的短板，具体表现为数字经济产业结构不均衡，信息化与制造业深度融合"不深度"，大数据流通交易基础设施建设较弱等方面。究其原因，缺乏对大数据潜在价值的高效挖掘、利用是掣肘浙江省数字经济高水平、均衡、快速发展的重要原因。作为数字经济持续发展的核心动力源，大数据的高效率搜集、存储、流通、分析和使用，对于浙江省数字经济高质量发展具有极大的推动意义。

第一，优化浙江省数字经济产业结构。当前浙江省数字经济主要是以阿里巴巴、网易、蘑菇街等互联网企业为主导，并且电商平台经济产业在其中占据非常大的比重，而包括智能制造、云计算、物联网在内的信息技术研发产业占比仍然较少。据测算，浙江省电商及关联产业在数字经济核心产业中的占比达到了 70% 以上，这显然不利于浙江省数字经济的长期高质量发展。加大对大数据交易及其衍生品开发，能够将沉淀在平台上的海量数据价值进行深度挖掘，推进高价值数据向智能制造、数据集成及管理等产业领域流动，做大做强在智能制造、云计算、物联网领域的浙江企业，不断优化浙江省数字经济产业结构。

第二，促进信息化与制造业深度融合。浙江省委省政府长期以来一直重视两化融合在促进浙江省经济发展中的重要作用。在大数据时代背景下，作为信息化与工业化两化融合的加强版，信息化与制造业的深度融合不仅是浙江省发展数字经济的必然要求，也是推动浙江省经济高质量发展的必由之路。大数据的高效利用作为信息化与制造业深度融合发展的基础要素，数据的通用性、匹配性和可开发性十分关键，而这也是当前信息化与制造业深度融合过程中容易被忽视的关键环节。因此，加快制造业数据产业标准制定、提高数据转移效率，对于推动浙江省信息化与制造业深度融合具有积极意义。

第三，加强大数据流通交易基础设施建设。当前，浙江省大数据流通交易关键基础设施建设仍然存在诸多短板。一方面，缺乏系统的大数据流通交易基础设施规划，现有的大数据流动流通系统普遍处于"孤岛"状态，彼此之间的连接性十分薄弱。例如，杭州的城市大脑建设，目前主要服务于杭州市区，数据外展性有待加强。另一方面，大数据共性基础设施建设、专业型人才储备等围绕大数据流通交易展开的核心环节及要素十分不成熟。因此，将大数据流通交易基础设施建设作为浙江省数字经济基础设施建设的重要内容来抓，不仅具有重要的经济价值，同时也是对浙江省"大湾区大通道大花园"建设行动计划内涵的升华。

第二节 浙江省大数据利用现状分析

总体来看，浙江省虽然在数字经济产业发展上获得了显著的成绩，但要实现浙江省数字经济的持续高质量发展，仍然任重道远。从数字经济发展的核心动力源——大数据利用层面来看，主要存在着数据量大但质量不高、数据产权不清晰、数据流通交易不畅、数据安全保护机制缺失等问题。

第一，数据量大但质量偏低。近年来，在浙江省委省政府发展数字经济的战略部署下，浙江省信息基础设施和数据技术条件一直处于全国领先水平，大数据积累已经达到了空前的水平，以阿里巴巴、网易等为主的互联网企业更是沉淀了海量的数据，例如，阿里巴巴集团下属的淘宝、天猫等平台汇集了海量的用户消费信息数据，支付宝则囊获了我国近4亿用户的资产、交易和信用数据，这些规模宏大的数据是浙江省数字经济高质量发展的核心生产要素。但遗憾的是，这些数据由于广泛分布在不同产业、行业、企业之间，加上数据之间由于标准化、匹配性和完整性的特征，使数据开放与共享仍然十分不顺畅，海量数据之间切割造成的"信息孤岛"现象十分突出。

第二，数据产权归属问题突出。信息技术的持续进步凸显了大数据在未来产业发展中的重要性，而围绕着大数据产权归属问题的争论则成为了当前大数据高效利用的重要制约因素之一。浙江省的实际情况是掌握海量数据的企业及其他机构在数据积累、存储和开发方面拥有主动权优势，特别是以阿里巴巴为主导的互联网企业，在大数据处理及商业化应用方面，拥有绝对的话语权。虽然这些企业具备了很高的社会声誉，并尝试通过以行业公约、企业社会责任等形式来约定大数据的权利归属，以最大可能维护广大公众的权益。但这种企业的行业自我约束机制公信力较弱，且缺乏稳定性，难以形成长效机制。当前，浙江省尚未出台专门针对大数据产权归属的法律法规和政策建议，这也是制约浙江省大数据高效开发、利用的重要因素之一。

第三，数据交易流通机制缺失。浙江省大数据交易流通仍然以单纯的原始数据"粗加工"交易为主，数据流通机制转化率非常低，主要体现在以下两个方面：一方面，以企业—消费者之间的"B2C"消费模式占据了浙江省大数据交易流动的主要份额，这种交易模式中的数据表现为消费者到企业（平台）的单项流动，典型的如淘宝、天猫、网易严选等网购平台。另一方面，大数据运用与制造业的深度融合效果一般，反映在制造环节数据的可获得性、可通用性和精准性明显偏弱，突出表现为大数据和制造"两张皮"现象。显然，这是与数据交易流通制度缺位十分相关的，体现在大数据资源及其衍生品价值分析机构缺乏、数据流通交易规则缺失、交易机制不健全等方面。

第四,数据安全保护制度空白。当前,我国在信息安全、数据共享等领域缺乏统一的技术标准和规范,从中央到地方尚未建立起数据安全防范与发展同步的数据开放、管理体系,数据安全保护制度缺失。在浙江省大力发展数字经济的背景下,数据遭泄露、盗取乃至恶意篡改的现象频频发生。据报道,仅2017年,浙江省有72.8%的网民有个人信息遭泄露的经历,数据侵权事件屡见不鲜。大规模的数据信息泄露不仅对个体造成伤害,同时也会对经济安全、社会稳定造成威胁。个人信息安全问题不仅成为了公众关注的焦点,也成为了困扰数据大规模顺畅交流的巨大隐患。

第三节　提升大数据利用效率的建议

第一,重视大数据价值挖掘。建议由省级相关部门牵头,联合阿里巴巴等核心企业,依据数字经济产业特征,积极探索大数据资源挖掘的分类、规范、整理和储存原则。例如,关于电商平台、物流、车联网、可穿戴设备等产业,要积极鼓励企业打破数据壁垒,通过共建数据行业协会来引导企业之间数据采集、流通的标准化,尽可能释放数据价值。而针对分布在政府部门、医疗、交通和金融等公共领域的数据资源,由政府出台数据格式标准,加快建立政府统一的数据开放发布平台,敦促各公共部门互联互通,通过建立医疗、金融、通信等领域的大规模示范项目,让数据的公共效益发挥到最大。

第二,明晰大数据产权归属。从浙江省数字经济发展实际出发,在充分论证和广泛征求意见的基础上,以政府部门为主导,选取若干地区和若干行业展开关于大数据资源产权界定的先行先试方案。探索不同行业产业数据交易及其要素市场的独特性,充分考量数据的财产性权利和人身性权利双重属性,对拥有海量数据沉淀的企业或机构施加必要的约束,维护个体权益。不断创新大数据产权归属动态机制,确保数据交易的透明性,探索数据产权有偿让渡、匿名使用、授权使用等机制,避免数据产权归属界定的"一刀切"做法。

第三,健全大数据流通制度。不断优化浙江省大数据流通交易基础制度体系。从全省高度统筹谋划数字经济发展下大数据流通交易基础设施建设规划，深入总结杭州城市大脑、阿里巴巴电子世界贸易平台（eWPT），以及乌镇浙江大数据交易中心等运行经验的基础上，探寻大数据的流通特征、交易特性，建立行业数据分类赋权机制。在此基础上，引导和培育全省协同的大数据交易市场，深度挖掘蕴含在阿里巴巴等企业平台上的消费数据潜在价值，使持有数据商品的企业合作、共享和销售数据，化解信息化与制造业数据转移、共享矛盾，探索成立全国性大数据交易中心。

第四，完善大数据安全机制。借鉴欧盟、日韩等国在一般数据保护方面的经验，推动完善适用于大数据环境下的信息安全保护制度，建立由政府相关部门牵头的数据安全管理机构，强化对网络空间信息安全预警、研判和处理能力，不断加强数据安全评测、安全防范、应急处置等相关机制建设。引导行业组织机构高度重视数据安全，推动行业自律，鼓励有能力的企业建立基于实践的大数据安全管控体系。建立"政府—行业—企业"三方数据安全维护协同机制，加强对敏感政务数据、企业商业秘密和个人隐私数据的保护。

第二十九章

加快浙江省新型基础设施建设的调研报告

第一节 浙江省加快新型基础设施建设优势分析

第一，拥有全国领先的新型基础设施建设条件。从产业发展来看，近年来浙江省一直将数字经济作为"一号工程"来重点发展，超前布局了一批以大数据、云计算、人工智能、物联网等为核心的数字产业，为新型基础设施建设奠定了扎实的产业基础。从平台建设来看，浙江省在深入推进"一带一路"重要枢纽建设，提升贸易物流、数字丝绸之路等枢纽能级上率先发力，例如，加快推进"17+1"经贸合作示范区建设，做好做实 eWTP 试验区建设等。另外，西湖大学、之江实验室、阿里达摩院等高技术研发中心的布局，也为高质量谋划新型基础设施建设奠定了技术基础。

第二，数字技术应用和创新实力雄厚。凭借阿里巴巴、蚂蚁金服、海康威视等一批高水平数字技术研发、应用企业的长期积累，浙江省围绕电商、物流、金融、安防、城市治理等形成了一批成熟的数字技术应用场景，例如，蚂蚁金服牵头成立了浙江网商银行，浙江省建立了全国首家互联网法院等。同时，在生命健康、高端装备制造、安防、城市治理、互联网金融等行业和领域提供了一系列数字化解决方案，例如，在疫情期间率先推出"健康码"、电子消费券，等等。这些成熟的数字技术应用为浙江省推动新型基础设施建设提供了创新源泉。

第三，企业参与新型基础设施建设潜力巨大。一方面，阿里巴巴、海康威视等大企业一直从事数字技术应用和场景拓展，不仅能在新型基础设施建设上做到无缝对接，而且参与积极性很高，例如，阿里巴巴主导推动了 eWTP 试验区的建设。另一方面，到 2019 年年末，杭州一共拥有 32 家独角兽企业，正在孵化的准独角兽企业超过 140 家，其中数字经济相关的企业占 97%，在数量上和估值上分别位列全国所有城市第二位和第三位。这表明，浙江省企业参与投资和建设新型基础设施具有非常大的潜力。

第二节　浙江省加快新型基础设施建设可能面临的短板

第一，高精尖基础设施平台建设仍显不足。①国家级大科学技术中心和平台偏少。相比于北京、上海、江苏、广东等兄弟省市，浙江省在围绕数字技术大科学中心、数字化应用国家工程实验室等国家级平台的申报、建设上较为落后，目前只有浙江大学牵头的浙大超重力国家重点实验室 1 个国家重大科技基础设施平台，而同期的北京、上海、江苏和广东则分别有 6 个、7 个、4 个和 3 个。浙江省缺乏具有区域乃至全国辐射效应的新型基础设施枢纽中心规划。②数字经济发展相关高端人才缺口较大。目前在大数据、云计算、人工智能、区块链等新兴科技领域，既了解传统实体经济运作流程，又能够深度融合新一代信息技术的跨界专业人才十分缺乏。从浙江省实际来看，浙江省大部分中小企业对于能够帮助企业开展数据挖掘、数字化管理、数字化转型等的专业人才需求缺口特别大。

第二，新型基础设施建设与数字经济发展不匹配。浙江省在新型基础设施建设上远远落后于数字经济发展的实际需求，集中体现在：①新型基础设施的连接性、协同性较弱。目前浙江省仍处于新型基础设施建设的起步阶段，覆盖全流程、全产业链、全生命周期的信息链、数据链尚未构建。一方面，企业内部业务系统各自独立，特别是底层设备层和过程控制层无法互联互通，形成"数据孤岛"。另一方面，外部数据融合度不高，大数据与实体经济融合的深度和广度尚不充分，无法及时全面掌握数据的分布与更新，以数字标准为核心的新型基础设施的连接性、融通性效益尚未完全开发。②核心技术的第三方服务供给不足。一方面，传统产业数字化转型成本较高，尤其是对于浙江省数量巨大的中小企业来说，数字化水平低，网络化、智能化基础薄弱，对于集架构设计、数据运营、战略咨询等关键任务于一体实施"总包"任务的第三方服务商的需求十分强烈。另一方面，浙江省龙头企业仍以内部业务综合集成为主，针对用户、数据、制造能力等资源社会化开放的程度普遍不高，产业链间业务协同并不理想。

第三，顶层制度设计与协同发展欠缺。具体来看：①缺乏顶层制度设计。牢牢把握国家政策机遇，加快新型基础设施建设，已经成为我国各地区抢占数字经济发展制高点的重要窗口。据统计，目前已有7个省市提出或开始实施特色鲜明的国家级新型基础设施建设计划，例如，上海提出建设全球"高端聚集绿色数据中心"，江苏出台了面向全国的产业空间数据基础设施建设规划，安徽则提出了"全光网省"，打造以合肥为中心的国家科学技术研发中心。相比之下，浙江省从全省高度通盘谋划优势明显、特色鲜明的国家新型基础设施建设方面仍存在显著短板。②政策协同性有待加强。浙江省当前更加重视对于数字经济、生命健康、新材料等战略性新兴产业、未来产业、高新技术企业孵化和培育的政策扶持。相比之下，在新型基础设施建设的政策配套上则相对不足，政策精准度不高、可操作性不强，尚未出台从省里到地方的系统的、完善的新型基础设施建设规划。另外，全省各地区在新型基础设施规划上也存在一拥而上、重复建设的问题。

第三节 加快推进浙江省新型基础设施建设的对策建议

第一，打造具有浙江特色的新型基础设施国家级枢纽中心。①建设数字技术高效供给体系。充分发挥企业技术创新的主体作用，支持阿里巴巴、海康威视等企业建设高水平、具有行业影响力的企业技术中心，引导企业积极参与国家数字经济领域"卡脖子"技术攻关、大科学工程、大科学装置建设以及国内国际标准制定，抢占新型基础设施建设制高点。②深挖浙江省数字产业基础优势。将新型基础设施建设与浙江省数字经济产业优势有效结合起来，由省大数据管理局等部门牵头，统筹阿里巴巴、之江实验室等省内具有雄厚技术积累的企业和研究机构，打造面向中小企业数字化转型升级的大数据、云计算服务新型基础设施国家级枢纽中心。

第二，加强新型基础设施建设高精尖技术和高端人才储备。①加快国家级大科学中心的申报和建设。依托浙江大学、西湖大学、之江实验室等高校和科研机构，培育建设一批优势特色学科和专业，加强大数据、云计算、人工智能等数字技术的基础研究。围绕5G网络创新、大型数据中心、高稳定性物联网等方面积极申报国家级新型基础设施技术研究应用中心，借助于国家资源投入，充实浙江省新型基础设施建设的技术储备。②加强新型基础设施建设高端人才储备。要积极创新引才思路，推出招引高端人才、培育创新人才的实招硬招，着力解决新基建创新人才紧缺问题。一方面，要明确新基建创新人才的能力素质标准，深化校企合作、政企合作，为培育"数字工匠"夯实基础。另一方面，要激发行业协会、培训机构等在新基建技能人才培育中的作用，促进政府法规和行业组织有效结合的数字技能人才培育体系的形成，探索高效灵活的人才培养、引进、使用、激励和保障政策，优化人才引进和培养环境。

第三，完善全省"一盘棋"的新型基础设施建设制度体系。①注重新型基础设施建设项目的科学布局。要明确政府作为新型基础设施建设"后台服务器"的作用，统筹规划布局，综合考虑浙江省不同地区的产业基础、资源环境承载力和市场需求容量等因素，合理安排新型基础设施建设内容、空间布局和建设规模。例如，建议杭州对标上海、合肥等城市，打造我国新型基础设施的超级中心；宁波发挥宁波舟山港的优势，建设港航、海洋数字基础设施枢纽中心，等等。②注重区域协调、互联互通发展。要优化政府服务，提高政策精准度。一方面，在项目建设实施上，要结合地方产业发展实际，注重推进次序，避免一拥而上、盲目建设、重复建设。另一方面，要抓住长三角一体化高质量发展国家战略的契机，发挥浙江省在云计算、大数据等方面积累的优势，推动长三角地区的新型基础设施互联互通，提升浙江省新型基础设施辐射效应，助推长三角一体化高质量发展。

参考文献

[1] 蔡宁、黎常：《企业国际化理论的新发展：国际新企业理论》，《国际贸易问题》2007年第3期。

[2] 陈国青、曾大军、卫强、张明月、郭迅华：《大数据缓解下的决策范转变与使能创新》，《管理世界》2020年第2期。

[3] 陈怀超、范建红、牛冲槐：《制度距离对中国跨国公司知识转移效果的影响研究——国际经验和社会资本的调节效应》，《科学学研究》2014年第4期。

[4] 陈怀超、范建红：《制度距离、中国跨国公司进入战略与国际化绩效：基于组织合法性视角》，《南开经济研究》2014年第2期。

[5] 陈立敏：《国际化战略与企业绩效关系的争议：国际研究评述》，《南开管理评论》2014年第5期。

[6] 陈立敏、刘静雅、张世蕾：《模仿同构对企业国际化—绩效关系的影响——基于制度理论正当性视角的实证研究》，《中国工业经济》2016年第9期。

[7] 陈培祯、曾德明、李健：《技术多元化对企业新产品开发绩效的影响》，《科学学研究》2018年第6期。

[8] 程聪：《我国资源型企业跨国并购决策模式研究：国家制度与组织惯例的视角》，《科研管理》2019年第6期。

[9] 程聪、Monica Yang、贾良定：《转型期我国民营企业国际化若干理论研究》，中国社会科学出版社2018年版。

[10] 程聪、贾良定：《我国企业跨国并购驱动机制研究：基于清晰集的定性比较分析》，《南开管理评论》2016年第6期。

［11］程聪、王立丰、钟慧慧、陈盈：《业务关联、技术匹配与企业国际竞争力：跨国并购的视角》，《科研管理》2018 年第 10 期。

［12］程聪、谢洪明、池仁勇：《中国企业跨国并购的合法性聚焦：内部外部还是内部＋外部》，《管理世界》2017 年第 4 期。

［13］程聪、谢洪明、杨英楠、曹烈冰、程宣梅：《理性还是情感：动态竞争中企业"攻击—回应"竞争行为的身份域效应——基于 AMC 模型的视角》，《管理世界》2015 年第 8 期。

［14］程聪、钟慧慧、钱加红：《企业绩效评价方式与并购绩效 Meta 分析》，《科研管理》2018 年第 S 期。

［15］程宣梅、谢洪明、陈侃翔、程聪、王菁、刘淑春：《集体行动视角下的制度逻辑演化机制研究：基于专车服务行业的案例分析》，《管理科学学报》2018 年第 2 期。

［16］池仁勇：《区域中小企业创新网络的结点联结及其效率评价研究》，《管理世界》2007 年第 1 期。

［17］崔淼、苏敬勤：《技术引进与自主创新的协同：理论和案例》，《管理科学》2013 第 2 期。

［18］丁绪武、吴忠：《大数据时代下的管理模式创新》，《企业管理》2013 年第 10 期。

［19］董临萍、宋渊洋：《高管团队注意力与企业国际化绩效：权力与管理自由度的调节作用》，《管理评论》2017 年第 8 期。

［20］杜运周、尤树洋：《制度逻辑与制度多元性研究前沿探析与未来研究展望》，《外国经济与管理》2013 年第 12 期。

［21］段艳玲、张婧：《动态环境下市场导向、战略柔性和新产品绩效关系的实证研究》，《软科学》2014 年第 4 期。

［22］范钧、聂津君：《企业—顾客在线互动、知识共创与新产品开发绩效》，《科研管理》2016 年第 1 期。

［23］范黎波、周英超、杨震宁：《"中国式婚姻"：成长型企业的"赘婿式"并购与跨国公司的"教练型"治理》，《管理世界》2014 年第 12 期。

［24］方宏、王益民：《"欲速则不达"：中国企业国际化速度与绩效关系研究》，《科学学与科学技术管理》2017 年第 2 期。

[25] 冯根福，吴林江：《我国上市公司并购绩效的实证研究》，《经济研究》2001 年第 1 期．

[26] 郭净、陈永昶、关凯瀛：《B2B 情境下顾客参与对新产品绩效的影响：知识整合机制的中介作用》，《科技进步与对策》2017 年第 8 期。

[27] 郭锐、陶岚：《"蛇吞象"式民族品牌跨国并购后的品牌战略研究：跨文化视角》，《中国软科学》2013 年第 9 期。

[28] 韩超：《战略性新兴产业政策依赖性探析：来自地方政府补贴视角的实证检验》，《经济理论与经济管理》2014 年第 11 期。

[29] 胡洪力、张鸿：《基于组织学习视角的中国跨国企业知识反哺策略：以浙江万向集团公司为例》，《浙商管理评论》2016 年第 1 期。

[30] 黄江明、赵宁：《资源与决策逻辑：北汽集团汽车技术追赶的路径演化研究》，《管理世界》2014 年第 9 期。

[31] 黄胜、叶广宇、丁振阔：《国际化速度、学习导向与国际新创企业的国际绩效》，《科学学与科学技术管理》2017 年第 7 期。

[32] 黄胜、叶广宇、周劲波：《母国制度环境与新创企业国际化速度：制度能力和国际化导向的作用》，《管理学（季刊）》2018 年第 1 期。

[33] 黄速建、刘建丽：《中国企业海外市场进入模式选择研究》，《中国工业经济》2009 年第 1 期。

[34] 贾良定、张君君、钱海燕、崔荣军、陈永霞：《企业多元化的动机、时机和产业选择：西方理论和中国企业认识的异同研究》，《管理世界》2005 年第 8 期。

[35] 贾建民、耿维、徐戈、郝辽钢、贾轼：《大数据行为研究趋势：一个"时空关"的视角》，《管理世界》2020 年第 2 期。

[36] 江诗松、龚丽敏、魏江：《转型经济背景下后发企业的能力追赶：一个共演模型：以吉利集团为例》，《管理世界》2011 年第 4 期。

[37] 解学梅、李成《社会关系网络与新产品创新绩效——基于知识技术协同的调节效应模型》，《科学学与科学技术管理》2014 年第 6 期。

[38] 李翀：《以市场能够换技术吗？我国提高科学技术水平的路径分析》，《经济社会体制比较》2014年第5期。

[39] 李东红、赵闯：《组织认同对跨国并购后整合的影响：以上汽集团并购韩国双龙汽车为例》，《国际经济合作》2014年第7期。

[40] 李斐、杨育、于鲲鹏、包北方、谢建中：《基于UWG的客户协同产品创新系统稳定性研究》，《科学学研究》2014年第3期。

[41] 李辉：《必要条件分析方法的介绍与应用：一个研究实例》，《中国人力资源开发》2017年第6期。

[42] 李杰义、闫静波、王重鸣：《海外网络嵌入性、国际学习与国际化速度》，《科学学研究》2019年第1期。

[43] 李敏、王志强、赵先德：《供应商关系管理对知识整合与企业创新的影响——共同认知的中介作用》，《科学学与科学技术管理》2017年第8期。

[44] 李晓华：《对加入WTO后"以市场换技术"的思考》，《中国工业经济》2004年第4期。

[45] 李元旭、刘飚：《制度距离与我国企业跨国并购交易成败研究》，《财经问题研究》2016年第3期。

[46] 梁超：《我国利用外资中"超国民待遇"问题研究》，博士学位论文，华东师范大学，2004年。

[47] 林治洪、陈岩、秦学志：《基于制度视角的企业国际化速度对绩效的影响研究：来自中国上市公司的经验分析》，《产业经济研究》2013年第1期。

[48] 刘冰、周绍东：《基于技术和市场内生互动的中国产业升级路径研究》，《管理世界》2014年第2期。

[49] 刘德鹏、贾良定、刘畅唱、蔡亚华、郑雅琴：《从自利到德行：商业组织的制度逻辑变革研究》，《管理世界》2017年第11期。

[50] 刘业政、孙见山、姜元春、陈夏雨、刘春丽：《大数据的价值发现：4C模型》，《管理世界》2020年第2期。

[51] 毛基业、苏芳：《案例研究的理论贡献——中国企业管理案例与质性研究论坛（2015）综述》，《管理世界》2016年第2期。

[52] 潘镇、殷华方、鲁明泓：《制度距离对于外资企业绩效的影响：

一项基于生存分析的实证研究》，《管理世界》2008 年第 7 期。
[53] 彭新敏、郑素丽、吴晓波、吴东：《后发企业如何从追赶到前沿？双元性学习的视角》，《管理世界》2017 年第 2 期。
[54] 彭长桂、吕源：《制度如何选择：谷歌与苹果案例的话语分析》，《管理世界》2016 年第 2 期。
[55] 彭长桂、吕源：《组织正当性的话语构建：谷歌和苹果框架策略的案例分析》，《管理世界》2014 年第 2 期。
[56] 平新乔：《市场换来技术了吗》，《国际经济评论》2007 年第 5 期。
[57] 桑赓陶、汪滔：《我国"市场换技术"的一个模型》，《中国软科学》1999 年第 12 期。
[58] 宋华、卢强：《什么样的中小企业能够从供应链金融中获益？基于网络和能力的视角》，《管理世界》2017 年第 6 期。
[59] 宋铁波、钟熙、陈伟宏：《期望差距与企业国际化速度：来自中国制造业的证据》，《中国工业经济》2017 年第 6 期。
[60] 孙晓华、杨彬、张国峰：《"市场换技术"与产业空心化：一个研究述评》，《科学学与科学技术管理》2009 年第 1 期。
[61] 唐炎钊、王子哲、王校培：《跨国并购文化整合的一个分析框架：论我国企业跨国并购的文化整合》，《经济管理》2008 年第 5 期。
[62] 陶晓波、沈晓岭：《市场学习能力、技术复杂性与新产品开发绩效关系研究》，《科技进步与对策》2018 年第 15 期。
[63] 陶志峰、何之渊：《开放经济背景下的产业保护政策：以轮胎产业典型个案为例》，《中国工业经济》2005 年第 12 期。
[64] 田志龙、李春荣、蒋倩、王浩、刘林、朱力、朱守拓：《中国汽车市场弱势后入者的经营战略：基于对吉利、奇瑞、华晨、比亚迪和哈飞等华系汽车的案例分析》，《管理世界》2010 年第 8 期。
[65] 汪晖：《上市公司债务融资、公司治理与市场价值》，《经济研究》2003 年第 8 期。
[66] 王凤彬、江鸿、王璁：《央企集团管控架构的演进：战略决定、制度引致还是路径依赖？一项定性比较分析（QCA）尝试》，《管理世界》2014 年第 12 期。

[67] 王凤彬、王骁鹏、张驰:《超模块平台组织结构与客制化创业支持:基于海尔向平台组织转型的嵌入式案例研究》,《管理世界》2019年第2期。

[68] 王雷、王圣君:《外部社会资本、吸收能力与新产品绩效的关系:基于中国长三角地区企业样本的实证分析》,《技术经济》2015年第12期。

[69] 王千马、梁冬梅:《新制造时代:李书福与吉利、沃尔沃的超级制造》,中信出版集团2017年版。

[70] 王诗宗、宋程成、许鹿:《中国社会组织多重特征的机制性分析》,《中国社会科学》2014年第12期。

[71] 王允贵:《加入WTO后我国利用外资战略研究》,《改革》2001年第4期。

[72] 王允贵:《跨国公司的垄断优势及其对东道国的产业控制:跨国公司对我国电子及通信设备制造业的投资与控制》,《管理世界》1998年第2期。

[73] 王允贵:《利用外商投资中"以市场换技术"剖析》,《国际贸易问题》1996年第9期。

[74] 魏江、刘洋:《中国企业的非对称创新战略》,《清华管理评论》2017年第10期。

[75] 魏江、潘秋玥、王诗翔:《制度型市场与技术追赶》,《中国工业经济》2016年第9期。

[76] 魏江、王丁、刘洋:《来源国劣势与合法化战略:新兴经济企业跨国并购的案例研究》,《管理世界》2020年第3期。

[77] 魏江、王诗翔、杨洋:《向谁同构?中国跨国企业海外子公司对制度双元的响应》,《管理世界》2016年第10期。

[78] 文婷、韩笑:《中间环节市场结构与价值链治理者的决定:以2G和3G时代中国移动通信产业为例》,《中国工业经济》2014年第3期。

[79] 吴航、陈劲:《新兴经济国家企业国际化模式影响创新绩效机制:动态能力理论视角》,《科学学研究》2014年第8期。

[80] 吴航、陈劲、郑小勇:《新兴经济体中企业国际多样化与创新绩

效：所有权结构的调节效应》,《科研管理》2014 年第 11 期。

[81] 吴建祖、毕玉胜：《高管团队注意力配置与企业国际化战略选择：华为公司案例研究》,《管理学报》2013 年第 9 期。

[82] 吴松强、蔡婷婷、苏思骐：《联盟间伙伴关系对联盟绩效的影响研究》,《科学学研究》2018 年第 12 期。

[83] 吴松强、蔡婷婷、赵顺龙：《产业集群网络结构特征、知识搜索与企业竞争优势》,《科学学研究》2018 年第 7 期。

[84] 吴松强、周娟娟、赵顺龙：《知识属性、环境动态性与技术联盟内企业创新绩效》,《科学学研究》2017 年第 10 期。

[85] 吴先明、苏志文：《将跨国并购作为技术追赶的杠杆：动态能力视角》,《管理世界》2014 年第 4 期。

[86] 武亚军：《中国本土新兴企业的战略双重性：基于华为、联想和海尔实践的理论探索》,《管理世界》2009 年第 12 期。

[87] 肖静华、谢康、吴瑶、冉佳森：《企业与消费者协同演化动态能力构建：B2C 电商梦芭莎案例研究》,《管理世界》2014 年第 8 期。

[88] 谢洪明、陈盈、章俨、李哲麟：《跨国并购研究知识基础及其研究前沿的演进历程》,《管理学（季刊）》2017 年第 1 期。

[89] 谢洪明、蓝海林、叶广宇、杜党勇：《动态竞争：中国主要彩电企业的实证研究》,《管理世界》2003 年第 4 期。

[90] 谢洪明、任艳艳、王倩、赵薇：《民营企业并购发达国家公司的新视角：基于三花控股集团并购的案例分析》,《浙江经济》2013 年第 19 期。

[91] 谢洪明、张倩倩、邵乐乐、吴华飞：《跨国并购的效应：研究述评及展望》,《外国经济与管理》2016 年第 8 期。

[92] 谢洪明、章俨、刘洋、程聪：《新兴经济体企业连续跨国并购中的价值创造：均胜集团的案例》,《管理世界》2019 年第 5 期。

[93] 谢建国：《市场竞争、东道国引资政策与跨国公司的技术转移》,《经济研究》2007 年第 6 期。

[94] 谢军：《技术能力与企业出口绩效间关系的经验性研究》,《华东经济管理》2008 年第 1 期。

［95］谢佩洪、李宁宁、李玲玲：《文化双融视角下中国企业国际化战略整合机制：基于天士力集团的案例研究》，《中国文化与管理》2019 年第 1 期。

［96］许晖、万益迁、裴德贵：《高新技术企业国际化风险感知与防范研究：以华为公司为例》，《管理世界》2008 年第 4 期。

［97］许晖、王琳、张阳：《国际新创企业创业知识溢出及知识整合机制研究：基于天士力国际公司海外员工成长及企业国际化案例》，《管理世界》2015 年第 6 期。

［98］徐可、何桢、王瑞：《供应链关系质量与企业创新价值链：知识螺旋和供应链整合的作用》，《南开管理评论》2015 年第 1 期。

［99］徐鹏、徐向艺：《人工智能时代企业管理变革的逻辑与分析框架》，《管理世界》2020 年第 1 期。

［100］阎大颖：《国际经验、文化距离与中国企业海外并购的经营绩效》，《经济评论》2009 年第 1 期。

［101］阎大颖：《制度距离、国际经验与中国企业海外并购的成败问题研究》，《南开经济研究》2011 年第 5 期。

［102］姚山季、来尧静、金晔、王万竹：《客户协同产品创新、转化式学习和新产品开发绩效：一项实证研究》，《管理工程学报》2017 年第 4 期。

［103］姚山季、王永贵：《顾客参与新产品开发及其绩效影响：关系嵌入的中介机制》，《管理工程学报》2012 年第 4 期。

［104］弋亚群、谷盟、刘怡、马瑞：《动态能力、双元学习与新产品开发绩效》，《科研管理》2018 年第 1 期。

［105］易明、罗瑾琏、王圣慧、钟竞：《时间压力会导致员工沉默吗：基于 SEM 与 fsQCA 的研究》，《南开管理评论》2018 年第 21 期。

［106］于津平：《外资政策、国民利益与经济发展》，《经济研究》2004 年第 5 期。

［107］余明桂、范蕊、钟慧洁：《中国产业政策与企业技术创新》，《中国工业经济》2016 年第 12 期。

［108］俞文华：《加入 WTO 对我国若干技术创新支持政策的冲击及其政策含义》，《科研管理》2001 年第 3 期。

[109] 张宝建、胡海青、张道宏：《企业创新网络的生成与进化：基于社会网络理论的视角》，《中国工业经济》2011 年第 4 期。

[110] 张建红、周朝鸿：《中国企业走出去的制度障碍研究：以海外收购为例》，《经济研究》2010 年第 6 期。

[111] 张明、杜运周：《组织与管理研究中 QCA 方法的应用：定位、策略和方向》，《管理学报》2019 年第 9 期。

[112] 张萍、杨雄胜：《中国本土文化情境下的内部控制模式探索：基于明代龙江船厂的案例研究》，《管理世界》2018 年第 2 期。

[113] 张雪、张庆普：《知识创造视角下客户协同产品创新投入产出研究》，《科研管理》2012 年第 2 期。

[114] 张雪峰、杨育、苏加福：《产品创新任务与协同客户匹配策略与模型》，《科学学研究》2016 年第 1 期。

[115] 赵晓庆：《中国汽车产业的自主创新：探析"以市场换技术"战略失败的体制根源》，《浙江大学学报》（人文社会科学版）2013 年第 3 期。

[116] 赵增耀：《市场换技术的意图、可行性及其局限》，《学术月刊》2007 年第 3 期。

[117] 钟熙、陈伟宏、林越颖：《CEO 特征、国际化速度与企业绩效》，《中国科技论坛》2018 年第 9 期。

[118] 钟熙、陈伟宏、宋铁波、翁艺敏：《CEO 过度自信、管理自主权与企业国际化进程》，《科学学与科学技术管理》2018 年第 11 期。

[119] 周健明、张新圣、周永务：《资源拼凑、团队即兴与初创企业新产品开发绩效》，《科研管理》2019 年第 1 期。

[120] 周经、张利敏：《制度距离、强效制度环境与中国跨国企业对外投资模式选择》，《国际贸易问题》2014 年第 11 期。

[121] 周俊：《领域知识专用性投资对投资方能力构建的作用》，《科研管理》2017 年第 6 期。

[122] 周俊、薛求知：《中国企业海外并购中的知识获取研究》，《科学学与科学技术管理》2008 年第 7 期。

[123] 朱勤、刘垚：《我国上市公司跨国并购财务绩效的影响因素分析》，《国际贸易问题》2013 年第 8 期。

[124] Acedo F. J., Jones M. V., "Speed of Internationalization and Entrepreneurial Cognition: Insights and A Comparison between International New Ventures, Exporters and Domestic Firms", *Journal of World Business*, Vol. 42, No. 3, 2007, pp. 236 – 252.

[125] Adebanjo D., Teh P. L., and Ahmed P. K., "The Impact of Supply Chain Relationships and Integration on Innovative Capabilities and Manufacturing Performance: The Perspective of Rapidly Developing Countries", *International Journal of Production Research*, Vol. 56, No. 4, 2018, pp. 1708 – 1721.

[126] Aiken L. S., West S. G., and Reno R. R., *Multiple Regression: Testing and Interpreting Interactions*, London: Sage Publications, 1991.

[127] Akter S., Wamba S. F., "Big Data Analytics in E – commerce: A Systematic Review and Agenda for Future Research", *Electronic Markets*, Vol. 26, No. 2, 2016, pp. 173 – 194.

[128] Akter S., Wamba S. F., Gunasekaran A., Dubey R., and Childe S. J., "How to Improve Firm Performance Using Big Data Analytics Capability and Business Strategy Alignment?", *International Journal of Production Economics*, Vol. 182, No. 2016, pp. 113 – 131.

[129] Allocca M. A., Kessler E. H., "NPD Speed in Small and Medium – sized Enterprises", *Creativity and Innovation Management*, Vol. 15, No. 3, 2006, pp. 279 – 295.

[130] Almandoz J., "Arriving at The Starting Line: The Impact of Community and Financial Logics on New Banking Ventures", *Academy of Management Journal*, Vol. 55, No. 6, 2012, pp. 1381 – 1406.

[131] Amburgey T L, Miner A S., "Strategic Momentum: The Effects of Repetitive, Positional, and Contextual Momentum on Merger Activity", *Strategic Management Journal*, Vol. 13, No. 5, 1992, pp. 335 – 348.

[132] Ancona D. G., Goodman P. S., and Lawrence B. S., et al., "Time: A New Research Lens", *Academy of Management Review*, Vol. 26,

No. 4, 2001, pp. 645 – 663.

[133] Angrave D., Charlwood A., Kirkpatrick I., Lawrence M., and Stuart M., "HR and Analytics: Why HR Is Set to Fail The Big Data Challenge", *Human Resource Management Journal*, Vol. 26, No. 1, 2016, pp. 1 – 11.

[134] Aulakh P. S., "Emerging Multinationals from Developing Economies: Motivations, Paths and Performance", *Journal of International Management*, Vol. 13, No. 3, 2007, pp. 235 – 240.

[135] Barwick H. "The 'four Vs' of Big Data", *Implementing Information Infrastructure Symposium*, 2012.

[136] Bar – Yam Y., "From Big Data to Important Information", *Complexity*, Vol. 21, No. S2, 2016, pp. 73 – 98.

[137] Battilana J., Sengul M., Pache A – C., and Model J., "Harnessing Productive Tensions in Hybrid Organizations: The Case of Work Integration Social Enterprises", *Academy of Management Journal*, Vol. 58, No. 6, 2015, pp. 1658 – 1685.

[138] Bauer F., King D., and Matzler K., "Speed of Acquisition Integration: Separating The Role of Human and Task Integration", *Scandinavian Journal of Management*, Vol. 32, No. 3, 2016, pp. 150 – 165.

[139] Baum M., Schwens C., and Kabst R., "A Latent Class Analysis of Small Firms' Internationalization Patterns", *Journal of World Business*, Vol. 50, No. 1, 2015, pp. 754 – 768.

[140] Belsey D. A., Kuh E., and Welsch R., *Regress Diagnostics: Identifying Influential Data and Sources of Collinearity*, New York: Wiley, 1980.

[141] Bertrand O., Zuniga P., "R&D and M&A: Are Cross – border M&A Different? An Investigation on OECD Countries", *International Journal of Industrial Organization*, Vol. 24, No. 2, 2006, pp. 401 – 423.

[142] Blazquez D., Domenech J., "Big Data Sources and Methods for So-

cial and Economic Analyses", *Technological Forecasting and Social Change*, Vol. 130, 2018, pp. 99 – 113.

[143] Boyce L. A., Zaccaro S. J., and Wisecarver M. Z., "Propensity for Self – development of Leadership Attributes: Understanding, Predicting, and Supporting Performance of Leader Self – development", *Leadership Quarterly*, Vol. 21, No. 1, 2010, pp. 159 – 178.

[144] Boynton A. C., Zmud R. W., and Jacobs G. C., "The Influence of IT Management Practice on IT Use in Large Organizations", *MIS Quarterly*, Vol. 18, No. 3, 1994, pp. 299 – 316.

[145] Buyya R., Calheiros R. N., and Dastjerdi A. V., *Big Data: Principles and Paradigms*, San Francisco: Morgan Kaufmann, 2016.

[146] Campbell J. T., Sirmon D. G., and Schijven M., "Fuzzy Logic and The Market: A Configurational Approach to Investor Perceptions of Acquisition Announcements", *Academy of Management Journal*, Vol. 59, No. 1, 2016, pp. 163 – 187.

[147] Caniato F., Golini R., and Kalchschmidt M., "The Effect of Global Supply Chain Configuration on The Relationship between Supply Chain Improvement Programs and Performance", *International Journal of Production Economics*, Vol. 143, No. 2, 2013, pp. 285 – 293.

[148] Carbonell P., Rodríguez A. I., "The Impact of Market Characteristics and NPD Speed on Perceptions of Positional Advantage and New Product Performance", *International Journal of Research in Marketing*, Vol. 23, No. 1, 2006, pp. 1 – 12.

[149] Carbonell P., Rodríguez Escudero A. I., "The Effect of Market Orientation on NPD Speed and New Product Performance", *Journal of Business & Industrial Marketing*, Vol. 25, No. 7, 2010, pp. 501 – 513.

[150] Casillas J. C., Acedo F. J., "Speed in The Internationalization Process of The Firm", *International Journal of Management Reviews*, Vol. 15, No. 1, 2013, pp. 15 – 29.

[151] Casillas J. C., Moreno – Menéndez A. M., "Speed of The Interna-

tionalization Process: The Role of Diversity and Depth in Experiential Learning", *Journal of International Business Studies*, Vol. 45, No. 1, 2014, pp. 85 – 101.

[152] Cattell R. B., *The Nature and Genesis of Mood States: A Theoretical Model with Experimental Measurements Concerning Anxiety, Depression, Arousal, and Other Mood States*, In Anxiety: Academic Press, 1972.

[153] Chan K. Y., Uy M. A., Chernyshenko O. S., Ho M. R., and Sam Y., "Personality and Entrepreneurial, Professional and Leadership Motivations", *Personality and Individual Differences*, Vol. 77, 2015, pp. 161 – 166.

[154] Chang M. L., Cheng C. F., and Wu W. Y., "How Buyer – Seller Relationship Quality Influences Adaptation and Innovation by Foreign MNCs' Subsidiaries", *Industrial Marketing Management*, Vol. 41, No. 7, 2012, pp. 1047 – 1057.

[155] Chang S. J., Rhee J. H., "Rapid FDI Expansion and Firm Performance", *Journal of International Business Studies*, Vol. 42, No. 8, 2011, pp. 979 – 994.

[156] Chao M. C. H., Kumar V., "The Impact of Institutional Distance on The International Diversity – performance Relationship", *Journal of World Business*, Vol. 45, No. 1, 2010, pp. 93 – 103.

[157] Chaudhuri S., Dayal U., and Narasayya V., "An Overview of Business Intelligence Technology", *Communications of the ACM*, Vol. 54, No. 8, 2011, pp. 88 – 98

[158] Chen C. I., Yeh C. H., "Re – examining Location Antecedents and Pace of Foreign Direct Investment: Evidence From Taiwanese Investments in China", *Journal of Business Research*, Vol. 65, No. 8, 2012, pp. 1171 – 1178.

[159] Chen C., Greene P, and Crick A., "Does Entrepreneurial Self – efficacy Distinguish Entrepreneurs From Managers?", *Journal of Business Venturing*, Vol. 13, No. 4, 1998, pp. 295 – 316.

[160] Chen H. L., Hsu W. T., Chang C. Y., "Independent Directors' Human and Social Capital, Firm Internationalization and Performance Implications: An Integrated Agency – resource Dependence View", *International Business Review*, Vol. 25, No. 4, 2016, pp. 859 – 871.

[161] Chen H., Chiang R. H. L., and Storey V. C., "Business Intelligence and Analytics: From Big Data to Big Impact", *MIS Quarterly*, Vol. 36, No. 4, 2012, pp. 1165 – 1188.

[162] Chen J., Nadkarni S., "It's About Time! CEOs' Temporal Dispositions, Temporal Leadership, and Corporate Entrepreneurship", *Administrative Science Quarterly*, Vol. 62, No. 1, 2017, pp. 31 – 66.

[163] Chen J., Reilly R. R., and Lynn G. S., "New Product Development Speed: Too Much of A Good Thing?", *Journal of Product Innovation Management*, Vol. 29, No. 2, 2012, pp. 288 – 303.

[164] Chen J., Reilly R. R., and Lynn G. S., "The Impacts of Speed – to – market on New Product Success: The Moderating Effects of Uncertainty", *IEEE Transactions on Engineering Management*, Vol. 52, No. 2, 2005, pp. 199 – 212.

[165] Chen M. J., Miller D., "Competitive Dynamics: Themes, Trends, and A Prospective Research Platform", *Academy of Management Annals*, Vol. 6, No. 1, 2012, pp. 135 – 210.

[166] Cheng C., Yang M., "Enhancing Performance of Cross – border Mergers and Acquisitions in Developed Markets: The Role of Business Ties and Technological Innovation Capability", *Journal of Business Research*, Vol. 81, 2017, pp. 107 – 117.

[167] Chetty S., Campbell – Hunt C., "A Strategic Approach to Internationalization: A Traditional Versus A 'Born – global' Approach", *Journal of International Marketing*, Vol. 12, No. 1, 2004, pp. 57 – 81.

[168] Chetty S., Johanson M., and Martín O. M., "Speed of Internationalization: Conceptualization, Measurement and Validation", *Journal of World Business*, Vol. 49, No. 4, 2014, pp. 633 – 650.

[169] Cohen S. G., Mohrman S. A., and Mohrman Jr A. M., "We Can't Get There Unless We Know Where We Are Going: Direction Setting for Knowledge Work Teams", *Research on Managing Groups and Teams*, Vol. 2, 1999, pp. 1 – 31.

[170] Corner P. D., Ho M., "How Opportunities Develop in Social Entrepreneurship", *Entrepreneurship Theory & Practice*, Vol. 34, No. 4, 2010, pp. 635 – 659.

[171] Côrte – Real N., Oliveira T., and Ruivo P., "Assessing Business Value of Big Data Analytics in European Firms", *Journal of Business Research*, Vol. 70, 2017, pp. 379 – 390.

[172] Cox, Michael, and David Ellsworth. "Managing Big Data for Scientific Visualization", *ACM siggraph*. Vol. 97. 1997, pp. 21 – 38.

[173] Crossan M., Cunha M. P. E., Vera D., et al., "Time and Organizational Improvisation", *Academy of Management Review*, Vol. 30, No. 1, 2005, pp. 129 – 145.

[174] Cyert, Richard M., and James G. March. *A Behavioral Theory of The Firm*, Englewood Cliffs: NJ 2.4, 1963, pp. 169 – 187.

[175] Danese P., Romano P., "Supply Chain Integration and Efficiency Performance: A Study on The Interactions between Customer and Supplier Integration", *Supply Chain Management: An International Journal*, Vol. 16, No. 4, 2011, pp. 220 – 230.

[176] Datta D. K., "Organizational Fit and Acquisition Performance: Effects of Post – acquisition Integration", *Strategic Management Journal*, Vol. 12, No. 4, 1991, pp. 281 – 297.

[177] Delmar F., Shane S., "Does Business Planning Facilitate the Development of New Ventures?", *Strategic Management Journal*, Vol. 24, No. 12, 2003, pp. 1165 – 1185.

[178] Deng P., "Why do Chinese Firms Tend to Acquire Strategic Assets in International Expansion?", *Journal of World Business*, Vol. 44, No. 1, 2009, pp. 74 – 84.

[179] Dierickx I., Cool K., "Asset Stock Accumulation and Sustainability

of Competitive Advantage", *Management Science*, Vol. 35, No. 12, 1989, 1504 – 1511.

[180] Dikova D., Sahib P. R., and Van Witteloostuijn A., "Cross – border Acquisition Abandonment and Completion: The Effect of Institutional Differences and Organizational Learning in The International Business Service Industry, 1981 – 2001", *Journal of International Business Studies*, Vol. 41, No. 2, 2010, pp. 223 – 245.

[181] Durand R., Jourdan J., "Jules or Jim: Alternative Conformity to Minority Logics", *Academy of Management Journal*, Vol. 55, No. 6, 2012, pp. 1295 – 1315.

[182] Edelman L., Yli – Renko H., "The Impact of Environment and Entrepreneurial Perceptions on Venture – Creation Efforts: Bridging the Discovery and Creation Views of Entrepreneurship", *Entrepreneurship Theory and Practice*, Vol. 34, No. 2010, pp. 833 – 856.

[183] Eden L., "Letter From the Editor – in – Chief: Time in International Business", *Journal of International Business Studies*, Vol. 40, No. 4, 2009, pp. 535 – 538.

[184] Eden L., and Miller S. R., "Distance Matters: Liability of Foreignness, Institutional Distance and Ownership Strategy", *Advances in International Management*, Vol. 16, No 4, 2004, pp. 187 – 221.

[185] Ekelund J., Johannson E., Jarvelin M., and Lichtermann D., "Self – employment and Risk Aversion – evidence From Psychological Test Data", *Labour Economics*, Vol. 12, No. 5, 2005, pp. 649 – 659.

[186] Erevelles S., Fukawa N., and Swayne L., "Big Data Consumer Analytics and the Transformation of Marketing", *Journal of Business Research*, Vol. 69, No. 2, 2016, pp. 897 – 904。

[187] Fam S. F., Ismail N., and Shinyie W. L., "The Magnitude of Big Data 5vs in Business Macroclimate", *International Journal of Recent Technology and Engineering*, Vol. 8, No. 1, 2019, pp. 497 – 503.

[188] Fiss P. C., "A Set – theoretic Approach to Organizational Configurations", *Academy of Management Review*, Vol. 32, No. 4, 2007, pp.

1180 – 1198.

[189] Fiss P. C., "Building Better Causal Theories: A Fuzzy Set Approach to Typologies in Organization Research", *Academy of Management Journal*, Vol. 54, No. 2, 2011, pp. 393 – 420.

[190] Forbes D. P., "Managerial Determinants of Decision Speed in New Ventures", *Strategic Management Journal*, Vol. 26, No. 4, 2005, pp. 255 – 266.

[191] Forsgren M., "The Concept of Learning in the Uppsala Internationalization Process Model: A Critical Review", *International Business Review*, Vol. 11, No. 3, 2002, pp. 257 – 277.

[192] Freeman S., Cavusgil S. T., "Toward a Typology of Commitment States among Managers of Born – Global Firms: A Study of Accelerated Internationalization", *Journal of International Marketing*, Vol. 15, No. 4, 2007, pp. 1 – 40.

[193] Frohlich M. T., Westbrook R., "Arcs of Integration: An International Study of Supply Chain Strategies", *Journal of Operations Management*, Vol. 19, No. 2, 2001, pp. 185 – 200.

[194] Gao G. Y., Pan Y., "The Pace of MNEs' Sequential Entries: Cumulative Entry Experience and the Dynamic Process", *Journal of International Business Studies*, Vol. 41, No. 9, 2010, pp. 1572 – 1580.

[195] García – García, R., García – Canal, E., and Guillén, M. F., "Rapid Internationalization and Long – term Performance: The Knowledge Link", *Journal of World Business*, Vol. 52, No. 1, 2017, pp. 97 – 110.

[196] Gaur A. S., Lu J. W., "Ownership Strategies and Survival of Foreign Subsidiaries: Impacts of Institutional Distance and Experience", *Journal of Management*, Vol. 33, No. 1, 2007, pp. 84 – 110.

[197] Ge J., Stanley L. J., Eddleston K., and Kellermanns F. W., "Institutional Deterioration and Entrepreneurial Investment: The Role of Political Connections", *Journal of Business Venturing*, Vol. 32, No.

4, 2017, pp. 405 – 419.

[198] Gevers J. M. P., Rutte C. G., and Eerde W. V., "Meeting Deadlines in Work Groups: Implicit and Explicit Mechanisms", *Applied Psychology*, Vol. 55, No. 1, 2006, pp. 52 – 72.

[199] Gevers J., Mohammed S., and Nataliya B., "The Conceptualisation and Measurement of Pacing Styles", *Applied Psychology*, Vol. 64, No. 3, 2015, pp. 499 – 540.

[200] Gilson L. L., Shalley C. E., "A Little Creativity Goes A Long Way: An Examination of Teams' Engagement in Creative Processes", *Journal of Management*, Vol. 30, No. 4, 2004, pp. 453 – 470.

[201] Glaser B. G., Strauss A. L., "The Discovery of Grounded Theory: Strategies for Qualitative Research", *USA: Aldine de Gruyter*, Vol. 17, No. 4, 1968, pp. 164.

[202] Goktan A. B., Miles G., "Innovation Speed and Radicalness: Are They Inversely Related?", *Management Decision*, Vol. 49, No. 4, 2012, pp. 533 – 547.

[203] Gomez – Mejia L. R., and Palich L. E., "Cultural Diversity and the Performance of Multinational Firms", *Journal of International Business Studies*, Vol. 28, No. 2, 1997, pp. 309 – 335.

[204] Goodrick E., Reay T., "Constellations of Institutional Logics: Change in the Professional Work of Pharmacists", *Work and Occupation*, Vol. 38, No. 3, 2011, pp. 372 – 416.

[205] Graebner M. E., Eisenhardt K. M., "The Seller's Side of the Story: Acquisition as Courtship and Governance as Syndicate in Entrepreneurial Firms", *Administrative Science Quarterly*, Vol. 49, No. 3, 2004, pp. 366 – 403.

[206] Greenwood R., Hinings C. R., and Whetten D., "Rethinking Institutions and Organizations", *Journal of Management Studies*, Vol. 51, No, 7, 2014, pp. 1206 – 1220.

[207] Greenwood R., Raynard M., Kodeih F., Micelotta E. R., and

Lounsbury M., "Institutional Complexity and Organizational Responses", *Academy of Management Annals*, Vol. 59, No. 1, 2011, pp. 317 – 371.

[208] Greve H. "Performance, Aspirations, and Risky Organizational Change", *Administrative Science Quarterly*, Vol. 43, No. 1, 1998, pp. 58 – 86.

[209] Griffith S. B., *Sun Tzu: The art of war*, London: Oxford University Press, 1963.

[210] Gupta M., George J. F., "Toward the Development of A Big Data Analytics Capability", *Information & Management*, Vol. 53, No. 8, 2016, pp. 1049 – 1064.

[211] Hair J., W. Black B. Babin, and Anderson R., *Multivariate Data Analysis: A Global Perspective (7th edition)*, Upper Saddle River: Prentice hall, 2010.

[212] Halbesleben J. R. B., Novicevic M. M., Harvey M. G., and Buckley M. C., "Awareness of Temporal Complexity in Leadership of Creativity and Innovation: A Competency – based Model", *Leadership Quarterly*, Vol. 14, No. 4, 2003, pp. 433 – 454.

[213] Hambrick D. C., Cho T. S., "Chen M. J., "The Influence of Top Management Team Heterogeneity on Firms'Competitive Moves", *Administrative Science Quarterly*, Vol. 41, No. 4, 1996, pp. 659 – 684.

[214] Hamp – Lyons, C., "Dragon in the Room: China's Anti – Monopoly Law and International Merger Review", *The Vanderbilt Law Review*, Vol. 62, No. 5, 2009, pp. 1577 – 1613.

[215] Hayward M. L. A., "When Do Firms Learn from Their Acquisition experience? Evidence from 1990 to 1995", *Strategic Management Journal*, Vol. 23, No. 1, 2002, pp. 21 – 39.

[216] Hayward M. L. A., and Hambrick D. C., "Explaining the Premiums Paid for Large Acquisitions: Evidence of CEO hubris", *Administrative Science Quarterly*, Vol. 42, No. 1, 1997, pp. 103 – 127.

[217] He W., Tian X., Chen Y., and Chong D., "Actionable Social

Media Competitive Analytics for Understanding Customer Experiences", *Journal of Computer Information Systems*, Vol. 56, No. 2, 2016, pp. 145 – 155.

[218] Henker N., Sonnentag S., and Unger D., "Transformational Leadership and Employee Creativity: The Mediating Role of Promotion Focus and Creative Process Engagement", *Journal of Business and Psychology*, Vol. 30, No. 2, 2015, pp. 235 – 247.

[219] Hilmersson M., "Small and Medium – sized Enterprise Internationalization Strategy and Performance in Times of Market Turbulence", *International Small Business Journal*, Vol. 32, No. 4, 2014, pp. 386 – 400.

[220] Hilmersson M., Johanson M., "Speed of SME Internationalization and Performance", *Management International Review*, Vol. 56, No. 1, 2016, pp. 67 – 94.

[221] Hitt M. A., Hoskisson R. E., and Kim H., "International Diversification: Effects on Innovation and Firm Performance in Product – Diversified Firms", *Academy of Management Journal*, Vol. 40, No. 4, 1997, pp. 767 – 798.

[222] Hofstede G., *Culture's consequences: International Differences in Work – related Values*, Sage, 1984.

[223] Hofstede G., Hofstede G. J., and Minkov M., *Cultures and Organizations: Software of the Mind*, New York: Mcgraw – Hill, 2005.

[224] Hsu W. T., Chen H. L., and Cheng C. Y., "Internationalization and Firm Performance of SMEs: The Moderating Effects of CEO Attributes", *Journal of World Business*, Vol. 48, No. 1, 2013, pp. 1 – 12.

[225] Huang L. T., "Flow and Social Capital Theory in Online Impulse Buying", *Journal of Business Research*, Vol. 69, No. 6, 2016, pp. 2277 – 2283.

[226] Hutton E. L., Xunzi, *The complete text*, Princeton University Press, 2014.

[227] Hutzschenreuter T., Voll J. C., and Verbeke A., "The Impact of Added Cultural Distance and Cultural Diversity on International Expansion Patterns: A Penrosean Perspective", *Journal of Management Studies*, Vol. 48, No. 2, 2011, pp. 305 – 329.

[228] Hymer S. H., *The international operations of national firms: A study of direct foreign investment*, MIT press, 1976.

[229] Im S., Workman J. P., "Market Orientation, Creativity, and New Product Performance in High – Technology Firms", *Journal of Marketing*, Vol. 68, No. 2, 2004, pp. 114 – 132.

[230] Ingram P, Silverman B. S., "The New Institutionalism in Strategic Management", *Advances in Strategic Management*, Vol. 19, 2002, pp. 1 – 30.

[231] Iyer D. N., Miller K. D., "Performance Feedback, Slack, and the Timing of Acquisitions", *Academy of Management Journal*, Vol. 51, No. 4, 2008, pp. 808 – 822.

[232] Janssen M., Haiko V. D. V., and Wahyudi A., "Factors Influencing Big Data Decision – making Quality", *Journal of Business Research*, Vol. 70, 2017, pp. 338 – 345.

[233] Jarzabkowski P., Le J. K., and Ven A. H. V. D., "Responding to Competing Strategic Demands: How Organizing, Belonging, and Performing Paradoxes Coevolve", *Strategic Organization*, Vol. 11, No. 2, 2013, pp. 245 – 280.

[234] Jay J., "Navigating Paradox as a Mechanism of Change and Innovation in Hybrid Organizations", *Academy of Management Journal*, Vol. 56, No. 1, 2013, pp. 137 – 159.

[235] Jayaram J., Vickery S., and Droge C., "Relationship Building, Lean Strategy and Firm Performance: An Exploratory Study in the Automotive Supplier Industry", *International Journal of Production Research*, Vol. 46, No. 20, 2008, pp. 5633 – 5649.

[236] Jiang R. J., Beamish P. W., and Makino S., "Time Compression Diseconomies in Foreign Expansion", *Journal of World Business*,

Vol. 49, No. 1, 2014, pp. 114 – 121.

[237] Johanson J., Vahlne J. E., "The Internationalization Process of the Firm—A Model of Knowledge Development and Increasing Foreign Market Commitments", *Journal of International Business Studies*, Vol. 8, No. 1, 1977, pp. 23 – 32.

[238] Johanson J., Vahlne J. E., "The Uppsala Internationalization Process Model Revisited: From Liability of Foreignness to Liability of Outsidership", *Journal of International Business Studies*, No. 40, No. 9, 2009, pp. 1411 – 1431.

[239] Johnson J. S., Friend S. B., and Lee H. S., "Big Data Facilitation, Utilization, and Monetization: Exploring the 3Vs in A New Product Development Process", *Journal of Product Innovation Management*, Vol. 34, No. 5, 2017, pp. 640 – 658.

[240] Juntunen J. K., Halme M., Korsunova A., and Rajala R., "Strategies for Integrating Stakeholders into Sustainability Innovation: A Configurational Perspective", *Journal of Product Innovation Management*, Vol. 36, No. 3, 2019, pp. 331 – 355.

[241] Keig D. L., Brouthers L. E., and Marshall V. B., "The Impact of Formal and Informal Institutional Distances on MNE Corporate Social Performance", *International Business Review*, Vol. 28, No. 5, 2019, pp. 2085 – 2092.

[242] Kessler E. H., Bierly P. E., "Is Faster Really Better? An Empirical Test of the Implication of NPD Speed", *IEEE Transactions on Engineering Management*, Vol. 49, No. 1, 2002, pp. 2 – 12.

[243] Kessler E. H., Chakrabarti A. K., "NPD Speed: A Conceptual Model of Context, Antecedents, and Outcomes. *Academy of Management Review*, Vol. 21, No. 4, 1996, pp. 1143 – 1191.

[244] Kessler E. H., Chakrabarti A. K., "Speeding Up the Pace of New Product Development", *Journal of Product Innovation Management*, Vol. 16, No. 3, 1999, pp. 231 – 247.

[245] Khanna T., Palepu K., "Emerging Giants: Building World Class

Companies in Developing Economies", *Harvard Business Review*, Vol. 84, No. 100, 2006, pp. 60 – 70.

[246] Kimura Y., "Firm – Specific Strategic Advantages and Foreign Direct Investment Behavior of Firms: The Case of Japanese Semiconductor Firms", *Journal of International Business Studies*, Vol. 20, No. 2, 1989, pp. 296 – 314.

[247] King D. R., Dalton D. R., Daily C. M., and Covin J. G., "Meta – analyses of Post – acquisition Performance: Indications of Unidentified Moderators", *Strategic Management Journal*, Vol. 25, No. 2, 2004, pp. 187 – 200.

[248] Knight G. A., "Cross – cultural Reliability and Validity of A Scale to Measure Firm Entrepreneurial Orientation", *Journal of Business Venturing*, Vol. 12, No. 3, 1997, pp. 213 – 225.

[249] Knight G. A., Cavusgil S. T., "Innovation, Organizational Capabilities, and the Born – Global Firm", *Journal of International Business Studies*, Vol. 35, No. 2, 2004, pp. 124 – 141.

[250] Koellinger P., Minniti M., and Schade C., "I Think I Can, I Think I Can: Overconfidence and Entrepreneurial Behavior". *Journal of Economic Psychology*, Vol. 28, No. 4, 2007, pp. 502 – 527.

[251] Kogut B., and Singh H., "The Effect of National Culture on the Choice of Entry Mode", *Journal of International Business Studies*, Vol. 19, No. 3, 1988, pp. 411 – 432.

[252] Kostova T., and Zaheer S., "Organizational Legitimacy Under Conditions of Complexity: The Case of the Multinational Enterprise", *Academy of Management Journal*, Vol. 24, No. 1, 1999, pp. 64 – 81.

[253] Kotovsky K., and Simon H. A., "What Makes Some Problems Really Hard: Explorations in the Problem Space of Difficulty", *Cognitive psychology*, Vol. 22, No. 2, 1990, pp. 143 – 183.

[254] Kraatz M S, Block E S., "Organizational Implications of Institutional Pluralism", *The Sage handbook of organizational institutionalism*, Vol. 840, 2008, pp. 243 – 275.

[255] Kropp F., Lindsay N. J., and Shoham A., "Entrepreneurial, Market, and Learning Orientations and International Entrepreneurial Business Venture Performance in South African Firms", *International Marketing Review*, Vol. 23, No. 5, 2006, pp. 504 – 523.

[256] Laamanen T., Keil T., "Performance of Serial Acquirers: Toward An Acquisition Program Perspective", *Strategic Management Journal*, Vol. 29, No. 6, 2008, pp. 663 – 672.

[257] Landy F. J., Rastegary H., Thayer J., and Caran C., "Time Urgency: The Construct and Its Measurement", *Journal of Applied Psychology*, Vol. 76, No. 5, 1991, pp. 644 – 657.

[258] Laney D., "3D Data Management: Controlling Data Volume, Velocity and Variety", *META Group Research Note*, Vol. 6, No. 70, 2001, pp. 1 – 6.

[259] Langerak F., Hultink E. J., and Robben S. J., "The Impact of Market Orientation, Product Advantage, and Launch Proficiency on New Product Performance and Organizational Performance", *Journal of Product Innovation Management*, Vol. 21, No. 2, 2004, pp. 79 – 94.

[260] Langerak F., Hultink E., "The Impact of Product Innovativeness on the Link between Development Speed and New Product Profitability", *Journal of Product Innovation Management*, Vol. 23, No. 2, 2006, pp. 203 – 214.

[261] Larson D., Chang V., "A Review and Future Direction of Agile, Business Intelligence, Analytics and Data Science", *International Journal of Information Management*, Vol. 36, No. 5, 2016, pp. 700 – 710.

[262] LaValle S., Lesser E., Shockley R., Hopkins M. S., and Kruschwitz N., "Big Data, Analytics and the Path from Insights to Value", *MIT Sloan Management Review*, Vol. 52, No. 2, 2011, pp. 21 – 32.

[263] Lazer D., Kennedy R., King G., and Vespignani A., "The Parable

of Google Flu: Traps in Big Data Analysis", *Science*, Vol. 343, No. 6176, 2014, pp. 1203 – 1205.

[264] Lee K., and Malerba F., "Catch – up Cycles and Changes in Industrial Leadership: Windows of Opportunity and Responses of Firms and Countries in the Evolution of Sectoral Systems", *Research Policy*, Vol. 46, No. 2, 2016, pp. 338 – 351.

[265] Lee T. P., Pan C. H., "Institutional Factors and Innovation Diffusion: The Diffusion of the Book Start Programme Among Township Libraries in Taichung City, Taiwan", *Journal of Asian Public Policy*, Vol. 7, No. 2, 2014, pp. 154 – 168.

[266] Leenders R., Engelen J. M., and Kratzer J. "Systematic Design Methods and the Creative Performance of New Product Teams: Do they Contradict or Complement Each Other?", *Journal of Product Innovation Management*, Vol. 24, No. 2, 2007, pp. 166 – 179.

[267] Li J., Chen L., Yi J., Mao J., and Liao J., "Ecosystem – specific Advantages in International Digital Commerce", *Journal of International Business Studies*, Vol. 50, No. 9, 2019, pp. 1448 – 1463.

[268] Li L., Qian G., and Qian Z., "Speed of Internationalization: Mutual Effects of Individual – and Company – level Antecedents", *Global Strategy Journal*, Vol. 5, No. 4, 2015, pp. 303 – 320.

[269] Li P. P., "Trust Portfolio toward An Integrative Framework: The Emerging Themes of Trust Context and Trust Complexity", *Journal of Trust Research*, Vol. 6, No. 2, 2016, pp. 105 – 110.

[270] Li P. Y., "Top Management Team Characteristics and Firm Internationalization: The Moderating Role of the Size of Middle Managers", *International Business Review*, Vol. 27, No. 1, 2018, pp. 125 – 138.

[271] Li Y., Vertinsky I. B., and Li J., "National Distances, International Experience, and Venture Capital Investment Performance", *Journal of Business Venturing*, Vol. 29, No. 4, 2014, pp. 471 – 489.

[272] Lieberman M. B., and Montgomery D. B., "First – mover (dis) advantages: Retrospective and Link with The Resource – based View",

Strategic Management Journal, Vol. 19, No. 12, 1998, pp. 1111 – 1125.

[273] Lieberman M. B., and Montgomery D. B., "First – mover advantages", *Strategic Management Journal*, Vol. 9, No. S1, 1988, pp. 41 – 58.

[274] Lim M. H., and Lee J. H., "The Effects of Industry Relatedness and Takeover Motives on Cross – border Acquisition Completion", *Journal of Business Research*, Vol. 69, No. 11, 2016, pp. 4787 – 4792.

[275] Lin W. T., and Liu Y., "Successor Characteristics, Organizational Slack, and Change in The Degree of Firm Internationalization", *International Business Review*, Vol. 21, No. 1, 2012, pp. 89 – 101.

[276] Lin W. T., Cheng K. Y., and Liu Y., "Organizational Slack and Firm's Internationalization: A Longitudinal Study of High – technology firms", *Journal of World Business*, Vol. 44, No. 4, 2009, pp. 397 – 406.

[277] Lin W. T., "Family Ownership and Internationalization Processes: Internationalization Pace, Internationalization Scope, and Internationalization Rhythm", *European Management Journal*, Vol. 30, No. 1, 2012, pp. 47 – 56.

[278] Lin W. T., "How Do Managers Decide on Internationalization Processes? The Role of Organizational Slack and Performance Feedback", *Journal of World Business*, Vol. 49, No. 3, 2014, pp. 396 – 408.

[279] Lindebaum D., Vesa M., and den Hond F., "Insights From "The Machine Stops" to Better Understand Rational Assumptions in Algorithmic Decision Making and Its Implications for Organizations", *Academy of Management Review*, Vol. 45, No. 1, 2020, pp. 247 – 263.

[280] Liou R. S., Chao M. C. H., and Yang M., "Emerging Economies and Institutional Quality: Assessing the Differential Effects of Institutional Distances on Ownership Strategy", *Journal of World Business*, Vol. 51, No. 4, 2016, pp. 600 – 611.

[281] Liu Y., Keller R. T., and Shih H. A., "The Impact of Team-member Exchange, Differentiation, Team Commitment, and Knowledge Sharing on R&D Project Team Performance", *R&D Management*, Vol. 41, No, 3, 2011, pp. 274 – 287.

[282] Lounsbury M., "Institutional Rationality and Practice Variation: New Direction in the Institutional Analysis of Practice", *Academy of Management Journal*, Vol. 33, No. 4 – 5, 2008, pp. 349 – 361.

[283] Lu J. W., and Xu D., "Growth and Survival of International Joint Ventures: An External – internal Legitimacy Perspective", *Journal of Management*, Vol. 32, No. 3, 2006, pp. 426 – 448.

[284] Lu J., Liu X., Filatotchev I., et al., "The Impact of Domestic Diversification and Top Management Teams on the International Diversification of Chinese Firms", *International Business Review*, Vol. 23, No. 2, 2014, pp. 455 – 467.

[285] Lu Y., and Ramamurthy K. R., "Understanding the Link between Information Technology Capability and Organizational Agility: An Empirical Examination", *MIS Quarterly*, Vol. 35, No. 4, 2011, pp. 931 – 954.

[286] Luan S., Reb J., and Gigerenzer G., "Ecological Rationality: Fast – and – frugal Heuristics for Managerial Decision Making Under Uncertainty", *Academy of Management Journal*, Vol. 62, No. 6, 2019, pp. 1735 – 1759.

[287] Lugmayr A., Stockleben B., Scheib C., and Mailaparampil M. A., "Cognitive Big Data: Survey and Review on Big Data Research and Its Implications. What Is Really "new" in Big Data?", *Journal of Knowledge Management*, Vol. 21, No. 1, 2017, pp. 197 – 212.

[288] Luhn H. P., "A Business Intelligence System", *IBM Journal of Research and Development*, Vol. 2, No. 4, 1958, pp. 314 – 319.

[289] Lumpkin G. T., and Dess G. G., "Clarifying The Entrepreneurial Orientation Construct and Linking It to Performance", *Academy of Management Review*, Vol. 21, No. 1, 1996, pp. 135 – 172

[290] Luo Y., and Tung R. L., "International Expansion of Emerging Market Enterprises: A Springboard Perspective", *Journal of International Business Studies*, Vol. 38, No. 4, 2007, pp. 481 – 498.

[291] Luo Y., Xue Q., and Han B., "How Emerging Market Governments Promote Outward FDI: Experience from China", *Journal of World Business*, Vol. 45, No. 1, 2010, pp. 68 – 79.

[292] Lüthje C., and Franke N., "The 'making' of An Entrepreneur: Testing A Model of Entrepreneurial Intent Among Engineering Students at MIT", *R & D Management*, Vol. 33, No. 2, 2003, pp. 135 – 147.

[293] Luzzini D., Amann M., Caniato F., Essig M., and Ronchi S., "The Path of Innovation: Purchasing and Supplier Involvement into New Product Development", *Industrial Marketing Management*, Vol. 47, 2015, pp. 109 – 120.

[294] Ma J., Sun W., Zhong W., et al., "Evolution and Performance of Chinese Technology Policy: An Empirical Study Based on 'market in Exchange for Technology' Strategy", *Journal of Technology Management in China*, Vol. 4, No. 3, 2009, pp. 195 – 216.

[295] Marquis C., and Lounsbury M., "Vive LaResistence: Competing Logics and the Consolidation of U. S. Community Banking", *Academy of Management Journal*, Vol. 50, No. 4, 2007, pp. 799 – 820.

[296] Marx A., and Dusa A., "Crisp – Set Qualitative Comparative Analysis (csQCA), Contradictions and Consistency Benchmarks for Model Specification", *Methodological Innovations Online*, Vol. 6, No. 2, 2011, pp. 103 – 148.

[297] Massinghan P., "Managing Knowledge Transfer between Parent Country Nationals (Australia) and Host Country Nationals (Asia)", *International Journal of Human Resource Management*, Vol. 21, No. 9, 2010, pp. 1414 – 1435.

[298] Matarazzo M., and Resciniti R., "Managing Favorable Product – country Match in International Markets: The Case of 'Made in Ges-

si'", *Journal of Global Scholars of Marketing Science*, Vol. 23, No. 4, 2013, pp. 422 – 434.

[299] Matsusaka J. G., "Corporate Diversification, Value Maximization, and Organizational Capabilities", *Journal of Business*, Vol. 74, No. 3, 2001, pp. 409 – 431.

[300] Mazzei M. J., and Noble D., "Big Data Dreams: A Framework for Corporate Strategy", *Business Horizons*, Vol. 60, No. 3, 2017, pp. 405 – 414.

[301] McAfee A., Brynjolfsson E., Davenport T. H., Patil D., and Barton D., "Big Data: The Management Revolution", *Harvard business review*, Vol. 90, No. 10, 2012, pp. 60 – 68.

[302] McClelland D. C., "The Achieving Society. Princeton, D. vanNostrand Co., 1961, NY".

[303] McDonald M. L., Westphal J. D., and Graebner M. E., "What Do They Know? The Effects of Outside Director Acquisition Experience on Firm Acquisition Performance", *Strategic Management Journal*, Vol. 29, No. 11, 2008, pp. 1155 – 1177.

[304] Mcgrath J. E., and Kelly J. R., "Time and Human Interaction: Toward A Social Psychology of Time", *Contemporary Sociology*, Vol. 16, No. 6, 1986, pp. 860 – 861.

[305] McNally R. C., Akdeniz M. B., and Calantone R. J., "New Product Development Processes and New Product Profitability: Exploring the Mediating Role of Speed to Market and Product Quality", *Journal of Product Innovation Management*, Vol. 28, No. S1, 2011, pp. 63 – 77.

[306] McNamara G. M., Haleblian J., Dykes B. J., "The Performance Implications of Participating in An Acquisition Wave: Early Mover Advantages, Bandwagon Effects, and The Moderating Influence of Industry Characteristics and Acquirer Tactics", *Academy of Management Journal*, Vol. 51, No. 1, 2008, pp. 113 – 130.

[307] Menon A., Chowdhury J., and Lukas B. A., "Antecedents and Out-

comes of New Product Development Speed: An Interdisciplinary Conceptual Framework", *Industrial Marketing Management*, Vol. 31, No. 4, 2002, pp. 317-328.

[308] Meschi P. X., Ricard A., and Tapia Moore E., "Fast and Furious or Slow and Cautious? The Joint Impact of Age at Internationalization, Speed, and Risk Diversity on the Survival of Exporting Firms", *Journal of International Management*, Vol. 23, No. 3, 2017, pp. 279-291.

[309] Meyer M. H., and Utterback J. M., "Product Development Cycle Time and Commercial Success", *IEEE Transactions on Engineering Management*, Vol. 42, No. 4, 1995, pp. 297-304.

[310] Mikalef P., and Pateli A., "Information Technology – enabled Dynamic Capabilities and Their Indirect Effect on Competitive Performance: Findings from PLS – SEM and fsQCA", *Journal of Business Research*, Vol. 70, 2017, pp. 1-16.

[311] Mikalef P., Boura M., Lekakos G., and Krogstie J., "Big Data Analytics and Firm Performance: Findings from A Mixed – method Approach", *Journal of Business Research*, Vol. 98, 2019, pp. 261-276.

[312] Mikalef P., Krogstie J., Pappas I. O., and Pavlou P., "Exploring The Relationship between Big Data Analytics Capability and Competitive Performance: The Mediating Roles of Dynamic and Operational Capabilities", *Information & Management*, Vol. 57, No. 2, 2020, pp. 103169.

[313] Mintzberg H., "Pitfalls and Fallacies: Rethinking Strategic Planning, Part 1", *Long Range Planning*, Vol. 27, No. 3, 1994, pp. 12-22.

[314] Mirtalaie M. A., Hussain O. K., Chang E., and Hussain F. K., "A Decision Support Framework for Identifying Novel Ideas in New Product Development from Cross – domain Analysis", *Information Systems*, Vol. 69, 2017, pp. 59-80.

[315] Misangyi V. F., Weaver G. R., and Elms H., "Ending Corruption: The Interplay among Institutional Logics, Resources, and Institutional Entrepreneurs", *Academy of Management Review*, Vol. 33, No. 3, 2008, pp. 750 – 770.

[316] Mishina Y., Pollock T. G., and Porac J. F., "Are More Resources Always Better for Growth? Resource Stickiness in Market and Product Expansion", *Strategic Management Journal*, Vol. 25, No. 12, 2004, pp. 1179 – 1197.

[317] Mohammed S., and Harrison D. A., "The Clocks that Time Us Are Not The Same: A Theory of Temporal Diversity, Task Characteristics, and Performance in Teams", *Organizational Behavior & Human Decision Processes*, Vol. 122, No. 2, 2013, pp. 244 – 256.

[318] Mohammed S., and Nadkarni S., "Temporal Diversity and Team Performance: The Moderating Role of Team Temporal Leadership", *Academy of Management Journal*, Vol. 54, No. 3, 2011, pp. 489 – 508.

[319] Mohr A., and Batsakis G., "Internationalization Speed and Firm Performance: A Study of The Market – seeking Expansion of Retail MNEs", *Management International Review*, Vol. 57, No. 2, 2017, pp. 153 – 177.

[320] Morgan T., Obal M., and Anokhin S., "Customer Participation and New Product Performance: Towards The Understanding of The Mechanisms and Key Contingencies", *Research Policy*, Vol. 47, No. 2, 2018, pp. 498 – 510.

[321] Morosini P., Shane S., and Singh H., "National Cultural Distance and Cross – border Acquisition Performance", *Journal of International Business Studies*, Vol. 29, No. 1, 1998, pp. 137 – 158.

[322] Mu Q., and Lee K., "Knowledge Diffusion, Market Segmentation and Technological Catch – up: The Case of The Telecommunication Industry in China", *Research Policy*, Vol. 34, No. 6, 2005, pp. 759 – 783.

[323] Muller D. , Judd C. M. , and Yzerbyt V. Y. , "When Moderation Is Mediated and Mediation Is Moderated", *Journal of Personality and Social Psychology*, Vol. 89, No. 6, 2005, pp. 852 – 863.

[324] Mumford M. D. , "Managing Creative People: Strategies and Tactics for Innovation", *Human Resource Management Review*, Vol. 10, No. 3, 2000, pp. 313 – 351.

[325] Musteen M. , Francis J. , and Datta D. K. , "The Influence of International Networks on Internationalization Speed and Performance: A Study of Czech SMEs", *Journal of World Business*, Vol. 45, No. 3, 2010, pp. 197 – 205.

[326] Nadolska A. , and Barkema H. G. , "Good Learners: How Top Management Teams Affect The Success and Frequency of Acquisitions", *Strategic Management Journal*, Vol. 35, No. 10, 2014, pp. 1483 – 1507.

[327] Nadolska A. , and Barkema H. G. , "Learning to Internationalise: The Pace and Success of Foreign Acquisitions", *Journal of International Business Studies*, Vol. 38, No. 7, 2007, pp. 1170 – 1186.

[328] Najafi-Tavani S. , Najafi-Tavani Z. , Naudé P. , Oghazi P. , and Zeynaloo E. , "How Collaborative Innovation Networks Affect New Product Performance: Product Innovation Capability, Process Innovation Capability, and Absorptive Capacity", *Industrial Marketing Management*, Vol. 73, 2018, pp. 193 – 205.

[329] Nas T. I. , "Institutional Distance Influences on the Multinational Enterprises (MNES) Ownership Strategies of Their Affiliates Operating in An Emerging Market", *African Journal of Business Management*, Vol. 6, No. 20, 2012, pp. 6276 – 6290.

[330] Negash S. , and Gray P. , "*Business Intelligence*", *In Handbook on Decision Support Systems* 2, Berlin: Springer, 2008, pp. 175 – 193.

[331] Newell A. , and Simon H. A. , *Human Problem Solving*, NJ: Prentice – Hall Englewood Cliffs, 1972.

[332] Nisula A. M. , and Kianto A. , "Stimulating Organisational Creativity

with Theatrical Improvisation", *Journal of Business Research*, Vol. 85, 2018, pp. 484 – 493.

[333] Nohria N., and Gulati R., "Is Slack Good or Bad for Innovation?", *Academy of Management Journal*, Vol. 39, No. 5, 1996, pp. 1245 – 1264.

[334] North D. C., *Institutions, Institutional Change and Economic Performance: Institutions*, New York: Cambridge University Press, 1990.

[335] Nyaga G. N., Whipple J. M., and Lynch D. F., "Examining Supply Chain Relationships: Do Buyer and Supplier Perspectives on Collaborative Relationships Differ?", *Journal of Operations Management*, Vol. 28, No. 2, 2010, pp. 101 – 114.

[336] Opresnik D., and Taisch M., "The Value of Big Data in Servitization", *International Journal of Production Economics*, Vol. 165, 2015, pp. 174 – 184.

[337] Oviatt B. M., and McDougall P. P., "Toward A Theory of International New Ventures", *Journal of International Business Studies*, Vol. 36, No. 1, 2005, pp. 29 – 41.

[338] Owais S. S., and Hussein N. S., "Extract Five Categories CPIVW from the 9V's Characteristics of the Big Data", *International Journal of Advanced Computer Science and Applications*, Vol. 7, No. 3, 2016, pp. 254 – 258.

[339] Pache A. C., and Santos F., "Inside the Hybrid Organization: Selective Coupling as a Response to Competing Institutional Logics", *Academy of Management Journal*, Vol. 56, No. 4, 2013, pp. 972 – 1001.

[340] Park J. S., "Opportunity Recognition and Product Innovation in Entrepreneurial Hi – tech Start – ups: A New Perspective and Supporting Case Study", *Technovation*, Vol. 25, No. 7, 2005, pp. 739 – 752.

[341] Patzelt H., and Shepherd D. A., "Negative Emotions of An Entrepreneurial Career: Self – employment and Regulatory Coping Behaviors", *Journal of Business Venturing*, Vol. 26, No. 2, 2011, pp.

226 - 238.

[342] Peng M. W., "Institutional Transition and Strategic Choices", *Academy of Management Review*, Vol. 28, No. 2, 2003, pp. 275 - 292.

[343] Perkmann M., Mckelvey M., and Phillips N., "Protecting Scientists from Gordon Gekko: How Organizations Use Hybrid Spaces to Engage with Multiple Institutional Logics", *Organization Science*, Vol. 30, No. 2, 2019, pp. 298 - 318.

[344] Pinto J. K., and Prescott J. E., "Variations in Critical Success Factors over the Stages in the Project Life Cycle", *Journal of Management*, Vol. 14, No, 1, 1988, pp. 5 - 18.

[345] Podsakoff P. M., MacKenzie S. B., Lee J., and Podsakoff N. P., "Common Method Biases in Behavioral Research: A Critical Review of the Literature and Recommended Remedies", *Journal of Applied Psychology*, Vol. 88, No. 5, 2003, pp. 879 - 903.

[346] Poetz M. K., and Schreier M., "The Value of Crowdsourcing: Can Users Really Compete with Professionals in Generating New Product Ideas?", *Journal of Product Innovation Management*, Vol. 29, No. 2, 2012, pp. 245 - 256.

[347] Popovič A., Hackney R., Coelho P. S., and Jaklič J., "Towards Business Intelligence Systems Success: Effects of Maturity and Culture on Analytical Decision Making", *Decision Support Systems*, Vol. 54, No. 1, 2012, pp. 729 - 739.

[348] Prashantham S., and Young S., "Post - entry Speed of International New Ventures", *Entrepreneurship Theory and Practice*, Vol. 35, No. 2, 2011, pp. 275 - 292.

[349] Prescott M., "Big Data and Competitive Advantage at Nielsen", *Management Decision*, Vol. 52, No. 3, 2014, pp. 573 - 601.

[350] Ragin C. C., *Redesigning Social Inquiry: Fuzzy Sets and Beyond*, Chicago: University of Chicago Press, 2008.

[351] Ragin C. C., *Fuzzy sets: Calibration Versus Measurement*, The Oxford Handbook of Political Methodology, New York: Oxford University

Press, 2007.

[352] Ramus T., Vaccaro A., and Brusoni S., "Institutional Complexity in Turbulent Times: Formalization, Collaboration, and the Emergence of Blended Logics", *Academy of Management Journal*, Vol. 60, No. 4, 2017, pp. 1253 – 1284.

[353] Reay T., and Hinings C. R., "Managing the Rivalry of Competing Institutional Logics", *Organization Studies*, Vol. 30, No. 6, 2009, pp. 629 – 652.

[354] Reimann F., Ehrgott M., Kaufmann L., et al., "Local Stakeholders and Local Legitimacy: MNEs'Social Strategies in Emerging Economies", *Journal of International Management*, Vol. 18, No. 1, 2012, pp. 1 – 17.

[355] Reiter – Palmon R., and Illies J. J., "Leadership and Creativity: Understanding Leadership from A Creative Problem – Solving Perspective", *The Leadership Quarterly*, Vol. 15, No. 1, 2004, pp. 55 – 77.

[356] Reus T. H., and Lamont B. T., "The Double – edged Sword of Cultural Distance in International Acquisitions", *Journal of International Business Studies*, Vol. 40, No. 8, 2009, pp. 1298 – 1316.

[357] Rodríguez – Pinto J., Carbonell P., and Rodríguez – Escudero A I., "Speed or Quality? How the Order of Market Entry Influences the Relationship between Market Orientation and New Product Performance", *International Journal of Research in Marketing*, Vol. 28, No. 2, 2011, pp. 145 – 154.

[358] Rosing K., Frese M., and Bausch A., "Explaining the Heterogeneity of the Leadership – innovation Relationship: Ambidextrous Leadership", *The Leadership Quarterly*, Vol. 22, No. 5, 2011, pp. 956 – 974.

[359] Rotter J. B., "Internal – External Locus of Control Scale", *Psychological Monographs*, Vol. 80, 1966, pp. 1 – 25.

[360] Rutherford M. W., Buller P. F., and Stebbins J. M., "Ethical Considerations of the Legitimacy Lie", *Entrepreneurship Theory & Prac-*

tice, Vol. 33, No. 4, 2009, pp. 949 - 964.

[361] Salomon R., and Wu Z., "Institutional Distance and Local Isomorphism Strategy", *Journal of International Business Studies*, Vol. 43, No. 4, 2012, pp. 343 - 367.

[362] Sambamurthy V., Bharadwaj A., and Grover V., "Shaping Agility Through Digital Options: Reconceptualizing the Role of Information Technology in Contemporary Firms", *MIS Quarterly*, Vol. 27, No. 2, 2003, pp. 237 - 263.

[363] Sandberg S., Sui S., and Baum M., "Effects of Prior Market Experiences and Firm - specific Resources on Developed Economy SMEs' Export Exit from Emerging Markets: Complementary or Compensatory?", *Journal of Business Research*, Vol. 98, 2019, pp. 489 - 502.

[364] Schilke O., Hu S., and Helfat C. E., "Quo Vadis, Dynamic Capabilities? A Content - analytic Review of the Current State of Knowledge and Recommendations for Future Research", *Academy of Management Annals*, Vol. 12, No. 1, 2018, pp. 390 - 439.

[365] Schmidt F. L., and Hunter J. E., "The Validity and Utility of Selection Methods in Personnel Psychology: Practical and Theoretical Implications of 85 Years of Research Findings", *Psychological Bulletin*, Vol. 124, No. 2, 1998, pp. 262 - 274.

[366] Schmitt - Rodermund E., "Pathways to Successful Entrepreneurship: Parenting, Personality, Early Entrepreneurial Competence, and Interests", *Journal of Vocational Behavior*, Vol. 65, No. 3, 2004, pp. 498 - 518.

[367] Scott S. G., and Bruce R. A., "Determinants of Innovative Behavior: A Path Model of Individual Innovation in the Workplace", *Academy of Management Journal*, Vol. 37, No. 3, 1994, pp. 580 - 607.

[368] Scott W. R., *Institutions and Organizations. Foundations for Organizational Science*, London: A Sage Publication Series, 1995.

[369] Shalley C. E., Zhou J., and Oldman G. R., "The Effects of Personal and Contextual Characteristics on Creativity: Where Should We Go

from Here?", *Journal of Management*, Vol. 30, No. 6, 2004, pp. 933 – 958.

[370] Simon H. A., Dantzig G. B., Hogarth R., et al., "Decision Making and Problem Solving", *Interfaces*, Vol. 17, No. 5, 1987, pp. 11 – 31.

[371] Simon H. A., "Rational Decision Making in Business Organizations", *The American Economic Review*, Vol. 69, No. 4, 1979, pp. 493 – 513.

[372] Simon H. A., *From Substantive to Procedural Rationality*, In 25 Years of Economic Theory, Boston: Springer, 1976, pp. 65 – 86.

[373] Simon H. A., The New Science of Management Decision, 1960.

[374] Sleeswijk V. F., Van L. R., and Stappers P. J., "Sharing User Experiences in the Product Innovation Process: Participatory Design Needs Participatory Communication", *Creativity and Innovation Management*, Vol. 16, No. 1, 2007, pp. 35 – 45.

[375] Srnicek N., *Platform Capitalism*, John Wiley & Sons, 2017.

[376] Stahl G. K., Voigt A., "Impact of Cultural Differences on Merger and Acquisition Performance: A Critical Research Review and An Integrative Model", *Advances in Mergers and Acquisitions*, Vol. 4, No. 1, 2005, pp. 51 – 82.

[377] Strauss A., and Corbin J., *Basics of Qualitative Research* (2nd ed.), Thousand Oaks, CA: Sage, 1998.

[378] Su J., Zhai Q., and Landström H., "Entrepreneurship Research in China: Internationalization or Contextualization?", *Entrepreneurship & Regional Development*, Vol. 27, No. 1/2, 2015, pp. 50 – 79.

[379] Su Q., Song Y. T., Li Z., et al., "The Impact of Supply Chain Relationship Quality on Cooperative Strategy", *Journal of Purchasing and Supply Management*, Vol. 14, No. 4, 2008, pp. 263 – 272.

[380] Suddaby R., Greenwood R., "Rhetorical Strategies of Legitimacy", *Administrative science quarterly*, Vol. 50, No. 1, 2005, pp. 35 – 67.

[381] Suddaby R., Bitektine A., Haack P., "Legitimacy". *Academy of*

Management Annals, Vol. 11, No. 1, 2017, pp. 451 - 478.

[382] Sui S., Baum M., "Internationalization Strategy, Firm Resources and The Survival of SMEs in the Export Market", *Journal of International Business Studies*, Vol. 45, No. 7, 2014, pp. 821 - 841.

[383] Sun W., Xu A., and Shang Y., "Transformational Leadership, Team Climate, and Team Performance within the NPD Team: Evidence from China", *Asia Pacific Journal of Management*, Vol. 31, No. 1, 2012, pp. 1 - 21.

[384] Swafford P. M., Ghosh S., and Murthy N., "Achieving Supply Chain Agility Through IT Integration and Flexibility", *International Journal of Production Economics*, Vol. 116, No. 2, 2008, pp. 288 - 297.

[385] Swink M., and Song M., "Effects of Marketing - manufacturing Integration on New Product Development Time and Competitive Advantage", *Journal of Operations Management*, Vol. 25, No. 1, 2007, pp. 203 - 217.

[386] Tallon P. P., and Pinsonneault A., "Competing Perspectives on the Link between Strategic Information Technology Alignment and Organizational Agility: Insights from A Mediation Model", *MIS Quarterly*, Vol. 35, No. 2, 2011, pp. 463 - 486.

[387] Tan A., Brewer P., and Liesch P. W., "Before the First Export Decision: Internationalization Readiness in the Pre - export phase", *International Business Review*, Vol. 16, No. 3, 2007, pp. 294 - 309.

[388] Thi Ngoc Huynh H. V. Nguyen P., and Tran K., "Internationalization and Performance of Vietnamese Manufacturing Firms: Does Organizational Slack Matter?", *Administrative Sciences*, Vol. 8, No. 4, 2018, pp. 1 - 15.

[389] Thomas K. W., Velthouse B. A. "Cognitive Elements of Empowerment: An 'interpretive' Model of Intrinsic Task Motivation", *Academy of management review*, Vol. 15, No. 4, 1990, pp. 666 - 681.

[390] Thornton P. H., and Ocasio W., "Institutional Logics and the His-

torical Contingency of Power in Organizations: Executive Succession in the Higher Education Publishing Industry, 1958 – 1990", *American Journal of Sociology*, Vol. 105, No. 3, 1999, pp. 801 – 843.

[391] Thornton P. H., Ocasio W., & Lounsbury M., *The Institutional Logics Perspective. A New Approach to Culture, Structure, and Process*, New York: Oxford Univ. Press, 2012.

[392] Timmons J. A., *New Venture Creation: Entrepreneurship for the 21st Century*, Singapore: McGraw – Hill Education Singapore, 2015.

[393] Uddin M. F., Gupta N., "Seven V's of Big Data understanding Big Data to Extract Value//Proceedings of the 2014 zone 1 conference of the American Society for Engineering Education", *IEEE*, 2014, pp. 1 – 5.

[394] Vaast E., Safadi H., Lapointe L., et al., "Social Media Affordances for Connective Action: An Examination of Microblogging Use During the Gulf of Mexico Oil Spill", *MIS Quarterly*, Vol. 41, No. 4, 2017, pp. 1179 – 1205.

[395] Vahlne J. E., and Johanson J., "From Internationalization to Evolution: The Uppsala Model at 40 Years", *Journal of International Business Studies*, Vol. 48, No. 9, 2017, pp. 1087 – 1102.

[396] Van Oosterhout M., Waarts E., and Van Hillegersberg J., "Change Factors Requiring Agility and Implications for IT", *European Journal of Information Systems*, Vol. 15, No. 2, 2006, pp. 132 – 145.

[397] Venkatraman S., and Venkatraman R., "Big Data Security Challenges and Strategies", *Aims Mathematics*, Vol. 4, No. 3, 2019, pp. 860 – 879.

[398] Vermeulen F., and Barkema H. Pace, "Rhythm, and Scope: Process Dependence in Building a Profitable Multinational Corporation", *Strategic Management Journal*, Vol. 23, No. 7, 2002, pp. 637 – 653.

[399] Wagner H., "Internationalization Speed and Cost Efficiency: Evidence from Germany", *International Business Review*, Vol. 13, No.

4, 2004, pp. 447-463.

[400] Wales W. J., Gupta V. K., and Mousa F. T., "Empirical Research on Entrepreneurial Orientation: An Assessment and Suggestions of Future Research", *International Small Business Journal*, Vol. 31, 2013, pp. 357-383.

[401] Walker H., Armenakis A., and Bernerth J., "Factors Influencing Organizational Change Efforts: An Integrative Investigation of Change Content, Context, Process and Individual Differences", *Journal of Organizational Change Management*, Vol. 20, No. 6, 2007, pp. 761-773.

[402] Wamba S. F, Gunasekaran A., Akter S., Ren S. J. -F., Dubey R., and Childe S. J., "Big Data Analytics and Firm Performance: Effects of Dynamic Capabilities", *Journal of Business Research*, Vol. 70, 2017, pp. 356-365.

[403] Wang C. F., Chen L. Y., and Chang S. C., "International Diversification and the Market Value of New Product Introduction", *Journal of International Management*, Vol. 17, No. 4, 2011, pp. 333-347.

[404] Wang G., Gunasekaran A., Ngai E. W., and Papadopoulos T., "Big Data Analytics in Logistics and Supply Chain Management: Certain Investigations for Research and Applications", *International Journal of Production Economics*, Vol. 176, 2016, pp. 98-110.

[405] Wang Y., and Hajli N., "Exploring the Path to Big Data Analytics Success in Healthcare", *Journal of Business Research*, Vol. 70, 2017, pp. 287-299.

[406] Wang Y., Kung L., and Byrd T. A., "Big Data Analytics: Understanding Its Capabilities and Potential Benefits for Healthcare Organizations", *Technological Forecasting and Social Change*, Vol. 126, 2018, pp. 3-13.

[407] Weaver W., *Science and Complexity*, In *Facets of Systems Science*, Boston: Springer, 1991.

[408] Weber M., *Economy and Society: A New Translation*, Harvard University Press, 2019.

[409] Weill P., Woerner S. L., "Thriving in An Increasingly Digital Ecosystem", *MIT Sloan Management Review*, Vol. 56, No. 4, 2015, pp. 27.

[410] Welch C., Piekkari R., Plakoyiannaki E., and Paavilainen – Mäntymäki, E., "Theorising from Case Studies: Towards a Pluralist Future for International Business Research", *Journal of International Business Studies*, Vol. 42, No. 5, 2011, pp. 740 – 762.

[411] Wu C., Buyya R., and Ramamohanarao K., "Big Data Analytics = Machine Learning + Cloud Computing", *arXiv preprint arXiv*: 1601.03115, 2016.

[412] Wu L., Liu H., and Zhang J., "Bricolage Effects on New – product Development Speed and Creativity: The Moderating Role of Technological Turbulence", *Journal of Business Research*, Vol. 70, 2016, pp. 127 – 135.

[413] Wu X., Chen H., Wu G., Liu J., Zheng Q., He X., and Gao M., "Knowledge Engineering with Big Data", *IEEE Intelligent Systems*, Vol. 30, No. 5, 2015, pp. 46 – 55.

[414] Wu X., Zhu X., Wu G. Q., and Ding W., "Data Mining with Big Data", *IEEE transactions on knowledge and data engineering*, Vol. 26, No. 1, 2013, pp. 97 – 107.

[415] Xiao J., Wu Y., Xie K., and Hu Q., "Managing the E – commerce Disruption with IT – based Innovations: Insights from Strategic Renewal Perspectives", *Information & Management*, Vol. 56, No. 1, 2019, pp. 122 – 139.

[416] Xie E., Huang Y., Peng M. W., and Zhuang G., "Resources, Aspirations, and Emerging Multinationals", *Journal of Leadership & Organizational Studies*, Vol. 23, No. 2, 2016, pp. 144 – 161.

[417] Xu D., and Shenkar O., "Note: Institutional Distance and the Multinational Enterprise", *Academy of Management Review*, Vol. 27,

No. 4, 2002, pp. 608 – 618.

[418] Xu Z., Frankwick G. L., and Ramirez E., "Effects of Big Data Analytics and Traditional Marketing Analytics on New Product Success: A Knowledge Fusion Perspective", *Journal of Business Research*, Vol. 69, No. 5, 2016, pp. 1562 – 1566.

[419] Yang M., and Hyland M. A., "Similarity in Cross – border Mergers and Acquisitions: Imitation, Uncertainty and Experience among Chinese Firms, 1985 – 2006", *Journal of International Management*, Vol. 18, No. 4, 2012, pp. 352 – 365.

[420] Yao Z., Yang Z., Fisher G. J., Ma C., and Fang E., "Knowledge Complementarity, Knowledge Absorption Effectiveness, and New Product Performance: The Exploration of International Joint Ventures in China", *International Business Review*, Vol. 22, No. 1, 2013, pp. 216 – 227.

[421] Yayla S., Yeniyurt S., Uslay C., and Cavusgil E., "The Role of Market Orientation, Relational Capital, and Internationalization Speed in Foreign Market Exit and Re – entry Decisions Under Turbulent Conditions", *International Business Review*, Vol. 27, No. 6, 2018, pp. 1105 – 1115.

[422] Yin R. K., *Case Study Research: Design and Method*, London: Sage Publications, 2002.

[423] Yiu D., and Makino S., "The Choice between Joint Venture and Wholly Owned Subsidiary: An Institutional Perspective", *Organization Science*, Vol. 13, No. 6, 2002, pp. 667 – 683.

[424] Yueh H. P., Lu M. H., and Lin W., "Employees' Acceptance of Mobile Technology in a Workplace: An Empirical Study Using SEM and fsQCA", *Journal of Business Research*, Vol. 69, No. 6, 2016, pp. 2318 – 2324.

[425] Zaheer A., Castañer X., and Souder D., "Synergy Sources, Target Autonomy, and Integration in Acquisitions", *Journal of Management*, Vol. 39, No. 3, 2013, pp. 604 – 632.

[426] Zahra S. A., Korri J. S., and Yu J. F., "Cognition and International Entrepreneurship: Implications for Research on International Opportunity Recognition and Exploitation", *International Business Review*, Vol. 14, No. 2, 2009, pp. 129 – 146.

[427] Zhang W., Zhang Q., and Song M., "How Do Individual – level Factors Affect the Creative Solution Formation Process of Teams?", *Creativity and Innovation Management*, Vol. 24, No. 3, 2015, pp. 508 – 524.

[428] Zhang X., and Bartol K. M., "Linking Empowering Leadership and Employee Creativity: The Influence of Psychological Empowerment, Intrinsic Motivation, and Creative Process Engagement", *Academy of Management Journal*, Vol. 53, No. 1, 2010, pp. 107 – 128.

[429] Zheng Y., Liu J., and George G., "The Dynamic Impact of Innovative Capability and Inter – firm Network on Firm Valuation: A Longitudinal Study of Biotechnology Start – ups", *Journal of Business Venturing*, Vol. 25, No. 6, 2010, pp. 593 – 609.

[430] Zhou L., Wu A., and Barnes B. R., "The Effects of Early Internationalization on Performance Outcomes in Young International Ventures: The Mediating Role of Marketing Capabilities", *Journal of International Marketing*, Vol. 20, No. 4, 2012, pp. 25 – 45.

[431] Zhou L., Wu W. P., and Luo X., "Internationalization and the Performance of Born – Global SMEs: The Mediating Role of Social Networks", *Journal of International Business Studies*, Vol. 38, No. 4, 2007, pp. 673 – 690.

[432] Zhou Q., and Pan W., "A Cross – level Examination of the Process Linking Transformational Leadership and Creativity: The Role of Psychological Safety Climate", *Human Performance*, Vol. 28, No. 5, 2015, pp. 405 – 424.

[433] Zhou W., "Regional Deregulation and Entrepreneurial Growth in China's Transition Economy", *Entrepreneurship & Regional Development*, Vol. 23, No. 9/10, 2011, pp. 853 – 887.

[434] Zimmerman M. A., and Zeitz G., "Beyond Survival: Achieving New Venture Growth by Building Legitimacy", *Academy of Management Review*, Vol. 27, No. 3, 2002, pp. 414 – 431.

[435] Zollo M., and Singh H., "Deliberate Learning in Corporate Acquisitions: Post – acquisition Strategies and Integration Capability in U. S. Bank Mergers", *Strategic Management Journal*, Vol. 25, No. 13, 2004, pp. 1233 – 1256.